ABECEDARIO

DE

P. J. MARIETTE

ET AUTRES NOTES INÉDITES DE CET AMATEUR

SUR

LES ARTS ET LES ARTISTES

OUVRAGE PUBLIÉ

D'APRÈS LES MANUSCRITS AUTOGRAPHES CONSERVÉS AU CABINET DES ESTAMPES
DE LA BIBLIOTHÈQUE IMPÉRIALE, ET ANNOTÉ

PAR MM.

PH. DE CHENNEVIÈRES ET A. DE MONTAIGLON

TOME DEUXIÈME

COL — ISAC

PARIS

J.-B. DUMOULIN, QUAI DES AUGUSTINS, 13

1853—1854

ABECEDARIO

DE

P.-J. MARIETTE

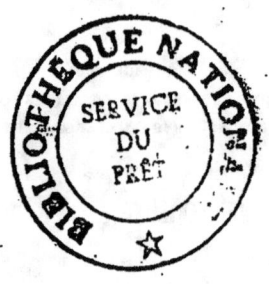

IMPRIMERIE DE PILLET FILS AINÉ, RUE DES GRANDS-AUGUSTINS, 5.

ABECEDARIO

DE

P. J. MARIETTE

ET AUTRES NOTES INÉDITES DE CET AMATEUR

SUR

LES ARTS ET LES ARTISTES

OUVRAGE PUBLIÉ

D'APRÈS LES MANUSCRITS AUTOGRAPHES, CONSERVÉS AU CABINET DES ESTAMPES
DE LA BIBLIOTHÈQUE IMPÉRIALE, ET ANNOTÉ

PAR MM.

Ph. DE CHENNEVIÈRES ET A. DE MONTAIGLON

TOME DEUXIÈME

COL — ISAC

PARIS

J.-B. DUMOULIN, QUAI DES AUGUSTINS, 13

1853—1854

ABECEDARIO
DE P. J. MARIETTE

ET

AUTRES NOTES INÉDITES

SUR LES

ARTS ET LES ARTISTES

TIRÉES DE SES PAPIERS

Conservés à la Bibliothèque Impériale.

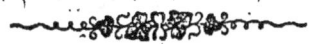

COLLIN DE VERMONT (HYACINTHE), mort à Paris, le 16 février 1761. Il étoit frère de Collin de Blamont, surintendant de la musique du roi. C'étoit un des plus honnêtes hommes qu'il fût possible de connoître, et qui ne manquoit pas de talent; mais c'étoit un peintre froid et sans couleur. Il inventoit assez facilement; mais quels que fussent les sujets qu'il entreprît de traiter, il n'en étoit aucun qui eût le pouvoir d'émouvoir et d'intéresser. Son dernier tableau a été la Présentation de la Vierge pour le maître autel de la nouvelle église de Versailles; et ce grand morceau, quoique bon dans plusieurs parties, porte avec lui la preuve de ce que je viens d'avancer. M. de Vermont étoit disciple de Jouvenet; il ne s'en ressentoit guères. Il avoit été tenu sur les fonds de baptême par M. Rigaud, qui ne cessa jamais de l'aimer et de le considérer; il le lui fit connoître, en lui léguant, comme il fit, tous ses dessins, ses estampes et ses ustensiles de peinture. Il étoit né à Paris, en avril 1692, de sorte qu'il étoit âgé,

T. II.   a

au jour de son décès, de 68 ans et 10 mois. Il remplissoit alors dans l'Académie de peinture la place d'adjoint à recteur, à laquelle il étoit parvenu en 1754. Il avoit été élu professeur en 1740, et académicien en 1725.

COLOMBEL (NICOLAS). Sta scritto nel catalogo degli Academici di S. Luca in Roma sotto l'anno 1686.

COMIN (J. ou JOUAN), graveur au burin, assez médiocre, qui vivoit à Rome au milieu du XVIIe siècle; et dont je ne connois que peu de planches, qui font partie de celles de la galerie Justinienne.

COMMODI (ANDREA). Il eut à faire un des tableaux qui entrèrent dans les décorations pour l'entrée de la grande duchesse Christine de Lorraine à Florence, en 1588. L'auteur de la description dit, en parlant du peintre, que c'étoit *un giovan di buona speranza*. Il n'avoit pour lors que 28 ans. Pietre di Cortone avoit travaillé sous lui, et le reconnoissoit pour son maître. Il dessinoit volontiers au pastel et aux deux crayons, rouge et noir; et, en cela, il se faisoit gloire d'imiter le Baroche, dont il étoit autant partisan qu'il l'étoit de la manière du Corrège. Si l'on vouloit donner un juste précis de sa vie, il faudroit refaire celui-ci qui est trop peu exact, et partir d'après ce qu'a écrit le Baldinucci. Le Père Orlandi cite ce dernier auteur, et par son extrait on voit qu'il ne l'a point lu. — Le Commodi étoit du même âge que le Civoli, et je suis très-assuré que tous deux étoient condisciples, qu'ils avoient appris du même maître, qui étoit Alexandre Allori, dit le Bronzin. Aussi les trouve-t-on tous deux employés aux peintures qui se faisoient sous la direction du Bronzin, pour l'entrée de Christine de Lorraine. Le Commodi aura seulement appris la perspective du Cigoli qui y étoit profond, et

voilà ce qui aura brouillé le Baldinucci, et qui lui aura
fait affirmer d'un ton trop général qu'il étoit l'élève du Cigoli.

CONCA (IL CAVALIERE SEBASTIANO), di Gayetta, mori a di
prima di Septem. 1764 in eta d'anni 88. Ceci m'a été admi-
nistré par M. Natoire. — Sébastien Conca, né à Gaëte, le
8 janvier 1680. Ainsi écrit sur son portrait dessiné, qui étoit
dans la collection du sieur Pio, et que j'ai vu dans celle de
M. Crozat. Il est mort dans sa ville natale, où il s'étoit retiré,
le 1er septembre 1764. M. Natoire me marque qu'il étoit âgé
de 88 ans, mais je crois qu'il se trompe. Il dit cependant le
tenir d'un disciple du Conca qui s'est adressé, pour en être
instruit, à Gaëte même, où sont les parens du Conca. Suivant
le Domenico, il doit être né en 1680 ; mais peut-être n'a-t-il
fait que copier le père Orlandi. — Il faut s'en tenir aux dates
fournies par M. Natoire et reculer sa naissance de quatre
années, la reporter en 1676.

COPELLETI (PARIGI), reggiano, fu pittor molto pratico ed
in fresco. Si vede su la Giarra la facciata dell'Occa, in S. Agostino un S. Nicolo da Tolentino con un coro d'angioli molto
belli. Fioriva nel 1590. Gius. Borzani, Antiquarium Regii
Lepidi, Mss. del Libreria Reale, à p. 96.

CORBELLINI (SEBASTIANO). J'ay veu une estampe, d'une
assez belle composition, gravée, en 1695, par Robert Van
Audenaerd à Rome d'après ce peintre, qui ne me paroit pas
sans mérite; c'étoit un sujet de thèse en hauteur où paroissoit le pape. . . . . assis dans son trône environné de
figures allégoriques.

CORDEGLIAGHI (GIOVANETTO), que Vasari nomme en un
endroit Gianetto, est nommé Cordella par le Boschini, auteur

de la description des peintures de Venise ; il le met au rang des disciples du Bellini, et le fait auteur entr'autres tableaux du portrait du cardinal Bessarion, qui est dans l'école de la la Charité à Venise, et dont on a une estampe gravée par Petrini.

CORDIER (NICOLAS). Ce sculpteur a exécuté, étant à Rome, la statue de bronze de Henry IV, roi de France, qui est à Saint-Jean de Latran, et dont il y a une estampe gravée par Le Mercier. On voit aussi de lui, dans l'église de la Minerve, et dans la chapelle de la famille Aldobrandine, une statue de marbre d'une Charité, qui est un beau morceau. M. Bouchardon l'a trouvée si fort de son goût qu'il en a fait le dessin que j'ai. La composition m'en plaît infiniment (1).

CORIOLANI (JEAN-BAPTISTE) est mort le 8 janvier 1649. Masini, t. 1, p. 626. Il étoit frère de Barthélemy aussi graveur.

CORNEILLE (MICHEL), né à Orléans, fit remarquer dès l'enfance son inclination pour la peinture. Attiré à Paris par la réputation de Simon Vouet, qui étoit pour lors premier peintre du roy, il se mit sous sa conduite et devint un de ses meilleurs disciples ; Vouet lui fit épouser une de ses nièces, pour se l'attacher davantage ; mais cependant il ne fut pas si

---

(1) Le Baglione a consacré à cet intéressant artiste lorrain une biographie, p. 108 de l'édition de Naples, 1733, in-4°. Beyle, dans ses *Promenades dans Rome* (t. II, p. 195) parle avec quelque irrévérence de la statue de Henri IV : « En sortant par la porte du « Nord, à l'extrémité de la nef de droite, on passe devant la statue « de Henri IV, qui a l'air toute mélancolique de se voir en pareil « lieu. Vous savez que le roi de France est chanoine de Saint-Jean « de Latran. »

scrupuleux imitateur de la manière de cet habile maître, quelquefois trop négligée et éloignée du naturel, qu'il ne chercha, en se proposant pour guides les ouvrages de Raphael, à rendre la sienne plus sage et plus étudiée. Quelques-uns de ses plus beaux tableaux, et surtout celui où il a représenté St Paul et St Barnabé, à qui l'on veut offrir un sacrifice dans la ville de Lystre, lequel a été si bien gravé par François Poilly, en sont une preuve. Lorsque l'Académie de peinture et de sculpture prit son établissement, il fut un des principaux qui en composa le corps, et il y exerça depuis la charge de recteur. Ses deux fils furent ses élèves; Michel, qui étoit l'aisné, suivit de plus près sa manière, et fut de très bonne heure en état de luy aider dans plusieurs de ses ouvrages. Il eut une extrême ardeur pour apprendre et un goût singulier pour le dessein qu'il eut occasion de satisfaire, en travaillant dans sa jeunesse pour un fameux curieux, qui luy fit copier un grand nombre de desseins de grands maistres qu'il avoit rassemblés. Il conserva, jusques à la fin de sa vie, cette passion du dessein ; car quoi qu'il eût acquis de la réputation dans la peinture, et que les ouvrages ne lui manquassent point, on le voyoit souvent quitter le pinceau pour prendre le crayon. Il trouvoit le même plaisir à étudier les ouvrages de peinture des plus habiles peintres italiens; il les copioit volontiers pour en mieux connoître les beautés et s'entretenir dans les bonnes manières : jamais peintre n'eut peut-être plus d'amour pour son art, et ne ménagea moins sa peine et son travail. Il ne lui coutoit rien de repasser plusieurs fois sur un même ouvrage, toujours mécontent de luy-mesme lors que les autres en paroissoient les plus satisfaits; il travailloit, il retouchoit ses ouvrages, quelquefois jusqu'à les appesantir en voulant trop les perfectionner. Il en a gravé luy-même quelques-uns avec assez d'intelligence. Dans sa jeunesse, il avoit déjà été occupé à graver pour le sieur Jabach quelques-uns de ses desseins qui sont présentement dans le cabinet du roy de France. Jean-Baptiste Corneille, son frère puiné, en avoit aussy gravé plusieurs; celuy-ci manioit la pointe avec une extrême facilité et beaucoup d'art, l'on en peut juger par ce qu'il a gravé (1). Sa manière de dessiner n'étoit pas moins facile; il eut été seulement à souhaiter qu'elle eût été plus légère, mais par malheur pour luy, Errard, sous lequel il avoit étudié à Rome pendant assez longtemps, luy avoit inspiré ce goût lourd et matériel; il n'y avoit de luy-même que trop de penchant; et il ne luy fut pas possible de s'en deffaire. Pendant son séjour à Rome, il avoit été employé par ordre du roy son maître à mesurer avec exactitude les plus belles statues antiques pour en connoistre les proportions, et il y fit en même temps une étude particulière de l'anatomie dans laquelle il se rendit habile. Il étoit membre de l'Académie royale de peinture et de sculpture aussy bien que Michel Corneille son frère aisné.

— L'ange annonçant à la Ste Vierge le mistère de l'incarnation, inventé par Perin del Vague, et gravé par Corneille le père. C'est un des desseins de Jabach.

— M. C. Sculpsit. C'est ainsi que s'est désigné Michel Corneille sur quelques planches qu'il a gravées d'après des desseins de Raphaël d'Urbin.

CORNEILLE (JEAN-BAPTISTE) le jeune, mort à Paris, en 1695, âgé de 47 ans. Il avoit appris sous son père les premiers principes de la peinture; mais ayant été envoyé à Rome à la pension du roy, et y ayant trouvé Errard qui y étoit directeur, il s'abandonna trop à la manière lourde de ce peintre, et devint comme lui un peintre extrêmement pe-

_____

(1) Voyez la note 1, à la page 324 du t. I de l'*Abecedario*.

sant dans son dessein. C'est dommage, car il étoit né avec du génie. Il avoit épousé une des sœurs de mon père (1), et ce fut sous lui que mon père apprit à dessiner; je lui ai toujours ouï dire que c'étoit pour son malheur. Avec cela J.-B. Corneille n'auroit pas laissé de passer loin; il savoit se produire, et M. Mansard son parent et son protecteur lui vouloit du bien.

— Des squelettes soutenant un suaire, un cadavre, et les différents attributs de la mort, composant un tout ensemble, qui a la forme d'un écran, gravé d'après J.-B. Corneille. Cela avoit été fait pour mon grand père, et pour servir dans les retraites qui se font chez les jésuites; on avoit dessein d'en faire encore d'autres; mais cela n'eut point son effet, et la planche même, dont il y a ici une épreuve, a été effacée.

CORNEILLE (MICHEL) le fils, naquit à Paris, en 1642, et se forma dans l'école de son père, qui étoit bien capable de l'instruire. Mais une des choses qui aidèrent davantage à lui former le goût, et à lui faire accorder la préférence aux ouvrages des meilleurs maîtres d'Italie, et surtout à ceux des Carraches et de leurs élèves, fut l'occupation que lui fournit dans sa première jeunesse le sieur Jabach, qui avoit la plus belle collection de desseins qui fût alors, et qui employoit le jeune Corneille et son frère Jean-Baptiste ainsi que plusieurs autres jeunes gens à en faire des copies, que souvent il vendoit pour des originaux. Cette supercherie étoit véritablement blamable et honteuse; mais le jeune Corneille y trouvoit son profit, de façon qu'il se vit bientôt en état de passer

---

(1) On connaissait déjà ce fait par le catalogue de Lorangère, à la p. 26 de la table : « J.-B. Corneille, fils de Michel Corneille le peintre, avait épousé la sœur de Jean Mariette, père de P.-J. Mariette. »

à Rome, y faire de meilleures études encore sous la protection du roi dans l'Académie que ce prince y avoit fondée. Il
n'y demeura pas cependant longtemps; le directeur Ch. Errard prétendoit le conduire, et ne vouloit pas qu'il eût un autre
guide, et le goût lourd et pesant de ce peintre lui faisoit envisager une perte certaine, s'il le prenoit pour modèle. Il se
détermina donc à travailler en son particulier, et à ne consulter que les meilleures sources. Après quatre ou cinq ans
de séjour, il repassa à Paris, et ne tarda pas à y jouir d'une
réputation méritée. Il eut des ouvrages à faire pour le roi;
mais s'étant mis mal dans l'esprit de M. Le Brun, jaloux de
ce qu'il le voyoit se livrer à M. Mignard, dont Corneille avoit
eu la folie de croire qu'il pourroit devenir le gendre, cela
joint à sa façon de représenter, et encore la lenteur qu'il
mettoit dans son travail, et une certaine irrésolution qui lui
faisoit trop souvent recommencer des ouvrages qui ne pouvoient que lui faire honneur, renfermé chez lui, et ne com-
muniquant point avec ses confrères, il fut oublié; on le laissa
mourir dans son logement des Gobelins, qui l'a fait appeler
Corneille des Gobelins, après avoir souffert l'extraction de la
pierre, le 16 août 1708. Comme il revenoit trop souvent sur
son ouvrage, et que, content de faire de l'effet pour le moment, il se servoit trop inconsidérément d'huile grasse, presque tout ce qu'il a peint a péri. Il ne restera de lui que des
desseins qui sont en grand nombre, et qui montrent une
grande science, mais qui, s'il en faut dire la vérité, pèchent
par trop de pesanteur.

CORNELI (CORNELIO). In un opera rappresentante il bat-
tesimo (?) con molti nudi grandi, di prima vista, v' a notato
l'anno 1588. *Abb. Marulli.*

CORNHERT (THÉODORE). Sandrart, cité par le P. Orlandi, dit

peu de choses de cet artiste; encore se trompe-t-il sur le
temps de sa naissance; car il le fait mourir âgé de 78 ans,
au lieu qu'il n'en avoit que 68 pour lors. Voicy un détail de
sa vie plus circonstancié. Théodore Volcaert Cornhert, ou,
comme il l'écrivit lui-même sur plusieurs de ses planches,
Dirck Cuerenhert, nacquit à Amsterdam en 1522. De retour
de ses voyages en Espagne et en Portugal, il s'établit à Harlem où il s'occupa d'abord à graver pour gagner sa vie. Il y
a apparence qu'il avoit appris cet art de Corneille Boys; du
moins il suivoit la même manière de graver de celui-ci, qui
lui étoit antérieur de quelques années, et pour lequel il grava
quelques planches en 1555; c'étoit d'après les desseins de
Martin Hemskerk, qui vivoit pour lors à Harlem avec la réputation d'un grand peintre. Cornhert avoit encore gravé beaucoup d'autres pièces d'après luy, depuis 1549, qui est à peu
près le temps qu'il commença à graver. Il continua de le
faire encore pendant quelque temps; mais d'autres occupations plus sérieuses l'attachèrent dans la suite. Ayant du goût
pour les lettres, il se mit à étudier. Si l'on en croit Bayle, il
étoit âgé de 30 ans lorsqu'il apprit le latin; Paul Colomiès,
dans ses mélanges historiques, dit qu'il en avoit 40, et qu'il
apprit de lui-mesme le grec et le latin avec tant de progrès
qu'il n'y avoit point d'auteurs qu'il ne traduisoit facilement
en flamand. En 1572 (je crois que c'est une faute du Moréri,
et qu'il faut lire 1562) il fut élu secrétaire d'Harlem. On le
députa plusieurs fois au prince d'Orange, gouverneur de Hollande; et ce furent ses conseils et ses sollicitations qui déterminèrent le comte de Brederode à présenter à Marguerite, duchesse de Parme, cette fameuse requête, qui donna naissance
aux troubles des Pays-Bas, en 1566. Cornhert fut ensuite enlevé d'Harlem par les Espagnols, et retenu longtemps pri-
sonnier à La Haye. On ne lui rendit la liberté qu'à la condition de demeurer dans cette ville; mais, craignant encore

quelque mauvais traitement, il s'enfuit secrètement à Harlem,
et se retira ensuite au pays de Clèves pour être plus en sûreté.
Il n'en revint qu'en 1572, lorsque les états de Hollande eurent secoué le joug des Espagnols. Alors Cornhert fut honoré
de la charge de secrétaire des états de la province; mais ayant
été nommé pour examiner les désordres des gens de guerre,
il leur devint si odieux qu'il fut obligé de se retirer à Embden.
Cependant les choses étant pacifiées, il revint à Harlem. Il
composa plusieurs traités de politique et de religion; il attaqua l'église romaine et la nouvelle réforme, voulant qu'on
laissât une entière liberté de conscience. Il écrivit contre
Luther, Calvin et Bèze sur la prédestination et le péché ori-
ginel. Colomiès le représente comme un hérétique enthou-
siastique qui avoit l'esprit aisé, et il ajoute qu'il composa
plusieurs traités de théologie, qui furent refutés par Calvin et
par Daneau, et qu'il écrivit même contre Juste Lipse. Il mourut à Goude, le 29 novembre 1590, et fut enterré à Tergou (1).
On a fait une édition de tous ses ouvrages en 1630. Le
célèbre Henry Goltzius étoit son disciple pour la gravure;
il étoit fort jeune lorsqu'il se mit pour la première fois sous
sa conduite; c'étoit dans le temps que Cornhert fut obligé de
se retirer dans le pays de Clèves. Goltzius le retrouva depuis
lorsqu'il vint en Hollande en 1576. Cornhert avoit une manière de gravure très-légère et très-spirituelle, et il semble
qu'on ne fait pas assez attention au mérite de ses estampes,
ce qui vient sans doute de ce qu'il n'a gravé que d'après
Hemskerck, Fr. Flore et autres maîtres qui ne sont pas de
premier ordre, et dont le goût trop sauvage n'est plus de
mode. Il seroit à souhaiter qu'il eût travaillé plus longtemps,

(1) *Postérieurement Mariette a ajouté :* Goude et Tergou est la
même ville qui s'appelle indifféremment de ces deux noms.

qu'il ne se fût pas livré à tant d'occupations diverses, et qu'il eût vu au moins l'Italie ; ç'auroit été un grand homme. J'ai extrait presque tout ceci de Bayle et de P. Colomiès cités par Moréry. Le premier écrit Théodore Koornhert, et l'autre Théodore de Volcært Cornhert. Outre cela, Vasari qui en fait mention, p. 270, t. 3, l'appelle Dinick Volcaerts; il écrivoit sur les mémoires de Lampsonius, mais, comme il ignoroit le flamand, il écrivoit Dinick au lieu de Dirick, qui est le diminutif de Dieterich, c'est-à-dire Théodore. Le portrait de Cornhert a été gravé par H. Goltzius ; c'est une estampe d'une beauté singulière. Il l'a aussi été par Th. Matham ; et ce portrait, accompagné de figures et d'écrits énigmatiques, donne autant la représentation des traits que la doctrine de l'homme singulier qui y est représenté.

CORNIA (ANTONIO DELLA). Voyez ce qui est rapporté dans le livre intitulé : *Teorica della Pittura da Ant° Franchi*, p. 59, au sujet d'une copie que ce peintre avoit fait du tableau de S. Jean de Raphaël ; les plus grands peintres de Rome y furent trompés.

CORNU (JEAN). Le P. Orlandi, qui écrit *Cornudidiepe*, ne fait ici qu'un seul mot de ce qui en doit composer trois. Jean Cornu, sculpteur, à Paris, étoit natif de Dieppe en Normandie. — Cornu n'étoit point de Dieppe, il étoit de Paris ; mais, son père ayant pris un établissement à Dieppe, il y passa sa jeunesse, et ce fut là qu'ayant été mis chez un ouvrier en yvoire, il y apprit les premiers élémens de la sculpture. C'est de son fils que je tiens ce fait. Ce fils, nommé Gabriel, s'étoit destiné à la peinture, et avoit pour cela étudié sous De Largilière ; mais, né sans le moindre talent, et presqu'aveugle, il est demeuré dans la plus extrême médiocrité ; et cependant ayant la manie de vouloir peindre des tableaux dont personne ne vouloit. Il est mort fort âgé en octobre 1763.

CORONARO (GIULIANO), peintre de Crémone, cité par Ant^e Campo; Histoire de Crémone, p. 54; peut-être est-ce le même que Giuliano de Capitani da Triokonte. V. t. I, p. 301.

CORRADINI (ANTONIO), mort à Naples en 1752, dans le palais du prince de San Severo qui l'avoit appelé pour le faire travailler aux sculptures des mausolées dont ce prince a décoré la chapelle qui est contiguë à son palais. On vante surtout une figure qui représente la pudeur et qui se dessine, dit-on, parfaitement, au travers d'une draperie légère dont elle est entièrement couverte. Cette idée singulière me rappelle un certain nombre de figures en marbre que fit faire autrefois au Corradini le feu roi de Pologne, Auguste, électeur de Saxe, dont on trouve les gravures dans le recueil des sculptures qui sont dans le palais de Dresde, qu'a publié en 1733 le baron Le Plat. Ces figures sont singulièrement composées et n'ont rien du caractère mâle qui est si essentiel à la sculpture. Il y règne un sauvage qui blesse l'œil et qui révolte. On voit que l'artiste s'est voulu distinguer par un travail forcé qui n'a d'autre mérite que d'avoir affronté des difficultés. C'est ce qu'a fait le Bernin, mais en habile homme et avec un génie plein de goût, au lieu que le Corradini, dénué d'un vrai génie, n'affiche que de la petite manière. Je trouve dans ses ouvrages beaucoup de ressemblance avec ce que nous avons vu faire en France au sculpteur Adam.

CORRÈGE. M. Zanetti prétend que le tableau de l'amour se faisant un arc, qu'on voit à Vienne, dans la galerie qu'on nomme le Trésor, n'est point du Corrège, et que c'est mal à propos qu'on a mis le nom du grand peintre sur l'estampe qui en a été gravée à Vienne par Van Steen. Il s'en tient au témoignage qu'en a rendu le Vasari, et il veut que le tableau appartienne au Parmesan. Il est vrai que le dessein ou première pensée que j'ai de ce tableau est incontestablement de ce dernier peintre ; et, s'il faut en croire M. Zanetti, la touche du pinceau et le caractère du dessin le manifestent encore davantage. Seroit-on actuellement dans la même persuasion à Vienne? car je trouve que M. Apost. Zeno, en parlant du trésor impérial, dans lequel il a été introduit, ne fait mention que de deux tableaux du Corrège. Ils ne les désigne pas autrement; mais il faut que ce soit l'Io et le Ganymède, tous deux incontestables. Zeno, lettere, t. 2, n° 163.

— Clemente Ruta, auteur de la description des peintures de Parme, p. 31 et 43, prétend que le Corrège n'avoit que 26 ans lorsqu'il commença les peintures du dôme de Parme, et qu'il en avoit 32 lorsqu'il exécuta celles de l'église de St Jean. Les dates lui ont, dit-il, été fournies par divers mss. authentiques qu'il a consultés.

— On lit son épitaphe dans le cloître des Cordeliers de Corregio, et, suivant les dates qui y sont marquées, le Corrège est né en 1494, et est mort le 5 mars 1534, âgé de 40 ans.

— La Ste Vierge avec l'enfant Jésus, gravé par Cooper, d'après un tableau du Corrége, de la collection du duc d'*Ormond*, appartenant à sir John Buttle. La planche, gravée en 1764, est dédiée à la reyne d'Angleterre.

— Il y a dans le recueil des tableaux du Cab. de Reinst une planche gravée par Holsteyn, qui est le portrait d'une dame assise, et l'on en trouve des épreuves avec le nom du Corrége, qui y a été mis mal à propos, car le tableau est de Jules Romain (1).

_____

(1) Sur le Corrége on peut voir le beau travail spécial du Père Pungileoni, en 3 vol. in-8°.

CORRENZIO (BELISARIO). Le cavalier Bélisaire, qui a beaucoup peint dans les églises de Naples, a choisy sa sépulture
dans l'église de S‹ Sévèrin des Bénédictins de cette ville. On
y lit cette inscription sur son tombeau : Belisarius Corensius
ex antiquo Arcadum genere, D. Georgii eques, inter regios
stipendarios Napoli à pueris adscitus, depicto hoc templo,
sibi suisque locum quietis vivens paravit 1615. Sarnelli, édit.
de Bulifon, p. 251.

CORT (CORNEILLE). — Voyez sa vie dans le Baglioni. Dans
le catalogue abrégé qu'il donne de ses ouvrages, il y met
celuy-cy, que je ne connois pas : Il Risuscitamento di Lazaro,
opera di Federico Zucchero. Il y a une Résurrection du Lazare,
d'après Frédéric Zuccaro, mais elle n'est certainement point
de Cort. Le Baglioni a tort de luy attribuer, ce n'est ny sa
touche ny son gout de dessiner. Il y a bien quelque chose de
sa graveure aussy. Peut-elle estre de quelqu'un de ses disciples ;
pour moy, je la crois d'Aliprand Caprioli, qui a gravé plusieurs autres pièces d'après le Zuccaro dans cette manière. J'ay
veu, à quelques pièces gravées par Hondius, une marque,
qui paroist estre une lampe, que j'ay remarquée de mesme
dans les estampes de Corn. Cort : celles de Hondius, où j'ay
vu cette marque, sont le portrait de Corneille Cort et celuy
de J. Marot, le poète, et plusieurs paysages. Voudroit-il dire
par là qu'il a gravé ces estampes (où il a mis cette marque),
le soir, à la lumière de la lampe ; effectivement elles sont
gravées assez legerement et peu finies. — Ce n'est point une
lampe ; c'est un instrument dont se servent les orfèvres pour
souder ; ils renferment dedans la poix résine pilée, et ils l'en
font sortir en promenant l'ongle sur ces petits crans pour la
faire tomber sur l'endroit qu'ils veulent souder à la lumière
de la lampe ; ils l'appellent un rochoir. — *Mariette relevant
l'inscription d'une pièce :* Romæ cum privilegio summi pon-

tificis etiam pro impressione argenti 1577, *ajoute* : De là je conclus que C. Cort étoit aussi graveur de monnoye ; du moins ce rochoir, instrument propre aux orfèvres, qu'il affecte de mettre sur plusieurs de ses pièces. C'est un fort préjugé pour faire valoir cette conjecture.

— Par les dattes, que ce graveur a mises à presque toutes les pièces qu'il a gravées, on voit qu'il étoit encore aux Pays-Bas en 1565, et que c'est vers la fin de cette année qu'il en sortit, pour venir en Italie ; il aborda premièrement à Venise, où le Titien luy fit graver (c'est Ridolfi qui le dit) plusieurs de ses tableaux ; il ne fit que deux planches dans le reste de cette année 1565, ce S. Jérôme, et l'histoire tirée de l'Arioste, toutes deux gravées dans la même manière, et il n'y met pas son nom ; l'année suivante, il fit un plus grand nombre de pièces, toujours d'après le Titien, qui conduisoit son ouvrage ; aussi ces pièces devinrent-elles les meilleures qu'il eût encore gravées, et, s'il en a fait depuis d'autres, qui sont gravées encore avec plus de liberté, il y a dans celles-cy plus d'intelligence ; ces pièces furent le Paradis, la Magdeleine et un Prométhée ; il ne demeura pas davantage à Venise, car cette mesme année il étoit à Rome où il gravoit plusieurs planches d'après don Julio Clovio. Si Ridolfi dit qu'il vint à Venise en 1570, et que le Titien le logea chez luy, il faut que ce soit un second voyage, qu'il n'aura mesme peut-être fait qu'en 1571, temps auquel il a gravé le S. Laurent et la Lucrèce, d'après le Titien.

— La sainte Vierge présentant l'enfant Jésus au temple, gravé en 1568, je crois, d'après Federigo Zuccharo. Sans nom de Corn. Cort, mais elle est bien de lui. Au bas de l'inscription : *A. Stat.*, c'est l'abrégé du nom Achille Statius, homme de lettres qui vivoit alors à Rome, et ce nom est au bas de l'estampe pour montrer que Statius est auteur des vers latins qu'on y lit. J'ay lu dans les remarques de M. le

baron de la Bastie sur le livre du P. Joubert, que ce Statius
étoit Portugais et savant antiquaire. Ce fut lui qui publia, en
1568, si je ne me trompe, les portraits des hommes illustres
de l'antiquité, d'après les monuments qui se voyoient de son
temps à Rome. — Je le fais homme de lettres sur la foy de
M. de la Bastie. Peut-être n'étoit-ce qu'un de ces antiquaires
qui se meslent de trafiquer ; car je vois sur certaines estampes
de C. Cort : *Statii formis*.

— Jésus-Christ, nouvellement né, adoré par les pasteurs,
gravé en 1567, d'après Thadée Zuccaro. J'en ay le dessein
original, qui est très-beau.

— J'ay veu une estampe représentant saint Nicolas qui
jette de l'argent dans une maison où étoit enfermé un père
qui, réduit à la dernière extrémité, méditoit de prostituer
ses propres filles. Le dessein en paroist de Parmesan et plutôt de Salviati. Il y avoit au bas le nom du graveur C. Cart,
ainsi que je l'ay remarqué dans le cours de ce catalogue ; à
celle-cy, outre le nom du graveur, il y avoit celuy du marchand, *Apud hœredes Claudii Duchetii* 1587, et ensuite, *Julii
Roscii Hortini*, qui est peut-être un autre nom de marchand (1), car je ne trouve aucun peintre de ce nom. Mais
ce qui mérite plus que tout le reste attention, est cette date
de 1587, qui fait bien connoistre qu'il n'y a point de faute
dans la manière dont le nom est écrit, et que c'est le nom
d'un graveur différent de C. Cort, qui estoit mort en 1578.
Il est peut-estre cependant un de ses disciples, car l'estampe
tient de sa manière de graver. Mais, encore une fois, j'oserois
comme asseurer que cette pièce cy et les autres qui sont dans
le cours de l'œuvre avec ce mesme nom, *C. Cart*, ne sont

---

(1) Il y a, ce me semble, un livre d'emblèmes de ce Roscius
Hortinus, c'est-à-dire de la ville d'Horta, par Tempeste. Il estoit
prestre, autant qu'il m'en peut souvenir.   (*Note de Mariette.*)

point du célèbre graveur C. Cort. Il n'a jamais rien fait en
Italie de si roide pour la conduite des tailles, et voicy un
nouveau graveur qui n'estoit pas connu, dont il me semble
avoir fait la découverte. — J'ay trouvé une copie de l'estampe du cordon de saint François d'Auguste Carrache, faite
par le mesme C. Cart, avec son nom. Or, l'originale ayant
été gravée en 1586, il s'ensuit naturellement que C. Cort ne
l'a pu faire, estant mort bien auparavant. Il y a donc un
C. Cart, graveur au burin ; l'on ne peut plus après cecy en
douter (1). — Ce mesme C. Cart a fait aussy une copie de la
Vierge, accompagnée de saint Jérosme et de sainte Magdelaine, gravée par Aug. Carrache, d'après le Corrége ; il y a
mis son nom (2). — Malvasia a cru que ce C. Cart était Corneille Cort. Voyez ce que cette fausse supposition lui a fait
dire, p. 362 de son premier volume. Il n'est pas surprenant
que le Carrache lui écrivît avec aigreur. Comment parler autre-
trement à un homme qui copie vos propres ouvrages.

CORVINA (MADDALENA) vivoit à Rome, dans le temps que
Mellan y faisoit son séjour. Elle peignoit en miniature, et
même à l'huile. L'inscription qu'on lit autour de son portrait, gravé par Mellan, en 1636, le dit, et c'est tout ce qu'on
sait d'elle. Je la crois fille de Henri Corvinus, qui jouissoit
dans Rome de la réputation d'un excellent botaniste, et qui,
étant âgé de 82 ans, a eu son portrait gravé à Rome par
Jean Valdor, celui qui a publié les triomphes de Louis le
Juste, d'après le tableau peint, sans doute en miniature, par
ladite Madeleine Corvina.

---

(1) Bartsch, n° 109 ; il indique l'orthographe exacte, mais sans
commentaires.
(2) Bartsch, n° 95, n'indique pas cette copie.

COSATTI (LELIO). Le Pavé de Sienne, de Beccafumi, gravé en 1739, en trois grandes planches, par les soins de Lelio Cosatti de Sienne, et dédié par lui au grand-duc. Voicy les termes de la dédicace : Francisco III Lótharingiæ Duci Mariæ Theresæ Archiduci conjugi magnis Etruræ Ducibus — Quorum felix faustusque adventus publicis fert rebus præsidium bonisque artibus incrementum — Principis Senarum templi marmorum pavimentum — a Domenico Beccafumi şingulari miraque arte sacris distinctum historiis — Tribus œneis tabulis curâ suâ expressum, vulgata jam pridem ejusdem templi orthographia, Lælius Cosatti cum fratris filiis, D. D. D., anno 1739. Ces trois planches sont assez mal gravées, et peu dans la manière de l'auteur, qui n'est cependant estimable que par son goût de dessein, qui donne dans le Michel Ange ; ce gout particulier ne se trouvant point dans ces estampes, elles n'ont de mérite que parce qu'elles conservent une idée de la disposition générale qu'on n'a pas autrement.

COSSIN (LOUIS). Son véritable nom étoit Coquin, et l'on a de ses gravures de l'an 1663, où il a écrit ainsi son nom ; mais comme ce nom sonnoit mal et lui attiroit des brocards, il le changea en celui de Cossin, et depuis il a toujours été appelé de ce dernier nom.

COSTA (LORENZO). Le Gigli, auteur du poëme *Trionfo della Pittura*, le range au nombre des peintres nés à Mantoue.

COTELLE (JEAN) étoit de Meaux et peintre d'ornemens. Il a beaucoup travaillé pour Vouet. C'étoit alors la mode de peindre tout l'intérieur des maisons d'un peu d'importance, et d'en charger les plafonds, les lambris, les portes, etc., de compositions d'ornemens. Quantité d'artistes s'étoient consacrés à ce talent, qui n'étoit pas fait pour leur procurer un grand

nom ; aussi sont-ils aujourd'hui presque tous oubliés. On a une
suite de desseins de plafonds, gravés par Fr. de Poilly, d'a-
près Jean Cotelle, et l'on peut juger sur cette production de
ce qu'il étoit capable de faire dans le genre qu'il avoit embrassé. J'ai connu son fils, qui étoit un assez mauvais peintre.
Sur la fin de sa vie, se trouvant sans ouvrage, il s'étoit mis à
faire des desseins pour des graveurs, et mon père lui en a
fait faire beaucoup, qui sont sans verve et d'une pesanteur
insupportable. Il étoit à Rome en 1670 ; il y peignoit le portrait de P. Sevin, qu'a gravé Vermeulen ; il y prend la qualité
de *Pictor parisiensis.*

COTIGNOLA (GIROLAMO). L'éditeur de l'Abecedario pittorico,
imprimé à Naples, en 1733, avec quelques additions, fait
mention de ce peintre, qui étoit, dit-il, Napolitain, et florissoit en 1513, et il cite deux de ses tableaux, qui sont dans
l'église du Mont-Olivet, et dans celle de S. Anello, à Naples.
C'est sans doute le même peintre dont Malvasia a fait mention,
et dont il sera parlé ci-après (p. 256 *de l'Abecedario du*
P. Orlandi) , à l'article Girolamo da Cotignola. Voir auquel
des deux, du Malvasia ou de l'éditeur de l'Abecedario, faut-il
ajouter foi ? Le premier le fait originaire de Cotignola, le second
le dit Napolitain ; ce dernier ne me paroit pas toujours exact.

COUDRAY (FRANÇOIS). Il y a de ses ouvrages à Dresden, où
il a travaillé pour le roi de Pologne, électeur de Saxe.

COURTIN (JEAN), peintre, né à Sens, mort à Paris, en
1752, graveur.

COURTOIS (GUILLAUME), Guglielmo Cortese, suivant l'inscription, qui est au pied du portrait de ce peintre, que le
sieur Pio avoit parmi ses dessins, et que j'ai retrouvé dans la

collection de M. Crozat; il est né en Bourgogne, en 1625, et est mort à Rome, en 1686. — Ces dates sont fausses; Guillaume Courtois est né en 1628, et mort en 1679; son épitaphe, rapportée par le Pascoli, I, 152, y est formelle.

— La Résurrection de Lazare, gravé par Guil. Courtois, d'après le Tintoret. Ce Courtois est frère de celui que l'on appelle le Bourguignon; son nom n'est pas à cette pièce, mais on apprend qu'elle est de luy dans le catalogue de Rossi, p. 75. *Gio. Giacomo Rossi formis Romæ.*

COURTOIS (JACQUES), Padre Giacomo Cortesi. M. Crozat avoit son portrait dessiné qui lui venoit du Sʳ Pio, et suivant l'inscription qui y est jointe, ce fameux peintre de batailles est né en 1622 et est mort le 22 novembre 1683. — Il naquit en 1621 à Saint-Hippolyte, près de Besançon, et il mourut à Rome d'une attaque d'apoplexie, le 14 novembre 1676. Voyez sa vie dans le tome 3 du Recueil des Portraits des Peintres, peints par eux-mêmes, de la galerie de Florence. Il s'en faut tenir à cette dernière date, elle est certaine.

— Les soixante et douze petits dessins ci-dessus formoient un livret, dans lequel le Bourguignon disposoit les premières pensées de ses tableaux, avec un esprit et une intelligence dont il n'y a guères que lui qui fût capable; le Bellori l'acheta des pères jésuites du collège Romain, après la mort de l'auteur, soixante et dix écus romains (Cat. Crozat, p. 29).

— Outre quelques planches de bataille qu'a gravées le Bourguignon, frère de Jacques Courtois, il y a dans le second volume de l'Histoire des guerres des Pays-Bas de Fab. Strada quatre planches qu'il a gravées à l'eau-forte, sur ses dessins, et qui doivent avoir été exécutées par lui vers l'année 1647. Dans le même volume il s'en trouve deux qu'a gravées Colignon sur les dessins de Michel-Ange Cerquozzi, surnommé des Batailles.

COURTOIS (PIERRE FRANÇOIS), graveur, mort à Rochefort, a gravé d'après Annibal.

COUSIN (JEAN), Sénonois, maître peintre à Paris ; ce sont les qualités qu'il prend à la tête de son livre de perspective, imprimé à Paris en 1560 in-f° ; il devoit être suivi d'une seconde partie en laquelle auroient été représentées *les figures de tous corps, même personnages, arbres, paysages*, etc. Elle n'a jamais paru. J. Cousin étoit savant dans la science des raccourcis, il en avoit fait une étude particulière; cela paroit par la planche gravée en bois qui sert de frontispice à son traité de perspective. On y voit des figures d'hommes vues en raccourci en diverses positions; le dessin en est correct, mais il y a de la sécheresse, et le goût n'en est pas exquis. On y peut prendre une idée fort juste de la manière de dessiner de ce peintre, qui, vivant avec le Primatice, auroit dû, ce semble, sacrifier comme lui aux Grâces et mettre plus de souplesse dans ses figures. — Il faut s'en tenir à ce qu'a écrit Félibien sur l'âge et le temps de la mort de J. Cousin, qu'il vivoit en 1589, et qu'il est mort fort âgé. Les dates, données par Dandré Bardon, dans sa Notice des peintres françois, sont absolument fausses.

COUSTOU (GUILLAUME), mort à Paris le 22 février 1746, âgé de 69 ans. Il étoit habile homme ; mais il s'en falloit beaucoup, à mon avis, qu'il le fût autant que son frère aîné. Son dernier ouvrage sont les deux chevaux qui se voyent à Marly. Sa statue d'Hyppomène et celle de Daphné dans les jardins de Marly faites en 1712 sont des plus belles choses que j'aye vues de Coustou le jeune. Quelques tracasseries l'empêchèrent de jouir d'une place de pensionnaire dans l'Académie que le roi entretient à Rome. Il fut donc obligé de travailler dans cette ville pour y vivre, et, comme il se vit à l'étroit, il étoit sur le point de passer à Constantinople et d'en faire la folie, lorsque Frémin, son ami, vint à son secours et l'en détourna. Il entra chez M. Le Gros, et, pendant qu'il y fut, il travailla, sous sa conduite et d'après son modèle, au bas-relief de saint Louis de Gonzague, qui est dans l'église de Saint-Ignace. C'estoit une bonne école. M. Bouchardon a travaillé sous lui, et il lui est fort honorable d'avoir contribué à former un tel homme.

COUSTOU (NICOLAS) est un des meilleurs sculpteurs que la France ait eus. Il fut l'élève de Coyzevox, son oncle, et ne le fut jamais du Bernin; lorsqu'il vint à Rome, ce fameux sculpteur n'y étoit plus. Coustou se contenta d'être l'admirateur de ses ouvrages sans s'en rendre trop l'imitateur et l'esclave. Il se fit une manière qui ne sort point assez du goût français, et c'est un reproche à lui faire. Car avec du goût, de la correction et un beau faire, sa sculpture n'a rien de grand ni de piquant, aucune étincelle de ce feu qui caractérise le ciseau italien. On admire avec raison la figure d'un berger qui est dans les jardins des Thuilleries; c'est un excellent morceau fait en 1710. On trouvera le détail de ses ouvrages dans sa vie qui a été écrite par M. de Contamine (1). J'ai moi-même écrit quelque part ce que je pensois des deux figures de chasseurs qui sont à Marly, et qui, faites en 1706, servirent à établir la réputation de Coustou. Son chef-d'œuvre est, à ce qu'on prétend, sa figure d'Apollon, qui est de l'année 1714, et qui est est encore un des ornements des jardins de Marly. Je n'estime pas moins le beau groupe, où la Seine et la Marne sont repré-

---

(1) Eloge historique de M. Coustou, l'aîné... auquel on a joint des descriptions raisonnées de quelques ouvrages de peinture et de sculpture (par M. Cousin de Contamine), Paris, 1737, in-12 de 186 pages. Les descriptions se rapportent à Bousseau et à Lancret.

sentées avec deux enfants, un cygne et d'autres attributs merveilleusement bien exprimés. Je ne le vois point aux Thuilleries
sans en être frappé d'admiration. En 1687, au retour de
Rome, où il demeura pensionnaire pendant trois ans à l'Académie que le roi y entretient, il s'arrêta pendant dix-huit
mois à Lyon, et vint prendre un établissement à Paris et fut
reçu académicien en 1693, et, après avoir passé par les principales places dans le corps académique et avoir fourni pendant près de soixante ans un nombre infini d'ouvrages, il
mourut le 1er may 1733, âgé de 75 ans et 4 mois. Il étoit né
à Lyon le 9 janvier 1658. Il partagea assez souvent avec son
frère cadet les ouvrages qu'il avoit à faire pour le roi ; mais
celui-ci lui demeura fort inférieur. Il profita, à la mort de
son frère, de ce que celui-ci avoit amassé à la sueur de son
front, et ne dut point trouver mauvais qu'il ne se fût pas marié.

COUVAY (JEAN). Saint Pierre, se repentant d'avoir renié
Jésus-Christ, d'après Cl. Vignon : dédié par Couvay a Claude
Vignon ; la dédicace est en italien. Vignon, Ciartres et plusieurs autres de la même clique, qui avoient voyagé en Italie,
avoient mis sur le pied de ne s'écrire qu'en italien. Couvay
n'avoit pourtant pas encore été en Italie. C'est une de ses
meilleures pièces.

COYPEL (NOEL). J'ay toujours ouy dire que Noël Coypel
étoit d'Orléans ; l'on m'avoit trompé ; Coypel étoit de Paris ;
mais son père étant allé demeurer à Orléans, il y avoit été
élevé. — Étant à Rome, il fut admis dans l'Académie de Saint-
Luc, le 13 avril 1673. Son nom est inscrit dans le Catalogue
des membres de cette Académie, mais mal orthographié ;
car on a assez de peine à le reconnoître sous ce nom, tel qu'il
est imprimé, Natale Cohibel ; et c'est ainsi que les Italiens dé-
figurent les noms des étrangers qu'ils ont peine à prononcer.

— Noël Coypel , natif de Paris ; après avoir peint pendant
longtemps avec réputation dans les maisons royales, fut choisi
par le roy de France pour remplir la place de directeur de
l'Académie royale de peinture établie à Rome. Il soutint ce
poste avec éclat ; et en étant de retour, il fut encore éleu directeur de l'Académie de Paris. Ses tableaux étoient dessinés
avec correction ; c'étoit la partie de la peinture qu'il avoit le
plus cultivée. Ceux qu'il fit pour le roy, étant à Rome, luy firent honneur , et furent regardés avec estime par les Italiens
mesmes , si réservés d'ailleurs sur les louanges. Il continua,
le reste de sa vie, qui fut assez longue, à travailler presque
toujours pour le roy, et à former dans la peinture son fils
Antoine Coypel, qui y avoit d'heureuses dispositions, et il finit sa carrière avec la réputation d'un homme qui joignoit à
beaucoup de capacité des mœurs très-pures et une grande
probité.

« — Noël Coÿpel (1), le premier de tous ceux de ce nom
« qui s'est adonné à la peinture, étoit fils de Guyon Coypel,

---

(1) Cette notice, publiée dans le recueil des Amusements du
cœur et de l'esprit (XI, 448-53), n'est pas de Mariette ; mais elle a
été copiée par lui avec le plus grand soin, pour figurer dans ses
notes, et c'est à ce titre que nous pouvons donner ce document
très-curieux et peu connu. Le renvoi au 8e volume du même recueil donne le nom de son auteur ; car, en y recourant (p. 289-349),
on trouve une lettre à M. P. (Philippe de Prétot), l'éditeur du recueil,
signée Caresme et datée aussi de Versailles, le 22 octobre 1740,
par laquelle il lui envoie un dialogue de Coypel sur le coloris, en
rappelant combien il serait coupable comme gendre de ce grand
homme, s'il gardait pour lui seul ce morceau. Cette phrase, rappro-
chée des mots d'un préambule retranché par Mariette : « Ma garân-
tie en cette rencontre vaut bien celle d'un autre, ayant épousé une
des filles de l'illustre artiste dont il s'agit » montre bien que Caresme est l'auteur de cette vie de Noël Coypel. — A la suite vient la
conférence (p. 455-72), et à celle-là il faut lire : H. Testelin et non pas
de H. Sestelin, le nom mis à la suite de la mention Prononcé par
M. Coypel en l'assemblée du premier fevrier 1670, qui accompagne
la conférence de Coypel.

« cadet d'une famille de Cherbourg en Normandie. Il naquit
« à Paris le 25 décembre 1628. Les grands talents qu'il de-
« voit faire briller un jour étoient pour ainsi dire esquissés
« en lui dès sa première jeunesse; et, démêlant dans les com-
« positions de cet âge tendre la haute renommée où il devoit
« atteindre dans la suite, ses parents le laissèrent se livrer à
« son goût. Il prit les éléments de son art chez un nommé
« Guillerié, qui seroit peut-être moins connu, si l'élève n'eût
« illustré le maître. Ses progrès furent rapides. Il n'avoit en-
« core que dix-huit ans, lorsqu'en 1646 il fut agréé pour tra-
« vailler, à la journée du roy, aux décorations qu'on prépa-
« roit alors pour l'opéra d'Orphée. Depuis ce temps-là il fut
« presque toujours employé aux ouvrages des maisons
« royales. En 1655, il fit plusieurs tableaux au Louvre, dans
« l'oratoire et dans la chambre de Sa Majesté. Il orna aussi de
« ses ouvrages l'appartement de M. le cardinal Mazarin. Ce
« fut encore lui qui, au temps du mariage de Louis XIV,
« peignit, dans le même château, tous les tableaux du pla-
« fond de l'appartement de la reyne, ceux de la magnifique
« salle des Machines du palais des Tuilleries, plusieurs mor-
« ceaux de l'appartement de la reyne-mère à Fontainebleau
« et chez Monsieur, frère unique du Roy.
« Quoyqu'il se fût présenté, dès le 6 septembre 1659, à
« l'Académie de peinture, qui n'étoit établie que depuis 1648,
« comme il étoit alors très dignement occupé aux ouvrages
« du roy, pour lequel il travailloit sans relâche, il différa sa
« réception jusqu'au 31 mars 1663. Mais ce ne fut que long-
« temps après qu'il offrit à cette célèbre compagnie son ta-
« bleau du meurtre d'Abel par Caïn, qui fut reçu avec de
« grandes marques d'estime et de reconnoissance; aussi n'é-
« toit-ce point encore un tribut, c'étoit un présent qui avoit
« tout le mérite de la générosité. En 1660, il fit orner, sur
« ses desseins, l'appartement de Sa Majesté, aux Thuilleries.

« En 1672, et à l'âge de 49 ans, le roy, après lui avoir assi-
« gné un logement aux galeries du Louvre, le nomma, sous
« la sur-intendance de M. Colbert, directeur de l'Académie
« de Rome, dont l'établissement, commencé par M. Errard,
« n'étoit point encore à la perfection. Dans cette place il fit
« beaucoup d'honneur à la nation françoise, et il s'acquit
« l'estime et l'affection des Italiens qui ne l'ont point encore
« oublié. Pendant son directorat, il fit cinq tableaux, qui or-
« nent la salle des gardes de la reyne à Versailles. Ce sont
« tous ouvrages d'une rare excellence, dignes des plus grands
« maîtres et de l'admiration de la postérité.

« Le 13 août 1695, après la mort de M. Mignard, le roy
« (qui à cause des guerres avoit diminué plusieurs dépenses
« et parmi cela retranché le titre de premier peintre), fit
« l'honneur à Noël Coypel de le nommer directeur perpétuel
« de l'Académie, et de lui assigner la pension de mille écus.
« L'Académie témoigna combien elle étoit satisfaite de ce
« choix par une députation qu'elle fit faire au directeur, qui
« remplit ce poste important avec une approbation unanime.
« Enfin, âgé de 77 ans, il peignit deux grands morceaux qui
« sont au-dessus de l'autel des Invalides, et qui représentent
« l'Assomption de la Vierge, et deux ans après, il mourut en
« 1707, à pareil jour que celuy de sa naissance.

« Il avoit été marié deux fois, la première en 1657 avec
« Magdelaine Herault, femme d'une grande piété et qui s'est
« distinguée dans la peinture. Ils n'eurent d'enfant qu'Antoine
« Coypel, qui a été premier peintre du roy. Le dôme de la
« Chapelle de Versailles et la galerie de l'Énéide au Palais-
« Royal, qui sont de sa main, sans compter ses autres œu-
« vres, luy ont acquis une réputation justement méritée. Ce
« grand peintre épousa Jeanne Bidault dont il eut Charles-
« Antoine et Philippe Coypel, tous les deux actuellement vi-
« vants. Le premier, dont je ne tais les grands éloges qui luy

« sont dus que par complaisance pour sa modestie, a été
« nommé, encore fort jeune, professeur de l'Académie
« royale, et soutient dignement la réputation de ses pères.
« L'autre n'a point suivi cet art, et remplit une charge à la
« cour. Après la mort de Madeleine Hérault, Noël Coypel se
« remaria en 1685 à Anne Françoise Perrin, en qui les dons
« de l'esprit égaloient les agrémens de la figure. Alliée de
« près à la famille des Boulognes, et destinée à entrer dans
« celle des Coypels, la nature, attentive, l'avoit prudemment
« douée de talens qui pussent faire honneur à l'art dans le-
« quel ces noms se sont rendus si fameux. Elle le cultivoit
« avec succès. De ces secondes nopces naquirent quatre en-
« fants, scavoir :

« Anne-Françoise, maintenant veuve de François Dumont,
« sculpteur du roy, mort à l'âge de 36 ans en réputation
« d'un excellent artiste ;

« Noël-Nicolas, dont nous avons inséré un crayon de sa
« vie dans le 8ᵉ volume, et qui n'a pas moins travaillé pour
« l'immortalité que tous les autres de son sang. Il est mort,
« sans postérité ;

« Charlotte-Catherine, qui n'a point pris d'alliance, et
« Françoise Emée, que j'ai épousée.

« Cette nombreuse famille, non plus que le poids de l'âge,
« n'avoit rien altéré à la beauté du génie ni à l'excellence du
« pinceau de Noël Coypel; c'est ce qu'on a remarqué dans
« les lieux saints, dans les maisons royales, dans les cabinets
« des personnes du premier rang et des connaisseurs les
« plus délicats, où ses tableaux de tous les âges sont honora-
« blement placés, et singulièrement, comme je l'ay déjà dit,
« dans les deux morceaux à fresque qu'il a peints aux Inva-
« lides deux ans avant sa mort. Il a fait voir constamment
« dans toutes ses œuvres que l'histoire sacrée et profane lui
« étoient également familières; qu'il possédoit dans leur

« point de perfection la perspective et l'anatomie, et qu'il
« avoit une correction de dessin toute particulière; aussi,
« pour le distinguer de ses enfants, on le nommoit commu-
« nément parmi les amateurs *Coypel le Poussin*. Mais qui
« s'étonnera de cela après la lecture de ses Conférences, dans
« lesquelles il n'est pas possible de prendre une autre idée
« de lui que celle d'un des plus grands maîtres ? »

COYPEL (ANTOINE) *Comme l'Orlandi imprime : Dipinse la
volta della capella di Versailles e quella di Samam, Mariette
ajoute :* Il faut lire : E due quadri, cioe la Resurrectione al-
l'altare maggiore et l'Annunciazione, nella capella del palazzo
reale di Meudon. M. Coypel a peint encore plusieurs tableaux
dans les appartements de cette maison royale, qui tous ont été
gravés : Alceste rendu à Admète, les Forges de Lemnos, Silène surpris par la nymphe Églé, et deux sujets de la fable
de Psyché. — Mort en 1722 âgé de 61 ans.

— Apollon sur le Parnasse au milieu des Muses, inventé
par Ant. Coypel, et gravé à l'eau-forte par M. le duc de Bourgogne. Je tiens cette particularité de M. Coypel.

— Alexandre offrant sa couronne à la belle Roxane dont il
est devenu amoureux, peint par Ant. Coypel, pour estre exécuté en tapisserie pour le roy, d'après les desseins de Raphaël
d'Urbin, que ce scavant peintre avoit fait sur la description
d'un tableau d'Aëtion donné par Lucien. Ant. Coypel, en
suivant ce dessein de Raphaël y a adjouté de son invention
divers ornements pour rendre la tapisserie plus riche. L'estampe a été gravée par F. la Cave, sous la conduitte de Bernard Picart.

— Portraits des ambassadeurs du royaume de Maroc venus
en France en 1689, en demy-corps, gravés par Ant. Trou-
vain. Ils sont représentés dans une loge de l'Opéra ou de la
Comédie. M. Coypel les y dessina pendant ce spectacle.

COYPEL (NOEL-NICOLAS), fils de Noël Coypel, d'un second lit, perdit son père dans un âge tendre; mais l'amour qu'il avoit pour la peinture et les heureux talens qu'il avoit apportés en naissant suppléèrent en quelque façon aux instructions utiles qu'il auroit pu espérer de la part de son père. Il étudia sa profession avec un zèle et une assiduité surprenantes, et dans tout le cours de sa vie il témoigna une grande ardeur pour le dessin. Il n'est donc pas étonnant qu'ayant vécu dans ces principes, il se trouve dans ses ouvrages tant de sagesse et de correction. Loin de se laisser entraîner à un certain libertinage, dont le faux brillant séduit quelquefois et qu'il voyoit effectivement applaudi dans quelques-uns de ses contemporains, il fut toujours pour ainsi dire en garde de ce côté-là contre lui-même et ne laissa rien sortir de ses mains qui ne fût très-épuré. Un des premiers morceaux qui servit à le faire connoître fut un tableau représentant le Triomphe de Galathée ou d'Amphithrite ou la Naissance de Vénus, qu'il exposa dans la galerie du Louvre en 1727, à l'occasion d'une concurrence qui fut proposée aux principaux peintres de l'Académie. M. Le Moine et M. de Troy eurent le prix, et l'on ne peut disconvenir qu'ils en étoient très-dignes. M. Charles Coypel reçut aussi une marque de distinction : le roy prit son tableau; mais y avoit-il de la justice à laisser, comme on fit, l'ouvrage de M. Noël-Nicolas Coypel sans aucune récompense? Le public sçut l'apprécier à sa juste valeur. N'ayant là-dessus qu'une seule voix, tout le monde le regarda avec une admiration mêlée d'étonnement, et l'on plaignit l'auteur en secret de n'avoir personne auprès du ministre qui fît sentir la force de ses talents. M. Coypel ne se découragea pas pour cela; bien au contraire, il redoubla son travail, et comme il n'avoit rien plus à cœur que de se faire connoître par quelque ouvrage public, il saisit en 17.. l'occasion qui se présenta de peindre la chapelle de la sainte Vierge;

dans l'église de Saint-Sauveur de Paris. Il convint avec les marguilliers d'un prix fort médiocre, sans quoi ils n'auroient pu se résoudre à lui laisser fournir une carrière si honorable. L'ouvrage augmenta sous sa main; il devint plus considérable qu'il ne pensoit. Il crut par là être autorisé à changer ses engagements, ce qui fut la matière d'un procès qui fut d'autant plus chagrinant pour un artiste tel que luy, que la procédure ne marche guères volontiers avec les arts. Quoi qu'il en soit, ce morceau de peinture lui fit honneur, surtout le morceau peint dans la calotte de la voûte; car l'on crut trouver à redire, dans le reste, de ce qu'il avoit marié avec la peinture plate des figures de relief coloriées, et bien des gens se crurent autorisés à le blâmer de cette licence, en même temps qu'ils lui rendoient cette justice qu'il y avoit dans tout ce morceau bien des grâces et beaucoup de justesse de dessin; car pour la partie du coloris, ce n'étoit pas la partie de la peinture qu'il possédoit dans un plus éminent degré, quoiqu'il eût un pinceau très-agréable. Il peignoit aussi parfaitement bien au pastel. Il a fait dans ce genre plusieurs portraits très-estimés. Il étoit de l'Académie de peinture, et y exerçoit l'emploi d'adjoint à professeur, lorsqu'il mourut le 14 décembre 1734, âgé d'environ 43 ans. Il a été enterré dans l'église Saint-Germain-l'Auxerrois. — Il étoit né en 1692.

COYPEL (CHARLES), fils d'Antoine Coypel, naquit à Paris en 1694, et est mort de la petite vérole en 1752. — Il est fils et disciple d'Antoine Coypel. Ses qualités du cœur et de l'esprit le rendirent infiniment agréable et cher à ses amis. Il en avoit beaucoup qui tous étoient des personnes distinguées, soit par leur naissance, soit par leurs talents; on se réunissoit chez lui et l'on y trouvoit la meilleure compagnie. Il écrivoit fort bien, il faisoit joliment des vers. Il a laissé un nombre de comédies dont les sujets sont à lui, et qui pourroient figurer avec nos meilleures pièces, s'il y avoit plus d'intérêt, et si les caractères en étoient moins chargés. Ce défaut avoit passé jusque dans ses tableaux; il le tenoit de son père, qui lui-même avoit oûtré les caractères qu'il avoit jugé à propos de donner à ses figures. Son fils renchérit sur lui ; il alla chercher des modèles d'attitude et d'expression sur le théâtre, et il n'y trouva, même dans le jeu des meilleurs acteurs, que des grimaces, des attitudes forcées, des traits d'expression arrangés avec art, et où les sentiments de l'âme n'ont jamais aucune part. Il en arriva que notre peintre ne put jamais mettre de naïveté ni de naturel dans ses tableaux, et le malheur vouloit qu'ils en eussent plus besoin que ceux des autres peintres; car comme il ne manquoit ni d'esprit ni d'imagination, il ne choisissoit guère que des sujets chargés d'expressions. Ajoutez à cela qu'applaudi de trop bonne heure sur des productions où le génie perçoit, il n'avoit pas assez connu la nécessité d'étudier d'après nature. Il s'étoit fait une espèce de routine qui s'étoit convertie en manière, et qui lui faisoit envisager tout sous le même point de vue. Lui falloit-il faire quelqu'étude d'après le modèle, on auroit dit qu'il l'avoit faite d'invention ou d'après quelques données de son père. Il entroit fort souvent dans ses compositions des figures de femme et des enfants; il n'en dessina jamais au naturel. Son coloris ne fut pas plus vrai; il ne se soutint qu'à la faveur des sujets qu'il choisissoit en homme d'esprit. Jaloux de se faire un nom dans un art qu'il aimoit véritablement et qu'il exerçoit noblement, il fit en 17.. un très-grand tableau représentant Jésus-Christ montré au peuple par Pilate, qui, pendant plusieurs années, a tapissé toute une face de l'église des Prêtres de l'Oratoire, rue Saint-Honoré, auxquels il en avoit fait présent. Il s'y donna beaucoup de peine, il y mit tout ce qu'il savoit faire ; ce tableau n'eut cependant qu'une assez médiocre réussite, et lorsqu'on l'a ôté de l'église où, depuis son achèvement, il n'y avoit plus de place pour le recevoir, on n'a pas paru être beaucoup inquiet sur ce qu'il deviendroit. Ses tableaux du roman de Don Quichotte mis en tapisseries eurent plus de succès; il étoit davantage à sa place en les faisant. Il a peint les portraits tant à l'huile qu'au pastel de beaucoup de ses amis. M. le duc d'Orléans, fils du régent, lui avoit accordé la place de son premier peintre, et il s'étoit fait son disciple. Lorsque M. de Tournehem eut celle de directeur général des bâtiments, il se reposa sur M. Coypel de la partie qui regardoit la peinture ; et il faut lui rendre cette justice que personne ne s'en acquitta mieux que lui. Uniquement occupé de faire le bien de ses confrères, il ne parla que pour eux. Il n'en fut aucun auquel il ne rendît des services, quoiqu'il dût savoir que presqu'aucun ne l'aimoit, et que tous le critiquoient et le regardoient comme un peintre assez médiocre. Ce fut lui qui imagina l'établissement de l'école académique des élèves protégés par le roi. On ne peut que louer son zèle; mais dire que l'établissement soit utile et bon, c'est autre chose; le temps l'apprendra. Il est mort premier peintre du Roi et directeur de l'Académie; qui avoit besoin qu'il se mît à sa tête pour la soutenir et y remettre l'ordre que la jalousie de certains membres commençoit à en bannir. — Voyez l'éloge que j'ai fait de son cabinet à la tête du catalogue qui a en été imprimé en 1753, pour en indiquer la vente (1).

---

(1) En voici le titre : « Catalogue des tableaux, desseins, marbres, bronzes, modèles, estampes et planches gravées, ainsi que des bijoux, porcelaines et autres curiosités de prix, du cabinet de feu M. Coypel, premier peintre du Roi et de Monseigneur le duc d'Orléans, et directeur de l'Académie royale de Peinture et de Sculpture. Paris, 1753. » — Nous en donnons l'Avertissement où l'on trouve en effet sur le fils et héritier des titres d'Antoine Coypel, d'intéressants détails pleins de cœur et de convenance.

—Les cabinets de tableaux, de sculptures, de dessins, de toutes les curiosités de goût, que les gens de l'Art rassemblent pour leur propre satisfaction et pour leur usage particulier, ne sont ordinairement ni les plus nombreux, ni les plus considérables, si l'on en juge par la valeur intrinsèque des choses qui les composent : mais ces collections ont aussi presque toujours l'avantage d'être les mieux choisies, et de ne présenter rien de trop foible ni de trop équivoque. Il est rare de s'égarer quand on se gouverne par de bons et de sûrs principes, et il seroit encore plus singulier que quelqu'un qui a fait sur l'art qu'il professe de sérieuses études, qui l'a médité, qui l'a approfondi, y fût moins versé qu'un simple amateur, et moins en état d'en goûter les productions et de les apprécier à leur juste valeur. Affranchis de la tyrannie qu'exercent sur la plupart des hommes la mode et le caprice, les artistes n'ont les yeux ouverts que pour ce qui porte avec soi le véritable caractère du beau; ils méprisent ce qui n'en a que les dehors, et se gardent bien d'accorder leur suffrage à des ouvrages qui n'ont d'autre mérite que dans une opinion aussi peu durable qu'elle est arbitraire.

Cette classe de curieux n'a point la folle vanité de concourir avec les Rois, ni avec les favoris de la fortune : les facultés des artistes ne leur permettent pas de prendre un si haut vol. On ne trouvera point chez eux de ces vastes et magnifiques galeries meublées d'une multitude innombrable de tableaux achetés des prix excessifs, ni de ces curiosités rares et uniques, à la possession desquelles les particuliers ne doivent point prétendre ; mais on verra entre leurs mains des morceaux piquants pour l'effet, des morceaux étudiés et savants, des pièces de comparaison qui donnent le ton de la connoissance, et qui apprennent à distinguer les manières et à ranger chaque chose dans la classe et dans le rang qui lui appartient. Qu'une honnête fortune seconde les vues de l'artiste, sa collection s'enrichira de ce qu'il y a de meilleur : il y en aura peu d'aussi parfaite, ni d'aussi instructive.

On ne se rappelle point le cabinet que s'étoit fait le célèbre Rubens, sans se former aussitôt l'idée du plus précieux assemblage qui fût jamais, et du séjour le plus délicieux et le plus digne d'être occupé par un peintre et un homme de lettres tel que lui. Nous ne faisons point cette réflexion dans la vue d'aucune application ni pour avoir occasion de mettre en parallèle ce grand homme avec feu M. Coypel ; mais de la façon toute naturelle dont les choses se présentent, pouvons-nous empêcher que le cabinet de l'un et de l'autre n'ait été également paré de tout ce que l'art offre de plus accompli, ni qu'il ait été le rendez-vous des personnes du premier rang, et d'une infinité de gens distingués par l'étendue de leur scavoir et de leurs connoissances ? Interrogez-les sur les motifs de leurs fréquentes visites, ils diront qu'ils sont venus chercher l'homme de bien, l'homme d'esprit et de talents, s'instruire avec lui, apprendre à être vertueux comme lui.

Avec quelle satisfaction ne se rassembloit-on pas, en effet, auprès de l'illustre mort que nous regrettons ! soit qu'après avoir déployé ses propres richesses, il ouvrît les porte-feuilles de desseins, dont le roi lui avoit confié la garde, et que, les accompagnant de ses judicieuses observations, il fît naître dans les spectateurs l'estime et la vénération dont il étoit pénétré lui-même pour ces excellentes productions de l'art, soit qu'une autre société le retînt, et qu'il fît en sa présence la lecture touchante de ces aimables pièces de théâtre où les Grâces se montrent avec tant de décence, et où il est permis à la Sagesse de dicter d'utiles leçons ; ce n'étoit point sans violence qu'on s'arrachoit d'un lieu si charmant : on n'en sortoit qu'avec regret, et soutenu de l'espérance de voir renouveller bientôt le même plaisir.

Pour lui, il ne perdoit rien à se retrouver seul, et le plus tôt qu'il le pouvoit, il rentroit dans l'exercice de ses fonctions, employant ses heures de loisirs à sacrifier aux Muses, et le temps que lui laissoient les devoirs indispensables de sa place, à penser et à exécuter des tableaux dont les sujets, toujours ingénieux et bien pris, étoient sûrs de plaire, et donnoient les preuves les plus complettes de la fécondité et de la délicatesse de son heureux génie. En y travaillant, il y apportoit la même attention, la même crainte que s'il eût été véritablement traduit au tribunal de juges sévères et inexorables qui, les yeux levés sur lui, ne dussent lui pardonner aucune faute. Car c'étoit dans ce point de vue qu'il étoit accoutumé de regarder les ouvrages des grands maîtres dont il étoit environné. C'étoient là ses oracles; il les consultoit à chaque instant, et, comme les demandes étoient sincères, les réponses étoient claires et favorables.

Cette conduite étoit la même qu'avoit tenue autrefois M. Antoine Coypel, son illustre père. Ce peintre éclairé et d'une expérience consommée avoit éprouvé plus d'une fois qu'il n'en faut pas davantage pour animer et soutenir un beau génie; et, lorsque la mort nous l'enleva, le digne héritier de ses sentiments ne désira rien avec plus d'ardeur que de pouvoir conserver en entier un cabinet si précieux et si abondant en ressources. Il lui donna la préférence sur d'autres biens plus fructueux et plus solides en apparence, mais incapables de lui causer le même plaisir, ni de lui procurer les mêmes avantages. Il fit tomber cette portion de l'héritage dans son lot, et, l'ayant considérablement accrue dans la suite, il l'a portée bien au delà de ses espérances.

Nous en donnons une notice des plus succinctes, dans laquelle nous nous contentons à chaque article d'exposer le sujet, de donner des dimensions et de fixer le plus sincèrement qu'il nous a été possible le nom de l'auteur. Nous nous sommes appliqués surtout à y mettre de l'ordre, et à lever par ce

moyen tout obstacle qui auroit pu retarder la vente et dé-
goûter les acheteurs. Nous leur ferons observer que presque
tous les tableaux sont renfermés dans des bordures , que les
mesures sont prises sur le tableau même, et que les morceaux
sur lesquels on n'a rien spécifié sont peints sur toile. Nous
nous croyons aussi obligés de prévenir ici la surprise où l'on
pourra être de ne trouver dans cette vente qu'un très-petit
nombre de dessins de feu M. Coypel, et de ce que les estampes
se réduisent presque aux seules œuvres de Rubens, de Rembrandt et de Silvestre. Il y en devroit avoir beaucoup davantage ; mais ces estampes, ainsi que les livres de M. Coypel et
les desseins de sa propre main, ont été légués par lui à des
personnes qu'il aimoit, et auxquelles il a voulu laisser cette
marque de tendresse.

A cette préface nous ajouterons une note d'une écriture con-
temporaine qui se trouve sur l'exemplaire du catalogue de cette
vente conservé au cabinet des Estampes, Yd. 20.

« C'est M. Mariette qui a fait le catalogue. — Il n'y avoit
« de vrais dessins de Raphaël dans cette vente que les deux
« retenus par le roy, qui sont N.-S. qui présente ses clefs à
« saint Pierre, et saint Paul prêchant à la porte du temple.
« On a demandé audit sieur Mariette pourquoi il avoit mis
« dans son catalogue que tels ou tels dessins étoient de Ra-
« phaël? il a répondu que, M. Coypel étant de ses amis, il n'a-
« voit point voulu détruire les objets, dont il s'étoit chargé de
« faire la description pour les faire valoir, d'autant plus que
« ces desseins avoient toujours passé pour être des originaux
« de Raphaël; que, n'ayant pas voulu faire du tort à sa suc-
« cession, il avoit laissé subsister la bonne réputation qu'ils
« avoient depuis longtemps. Je ne décide rien sur cette fa-
« çon de penser de M. Mariette en faveur de M. Coypel.
« Les amateurs feront là-dessus les commentaires qu'ils
« jugeront à propos, ne pouvant cependant se dispenser

de louer le zèle particulier dudit Mariette pour son ami. »

— Minerve commandant à des Génies de dessécher les marais et de cultiver des terres après les avoir rendues fertiles. Vignette du dessin de Charles-Nicolas Coypel, gravée par Nicolas Tardieu. Elle a été gravée pour M. Paris pour un ouvrage sur la manière de dessécher certains marais, et n'a jamais paru.

COYZEVOX (ANTOINE) mourut à Paris le 10° octobre 1720, ayant travaillé jusques à l'âge de quatre-vingts ans, avec une ardeur qui montre l'amour qu'il avoit pour son art. Un de ses principaux ouvrages à Paris est le tombeau du cardinal Mazarin dans la chapelle du collége des Quatre-Nations. On voit aussi à l'extrémité du jardin des Thuilleries les deux magnifiques groupes de Mercure et de la Renommée montés sur des chevaux ailés qui sont des morceaux admirables. Ils avoient été faits pour Marly ; c'est un miracle pour le travail du marbre ; c'étoit la partie de Coizevox. — La statue équestre de Louis XIV en bronze fut faite pour la ville de Rennes et fut ordonnée par les états de Bretagne en 1685 (1).

COXCIE (MICHEL). On le nomme, dans son pays, le Raphaël de la Flandre. C'est qu'il étoit grand sectateur de la manière de peindre et de composer de ce grand peintre. Cela alloit quelquefois plus loin qu'une simple imitation. Il transportoit sans scrupule dans ses tableaux des figures et des groupes entiers que ce grand peintre avoit mis dans les siens. Cela avoit tout l'air d'un plagiat ; et cependant Rubens, admirateur de Coxcie, avoit la complaisance de l'excuser et de répondre à ceux qui lui faisoient ce reproche par un proverbe flamand,

---

(1) Elle ne fut placée qu'en 1723. Voir l'ouvrage de Patte, p. 113,

dont le sens est qu'il est permis de piller quand on le fait avec adresse. — Il est remarquable que le Vasari, en parlant de la suite d'estampes représentant la fable de Psyché, dont les dessins passent pour être de Raphaël, en fait honneur à Michel Coxcie, et lui en attribue l'invention. Voyez ce qu'il a dit à ce sujet dans la vie de Marc-Antoine.

COZZA (GIO-BATTISTA), né à Milan, se transféra à Ferrare où il a beaucoup peint. Il se vantoit d'être grand praticien, et quand on lui reprochoit trop de négligence dans les contours de ses figures, il répondoit que ce n'étoit ni un pied ni une main qui constituoient un tableau. Que pouvoit-on attendre d'un peintre qui parloit ainsi? Celui-ci est mort le 11 février 1742, âgé de 66 ans. Il a pour élève Charles Cozza, son fils, mort au commencement de novembre 1769, et François Pellegrini, actuellement vivant, et qui pareillement est né à Ferrare. *Pitture di Ferrara*, p. 32.

, CRANACH (LUC). Martin Luther, chef de la réforme en Allemagne, portant encore l'habit des hermites de Saint-Augustin en 1520. Il est en buste, peint et gravé par Luc Cranach. Ce portrait est singulier et considérable, ayant été fait par un des meilleurs maîtres qui fussent pour lors en Allemagne et qui estoit à la cour de l'électeur de Saxe. Ce portrait est très-bien dessiné, et les tailles en sont bien prises; il ne manquoit à ce peintre qu'une plus grande pratique du burin. On y lit au bas ces deux vers latins :

> Æterna ipse suæ mentis simulachra Lutherus
> Exprimit at vultus cera Lucæ occiduos.
> MDXX

et un serpent aislé et couronné, qui a un anneau passé dans la bouche. Voici le sens de ces deux vers : Luther découvre luy-même les talents de son esprit sur lequel le temps n'aura aucun pouvoir, et le tableau ou la planche (cera) de Lucas (c'est le nom de Luc Cranach) représente les traits de son visage que ce même temps détruira.

CRAYER (GASPARD DE) ou Gaspard d'Anvers. Ce peintre est nommé par Sandrart Gaspard de Crayer. Il estoit élève du jeune Coxis, et l'on voit de ses ouvrages à Bruxelles et aux environs qui sont d'un bon goût de couleur, et dont Rubens faisoit mesme beaucoup de cas. Félibien dit qu'il avoit près de quatre-vingt-dix ans lorsqu'il mourut, vers l'an 1666. Félibien, T. II, p. 237. Il nacquit à Anvers en 1585. Voyez Corn. de Bie, p. 244. — Il y a beaucoup de ses ouvrages à Gand. Il y est mort, et il y a reçu la sépulture dans l'église des Dominicains. *Le peintre amateur et curieux*, t. II, p. 46. — Rubens ayant été consulté sur un tableau qu'avoit peint Crayer, et qu'il trouva très-beau, dit en flamand que *le coq avoit très-bien chanté*. Il faut scavoir, pour bien comprendre le fin de ce bon mot, que Crayer, dans la langue du pays, est uue expression particulière dont on se sert pour signifier le chant que fait le coq, et que le mot *haan* que Rubens employoit dans sa phrase a une double signification ; que ce mot qui veut dire un *coq* signifie dans le figuré un homme *qui prime sur les autres*. L'on met au rang de ses plus beaux tableaux celui des Quatre saints couronnés, dans l'église de Sainte-Catherine à Bruxelles. On le regarde comme son chef-d'œuvre. *Le Peintre amat.*, t. I, p. 24 et 154.

CREARA (IL). L'auteur du Poëme della *Pittura trionfante* (le Gigli) parle de lui en ces termes :

Ecco il Creara là, pien di giudicio

et le range au nombre des peintres de Vérone. Il le joint à

l'Orbetto. J'ai quelques soupçons que Creara étoit le surnom
de Pasquale Ottini.

CRECCOLINI (ANTONIO), peintre romain, né le 16 janvier 1675, disciple de J. B. Lenardi, et, après la mort de ce
peintre, de Benedetto Lutti, travailla à Rome avec réputation.
Ms. de Pio. — Ce même Pio avoit fait dessiner le portrait de
ce peintre; je l'ai vu dans la collection de M. Crozat.

CREMONENSIS (ANTONIUS). Ce nom se trouve sur les estampes gravées en bois dans la manière du Parmesan.

CREMONESE (GIOSEFFO), né à Ferrare au commencement
du XVIIᵉ siècle, se fit peintre par goût et sans avoir étudié
sous aucun maître. Mais cherchant à se former d'après les
ouvrages du Titien et des Dosses, ses compatriotes, il se fit
une manière qui lui fut propre et qui ne fut pas sans mérite.
On a des estampes de lui qu'il a gravées à l'eau-forte, et j'ai
vu plusieurs curieux, faute d'en scavoir davantage, les ranger
dans l'œuvre du Guerchin, quoyque Joseph Cremonese y eût
mis son nom, ou seulement les premières lettres I. C. F. Il
est fait mention de cet artiste dans un discours préliminaire
qui se trouve à la tête d'une description des peintures de Ferrare, qui a paru en 1770. On lui donne un peu plus de cin-
quante ans de vie, mais l'on n'a pu découvrir en quel endroit il a fini ses jours. On dit seulement que ce fut vers l'année 1660, et on le représente comme un homme singulier,
qui ne tint point école, et par conséquent qui ne fit aucun disciple. Le peintre Ant. Ronda, Bolognois, fut le seul homme
de sa profession avec lequel il fut en liaison.

— Joseph Cremonese vivoit dans le XVIIᵉ siècle et étoit de
Ferrare; il n'est point disciple du Guerchin, et, si l'on en croit
l'auteur d'une description des peintures de Ferrrare publiée

en 1770, il n'eut aucun maître. On place sa mort vers l'an 1660, et on le fait âgé d'environ 50 ans.

CRESPI (ANTONIO MARIA) *detto il Bustino*. J. B. Coriolan a gravé d'après Antoine Crespi, qui sur la planche est nommé en latin Crispus, le portrait du R. P. dom Pio Rossi ou Rubeus, de Plaisance, ce qui servira à fixer le temps que vivoit ledit Crespi. C'étoit au milieu du XVIIe siècle, et il paroît par ce portrait qu'il entendoit parfaitement la charpente d'une tête.

CRESPI (DANIELLO). Lorsqu'il mourut de la peste en 1630, il estoit pour lors occupé à peindre la voûte du chœur de la chartreuse de Pavie : Torre, p. 138. C'est un bel ouvrage, et qui est composé avec beaucoup de génie.

CRESPI (GIOSEFFO) est mort à Bologne le 16 juillet 1747. Voyez sa vie fort détaillée dans le t. II de la Storia dell'Acad. clementina. M. Zanetti qui est auteur de cet ouvrage, n'ayant pourtant suivi la vie de cet artiste que jusqu'en 1739, le fils du Crespi, chanoine à Bologne, y a suppléé et l'a continuée jusqu'à la mort de son père, dans une lettre adressée à M. Bottari, qui se trouve au tome III des Lettere su la pittura, p. 301. Il est né, non en 1666, mais le 16 mars 1665.

— La sainte Vierge ayant entre ses bras l'enfant Jésus, et assise sur un piédestal aux côtés duquel sont d'un côté un saint, peut-être S. Philippe de Néri, en chasuble et debout; de l'autre S. Cajetan, à genoux, tenant un livre; mauvaise gravure dédiée au marquis François-Jean Zampieri, par le graveur Gio. Fabri. J'en ai une épreuve sous les yeux qui vient du chanoine Crespi, qui a écrit au bas que c'étoit d'après un tableau peint par son père dans la chapelle Zampieri à Casalechia.

— S. Antoine de Padoue, debout. J'en ai vu le dessin original entre les mains de M. l'abbé de Tersan.

— Alfonse d'Avalos, marquis du Guast, accompagné d'une femme qu'on dit être sa maîtresse (1); à qui Vénus et l'Amour viennent faire hommage, d'après un tableau du Titien lequel est à Bologne, chez le marquis Orsi, gravé à l'eauforte par Matioli, si l'on en croit l'inscription qui est au bas de la planche, mais qui est certainement de Joseph Crespi dit l'Espagnol, qui, toutes les fois qu'il a gravé, a emprunté le nom de Matioli, parce qu'il ne vouloit pas passer pour graveur.

CRESPI (GIO: BATISTA), detto *il Cerano.* Il a eu la sépulture dans l'église de Saint-Celse à Milan.

CRETEY (ANDRÉ), peintre françois du XVIIᵉ siècle, dont le nom se trouve dans le catalogue d'estampes de l'abbé de Villeloin 8°, et qui sans doute est le même dont M. Boyer d'Aiguilles avoit un tableau représentant la Chute des Géants, qu'il a fait graver, et qui donne une fort bonne idée de la façon de composer du peintre. Il travailloit à Lyon, et il y est mort.

— La Chute des Géants. Quelques-uns, peu touchés des désastres de leurs compagnons qui sont terrassés, osent encore entasser rochers sur rochers pour pénétrer dans l'Olympe. Jupiter lance ses foudres sur ces téméraires. Dans un petit espace et avec peu de figures le peintre exprime un sujet immense. Ce ne sont point des hommes qu'il fait agir, ce sont des géants remplis d'audace. Si la correction du dessin, si la

_____

(1) C'est la femme du marquis del Vasto ou del Guast. Elle se nommoit Marie d'Aragon, et c'étoit une beauté. (Note de Mariette.)

bonté du coloris répondoient à l'excellence de la composition, il semble qu'on ne pourroit rien désirer dans ce tableau, et Cretey, qui n'a pas franchi les bornes de la médiocrité, mériteroit d'avoir place auprès des peintres du premier ordre. (Cabinet Bóyer d'Aiguilles, p. 17.)

CRISTOFORO (GIOVANNI), scultore romano nel 1504. Son nom se trouve avec ceux des poëtes qui, comme ce sculpteur, firent des vers sur la mort de Séraphin d'Aquilée, célèbre peintre mort en 1500, qui furent recueillis et imprimés à Bologne en 1504, par les soins de Jean Philothée Achillini. Voyez Cat. della libreria Cappori, p.4.

CROMA (GIULIO). Son vrai nom est *Cromer; Croma* est un sobriquet. Il fut disciple de Dominique Mona, Ferrarois comme lui. Il mit beaucoup de soin dans ses tableaux, qui sont légers d'ouvrage, ce qui les rend assez agréables. Il enseigna son art à son fils César Croma et à Charles Pasti. Il mourut le 27 septembre 1632, âgé de soixante ans. Descriz. delle pitture di Ferrara, p. 20.

CROSATO (GIO : BATISTA), peintre vénitien qui a vécu dans ce 18e siècle, mais dont il n'est dit qu'un mot, qui pourtant est à son avantage, dans le L. della pitt. Veriez., p. 434.

CROZAT (PIERRE),le jeune. Morto nel 1740 a di 24 del mese di maggio, nel eta di 75 anni e 2 mesi (1).
— On ne doit pas attendre de moi que je donne ici une description complette du cabinet de M. Crozat (2) ; une telle

(1) Ces dates ont été écrites par Mariette, sur le titre de l'*Abecedario*, qui, comme on sait, est dédié à Crozat lui-même.
(2) Ce long article est la préface mise par Mariette en tête du

entreprise me conduiroit trop loin, et elle est au-dessus de mes forces. Ce célèbre curieux s'étoit borné, il est vrai, à ne placer dans son cabinet que des morceaux qui étoient du ressort du dessin; et cependant le recueil qu'il avoit formé étoit devenu si immense, qu'une simple énumération de chaque chose composeroit seule un très-gros volume. Les tableaux des grands maîtres dont il avoit fait choix, et ce sont presque tous des tableaux du premier ordre, passent le nombre de quatre cents, et les ouvrages de sculpture ne sont ni moins nombreux, ni moins considérables. Outre de précieuses statues de marbre et des bustes aussi rares, on admiroit dans ce cabinet des bronzes de toute espèce, et, ce qui mérite une attention encore plus particulière, de merveilleux modèles en terre cuite de Michel-Ange, de Paul Véronèse, de François Flamand, de l'Algarde, du Bernin, de Melchior Cassa, d'Anguier et de l'illustre Le Gros, de tous ceux, en un mot, qui se sont acquis un grand nom dans la sculpture. M. Crozat s'étoit fait encore un très grand recueil d'estampes de tous les maîtres, tant anciennes que modernes. Il ne lui manquoit aucun des livres qui traitent des arts dépendants du dessin. Peu à peu il avoit formé la plus belle collection de pierres gravées qui fût jamais entre les mains d'aucun particulier; et quand on pense qu'il avoit rassemblé dix-neuf mille desseins, on se sent autant saisi de surprise que d'admiration.

A l'exception des pierres gravées et des desseins, toutes ces curiosités sont passées, sans changer de place, entre les mains de M. le marquis du Châtel, à qui M. Crozat les a léguées.

Catalogue de Crozat. Paris, 1743, in-8° de 140 pages; les pierres gravées ont un catalogue séparé de 83 pages. Quand même nous n'aurions pas donné les remarques mises par Mariette dans le catalogue, nous aurions toujours donné cette préface si importante par ses détails d'ensemble sur des noms d'amateurs et des collections qui reviennent incessamment dans ses notes inédites.

Non-seulement il en connoît le prix, mais il se fait encore un plaisir de les communiquer à ceux qui les aiment ; ainsi le public peut juger par lui-même toutes les fois qu'il le voudra du mérite de toutes ces singularités, et je crois par là être dispensé d'en parler plus au long. Je n'ai donc à faire connoître ici que la partie du cabinet de M. Crozat dont il a ordonné la vente par son testament, et dont il a voulu que le prix fût distribué aux pauvres (1), c'est-à-dire les pierres gravées, les desseins et les planches et estampes qu'il avoit fait graver.

Je devrois commencer par les pierres gravées ; mais depuis que Monseigneur le duc d'Orléans en a fait l'acquisition en entier, ce soin appartient à des personnnes plus habiles, qui tôt ou tard ne manqueront pas de donner au public une explication scavante de ces monuments singuliers de l'antiquité grecque et romaine.

Je n'entreprendrai point non plus, en parlant des desseins, de montrer tous les avantages qu'on en peut tirer, et combien leur connoissance est propre et nécessaire pour former le goût ; je me bornerai à faire l'histoire de cette portion du cabinet de M. de Crozat, qui pendant toute sa vie avoit mérité tous ses soins. C'étoit celle sur laquelle il s'étoit le plus étendu, et avec quel bonheur n'y avoit-il pas réussi ?

Dès l'année 1683, c'est-à-dire dans le temps qu'il étoit encore à Toulouse, il avoit commencé à acquérir des desseins de la Fage. Mais quand M. Crozat fut venu à Paris, et qu'il eût vu, entre les mains des principaux curieux, les desseins des grands

---

(1) A côté de cet acte de charité posthume, il est honorable pour la mémoire de Crozat de mentionner une autre libéralité, particulièrement grande et touchante, qui nous est conservée par Duclos, dans ses *Mémoires secrets*, édit. de 1791, t. I, p. 349 : « Massillon, « prêtre de l'Oratoire, célèbre par ses sermons et surtout par son « *Petit-Carême*, fut nommé à l'évêché de Clermont. Il n'aurait pas « été en état d'accepter, si Crozat le cadet n'eût payé les bulles. »

maîtres d'Italie, alors il n'épargna ni peines ni dépenses pour se procurer des ouvrages de ces maîtres du dessein. M. Jabach, dont le nom subsistera pendant longtemps avec honneur dans la curiosité, en vendant au roi ses tableaux et ses desseins, s'étoit réservé une partie des desseins, et ce n'étoient pas certainement les moins beaux; M. Crozat les acquit de ses héritiers. Il eut encore une partie de ceux qui avoient appartenu à M. de la Noue, l'un des plus grands curieux que la France ait eu, et bientôt il réunit à son cabinet les desseins que l'illustre mademoiselle Stella avoit trouvés dans la succession de M. Stella, son oncle, et qu'elle avoit conservés précieusement toute sa vie. L'abbé Quesnel avoit acheté les desseins de M. Dacquin, évêque de Sées, parmi lesquels il y en avoit d'excellens de Jules Romain; il avoit eu les débris de la fameuse collection de desseins du Vasari; il céda l'un et l'autre à M. Crozat, qui acheta encore des héritiers de M. Pierre Mignard deux volumes de desseins des Carraches, que cet habile peintre avoit apportés de Rome. Après la mort de M. Bourdaloüe, de M. de Montarsis, de M. de Piles et de M. Girardon, tous noms célèbres dans la curiosité, M. Crozat choisit à leurs ventes ce qu'il y avoit de plus singulier en desseins dans leurs cabinets. S'il falloit suivre M. Crozat dans toutes les autres acquisitions de desseins qu'il fit en France, on ne finiroit point; car tout alloit à lui, et il ne laissoit rien échapper

Le sieur Corneille Vermeulen, fameux graveur d'Anvers, faisoit assez régulièrement tous les ans le voyage de Paris, et il ne manquoit guères d'apporter avec lui des desseins singuliers. Ces desseins étoient presque toujours pour M. Crozat; et c'est ainsi que sont entrés dans son cabinet plusieurs desseins de Raphaël et d'autres grands maîtres, d'une singulière beauté, et tous ces grands et superbes desseins de Rubens qui sortoient du cabinet d'Antoine Triest, évêque de Gand.

Si quelque vente considérable de desseins étoit indiquée

dans les pays étrangers, M. Crozat ne manquoit pas d'y envoyer ses commissions. La vente du cabinet de milord Sommers à Londres, et celle de M. Vander Schelling à Amsterdam ont augmenté son cabinet d'une infinité de desseins capitaux. Avec quel regret ceux qui ont connu particulièrement M. Crozat ne lui ont-ils pas souvent entendu parler du célèbre cabinet de M. Flinck de Rotterdam, que milord duc de Devonshire lui avoit enlevé ? Telles sont à peu près les acquisitions que M. Crozat a faites en France et dans les Pays-Bas; mais, toutes importantes qu'elles sont, elles ne paroissent pas cependant encore comparables à celles qu'il a faites en Italie. Dans le voyage qu'il y fit en 1714, il rapporta de ce pays-là des trésors en fait de desseins. En passant à Boulogne, il acheta des héritiers des sieurs Boschi leur cabinet tout entier, qui venoit originairement du comte Malvasia. Il trouva à Venise, chez M. Chelchelsberg des têtes en pastel, et d'autres desseins du Baroche qui sont sans prix. A Rome, il recueillit la collection de desseins de Carle degli Occhiali, celle d'Augustin Scilla, peintre sicilien, qui contenoit un grand nombre de desseins de Polidor de Caravage, et celle du chanoine Vittoria, Espagnol, élève et intime ami de Carle Maratte. Mais l'occasion, où il fut, ce semble, le mieux servi par la fortune, ce fut dans la découverte qu'il fit à Urbin d'une partie considérable de desseins de Raphaël, tous d'une condition parfaite, qui se trouvoient encore entre les mains d'un descendant de Timothée Viti, l'un des plus habiles disciples de ce grand peintre. J'ignore en quel temps M. Crozat vit passer dans son cabinet les desseins qui viennent des sieurs Mozelli de Vérone, et le recueil qu'avoit formé un cardinal de la maison de Santa Croce, qui vivoit à Rome dans le dernier siècle; mais, ce qui est certain, ces deux collections ne contenoient que des desseins excellents. M. Crozat, de retour à Paris, continua d'entretenir des correspondances en Italie, et il en fit venir, en différents temps, la collection entière du sieur Pio de Rome, celle du sieur Lazari de Venise, du chevalier Ascagne della Penna de Pérouse, dont il° est parlé avec éloge dans la description des peintures de cette ville par le père Morelli, et enfin le beau choix de desseins que Laurent Pasinelli, fameux peintre de Boulogne, s'étoit fait pour lui-même avec un goût digne de son savoir; à quoi il faut ajouter les desseins de dom Livio Odescalchi, qui furent donnés à M. Crozat, lorsque S. A. R. Monseigneur le duc d'Orléans, régent, acheta les tableaux de ce prince.

Ce ne sont pas, comme on le voit, des desseins achetés un à un, ce sont des cabinets entiers, et des cabinets de la première réputation, qui se sont réunis chez M. Crozat, et qui ont fait du sien le plus grand cabinet de dessins qui, on ose le dire, ait jamais été.

Je me borne à cet éloge, et je pense que je ne puis aussi mieux louer celui qui a possédé de si belles choses. On ne se détermine à les rassembler qu'autant qu'on les aime, et qu'on en sçait connoître le prix. Mais, ce qui achève l'éloge de M. Crozat et qui lui est infiniment honorable, il n'aimoit point ses desseins pour lui seul ; il se faisoit, au contraire, un plaisir de les faire voir aux amateurs toutes les fois qu'ils le lui demandoient, et il ne refusoit pas même d'en aider les artistes. On tenoit assez régulièrement toutes les semaines des assemblées chez lui, où j'ai eu pendant longtemps le bonheur de me trouver, et c'est autant aux ouvrages des grands maîtres qu'on y considéroit, qu'aux entretiens des habiles gens qui s'y réunissoient, que je dois le peu de connaissances que j'ai acquises, et qui m'ont mis en état de dresser le catalogue que j'ose présenter au public. Je l'ai fait uniquement pour guider ceux qui voudront acquérir des desseins dans la vente qui doit s'en faire en détail, et j'espère qu'on ne sera pas mécontent de la distribution que j'y ai observée.

Il ne me reste qu'à demander quelque indulgence pour les réflexions que j'ai insérées dans ce catalogue. Je ne suis pas assez présomptueux pour les donner comme des décisions ; j'avoue même que je ne les aurois pas hasardées, si je n'avois cru par là rendre la lecture de ce catalogue moins sèche et moins ennuyeuse ; et d'ailleurs je les soumets volontiers au jugement des personnes éclairées que je me ferai toujours un devoir de suivre.

L'on trouvera, à la suite du Catalogue des desseins de M. Crozat, un détail des planches qu'il a fait graver et le nombre à peu près d'exemplaires qui restent de l'édition qu'il en avoit fait faire. Ce détail est pour ceux qui voudront faire l'acquisition de ces planches et de ces exemplaires (1).

—Il me manque (2), Monsieur, le 7ᵉ et le 17ᵉ volumes in-4° de l'Histoire ecclésiastique. Je sçay si je ne vous les ay pas envoyés, afin que le relieur pût s'en servir pour relier la suite qui me manque, à commencer du 20ᵉ volume. Vous me ferés plaisir de m'envoyer, à votre commodité, ces 2 volumes avec la suitte qui manque de cette histoire. J'ay laissé à Montmorency le P. Fabre en bonne santé. Je souhaite que la vôtre et celle de toute votre famille soit de même. Je suis de tout mon cœur, Monsieur, votre très humble et très obéissant serviteur.

CROZAT.

8 juillet.

— La Perspective, de Watteau, gravée par Crespy, le fils, d'après le tableau qui est dans le cabinet de M. Guenon,

---

(1) Ces planches, qui passèrent entre les mains de Mariette, se trouvent encore dans le catalogue du fonds de Basan, en 1802.
(2) Ce petit billet de Crozat, probablement adressé à Mariette lui-même, est conservé dans ses notes, parce que ce dernier en a écrit une de l'autre côté.

menuisier du roi ; le fonds de ce tableau représente une vue du jardin de M. Crozat à Montmorency : — Plus une vue du jardin de M. Crozat à Montmorency, dessin de Watteau gravé par M. de Caylus.

— Vers le commencement de l'année 1704 (1), Pierre Crozat le jeune, frère de celui qui est logé dans la place de Louis le Grand, a fait construire de fond en comble une fort belle maison, dans un emplacement voisin, de neuf arpens de superficie. Un gros pavillon quarré et isolé forme le corps de cette maison, qui n'a qu'un étage, avec un attique au-dessus. Une des faces occupe le fonds de la cour, laquelle est précédée d'une avant-cour, où sont logées les écuries et les remises. Les trois autres faces donnent sur un jardin d'une belle étendue, et dont les vues qui s'étendent sur la cam-

---

(1) Cette description de la maison de Crozat se trouve dans la *Description de Paris*, de Germain Brice, édition de 1752, t. I, p. 378-82 ; et ne se trouvait pas dans la dernière édition publiée en 1725 par Brice, deux ans avant sa mort, où la maison de Crozat n'a que deux pages, t. I, p. 352. On sait que les trois premiers volumes de cette dernière édition, imprimés vers 1740 (voir la préface, p. VII), passent pour avoir reçu des additions de Mariette. Notre article peut donc être de Mariette ; dans tous les cas, il est curieux, et pour ainsi dire nécessaire, de le joindre à la préface du catalogue ; l'une nous montre la collection elle-même, l'autre la belle demeure qui la contenait. Pour celle-ci, qui était au bout de la rue Richelieu, il en est question dans les curieux articles publiés par M. Edouard Fournier dans la *Revue de Paris*, sur la Grange-Batelière et réimprimés dans son *Paris démoli*. 1853, in-12, p. 223-312.

— Les parties de la collection qui ne furent pas alors dispersées, le furent plus tard, et voici le titre des catalogues de ces ventes : Description sommaire des statues, figures, etc., provenant du cabinet de M. Crozat, dont la vente se fera le 14 décembre 1750 et jours suivants, en l'hôtel où est décédé le marquis du Châtel, rue de Richelieu ; Paris, chez Louis-François Delatour, 1750, in-8 de 46 pages. Une autre partie de la collection se trouve dans les mains du baron de Thiers, dont la vente eut lieu en 1772 ; et les tableaux furent vendus en 1751 avec ceux du président de Tugny.

pagne sont extrêmement variées. La terrasse au-dessus de l'orangerie, qui borde le nouveau cours planté sur les remparts de la ville, fournit elle seule une promenade des plus agréables. Le jardin fruitier, qui est grand et régulier, est au-delà du cours, et l'on y arrive par un passage souterrain percé avec beaucoup de dépenses dans le terre-plein du rempart.

Les décorations extérieures de la maison sont fort simples mais de bon goût. Cartaut, ci-devant architecte du duc de Berri, qui se distingue fort dans sa profession, a eu la conduite de ce bâtiment. L'aile, qui règne sur un des côtez de la cour, n'avoit autrefois qu'un seul étage. L'on y en a ajouté un second, qui paroît, aux yeux de plusieurs personnes, écraser le principal corps du bâtiment, et l'on a encore doublé cette aile depuis, en s'élargissant sur un terrain voisin, ce qui a procuré à cette maison bien des commoditez qui y manquoient. On a aussi bâti, en 1730, un nouveau corps de logis sur la rue, qui y étoit essentiellement nécessaire. Oppenort, dont on a déjà eu occasion de parler en plusieurs endroits de cet ouvrage, y est logé commodément ; c'est lui qui a eu la direction de tous ces nouveaux travaux. Voilà pour ce qui concerne l'extérieur.

La prodigieuse quantité de curiositez de toutes espèces, que renferme l'intérieur, est surtout ce qui rend cette maison considérable, et l'une de celles qui méritent le plus d'être visitées. Deux grands appartemens au réz-de-chaussée, l'un à droite, et l'autre à gauche, ornez d'excellens tableaux ; et dans l'un desquels on verra une très-belle statuë antique d'un Bacchus, restaurée par François Flamand, conduisent à une grande galerie qui occupe une des faces entieres de l'édifice sur le jardin. Disposition qui a été mise ici en pratique pour la premiere fois, et qui a été trouvée si heureuse, qu'elle a été imitée souvent depuis dans divers autres bâtimens.

Cette galerie, qui a dix toises de long sur vingt-deux pieds de large, est d'une très-belle proportion ; elle est richement décorée d'un goût mâle, et sans affectation d'aucun ornement superflu ; le plafond, qui est peint avec toute l'intelligence imaginable, est un des beaux ouvrages de Charles de la Fosse, qui y a mis la dernière main en 1707. Ce peintre y a représenté la naissance de Minerve, et l'on ne sçauroit assez admirer avec quel art il a sçu tirer avantage de la place qu'il avoit à peindre ; son ciel est peint avec tant de vériié et d'harmonie, que la voute semble effectivement percée en cet endroit-là.

L'étage en attique est pareillement distribué en deux appartements separez. L'un étoit occupé par Charles de la Fosse, qui y est mort en 1716, âgé de quatre-vingts ans, et il l'est encore par sa veuve ; l'autre, qui est exposé au nord, consiste en une suite de pieces, accompagnées d'une galerie éclairée par les deux extremitez ; et c'est ici que ceux qui sont amateurs d'ouvrages de peinture et de sculpture, trouveront amplement de quoi satisfaire leur curiosité. Le maître de la maison se pique depuis longtemps d'aimer les belles choses, et il a eu le bonheur de voir passer successivement dans son cabinet une infinité d'autres cabinets fameux : c'est ce qui compose aujourd'hui l'ample collection de tableaux, de bustes, de bronzes, de modeles des plus excellents sculpteurs, de pierres gravées en creux et en relief, d'estampes, et surtout de desseins des grands maîtres, dont il est possesseur, et qu'il se fait un plaisir de faire voir aux amateurs de l'art qui viennent le visiter. Le lieu, où il conserve ce qu'il a de plus rare, est un cabinet octogone éclairé à l'italienne, dans la même disposition que ce fameux salon de la galerie du Grand Duc, à Florence, nommé la *Tribune*, qui renferme de même un si grand nombre de morceaux précieux. Ce cabinet est encore décoré dans tout son pourtour d'excellentes

sculptures en stuc, qui représentent les genies des arts, exe-
cutées par Pierre le Gros de Paris, dont la France a le malheur de ne posséder presque aucuns ouvrages, tandis que
Rome, où il est mort en 1719, âgé seulement de cinquante-
trois ans, en peut montrer un si grand nombre, qui égalent
cet artiste à tout ce qu'il y a eu de grand. Il étoit venu à
Paris en 1775 pour se faire tailler, et ce fut dans cette con-
joncture qu'il fit ces sculptures et quelques autres qui ne
sont pas d'une moindre beauté, dans la chapelle de la maison de campagne de Pierre Crozat, située à Montmorenci.

CRUGER (TEODORO), o Creuger, intagliatore. Il se nommoit
Cruger et non pas Greuger. Il étoit à Florence en 1617 et 1618,
et il étoit, autant que je puis m'en souvenir, de Nurenberg.
Il y a eu un vieux maître du même nom, qui pour se désigner mettoit un *pot* sur ses gravures, par allusion au nom
qu'il portoit; car *cruger* en allemand est le nom de cet usten-
cile.

CURABEL (JACQUES), architecte françois, est né en 1585.
Il scavoit autant de géométrie qu'il est nécessaire pour un
homme de sa profession, et c'étoit le meilleur appareilleur
de son temps. Ce fut lui qui conduisit, sous Le Mercier, le
bâtiment de la Sorbonne. Il n'approuvoit point la méthode
de Desargues pour la coupe des pierres, et il écrivit contre cet
ouvrage un petit traité intitulé : *Avis charitable*, etc. J'ai trouvé
au pied d'un de ses desseins un écrit de sa main qui m'a instruit de la datte de sa naissance, et le dessein m'a pareillement appris que Curabel dessinoit bien l'architecture, et qu'il
ne lui manquoit qu'un meilleur goût dans les ornements
dont il chargeoit ses ordonnances. Cela lui étoit commun
avec tous nos architectes qui vivoient alors. Leur goût d'ornements n'est pas supportable. L'abbé de Marolles, qui en a

fait mention dans son *Paris*, article des architectes, m'a donné son nom de baptême.

CUYP (Albert), né à Dordrecht en 1616, est, au rapport de M. Ralph, auteur des discours qui sont à la tête du Recueil d'estampes publié par Boydell à Londres, le Claude Lorrain des Hollandais. On ignore l'année de sa mort. Il y a dans ce recueil une pièce gravée d'après un de ses tableaux.

DANDI (Giuliano), da san Gimignano, dans la Toscane. A en juger par quelques desseins de ce maître, que j'ay trouvés dans un livre de desseins, qui viennent tous de la fameuse collection rassemblée par le Vasari, ce sculpteur étoit un artiste d'un grand mérite, et il est bien étonnant que le Vasari, qui avoit de ses desseins, auxquels il avoit mis lui-même le nom du maître, n'ait fait aucune mention d'un homme, qui le méritoit mieux que tant d'autres, auxquels il a donné place dans ses Vies des Peintres. Si ce sculpteur n'est pas disciple de Michel-Ange, il en est du moins l'imitateur. Sa manière tient un peu de celle de Baccio Bandinelli; mais il y a, dans sa façon de dessiner et dans les proportions de ses figures, plus de grâce et de légèreté. J'ay un dessein d'un Christ porté au tombeau, et presque tous ceux qui l'avoient possédé y avoient écrit le nom de Michel-Ange (1). Cependant, par la confrontation que j'en ay faite avec ceux qui me viennent du Vasari, j'ai trouvé qu'il étoit de Julien Dandi, qui fait la matière de cet article. Sans doute que cet artiste étoit contemporain du Vasari, et qu'il n'aura été connu de ce dernier que depuis la publication de son ouvrage sur les Vies des Peintres; sans cela il n'y a aucun doute qu'il en au-

---

(1) N⁰ 389 du Catalogue de Mariette.

roit fait une mention honorable. Il y a eu un *Jules Danti*, architecte et sculpteur, dont le Pascoli a écrit la vie; peut-être est-ce le même que le Julien Dandi, dont j'ay des desseins. Ils étoient certainement contemporains, et la différence dans les noms n'est pas considérable. La plus grande difficulté consiste en ce que le Pascoli dit que Jules Danti étoit de *Perugio*, et que le Vasari fait originaire de San-Geminiano Giuliano Dandi. Mais ces deux villes ne sont pas fort éloignées l'une de l'autre, et il se peut que le Pascoli ait manqué des informations nécessaires, et qu'il ait pris sur lui de faire naître à Pérouse un artiste, qui y étoit mort, et qui y avoit pris un établissement qu'avoit suivi une postérité qui, à l'exemple de son chef, s'étoit distinguée dans l'exercice des arts.

DANDRÉ-BARDON (Michel-François) est né à Aix, en Provence, au mois de mai 1700. Destiné à fréquenter le barreau, ses parens l'envoyèrent à Paris pour y étudier le droit et y prendre ses degrés et s'y faire recevoir avocat. La peste, qui désoloit alors sa patrie, le retint à Paris plus longtemps qu'il l'avoit prévu, et, se trouvant sans occupation, n'y ayant rien qui pût servir de pâture à son génie bouillant et plein de feu, il se souvint qu'il étoit né avec du goût pour le dessein, et prit en main le crayon, se mit sous la direction de J.-B. Vanloo, son compatriote, et cet habile homme lui en donna les premières leçons. Il entra ensuite chez de Troy le fils, et y apprit à peindre; s'occupant encore davantage à jetter sur le papier tout ce que son imagination lui suggéroit, il devint un compositeur fécond et facile. Cette occupation ne l'empêchoit pas cependant de suivre les exercices ordinaires de l'Académie. Il y étoit extrêmement assidu, et, ayant composé pour le prix de la composition, il le remporta avec distinction. Alors il se crut en état de faire utilement le voyage de

Rome, et, pour ne point perdre de temps, il l'entreprit à ses dépéns. On scavoit déjà à Aix de quoi il étoit capable, et M. d'Albertas lui proposa, quand il y arriva, de peindre les tableaux qui devoient décorer la chambre d'audience de la Chambre des Comptes de Provence, dont ce magistrat étoit premier Président. Sensible à l'honneur qu'on lui faisoit, et voulant y répondre de son mieux, il accepta l'offre; mais ce fut à condition qu'il n'exécuteroit ce grand projet que lorsqu'il s'en seroit rendu digne par les études qu'il se proposoit de faire en Italie, et qui devoient avoir principalement pour objet cet ouvrage important. A peine fut-il arrivé à Rome que M. d'Antin, sur le rapport qui lui fut fait des dispositions heureuses de notre jeune peintre, lui accorda un logement dans le Palais qu'occupe l'Académie Royale, et bientôt il fut admis au nombre de ceux qui y sont à la pension du Roi. Six années s'écoulèrent, après quoi il pensa à retourner dans sa patrie. Il parcourut en amateur instruit toutes les villes de l'Italie qui se trouvèrent sur son passage, et il y admira les productions des grands peintres qui s'y rencontrèrent. Mais Venise eut pour lui le plus grand attrait. Séduit par le brillant de la couleur et par la richesse et la nouveauté des compositions des peintres de cette école, il ne pouvoit s'arracher de cette ville; il y séjourna six mois, après quoi il vint à Aix, et, sans perdre de temps, il se mit à l'ouvrage qui lui étoit destiné. Il ne l'avoit pas perdu de veüe pendant son séjour à Rome; il s'en étoit suffisamment rempli, et même, pour agir avec plus sureté, il avoit engagé Michel-Ange Slodtz, son ami, et élève comme lui de l'Académie, de modeler sur ses desseins quelques-unes des principales figures qui devoient entrer dans la composition du plus grand tableau qu'il alloit exécuter. Il y représenta l'Empereur Auguste, qui, se faisant rendre compte de l'administration de ses finances, fait punir de mort les comptables prévenus du crime de pé-

culat, et les fait jetter dans le Tibre. Dans d'autres tableaux,
qui devoient occuper les espaces entre les croisées, furent
représentées avec leurs attributs la Religion, l'Équité et les
autres vertus qui doivent habiter le sanctuaire de la Justice.
Cet ouvrage, composé avec feu et exécuté avec une égale
fougue, fut très-bien reçu, et attire encore les regards de ceux
qui vont à Aix. Ce fut après lui avoir donné la dernière main
que le Dandré fit le voyage de Paris. Son excellent caractère,
ses mœurs douces, et un certain enjouement lui gagnèrent
bientôt l'amitié de tous ceux qui le connurent. Il se présenta
pour être de l'Académie, et y fut admis avec distinction en
1735. Son tableau de réception, qui représente la cruelle
Tullie, qui fait passer son char sur le corps du roi son père,
lui fit honneur et le distingua dans le nombre de ceux qui
décorent les salles de l'Académie. J'ignore sur quel prétexte
il retourna en Provence. Il étoit dans la persuasion qu'il y devoit finir ses jours, et, dans cette intention, il sollicita la place
de Controlleur des Peintures des vaisseaux et des galères du
Roi, à Marseille, qu'avoit eu le peintre Serre. Une pension de
900 liv. étoit attachée à cet emploi, et suffisoit, avec un bien
de famille honnête, pour faire subsister un philosophe sans
ambition et sans désirs. Mais, le roi ayant jugé à propos de
transférer sa marine à Toulon, Dandré ne put se résoudre à
abandonner Marseille, où il vivoit agréablement ; il remit son
emploi, sur lequel on lui réserva une pension, et, quelques
années ensuite, on le vit reparoître à Paris. La mort de Lépi-
cié, qui exerçoit l'emploi de professeur d'histoire dans l'école
des élèves protégés par le Roi, fit vacquer cette place, et, personne n'étant plus en état de la remplir que le Dandré, qui
étoit homme de l'art et homme de lettres en même temps, il
n'eut pas de peine à l'obtenir. De ce moment il se consacra
tout entier à l'utilité des élèves, dont on lui avoit confié l'instruction, et, quittant pour toujours le pinceau, il ne laissa plus

sortir la plume de ses mains. Tous ses travaux se fixèrent à
ce qui pouvoit contribuer à l'instruction des jeunes peintres
qui suivoient ses leçons; et ce qu'il crut pouvoir leur être plus
utile, fut un cours complet de tous les usages et coutumes
des différents peuples, afin de les diriger dans une observation exacte des règles du costume. Il vouloit aussi leur apprendre à traiter convenablement chaque trait d'histoire, et
l'ouvrage, qu'il se promettoit de publier sur ce sujet et qui
en auroit renfermé les règles diverses, avoit nombre de volumes. Il n'a eu la satisfaction que d'en voir paroître trois,
qui sans doute n'auront point de suite. Pour y réussir, il auroit, ce me semble, dû être moins prolixe et moins amoureux de ses propres idées. Le délabrement de la santé de l'auteur y apporte d'ailleurs un obstacle insurmontable. En 1770,
il a eu une attaque d'apoplexie, qui, suivie d'une paralysie,
le réduit à ne faire presque plus que végéter, quoique sa tête
lui soit demeurée, et qu'il continue à être toujours le même
à l'égard de ses amis. Son nom de famille est Dandré; Bardon est celui d'un oncle maternel qui, en l'instituant son héritier, lui a imposé de prendre son nom.

DARET (Pierre) de Paris. S'il est vray, comme on le prétend, que Pierre Daret, avant que d'embrasser la graveure,
eût étudié dans la veue de devenir peintre, et qu'il eût acquis la pratique du dessein avant que de commencer à manier le burin, il ne pouvoit prendre une route plus sûre.
Tous ceux qui se sont rendus habiles dans l'art de la graveure ont tous reconnu la nécessité de savoir bien dessiner.
On ne les estime qu'autant qu'ils ont possédé cette partie de
leur art dans un éminent degré. Il paroist, par tout ce que
Daret a gravé, que c'estoit à quoy il s'étoit le plus appliqué.
Il s'étoit formé sur les maistres qui avoient le plus de réputation de son temps en France. La manière de Vouet lui étoit

surtout devenue familière. C'étoit la manière dominante et la seule qui fut receue. Daret l'a rendue très heureusement dans tout ce qu'il a gravé d'après ce peintre. Le burin de Daret est assez beau, sa touche est artiste; mais il lui manque une certaine mollesse, qui fait que ses ouvrages paroissent secs. On luy a l'obligation d'avoir sçu former d'habiles élèves, parmi lesquels le célèbre François Poilly tient le premier rang. Daret fut receu de l'Académie de peinture en qualité de graveur. Sur la fin de sa vie, il abandonna tout à fait cette profession pour se mettre à la peinture, qui avoit été le premier objet de ses études (1).

—La sainte Vierge ayant sur ses genoux l'enfant Jésus assis, qui s'avance pour recevoir des fleurs qu'un ange lui présente. C'est un pillage de la Charité de Blanchard, et je crois cette pièce tout au plus gravée sous la conduite de Daret.

—Des anges supportant en l'air le portrait de la sainte Vierge et des devises qui lui conviennent. Gravé en 1647, d'après Lubin Baugin. Dans les premières épreuves, c'étoit, au lieu du portrait de la Vierge, celuy du Prince de Conty, étant abbé, et les devises étoient différentes (2).

---

(1) Il existe de Daret un petit volume assez rare : Abrégé de la vie de Raphaël Santio d'Urbin très-excellent peintre et architecte, où il est traité de ses œuvres, des stampes qui en ont esté gravées, tant par Marc-Antoine Bolognois qu'autres excellents graveurs. De l'origine de la graveure en taille douce : avec une adresse des lieux où les principaux peintres italiens, d'escrits (*sic*) par Vasari ont travaillé. Traduit d'italien en françois par P. Daret, graveur. A Paris, chez l'autheur, sur le quai de Gesvre, au Rossignol, 1651. Avec privilège du roy; très-petit in-12 de 12 et 120 p. On pense bien que le volume est loin de contenir tout ce qui est sur le titre. Plus tard, en 1709, Bombourg mit en tête de sa description des peintures de Lyon cet abrégé du Vasari, par Daret, mais sans parler de ce dernier.

(2) C'est la pièce, qui, dans l'œuvre de Lesueur de Landon et de

— La Véronique, tenant la sainte face de J.-C. En demy corps, d'après Jacques Blanchard. Dédié à Jaques Goislard, secrétaire du roy et curieux de tableaux, par P. Mariette, mon bisayeul.

DARGENVILLE (ANTOINE-JOSEPH-DEZALIER), né à Paris, le 15 juillet 1680, y est mort le 26 novembre 1765. Son père, Antoine Dezalier, avoit exercé la librairie dans cette ville avec distinction (1), ayant succédé au commerce de Jean Dupuis, dont il avoit épousé la veuve, Marie Mariette. Le fils prit de bonne heure du goût pour les arts ; il fit le voyage d'Italie en 1714, et dans la suite celui de Londres, et il entreprit de former une collection de tableaux, de desseins et d'estampes, à laquelle il en joignit une d'histoire naturelle, collection qui auroit pu passer pour belle, si le possesseur eût laissé le public maître d'en juger ; mais, à force d'en vouloir relever lui-même le prix par des discours exagérés, il faisoit qu'on la réduisoit à sa juste valeur, et qu'on ne la trouvoit point faite avec autant de goût qu'il eût été à désirer. Il avoit commencé par se montrer grand partisan de Sébastien Leclerc, et l'œuvre qu'il avoit rassemblée de ce graveur étoit très complète. Il prit des leçons de paysage de Chaufourier, et il se crut assez habile pour manier le crayon, et même le pinceau ; mais l'un et l'autre lui réussirent fort mal. Il voulut aussi écrire ; il donna deux volumes sur les coquilles et les fossiles ; il en donna trois sur les Vies des Peintres, et, si le succès décidoit de la bonté d'un ouvrage, les siens auroient été excellents. Il s'en faut pourtant beaucoup que les vrais con-

---

Challamel, a été reproduite à tort comme étant de lui, et qui, dans le catalogue des *Archives de l'Art français* (t. II), n'avait été rangée que dans les œuvres douteuses.

(1) Il demeurait rue Saint-Jacques, à la Couronne-d'Or.

naisseurs en portassent ce jugement. Il s'étoit fait recevoir secrétaire du Roi, et en 1733 il prit une charge de maître des comptes. L'Académie des sciences de Montpellier l'avoit admis au nombre de ses honoraires, et il étoit aussi de la Société de Londres.

DASSIÉ (ADRIEN), peintre, dont il y a plusieurs tableaux dans les lieux publics de Lyon ; De Bombourg. Tourneyser a, ce me semble, gravé quelques morceaux d'après ses desseins.

DASSONVILLE (GIACOMO) vivoit en 1658, et peignoit des fumeurs et buveurs de bierre, dans le goût de Brauwer. Je n'ai point vu de ses tableaux ; mais j'ai quantité de petites planches qu'il a gravées d'après ses desseins, et qui ne me donnent pas une fort grande idée de ses talents. Je n'y trouve rien qui conduise à des effets capables de relever la bassesse des sujets qu'il traite. Il y a apparence qu'il étoit établi à Anvers, puisque quelques unes de ses planches se vendoient chez *Martin Vanden Enden*.

DATI (COSIMO), discepolo di Battista Naldini. Le Baldinucci le nomme Duti : dec. 1, p. 3 seculi, IV p. 180.—Cosimo Gamberucci, discepolo di Santi di Tito, e per qualche tempo lavoro appresso Battista Naldini. Bald. dec. 1, part. 3 seculi IV, pages 180 et 182.

Ces deux peintres étoient de l'académie de Florence, et ils eurent chacun à peindre un tableau dans les décorations pour l'entrée de Christine de Lorraine, grande duchesse de Florence, en 1588. On les trouve gravés dans la description imprimée de cette fête.

En un autre endroit, pag. 162 du même vol., le même Baldinucci fait la vie de cet artiste, et le nomme *Daddi*. Il le

fait natif de Florence, et l'y fait mourir de la peste, en 1630.
Il fait mention au même endroit du tableau fait pour l'entrée
de Christine de Lorraine; et il dit qu'il étoit peint à fresque.
Comment concilier cela avec ce qui est rapporté à la pag. 180.
L'auteur y assure que tous les tableaux pour cette entrée y
furent peints à l'huile. Ce peintre donna les premiers enseignements de la Peinture au fameux Balth. Franceschini, dit
le *Volterrano*. C'est ce que remarque le Baldinucci au commencement de la vie de ce dernier peintre.

DAULLÉ (Jean). La ville d'Abbeville, si féconde en bons graveurs, a vu naître Jean Daullé, en 1711, et lui a fourni les
premiers moyens de s'instruire des principes de l'art de la
gravure, dont il se proposoit de faire son unique profession.
Il sçavoit déjà assez passablement manier le burin lorsqu'il
vint à Paris, dans la vue d'étendre ses connaissances, et, ayant
eu pour lors à graver d'assez grandes planches de thèses,
d'après les desseins des différents grands maîtres de notre
école, pour M. Hecquet, son compatriote, qui le nourrit chez
lui, et lui montra le peu qu'il savoit, il acquit en fort peu
de temps une très grande facilité de couper le cuivre. Son
burin, conduit avec franchise et pureté, produisoit les tons
les plus doux et les plus agréables à l'œil. Il étoit net, sans
avoir rien de sec. La réputation du jeune artiste ne tarda pas
à se répandre; et le célèbre Rigaud ayant eu l'occasion de
voir une épreuve du portrait de la comtesse de Feuquières,
fille de Pierre Mignard, le peintre, et fameuse par sa beauté,
que venoit de graver Daullé — ce fut M. Hecquet qui lui procura cette œuvre; — il résolut de se l'attacher et d'en faire pour
l'avenir son graveur. Il s'étoit refroidi pour les Drevet, en qui
il croyoit ne plus appercevoir le même zèle et les mêmes
égards. Sous la conduite d'un peintre si intelligent, Daullé fit
plusieurs chefs d'œuvre, qui lui méritèrent une place dans

l'Académie royale de peinture et de sculpture: il y fut admis
en 1742. On met avec raison au rang de ce qu'il a fait de
plus accompli, le portrait de Gendron, fameux oculiste; celui
de la comtesse de Caylus, et celui de Rigaud lui-même; qui,
par un motif de tendresse pour une épouse qu'il avoit beaucoup aimée, et que la mort lui avoit enlevée, se représenta
peignant le portrait de cette épouse chérie; dix ou douze années avant sa mort, arrivée au mois d'avril 1743 (1). Daullé,
qui étoit encore dans la fleur de l'âge, se dégouta du genre
des portraits qui lui paraissoit exiger trop de contrainte, et il
s'imagina que, s'il gravoit pour son propre compte des sujets
agréables, il y trouveroit mieux son compte; il choisit quelques morceaux de Boucher, composés agréablement; il grava
deux planches, d'après des desseins que M. Jeaurat avoit fait
de deux tableaux du Poussin; il se livra, comme beaucoup
d'autres, au torrent. Il s'exerça sur des tableaux de M. Vernet; mais, pour dire la vérité, il s'y prenoit trop tard, et il
sortoit de son genre; les planches ne lui firent pas beaucoup
d'honneur; elles firent apercevoir que celui, des mains duquel elles sortoient, pêchoit par le dessin, et que seul il ne pouvoit rien faire de bien; il lui falloit un conducteur, et il n'en
trouva point. Peut-être même qu'une trop bonne opinion de
lui-même s'y seroit opposée, car c'étoit le défaut de Daullé,
et il s'éloignoit de tous ceux qui eussent pu lui donner des
avis salutaires. Ce qu'il a fait de mieux dans le genre de l'histoire fait partie du recueil des tableaux de la galerie électorale de Dresde. J'en excepterai le portrait en pied de la reine
de Pologne, qui, mis en parallèle avec celui du roi, gravé par
Balechou, pour le même ouvrage, paroît une gravure à demi-

---

(1) Mariette avait écrit par erreur 1763. — La planche est à la
chalcographie du Louvre; n° 1814 du nouveau livret.

faite, et tout à fait insipide. Elle est cependant supérieure à celle du portrait de la princesse de Hesse Hombourg, née Imbetski, que Daullé a gravée pour le général Betski, frère de cette princesse, d'après un tableau de M. Roslin, où elle est représentée assise. C'est par où il a fini sa triste carrière; car cet ouvrage, qu'il traîna et qu'il fit avec négligence, lui fit éprouver des désagréments, qui le durent beaucoup mortifier, quelques soins que j'eusse pris pour lui en épargner une partie.

— Un enfant qui en caresse un autre, lequel tient une colombe, et a à ses pieds un carquois rempli de flèches, ce qui fait donner à cette pièce le titre de l'Enfant qui joue avec l'Amour, gravé au burin, en 1750, par Jean Daullé, d'après un tableau d'Antoine Van Dyck, dont la composition, quoique différente, tient beaucoup de celle dont on a une estampe, gravée par Arnould de Jode, et qui a pour sujet l'enfant Jésus, recevant les actes de soumission du jeune saint Jean.

DAUPHIN (CHARLES), disciple de Vouet, s'étoit étably à Turin, où il est mort, environ l'an 1677. Ce que Thourneyser a gravé d'après ce peintre, en donne une assez bonne idée. Felibien en a fait mention à l'article de Vouet, à l'endroit où il fait le denombrement de ses disciples. Il en parle aussy dans le petit livre intitulé : *Noms des peintres les plus célèbres*, p. 56.

DAVID, Florentin, a fait, vers l'an 1489, un tableau de mosaïque, représentant la sainte Vierge, assise dans un trosne, qui est à Paris, dans l'église de S. Mederic; *Mém. ms. de Felibien.* Ce David est *David Del Ghirlandaio*, et Vasari fait mention, dans la vie de cet artiste, du tableau, qui est présentement à S. Mederic (1).

_____

(1) Il est maintenant au musée de l'hôtel Cluny. Voyez sur cet

D'AVILER (Charles-Augustin), né à Paris, en 1653, d'une famille qui y étoit établie depuis long temps, et qui étoit originaire de Nancy, embrassa de bonne heure l'architecture, pour laquelle il avoit une forte inclination. Ayant été jugé capable d'être envoyé à l'académie de Rome, il partit de Paris en septembre 1674, accompagné d'Antoine Degodetz, âgé pour lors de 20 ans, qui alloit à Rome dans la même veüe d'étudier. Ils s'embarquèrent à Marseille; des corsaires Algériens, qui rencontrèrent le bâtiment sur lequel ils étoient montés, l'attaquèrent, et firent esclaves tous ceux qui s'y trouvèrent. M. Jean Foy Vaillant, le médecin (1), fut du nombre. Seize mois se passèrent sañs que les Algériens voulussent entendre parler de leur rançon, quoyqu'on leur offrit des sommes considérables. Ils convinrent enfin de les échanger contre des Turcs, qui avoient été pris par les Français. Daviler et ses compagnons sortirent ainsy d'esclavage, le 22 février 1676. Il alla sur le champ à Rome, et, pendant cinq années qu'il y demeura, il étudia et fit ses remarques sur les plus beaux édifices antiques et modernes, qui rendent cette ville si recommandable. De retour à Paris, M. Mansart le reçut au nombre de ceux qui travailloient sous luy dans le bureau d'architecture; il y demeura plus de huit ans, et ce fut pour lors que, mettant à profit le peu d'heures de loisir qui luy restoient, il entreprit son cours d'architecture, dans lequel il renferma tout ce qu'il est nécessaire de sçavoir pour avoir une notion complette de cet art. Il choisit Vignole comme le plus exact et le plus suivy des auteurs, et il adjouta à son texte d'excellens commentaires, qu'on doit regarder comme le fruict des études qu'il avoit faites jusqu'alors, et tout le

---

ouvrage la note de l'un de nous, dans le premier volume des *Archives de l'Art français*, p. 97-9.

(1) C'est le fameux numismate.

monde convient qu'il ne se peut rien désirer de plus solide
et de plus instructif. Daviler, en composant cet ouvrage, ne
se fia pas tellement à ses lumières qu'il ne consultât ce qu'il
y avoit de gens les plus éclairés. M. d'Orbay, dont le mérite
est si connu, fut un de ceux qui lui donna les meilleurs avis.
Il en sçut profiter. Tout ouvrage, qu'on assujetit à une judi-
cieuse critique avant que de le faire paroistre, est presque
sûr de réussir ; aussi n'y en a-t-il eu aucun en architecture
qui ait eu un sort plus heureux que celuy de Daviler, et,
quoyque les étrangers fassent peu de cas de ce que nous pro-
duisons en ce genre, ils ont sçu rendre à son ouvrage la justice qu'il méritoit. Avant que de donner son cours d'architecture, Daviler avoit fait paroistre une traduction du traité
des cinq ordres de Scamozzi en un vol. in-folio, qui parut
en **1685**. Enfin, las de ne se pouvoir faire connoître à Paris
par quelque grand ouvrage de réputation, il accepta l'offre
qu'on luy fit d'aller à Montpellier, y bâtir la porte du Pey-
rou, ou arc de triomphe que les États de Languedoc avoient
résolu d'y faire construire sur les desseins du s. d'Orbay. On
en fut si satisfait que, pour le retenir dans la province, les
États lui décernèrent le titre de leur architecte, au commencement de **1693**, et lui firent avoir en même temps le brevet
d'architecte du Roy. Ils lui procurèrent d'autres ouvrages dans
la Province, et M. Colbert, archevêque de Toulouse, persuadé
de son habileté, fit rebâtir entièrement, sur ses desseins, son
palais archiépiscopal, qu'il n'avoit eu dessein que de faire
rétablir. Daviler, trouvant de l'emploi dans le Languedoc,
s'établit et se maria à Montpellier. Mais à peine commençoit-
il à s'y distinguer, qu'il y mourut à la fleur de son âge, en
l'année **1700**, n'étant âgé que de 47 ans. *Mémoires communiqués par M. son frère.*

— Il partit de Paris en **1691**, et arriva à Montpellier au
commencement de juillet de cette année. Dans une de ses

lettres, datée du mois de septembre 1691, il se plaint amèrement des procédés de M. Mansard, qui, loin de lui être favorable, le traversoit dans le dessein qu'il avoit formé de se faire recevoir dans l'Académie Royale d'architecture. Il se repent d'avoir perdu cinq années de son temps auprès de cet architecte. —Il a construit le palais Épiscopal à Béziers, et a travaillé à Carcassonne, à S.-Pons et en divers autres endroits du Languedoc. Il fut envoyé en 1699 au pont du Gard, pour projeter les réparations qui y étoient à faire. Mais comme il est mort en 1700, je ne crois pas qu'il ait eu part à cette entreprise. — Il a bâti quelques maisons dans Montpellier, et a donné des desseins magnifiques pour la *Versure*, maison de campagne des Évêques de Montpellier. (Extraits de ses lettres écrites à M. Langlois.)

DAVIS (ÉDOUARD LE), né dans le pays de Galles, a appris à graver chez Loggan. Il vint à Paris, et je connois deux planches qu'il a gravées : l'une est un *Ecce homo*, d'après Annibal Carrache ; l'autre une Sainte-Cécile, d'après Van Dyck. Toutes deux portent l'adresse de François Chauveau, qui les lui acheva sans doute. Lorsqu'il repassa à Londres, il s'y fit marchand de tableaux, et il réussit dans ce commerce. Il pouvoit devenir un assez bon graveur ; car il coupoit bien le cuivre.

DE LA JOUE (JACQUES), peintre, de l'Académie Royale de Peinture et Sculpture, a eu pendant quelque temps de la vogue. Il peignoit l'architecture, et l'extravagance de ses compositions trouva des partisans. C'étoient les mêmes qui admiroient les licences que se donnoit Meissonier, autre destructeur du bon goût. Il fut décidé qu'il ne feroit rien qui ne fût de travers, et qui ne sortît des règles que prescrit la belle et noble simplicité. En conséquence, la Joue se met à l'aise, et, laissant courir son pinceau sur la toile, il y multiplia les absurdités d'un faux génie; car il n'en avoit point. Il ne faisoit que se répéter. Heureusement, ce goût n'a pas duré. Depuis longtemps les ouvrages si estimés de de la Joue sont tombés dans l'oubli. Il étoit généralement méprisé et sans occupation, lorsqu'il est mort le 12 avril 1761, âgé de 74 ans ans et 5 mois. Il avoit été reçu de l'Académie en 1721. Il étoit né sur la fin de 1687.

DELAULNAY (Noel), élève de Lempereur.

DELLA BELLA (stefano). Rien ne contribue davantage à faire fleurir les beaux arts que de les favoriser, et l'on n'auroit peut-être pas veu fleurir en France tant d'hommes habiles dans ces derniers siècles, s'il ne s'y étoit pas trouvé en même temps des personnes qui les aimoient et qui les protégeoient. Les honneurs et les récompenses, distribués abondamment à ceux qui s'y distinguèrent, eurent le double avantage de faire naître d'habiles maîtres et d'attirer en France d'excellens sujets. Parmi eux, il n'y en a guères qui ait acquis plus de réputation qu'Etienne della Bella, ni qui, par rapport à la multitude et à la beauté des ouvrages qu'il a fait en France, mérite mieux d'être rangé parmi les François. Né à Florence, vers le commencement du dernier siècle, il témoigna dès ses plus tendres années un amour tout singulier pour le dessein; il fit apercevoir surtout un penchant naturel pour exprimer en petit tout ce qu'il voyoit. L'exemple vient de Callot, qui avoit travaillé dans ce genre avec tant de succès; ses ouvrages, dont Florence étoit remplie, furent, et ce qui encouragea le plus della Bella, et ce qui lui servit de guide dans ces commencemens. La peinture, qu'on voulut lui faire embrasser, ne put le détourner de ses premières idées; mais ce qu'il en apprit ne contribua pas peu à luy former le goût, qu'il avoit naturellement excellent. Le séjour de Rome acheva

de le perfectionner. Il y alla dans la veue d'étudier sérieusement d'après tout ce qui lui paroîtroit le plus propre pour
annoblir sa manière, et il s'accoutuma tellement dès lors à
étudier, qu'il avouoit sur la fin de sa vie que quand il auroit
eu en veue de s'appliquer à la peinture, il ne lui auroit pas
fallu plus d'études. L'on ne doit donc plus être étonné s'il se
trouve dans tout ce qu'il a gravé, et jusque dans les plus
petites choses, un goût si grand et si noble, s'il a si bien
sceu composer et si richement, s'il a répandu tant de vie,
tant de feu dans ses figures, si ses airs de testes sont si gracieux qu'il y en a qui ne seroient pas désavoués par le Parmesan. En cela, Etienne della Bella paroît fort supérieur à
Callot, quy, quoyque plein d'esprit, dessine d'une petite manière, et qui tombe souvent dans le style burlesque; par là,
aussy, Etienne della Bella s'est rendu original et l'auteur de
sa manière. La fermeté de pointe de Callot l'avoit ébloui
dans ses commencements; mais bientôt il abandonna cette
manière, qui luy parut trop roide et trop comptée, pour en
prendre une plus moelleuse et plus flexible, mais qui est
pourtant devenue quelques fois trop lourde et trop confuse à
force d'y mettre du travail et de vouloir faire de l'effet. Si c'est
un défaut qu'on puisse reprocher à cet auteur, il ne se trouve
pas toujours dans tout ce qu'il a gravé ; car ce qu'il a fait en
petit est très-léger, et, pour ce qu'il a dessiné, personne ne
l'a fait avec autant de légèreté et d'esprit. Il étoit tout à fait
propre à représenter des actions militaires, des veues de mer
et des vaisseaux, des ruines, des animaux, des pastoralles,
et surtout des festes et des spectacles, qu'il représentoit dans
toute leur magnificence. Il fut occupé à en dessiner plusieurs
pendant le séjour qu'il fit en France, qui font présentement
un des principaux ornemens du cabinet du roy, comme les
desseins que l'on conserve de lui à Florence ne sont pas des
moins précieuses parties de celuy du grand-duc. Etienne

della Bella avoit eu l'honneur de montrer à dessiner au grand-
duc Cosme III, et, s'il eût voulu rester plus longtemps en
France, on luy faisoit espérer le même honneur auprès du
roy Louis XIV; mais quoy qu'il fût chéry de toutes les personnes de distinction, encore plus pour l'excellence de son
caractère qu'à cause de son habileté, l'amour de sa profession, joint à la délicatesse de son tempérament, lui faisant
préférer la retraitte, lui fit aussy mépriser tous les offres
avantageux qui pouvoient établir sa fortune (1).

---

(1) Quand on connaît le catalogue de l'œuvre de la Belle, publié
par Charles Antoine Jombert, Paris, 1772, in-8°, de VIII et 230 pages,
on s'étonnera qu'on puisse autant lui ajouter que le fera ce que nous
publions de Mariette, sans parler de ce qui est purement un catalogue, ce que nous sommes forcés de laisser. Ce qui l'explique,
c'est que Mariette, qui comptait faire quelque chose lui-même sur
le sujet, et qui était déjà vieux, et peut-être par fois fantasque, se
refusa de communiquer à Jombert l'œuvre magnifique qu'il en pos-
sédait. Nous apprenons ce fait de la préface de Jombert :
« Un seul amateur, possesseur de l'œuvre de la Belle le plus com-
« plet qui existe aujourd'hui, étoit en état de me conduire et d'é-
« clairer mes pas dans ce labyrinthe de difficultés; mais, loin de
« me prêter un secours que j'avois lieu d'attendre de lui, il m'a
« refusé même la permission de jetter un coup d'œil sur ce trésor
« unique qu'il possède, parce qu'il se propose de travailler aussi
« sur le même sujet. En attendant donc que cet amateur, très-
« éclairé et bien plus capable d'écrire sur tout ce qui concerne
« les arts, veuille bien nous faire part de ses connoissances, et don-
« ner au public un catalogue de l'œuvre de la Belle d'après celui
« qui est entré ses mains, je prie le lecteur de jeter un coup d'œil
« favorable sur cet essai, etc. (Avertissement, p. v-vi.) » Il revient
encore sur ce refus dans la préface de son catalogue de Le Clerc :
« J'ignore s'il se trouve un œuvre de Le Clerc dans le célèbre ca-
« binet de M. M***, et dans quel état il peut être. Le refus qu'il
« m'a fait de me laisser prendre connaissance de l'œuvre de la
« Belle qu'il possède; dans le temps que je m'occupois du catalogue
« des ouvrages de cet artiste, m'a rendu assez circonspect pour ne
« pas me mettre dans le cas d'un nouveau refus à l'occasion de
« celui-ci (I, p. xxv). » — Nous ajouterons que les renseignements
de Mariette seront d'autant plus nouveaux qu'ils n'ont pas été employés par M. Le Blanc, pour son *Manuel de l'Amateur d'Estampes*,
dans la croyance où il était, comme tout le monde, qu'il n'y
avait rien à trouver au delà du catalogue de Jombert.

—Etienne della Bella, étant encore fort jeune, grava les figures qui se trouvent dans le livre intitulé : *Descrizion delle feste in Firenze per la canonizzazione di santo Andrea Corsini; in Fiorenza, nella stamperia di Zanobi Pignani*, 1632, 4º (1). Ce livre fut mis au jour en 1632, il contient une description de la feste faitte à Florence pour la canonization d'André Corsini, le 1er de juillet de l'an 1629. Il y a dedans vingt planches représentant divers sujets de la vie du saint, et à la teste il y a un frontispice qui représente la décoration de la façade de ladite église et la procession solennelle où l'on porte l'image du saint. A toutes ces planches, il n'y a aucun nom ny marque de graveur ; elles sont à l'eau forte, mais l'on reconnoît facilement à la manière qu'elles sont de Stefano della Bella et de ses premiers ouvrages de gravure, car, quoyque le livre ait été mis au jour en 1632, il ne faut pas inférer de là que les planches aient été gravées dans cette année. Il y à apparence qu'elles l'ont été sur la fin de 1629. Le livre devoit même être mis au jour dans cette année ; les approbations et permissions d'imprimer sont datées de la fin de novembre et du commencement de décembre 1629, et le libraire, qui se doutoit bien que l'on trouveroit à redire qu'il eût si longtemps tardé à donner cette édition, se crut même obligé de rendre compte de la cause de ce retardement dans un avis au lecteur, où il en rejette la faute sur les calamités publiques qui avoient désolé l'Italie. Il adjoute que l'on peut juger, par les dates des permissions, que la composition de l'ouvrage étoit finie, il y avoit longtemps, et qu'aussitôt il l'avoit mis sous la presse, mais que d'autres occupations l'avoient détourné. Il y a donc grande apparence que les planches furent gravées presqu'aussitôt que la feste ; la ma-

---

(1) Jombert, nº 22.

nière dont elles sont exécutées en est une preuve. Baldinucci dit que la Belle ne resta à Florence que quelques mois après avoir gravé, en 1627, le repas donné par les Piacevoli (1), qu'ensuite il alla à Rome, où il resta pendant deux années, pendant lesquelles il grava l'entrée de l'ambassadeur polonois en 1633 (2). Il y a peu d'ordre dans tout ce récit; car la Belle s'arreste à Florence beaucoup plus de temps que ne le dit Baldinucci; cette feste de Saint-André Corsini en est une preuve. Le titre du dialogue de Galilée (3) a été gravé en 1632, le livre ayant été imprimé à Florence, chez Jean-Baptiste Londi, en cette année. Ce qui est de certain, c'est qu'il devoit estre à Rome en 1633, puisque ce fut cette année que l'ambassadeur y fit son entrée. Mais qu'il l'ait gravée cette année à Rome, c'est ce qu'il faut examiner. En 1633, il grava à Florence l'image miraculeuse de N.-D. de l'Imprunette (4), ce qui pourroit faire croire qu'il revint de Rome sur la fin de cette année 1633. Ce fut pour lors, au commencement de 1634, au plus tard, qu'il grava le titre de : *Lactis Physica analysis* (5), et peu après la suite des vaisseaux, dont il dédia les planches à don Laurent de Médicis, son Mécène (6). Il n'est point vray qu'il grava, étant à Rome la première fois, le Campo Vaccino (7), puisqu'elles n'ont pas été faites avant l'année 1650, et je croirois même assez volontiers qu'elles n'ont pas été dessinées que dans son second voyage à Rome, et peut-être gravées ensuite à Florence, dont les planches furent envoyées

---

(1) Jombert, no 4.
(2) Jombert, n° 28.
(3) Jombert, n° 24.
(4) Jombert, n° 27.
(5) Lactis physica analysis, auctore Joanne Nardio philosopho, medico Florentino, Florentiæ, typis Petri Nestii, 1634, 4°.
(6) Jombert, n° 31.
(7) Jombert, n° 189.

en France par la Belle à Israël; car, y étant retourné de France, il y grava plusieurs planches pour cet Israël. Il n'est pas vray non plus que la Belle soit venu en France précisément au sortir de Rome, comme le dit Baldinucci, puisque l'on a de ses ouvrages gravés à Florence, en 1637, et que le siége de Saint-Omer, qui est asseurément un des premiers ouvrages qu'il ait deu graver en France, est de 1638 (1). Il se pourroit pourtant que cette planche eut été faitte en Italie, puisque la thèse du B. Soto, soutenue à Florence, et qui a deu par conséquent y être gravée, est de 1639. De là l'on pourroit conclure que l'arrivée de la Belle en France a été en 1640, temps du siége d'Arras, et Baldinucci remarque, à ce sujet, que la Belle fut envoyé expressément sur le lieu pour le dessiner. Félibien dit que ce fut en 1642; tout ce qu'il dit de la vie de la Belle est à examiner; il faut aussy lire Sandrart, qui en a dit, ce me semble, quelque chose, et Corn. de Bie, p. 561, et le Cabinet d'architècture (2). Mais je trouve dans des notes tenues par Langlois, dit Chartres, que la Belle, auquel il donne la qualité de peintre et de graveur du duc de Florence, étoit à Paris en 1640. Il y est fait mention d'un peintre florentin, camarade de la Belle; quel étoit-il? De plus, le titre des poësies de Desmarets (3) est gravé à Paris, en 1641, et c'est en 1641 qu'il grava la tragédie de Mirame (4) qu'avoit fait représenter le cardinal, mort le 4 décembre 1642, sur le théâtre du Palais-Cardinal; il y a apparence qu'il estoit bien auprès de luy. Quoiqu'il en soit, Baldinucci dit que la Belle vint en France avec le baron Alex. del Nero, ambassadeur du grand-duc; peut-être trouvera-t-on l'année de l'arrivée de

---

(1) Jombert, n° 5 des batailles.
(2) Pages 107-21, édit. de Paris, t. II, 2e partie.
(3) Jombert, n° 81.
(4) Jombert, n° 74.

cet ambassadeur en France. Baldinucci dit que la Belle resta onze années en France, ce que je croirois assez volontiers. Pendant son séjour en France, il voyage aux Pays-Bas et à Amsterdam; il y a une petite suitte de veües gravées en 1647 (1), où il se trouve quelques veues d'Amsterdam et de Calais; donc il en estoit déjà de retour. Le Pont-Neuf est gravé à Paris en 1646 (2). La Belle étoit encore à Paris en 1648; La Colombière, qui s'en etoit servy pour les desseins de ses quatre grandes tables du théâtre d'honneur, en parle ainsi, dans son livre, du théâtre d'honneur et de chevalerie, imprimé en 1648 : « La Belle est présentement à Paris, où il travaille, « avec applaudissement de tous les curieux et savans en ce « noble art (du dessein). » Il devoit estre de retour à Florence en 1650, temps du siége de Piombino et de Porto Longone, gravés, le premier, par Livio Meus, et le second, par la Belle (3), sur les mémoires que leur fournissoit il Guerrini; c'est ce que rapporte Baldinucci, mais ce qu'il faudra examiner avec attention; car pourquoy la Belle auroit-il mis son nom à l'une et l'autre planche, s'il n'y en eût eu qu'une de gravée par luy? Ce qu'il y a de singulier, c'est que Baldinucci dit que la Belle estoit pour lors de retour de son deuxième voyage de Rome; et cependant je suis comme asseuré qu'il n'y avoit pas longtemps qu'il estoit arrivé de Paris en Italie. Il mourut en 1664.

— Ciartres peut avoir connu la Belle en Italie, lors de son premier voyage.—Il y alla en 1630, et je trouve qu'il y étoit encore en 1633. Ainsy, la Belle, qui estoit alors à Rome, avoit deü le connoître avant que de venir en France, et je ne m'étonne pas que ce graveur, arrivant à Paris, grava pour

(1) Jombert, n° 134.
(2) Jombert, n° 112.
(3) Jombert, n° 48 des siéges.

luy plusieurs planches, et mesme, autant que je le puis conjecturer, luy en vendit quelques-unes qu'il avoit apportées avec
luy, et qui avoient été gravées en Italie ; car à qui pouvoit-il
s'adresser qu'à ce marchand qui estoit celui qui faisoit le plus
de commerce d'estampes, et qui, ayant voyagé en Italie, y
avait contracté des habitudes, et s'étoit fait connoître. Il estoit
bien naturel que la Belle, arrivant à Paris, s'adressa à lui préférablement à tout autre, et c'est aussi ce qui arriva. Je vois,
par les notes tenues par Langlois, qu'ils étoient en relation et
qu'ils se trouvoient ensemble aux mêmes parties de plaisirs.
Ce ne fut que quelques années après, et peut-être mesme
après la mort de Ciartres, ce qu'il faudra vérifier, que, con-
seillé par Collignon, ainsy que le dit Felibien — Collignon
étoit à Paris avant la Belle ; il y étoit en 1639 ; ce fut dans cette
année qu'il vendit à Langlois la planche de marine qu'il avoit
gravée d'après les originaux de la Belle — La Belle fit connoissance avec Israël qui avoit les planches de Callot, et se mit à
graver entièrement pour luy. Je remarque cecy, parce que
cela sert à rectifier une partie de ce que Felibien a écrit sur
le chapitre de la Belle. Il faudra aussy examiner ce qu'il entend par cette suitte de marine, dont Ciartres ne voulut pas
s'accommoder, et qui fut le sujet qu'il alla chez Israël.

— Il est si vray que la Belle connoissoit particulièrement
Langlois, dit Ciartres, avant que de venir en France, que j'ay
veu plusieurs de ses lettres qu'il écrivoit à M. Langlois, depuis son retour à Paris, c'est-à-dire depuis 1634 — je me
trompe, ces lettres sont adressées à mon grand-père Mariette,
— où il luy fait mille protestations d'amitié, et luy fait part de
tout ce qu'il gravoit. M. Langlois ayant mesme fait un recueil
des ouvrages de la Belle, celuy-cy prit soin de ramasser tout
ce qui pouvoit lui manquer de pièces rares, pour la rendre
complette. Cette belle œuvre est encore entre nos mains. Il
luy fit aussy présent d'un magnifique dessein de l'entrée de

l'ambassadeur de Pologne à Rome, différent de ce qu'il a gravé; mais ce qui marque encore mieux la bonne intelligence qui régnoit entre eux, c'est que non-seulement les premiers ouvrages que la Belle fit à Paris furent sous Langlois, mais qu'il continua mesme de graver pour luy jusques à sa mort; car les cartouches et le Pont-Neuf furent mis au jour par Ciartres, en **1646**. Ainsy, tout ce qu'avance Felibien a grandement l'air de fable, et, s'il est vray, cela ne peut être arrivé tout au plus que depuis la mort de Langlois, arrivée en **1647**, ne voyant pas effectivement que sa veuve ait rien mis au jour de nouveau de la Belle. Ce fut Israël qui eut pour lors généralement tout ce qu'il grava : peut-être même avoit-il déjà eu quelques planches de luy du vivant de M. Langlois; c'est ce qu'il faudra examiner.

— Il n'est pas ordinaire de trouver, dans les ouvrages des graveurs de profession, autant d'esprit et de goût qu'on en rencontre dans tout ce qui est sorti des mains de Le Belle; mais aussi avoit-il étudié pour devenir peintre; il s'étoit formé sur les meilleures manières, et toute sa vie s'étoit passée à dessiner. Sa plume, qui est d'une légèreté surprenante, exprime dans la plus grande justesse les plus petits objets; ils ne craignent point d'être regardés avec la louppe, ils y gagnent au contraire beaucoup. (Catalogue Crozat, p. 6.)

— Sa dernière manière plus large; apparemment qu'il n'avoit plus les mêmes yeux.

— Une figure de jeune homme debout, a moitié vétu, dans la manière du Parmesan; pièce en hauteur en clair-obscur. M. de Julienne en a eu le dessein de la Belle, chez M. Boulle, qui le tenoit de Bérain, et celui-ci de M. Silvestre; preuves que la planche a été faite en France et emportée par la Belle en Italie. — Elle est au nombre de celles qui appartiennent au Grand Duc.

— *A la suite d'une énumération des planches de la Belle,*

qui appartenaient au Grand Duc, Mariette ajoute : Toutes ces pièces ont été envoyées de Florence à S. A. S. Mgr le prince Eugène de Savoye, en 1730, par le Grand Duc. Il luy avoit été pareillement envoyé de chez le Grand Duc la suitte des quatre planches de Bamboches, dont les planches sont aussi certainement chez le Grand Duc, et je ne crois pas qu'il en ait davantage ; du moins, M. de Montarsis, qui avoit reçu, il y a longtemps, un semblable présent, dans un temps où toutes les planches de ce cabinet étoient dans un meilleur ordre qu'à présent, n'en avoit pas receu un plus grand nombre.

— J'ai vu vendre, chez M. Pottier, les quatre pièces de la Belle, qui sont indiquées dans le catalogue de ce curieux, sous le n° 180 ; elles ont été payées quatre fois plus qu'elles ne valent.

Le petit sujet au trait représentant un enfant qui, avec un masque, fait peur à ses camarades, est un petit morceau en travers d'environ 5° de large sur 3 pouces de haut, et je le crois bien de la Belle ; il est dans la même manière que l'évantail au trait que j'ai dans mon œuvre.

La petite pièce, aussi en travers, d'environ 3° de large sur deux pouces de haut, représentant trois mendians, est jolie ; mais je garantis bien qu'elle n'est pas de la Belle ; elle est de J. Le Pautre et d'une touche plus ferme que ne l'a eu la Belle.

La figure polonaise est une copie d'une des figures du livre intitulé *Varie figure*, dont la première feuille représente la vue de la grande galerie du Louvre. Il ne faut que jetter les yeux sur cette petite pièce pour reconnaître la vérité de ce que j'avance ; celui qui l'a gravé y a mis sa marque sur la terrasse.

Quant à la pièce représentant un paysan appuyé sur un bâton, laquelle est de même grandeur que la précédente pièce, c'est environ 2° 6' de haut sur 2 pouces de large, et je ne la révoque pas en doute, mais, pour pouvoir l'assurer plus positivement, je voudrois l'avoir examinée avec plus d'attention. En tout cas, si je l'avois, je ne ferois pas difficulté de la ranger dans mon œuvre.

Cet article a été acheté par M. Joullain pour M. Paignon d'Ijonval.

— Le ballet des autruches, des singes et des ours, et des perroquets, imaginé par J. B. Balbi, pour servir d'intermèdes à l'opéra de la Finta Pazza, qui fut représenté à Paris sur le théâtre du Petit-Bourbon, en 1645, fut dessiné avec beaucoup d'esprit par Étienne de la Belle (j'en ay veu la plus grande partie des desseins chez M. Boulle, en 1731), et gravé ensuite en 19 planches par Valerio Spada. Ce Valerio Spada a été un des plus habiles maistres d'écriture qu'ait produit l'Italie. Il en est fait une mention fort honorable dans la nouvelle édition du poëme *Il Malmantile racquistato di Lorenzo Lippi* faite à Florence, en 1731. Paolo Minucci, qui a commenté ce poëme, y dit, dans une de ses notes, p. 458, que Spada excelloit non-seulement à bien écrire, mais qu'il dessinoit aussi bien des paysages à la plume, qu'il grava au burin et à l'eau-forte, qu'il étoit intime amy de Lippi chez qui il avoit appris à dessiner, et qu'il vivoit en 1688, âgé de plus de 70 ans. Spada, selon Cinelli, dans son histoire Mss des écrivains de Florence, étoit de *Colle di Valdeja*. Il mourut à Florence en 1688. Il avoit été maître à écrire de Cosme III et des princes ses enfans, et étoit infatigable au travail, à quoy Antoine Maria Biscioni, éditeur de la nouvelle édition du Malmantile, ajoute que personne n'avoit encore autant perfectionné l'art de l'écriture. Il avoit commencé de graver quelques-uns de ses alphabets, mais cet ouvrage est demeuré imparfait, et est présentement entre les mains de M. l'abbé Gabriel Riccardi. Ce même Spada a gravé une veue, en veue d'oyseau, de la ville de Florence, prise *del prato di S. Francesco à Monte*. Mais quoy qu'en disent tous ces messieurs, ce Spada n'est pas un grand Grec, ni pour la graveure, ni pour le dessein, à en juger par ce qu'il a gravé d'après la Belle; il a horriblement altéré le goût du dessein ; on ne trouve dans tout ce qu'il a fait ni goût ni pratique. Reste à sçavoir s'il a gravé cela à Paris, ce que je croirois assez. Du reste, je ne dispute pas qu'il n'ait pu estre un très-habile écrivain. Mais pourquoy vouloir donner à un homme un mérite qu'il n'a pas? N'étoit-ce pas assez pour lui de s'être fait estimer dans la profession d'écrivain qu'il exerçoit (1)?

— Dans le catalogue des livres de festes et spectacles, que le baron de Tessin a rassemblé à Stockholm, ces treize figures et la quatorzième, qui est le rocher, sont rapportées sous ce titre : *La gara delle stagioni, Torneo a cavallo, rappresentato in Modena nel passagio de' Ser. Archiduchi Ferdinando, Carlo, Sigismondo, Francesco d'Austria, et Archiduchessa di Toscana*; 1652, 14 *figure grandi da St. della Bella*. Voicy donc la véritable explication et le sujet de ces estampes. Ce n'est point, comme l'a prétendu Baldinucci, un carrousel représenté à Vienne en présence de l'empereur.

— Les deux estampes de la Belle, qui sont intitulées par Baldinucci *Giuochi della contadina* représentant une espèce de danse ou d'exercice qui est en usage en Italie dans le temps du carnaval, et qui est exécutée par des sauteurs. Voicy en quoy elle consiste ordinairement : Huit ou dix hommes, debout et fermés sur leurs jambes, forment un cercle, en se tenant tous les uns les autres fortement embrassés par la nuque du col. Quatre ou six autres montent sur les épaules de ceux-ci, toujours dans la même posture et en portent trois

---

(1) Jombert, n° 103.

de la même manière, qui en soutiennent un dernier, lequel
termine le groupe; dans cette situation, ils marchent pendant quelque temps en cadence, et enfin celui qui est à la
cime fait une culebute en l'air et saute à terre, où il est
receu par deux de ses camarades, qui sont postés pour cela;
les trois d'ensuite en font autant, et tous les autres de même
par ordre, ce qui s'appelle à Florence *fur la tombolata.* J'ay
veu cet exercice fort bien exécuté à Paris par des sauteurs.
J'ai extrait cecy des notes de P. Minucci, qui accompagnent
le poëme *Malmantile racquistato,* et M. Salvini observe que ces
danses s'appellent *della contadina,* comme les Anglois *coun-
try-dance* les danses que nous avons pris d'eux et que nous
appellons aussi *contre-danse :* Le mot anglois signifie *danse
du pays* ou *danse paysane.*

— Une pièce en hauteur (13°, h.; 9° tr.), gravée au burin
assez mal par Valérien Regnart, qui y a tellement altéré la
manière de la Belle qu'elle y devient presque méconnois-
sable. Ce sont d'ailleurs de grosses figures, et l'on sait que
ce n'étoit point le talent de la Belle de les bien faire. Ainsi
on ne scauroit point qu'elle est d'après ce maître, si on n'y
lisoit son nom au bas. Cette pièce représente St Dominique
de Soriano à qui la Ste Vierge, accompagnée de Ste Catherine et de Ste Madelaine, présente une image de St Dominique. Voicy son titre : *Vera effigies S. Dominici à Soriano,*
au haut de la planche. La pièce a été dédiée au cardinal
Alexandre Cesarini par frère Orsuccio, religieux dominiquain, et l'on y trouve au bas le nom du graveur, qui l'a
gravée à Rome, et vis à vis : *Delineavit Steph. della Bella
inventor* (1).

— *A la suite de l'indication de quatorze sujets religieux, qui*

---

(1) Jombert, n° 40.

sont pour la plupart des vierges, Mariette ajoute : Ces quatorze pièces forment un mesme livre ; P. Mariette a les planches de toutes (1).

— Là Ste Vierge à demy-corps, dans un rond, allaitant l'enfant Jésus, d'après Louis Carache. Il y a une estampe de cette
Vierge, figure entière, que je crois gravée d'après le Bricci (2).

— St Antoine de Padoue en demy corps, d'après Jean
François da Cento, dit le Guerchin ; répétition, à ce qu'il me
sémble, de l'estampe originale du Guerchin.

— Portrait sans nom, d'un auteur âgé de soixante et neuf
ans, dans un ovale ; gravé au burin par Et. de la Belle dans
ses commencemens. A une autre épreuve, il y a LXXII ; on
voit qu'il y avoit auparavant LXIX et que cette datte a été
reformée depuis ; le nom de la Belle, ou plutost son chiffre
est au bas ; il y a les deux vers cy acostés au bas du portrait :

> Exprimit auctoris vultum pictura, sed auctor
> Ipse sui vires exprimit ingenii.

C'est le portrait de *Stephanus Rodericus Castrensis Lusi-
tanus œtat.* 78 ; j'en ay veu une épreuve avec cette inscription gravée autour du portrait ; la planche étoit usée. J'en ay
veu aussi une copie avec la même inscription ; cette copie a
été faite pour estre mise à la tête d'un ouvrage de cet auteur,
intitulé : *Tractatus de naturâ muliebri, Hanoviæ,* 1654, 4º ;
l'on avoit écrit au bas : Olim Magni Ducis Etruriæ *Consiliarius
de sanitate et in Academiâ Pisanâ medicinam docens* (3).

— Représentation d'une feste donnée à Pise dans une place
située près de l'Arno, d'après Ercole Bazzicaluva ; des premières manières d'Étienne de la Belle. Je ne la crois point

---

(1) Dans les nᵒˢ 148 à 163 de Jombert.
(2) Jombert, nᵒ 153.
(3) Jombert, nᵒ 60.

de la Belle ; j'estime que Bazicaluva en est le graveur et que le dessein est de la Belle (1).

— Douze sujets d'une histoire romanesque, gravés par Étienne de la Belle dans ses premières manières. — Ils ne sont pas de la Belle, mais d'Ercole Bazzicaluve ; les desseins peuvent être de la Belle (2).

— Entrée de l'ambassadeur de Pologne à Rome, en 1633, en six feuilles gravées à Rome. Aug. Parisinus et Jo. Bapt. Nigropontes formis Bononiæ ; elle est dédiée au prince Laurent de Toscane, protecteur de la Belle, et frère du grand duc Cosme second. Aux premières épreuves, les noms des marchands ne se trouvent point. Il n'est pas sûr que les planches aient été gravées à Rome ; le dessein y a été fait ; cela n'est point douteux. Cet ambassadeur étoit Georges Ossolinscki, ambassadeur d'obédience de Ladislas, roy de Pologne, au pape Urbain VIII ; son entrée se fit avec beaucoup de pompe, en 1633 (3).

— Veue d'un reposoir dressé à Paris pour la feste du Saint-Sacrement dans la maison de M. Tubœuf. Le roy jeune, la reyne sa mère, et toutte la cour assistent à cette procession ; dédiée à Mgr. Tubœuf, par un Italien qui avoit présidé à cette décoration, et qui fit graver la planche ; la planche que Colignon avoit emportée à Rome y est encore entre les mains de ceux qui ont acquis son fonds de planches ; mais elle est usée. Je crois cette planche du même temps que la veue du Pont-Neuf (4).

— Montjoye St Denis, roy d'armes de France ; pour le livre intitulé de l'Office des roys d'armes, des hérauts et poursuivants, par la Colombière, 4e, 1645 ; Paris ; achevé d'impri-

---

(1) Jombert, n° 32.
(2) Jombert, n° 12.
(3) Jombert, n° 28.
(4) Jombert, n° 83. — Sur la maison, voir Piganiol, III, 153.

mer en 1644; ainsy la planche a été gravée en 1644. Dans le lointain est représenté le convoi d'un roy de France, qui est gravé par Étienne la Belle, le reste étant gravé au burin par J. Couvay sur son dessein. Le trait de la figure principale a aussi été gravé à l'eau-forte par la Belle, et remply au burin par Couvay, amy de la Belle; j'en ay veu une épreuve avant que Couvay y eût travaillé (1).

— Carlo Cantu, comédien italien, jouant de la guittare, gravé au burin par J. Couvay d'après Étienne de la Belle, qui a gravé dans le lointain la veue du Pont-Neuf de Paris. Mon père prétend que la veue de Paris est gravée par Silvestre, et les figures par la Belle.

— Plan et profil de la Rochelle assiégée par l'armée de France, commandée par Louis XIII en personne et réduitte sous l'obéissance de ce prince, en 1628. A été gravé depuis l'arrivée de la Belle en France, et presqu'en même temps que le siége d'Arras, c'est-à-dire aux environs de 1641, pour quelqu'un qui vouloit faire sa cour au cardinal de Richelieu. Je crois que ce fut le médecin de Lorme (2).

— Plan et profil de la ville d'Arras, assiégée et prise par les François, en 1648. La datte y est en suite du nom de la Belle, et il y marque que c'est à Paris que cette planche a été gravée en 1641. Il y en a des premières épreuves sans la datte et où le cheval mort, qui est étendu sur la terrasse, est moins chargé d'ouvrage; la croupe en est presque blanche; ces épreuves sont fort rares (3).

— Plan du siége mis devant la ville de Piombino par les Espagnols en 1650. Ph. Baldinucci, dans la vie de la Belle, dit que cette pièce est de Livio Meus, et cela peut être. Il est

---

(1) Jombert, n° 99.
(2) Jombert, n° 1 des siéges.
(3) Jombert, n° 7 des siéges.

vray qu'on y lit le nom de la Belle, et que cette pièce a beaucoup de sa manière; mais il est vray aussy que ce nom de la
Belle n'est pas écrit de luy et peut avoir été mis après coup.
D'ailleurs Livio Meùs étoit disciple de la Belle, et, si l'on en
croit Baldinucci, imitoit parfaitement sa manière. Si l'on
examine bien cette pièce, l'on y trouvera des endroits qui ne
sont pas tout à fait dans la manière que la Belle avoit pour
lors. J'ay même une épreuve de la planche dans l'état qu'elle
étoit sortie d'entre les mains de la Belle (1).

— Décorations de théâtre et les principales scènes de la
tragi-comédie de Mirame, représentée dans la salle du palais
Cardinal, en 1641, au nombre de cinq pièces (2). — Il doit y
en avoir six; scavoir le titre et les représentations des cinq
actes. Cette pièce de théâtre est de la composition de Desmarets, quoy qu'il soit vray que le cardinal de Richelieu y eut
aussy grande part, et il l'affectionna même tellement que,
pour en rendre la représentation plus magnifique, il fit bâtir
exprès une salle de comédie dans son palais, où l'on représente encore habituellement les opéras. M. Pelisson, dans son
histoire de l'Académie (3), dit que la représentation de cette
pièce couta deux ou trois cent mille écus. — Ces estampes se
trouvent originairement dans le livre intitulé : *Ouverture du
théâtre de la grande salle du Palais Cardinal; Mirame, Tragi-
comédie. Paris*, 1641, 8°. — Je remarque que presque tout
ce qui paroissoit de Desmarets étoit presque toujours orné
d'estampes de la Belle, dont le mérite étoit connu du cardinal de Richelieu.

— Dans les triomphes de Louis le Juste (4), imprimés en

(1) Jombert, n° 49 des siéges.
(2) Jombert, n° 74.
(3) Édit. de 1672, p. 113.
(4) Jombert, n° 166.

1649, la Belle a gravé les morceaux suivans, deux vignettes
et deux lettres grises : le monument à la gloire de Louis XIII,
dont l'architecture est gravée par Jean Marot, deux batailles
dont une navale, le fonds de la planche où est représenté le
roy qui vient de faire la conqueste de la Rochelle ; le fonds
de cette pièce est la veue de la digue de la Rochelle.

La pluspart des desseins des devises sont de la Belle, ceux
surtout où il y a des animaux ; j'en ay veu quelques-uns
parmi les desseins de M. Boulle. Une partie de ces devises est
gravée par Silvestre, l'autre par Richer.

— Dans le catalogue des estampes du cabinet de M. d'Her-
mand, est indiquée, dans son œuvre de la Belle, une suitte
du jeu des Reynes renommées, très-rare et différente de celle
qui a été gravée par la Belle pour Desmaretz (1). Mais il ne
faut pas s'y laisser imposer ; cette suite n'est d'aucune considération, ce sont des copies des planches de la Belle et d'assez
mauvaises copies.

DELOBEL (NICOLAS), né en 1693, est mort à Paris, le
18 mars 1763, âgé de 70 ans (2). Il avoit connu à Rome Bouchardon, où ils avoient été pensionnaires du roi, et ce fut
chez lui que cet excellent sculpteur débarqua lorsqu'il arriva
à Paris. Delobel, disciple de M. *Boulongne* le jeune, étoit un
assez pauvre peintre. C'étoit un génie froid et il n'avoit aucune couleur. Il prétendoit pourtant aux grandes machines,
et il trouva peu d'occasions de s'exercer. Ce que j'ai vu de
mieux sont des veues de Rome, qu'il avoit dessiné sur le lieu
et dont il avoit un assez grand nombre dans ses portefeuilles.
Il avoit été reçu dans l'Académie royale de peinture en 1737.

(1) Jombert, nº 118.
(2) M. Georges Duplessis vient d'insérer une petite note sur Delo-

DELORME (PHILIBERT), abbé d'Ivry, fut pourvu sous le règne de Henri second de la charge de surintendant de tous les bâtimens du roi et, après la mort de Pierre des Autels, clerc des œuvres du roi, qui depuis 1531 avoit la charge de controlleur des bâtimens, le roi lui donna pour adjoint *Jean de L'orme*, son frère, avec faculté d'ordonner en son absence desdits bâtimens et d'en tenir régistre et controlle.

C'est ce qu'on apprend des lettres patentes de François II, données à Blois, en 1559, en faveur de François Sauval, pourvu de l'état et office de controlleur général des bâtimens du roi, charge dans laquelle il remplaçoit Jean Bullant, dernier titulaire. J'en ay la copié dans un extrait des régistres de la chambre des comptes concernant les bâtimens qu'avoit fait faire Colbert et que je trouve chez M. Félibien, chargé par ce ministre de faire l'histoire des bâtimens du roi.

= Dans des lettres patentes de Henri II, du 12 juillet 1558, concernant la création des nouveaux payeurs des bâtimens de Fontainebleau et autres maisons royales, le roi le nomme *conseiller et maistre ordinaire en sa chambre des comptes à Paris, abbé d'Ivry, et comissaire ordonné par S. M. sur le fait de ses bâtimens :* qualités que je ne lui trouve données en aucun autre endroit; car, dans ses ouvrages imprimés, il se qualifie d'aumônier du roy, abbé de St-Eloy de Noyon et de St-Serge d'Angers. Il est cependant constant, par la pièce citée, qu'en 1558 il étoit maître des comptes. Il avoit été reçu en cette charge, le 9 mars 1556, et dans ses lettres de prévision, il est qualifié d'abbé d'Ivry (et Ivry est une abbaye de bénédictins au diocèse d'Evreux) et commissaire des bâtimens du roy. Jean Morin lui succéda dans l'office de maître

bel, à propos de son tableau de la Réunion de la Lorraine à la France, dans le dernier volume de la Société d'archéologie lorraine.

dês cômptês, et fût réçu lê 17 juillet 1559. Sans doute que
Philibert Delorme ne quitta la chambre des comptes que pour
devenir aumônier du roy. C'étoit assez l'usagé de cé tếmps-
là, de donnér dés bénéfices et dés emplôys ecclésiastiquês
âux habiles artistes. Les finances étoient épuisées et assez mal
ordonnées; on ne sçavoit point les récompenser autrément;
et l'on s'embarrassoit peu si la biensậancé étoit gardée. C'est
ainsi que le Rosso fut pourvu, au rápport de Vasari, d'un ca-
nonicat dé la Sainte-Chapelle; le Primatice dé l'abbaye dé
Saint-Germain dé Troyes, etc. Je fais cette observation parce
que Ph. Delorme sçavoit à peine, dit-on, les principes du
latin; et qu'il semble qu'un aumonier du roy auroit dû être
plus instruit. Cette ignorance reprochée à Ph. Delorme, est
fondée sur une avanture qui luy est arrivée : voulant mortifier une personne de la cour, d'autres disent le poëte Ronsard,
qui avoit fait contre lui un sonnet où il se servoit de ce terme
injurieux la *truelle crossée*; il luy fit fermér la porte des Tuil-
leriès; et celuy-ci, autant pour plaisantér que pour se van-
ger, écrivit dessus la porte en grands caractères FORT. REVE-
RENT. HABE. Delorme se crut offensé; il se plaignit haute-
ment. L'affaire fut portée, dit-on, devant la reyne Cathérine
de Médicis, qui rit beaucoup lorsqu'on vint aux éclaircissé-
mens. Celui dont Delorme se plaignoit montra que ce que
celuy-ci prenoit pour du françois étoit du latin, et qu'il n'a-
voit eu d'autre intention que d'écrire en abrégé cette sentence
tirée d'Ausone : *Fortunam reverenter habe* : Delorme parut
satisfait; il n'en sçavoit pas davantage et ne voyoit pas
que cette sentence étoit une leçon pour luy qui lui rap-
peloit son ancien estat. Je ne scais où j'ay lu cecy. N'est-
ce pas dans la vie de Ronsard par Binet (1)? Voyez la

(1) Voyez cette vie de Ronsard dans l'édition in-folio de 1623,

critique de Bayle, par l'abbé Joly; ce fait y est rapporté.

DELYEN (JEAN), peintre, de l'Académie royale de peinture, où il avoit été reçu en 1725, étoit disciple de Largillière, et s'est pareillement consacré au genre des portraits. Il avoit un assez beau pinceau; mais avec cela il n'est point sorti de la sphère des peintres ordinaires. Il est mort à Paris, le 3 mars 1761, âgé de 77 ans. Piqué de se voir dans l'oubli, regardant cela comme une injustice, il s'avisa de peindre un tableau où le public étoit représenté sous la figure d'un asne, qui, dans son atelier et vis-à-vis d'un des ouvrages de peinture de sa façon, osoit faire le métier de juge. Ses amis lui conseillèrent sagement de ne le point produire, ainsi qu'il en avoit le dessein; car il avoit fait le tableau pour être exposé à l'un des salons. Il ne put cependant se refuser tout à fait à montrer au public quelque chose de ses ressentimens; il le grava, et j'en ai une épreuve, aussi bien que d'une autre planche de sa façon où il s'est représenté labourant dans le champ de la profession qu'il avoit embrassé.

DENNER (BALTHAZAR) est né à Hambourg, le 15 janvier 1685, et il est aisé de voir, par la façon dont il a peint ses tableaux, que sa première éducation a été mauvaise et qu'avant de se mettre à peindre à l'huile, il avoit fait son talent de la miniature : car, ostez-lui une tête, qu'il dessine encore d'assez mauvais goût, il ne sait pas mettre une figure ensemble, et, pour ce qui regarde son pinceau, le travail en est si fin qu'il échappe aux yeux les plus perçans. Il exprime de la chair la moindre ride; le plus petit poil, le pore le

---

p. 1651. Binet indique la pièce comme une grande pièce au roi et non comme un sonnet.

plus imperceptible et le moins ouvert sont rendus dans un
si grand détail qu'on est sûr qu'aucun de ceux que la nature a offert au peintre n'a été obmis. Ce qu'ont peint Van-
derwerf et Gérard Dôw n'approche point de ce terminé, et
c'est pour se montrer encore plus singulier qu'il a fait choix
par préférence des têtes de vieillards, de celles surtout qui,
dans la décrépitude, avoient la peau la plus rude et la plus sil-
lonnée. C'est alors que son pinceau triomphe. J'ai vu à Vienne
cette fameuse tête de vieille, qui passe pour être son chef-
d'œuvre, pour laquelle l'empereur avoit prodigué l'or, et
qu'on tenoit renfermée sous la clef dans une boette, comme
on auroit fait d'un trésor. L'exécution a quelque chose d'in-
compréhensible; mais je n'en fus pas pour cela plus satisfait. Je n'y crus voir que de la peine et rien de cette légèreté,
de ce vague, avec lesquels la nature colore les objets. J'ai vu
depuis à Paris deux autres têtes, l'une de vieille et l'autre de
vieux; et ce défaut m'y a encore paru plus sensible. Seroit-ce
que les tableaux auroient été faits dans les derniers temps
de Denner? Je le crois; et il est vrai que c'est le vice de tous
les artistes qui travaillent, comme a fait celui-ci, sur un mauvais fond et qui n'ont que de la routine; l'esprit s'émousse,
la main s'appesantit, et les ouvrages deviennent tout de glace
et languissans. Notre artiste a joui pourtant jusqu'à la fin de
sa vie d'une grande réputation, et ses tableaux ont continué
d'être payés au poids de l'or; mais par qui? par des rois et
des hommes riches et puissans, à qui les singularités en im-
posent, et qui s'amusent volontiers de semblables minuties.
Il est dit, dans la vie de Denner, qu'il a quelquefois peint des
fleurs et d'autres objets inanimés et qu'il y a réussi. Il a
mené une vie assez ambulante. Tantôt il sortit de sa patrie
pour se transporter en Angleterre et en Hollande; d'autres
fois il se rendoit en différentes cours du Nord où il étoit
appelé; toujours occupé à peindre des têtes de fantaisie et des

portraits qui lui valoient beaucoup d'argent. Il est mort le
14 avril 1747 à Hambourg, et l'on a sa médaille qu'un de ses
admirateurs a fait frapper en 1739. Descamps, traducteur de
Van Gool, a donné sa vie en françois, et l'on trouve quelques
particularités qui le concernent encore dans l'ouvrage du
baron de Hagedorn, Lettres à un amateur. —L'auteur du
catalogue des tableaux de Dresde le fait mourir à Rostock
en 1749.

DENTE (GIROLAMO) di Titiano. Je crois que c'est de lui dont
il est fait mention dans le livre intitulé *Catalogo di varie cose
appartenenti, in Vinegia, appresso Giolito*, 1552, 8°, p. 498,
sous le nom de *Girolamo Dente da Caneda, discepolo di Titiano da Cadoro*. — Le père Orlandi dit icy fort mal à propos : *Di cui si vedono alcune carte alle stampe*. Il y a dans
Ridolfi, dont il fait l'extrait : *Di cui vanno alcune opere in
volta che passano per del maestro*. Cela est fort différent.

DERUET (CLAUDE) (1). Le plan d'une bataille où sur le devant
est le duc de Lorraine, Charles IV, armé à l'antique et monté
sur un cheval, sous les pieds duquel sont renversés ses enne-
mis, et au haut de la planche du mesme côté est une renommée qui tient d'une main une trompette et de l'autre un cartouche renfermant les armes de Lorraine. Cette pièce est à

_____

(1) Pour tout ce qui concerne Deruet, nous renvoyons d'abord à
un premier travail, publié par les deux éditeurs de ce livre, dans
le second volume des *Peintres provinciaux*, p. 267 à 340, et à la
nouvelle étude encore plus complète qu'en publiera bientôt notre
correspondant M. Meaume. Déjà M. Lepage, dans son excellente monographie du palais ducal de Nancy, avait tiré des comptes les
mentions inédites les plus curieuses sur Deruet; le travail de
M. Meaume les réunira à ce qui était déjà recueilli, et en ajoutera
encore de nouvelles. Des travaux de ce genre gagnent toujours à
être refaits.

l'eau-forte, gravée sans goût; elle passe pour estre de Callot et de ses premieres choses. Je n'en crois rien. Je crois mesme que l'on en a coupé un coin où sans doute étoit écrit le nom de celuy qui l'a fait. Il me semble avoir veu des pièces gravées dans la mesme manière dans une entrée faitte en Lorraine, je crois du duc d'Espernon. Les devans sont gravés d'une manière fort large; il y a des lettres et des chiffres de renvoy, ce qui fait connoistre qu'il doit y avoir une explication relative. — Me paroist du mesme qui a gravé la fuite en Egypte et la madone du refuge. — *Revenant sur cette dernière opinion après avoir vu une épreuve entière, Mariette a ajouté postérieurement :* C'est l'endroit où étoit gravé le nom de *C. Deruet;* car la pièce est de luy.

— Le duc de Lorraine, Charles IV, à cheval; il est armé de toutes pièces, ayant une écharpe. D'une main il tient une masse d'armes, et de l'autre la bride de son cheval qui est presque veu de profil et en action de courir. A un des coins de la planche est un génie qui présente un casque au duc; et dans le lointain la veue de Nancy. Au bas, il y a ces quatre vers françois :

Le Jourdein vit fleurir sur les bords de son onde
Les palmes à foyson de tes braves ayeux;
Le ciel a réservé à ton bras glorieux
Celle qu'on doit porter ayant vaincu le monde.

Elle est à l'eau-forte, gravée légèrement et à peu d'ouvrage; sans nom. Pour moy, je ne la croy point de Callot. Je n'y vois tout au plus que le lointain qui peut estre de luy; encore est-il bien négligé; cependant l'écriture est de son caractère; mais il faisoit bien mieux en 1628; il pourroit avoir retouché dans le portrait; a quelque chose de la manière de Callot. — Je ne vois rien de Callot dans cette manière. — *La suite est d'une écriture très-postérieure.* A l'épreuve qui est

chez M. le Premier (1), et qui est d'une grande perfection, on
y trouve au bas le nom de X *Deruet,* qui estoit suivy de quelque escriture que l'on a graté de dessus le papier, ce qui me
fait appréhender que l'on ne l'ait fait que pour oster tout
soupçon que la pièce ne fût pas de Callot. Peut-être y avoit-
il après le nom de Deruet le mot *invenit* ou *delineavit,* comme
je ne sache pas qu'il ait jamais fait que dessiner ou peindre.
Il estoit intime amy de Callot qui grava son portrait. Quoy
qu'il en soit, pour donner une plus grande apparence de vérité à cette pièce, on y avoit écrit le nom de Callot sur l'é-
preuve qui appartenoit à M. le Premier, et l'on avoit bien
réussy à contrefaire son escriture. Ce qui est de vray, c'est
que l'ayant examiné de plus près sur cette épreuve qui est
bien imprimée et conservée, j'y trouve une très-grande liberté de pointe et des touches assez précises et spirituelles.
Le fonds surtout paroist bien de Callot et incontestable.
Du reste, tout y est assez négligé et gravé très-légèrement et
à peu d'ouvrage, sans mesme en excepter le fonds, ce qui
peut faire croire qu'elle est en effet de Callot, mais négligée.
Il y a pourtant des endroits qui ne sont point touchés dans
sa manière. J'en voudrois voir une épreuve où l'on n'eût rien
altéré dans l'écriture : cela m'est suspect; on en oste une
partie dans celle de M. le Premier, et on n'en laisse mesme
rien dans celle de M. de Montarsis. — Le duc de Lorraine à
cheval, etc. Je ne doutte plus présentement que cette pièce
ne soit de Deruet; tant par l'invention que par la graveure,
depuis qu'il m'est venu entre les mains une petite pièce 8°,
en hauteur, représentant une amazone à cheval, armée d'une
massue et d'un bouclier, gravée à l'eau-forte avec plus de liberté qu'il n'appartient à un simple peintre et précisément

---

(1) M. de Beringhen.

dans le mesme goût et la mesme manière que cette pièce du duc de Lorraine à cheval. Cependant cette pièce représentant une amazone est de Claude Deruet; on y lit au bas, gravé sur la planche et fort distinctement : X *de Deruet f.*, ce que j'interprète : Claude chevalier de Deruet, car il estoit chevalier de l'ordre du Christ; son portrait, gravé par Callot en fait foy (1). Or, Deruet estoit contemporain de Callot et disciple pour le dessein de Claude Henriet aussy bien que Callot ; d'ailleurs la manière de graver de Callot estoit pour lors fort estimée et en grande réputation. Ainsi, il n'est pas si étonnant que Deruet s'attachât à sa suite, et que, sorty de la mesme école, il dessinât dans le mesme goût. D'ailleurs, quoy qu'il eût une grande liberté de pointe, il y a pourtant des endroits de ses ouvrages qui ne seroient pas assez libres pour estre de Callot. De tout cecy, je conclus que ce que l'on a effacé sur l'épreuve du duc de Lorraine à cheval, qui estoit chez M. le Premier, est le mot *fecit.* Si cette autre petite pièce fût venue entre les mains de gens de mauvaise foy, ils n'auroient pas manqué d'y faire la mesme altération, et, par cette supercherie, ils auroient imposé à tous les curieux et créé une nouvelle pièce de Callot, qui auroit passé d'autant plus incontestable qu'il n'y a aucun graveur à qui elle pût mieux convenir qu'à luy, et que l'on ne connoist point Deruet pour graveur. En effet, je suis persuadé qu'il a gravé fort peu de choses. Ce Deruet vivoit encore lorsque M. le Clerc commençoit à graver ; c'est sur ses desseins qu'il grava les figures

(1) Il n'est pas besoin de cette interprétation un peu forcée pour expliquer la présence du double C ; on sait que l'usage constant des monogrammes est de doubler une lettre à volonté. Quant à l'Amazone, M. Robert Dumesnil et nous-mêmes après lui, dans un travail spécial, avions laissé son existence dans le doute ; si la pièce ne se retrouvait pas, la mention de Mariette assure de sa réalité.

dans des triangles et autres décorations pour l'entrée de
Charles IV, duc de Lorraine à Nancy en ..... . Félibien fait
mention du Deruet dans la vie de Callot; il le nomme *de
Ruet*; il falloit écrire, comme j'ay fait, *Deruet*.

— *Après l'indication des planches qui composent le livre :*
Le triomphe de son altesse Charles IIII, duc de Lorraine, à
son retour dans ses états à Nancy, chez Dominique Poiret et
Ant° et Claude Charlot ses associés, imprs de S. A. *et qui sont
gravées par Seb. Le Clerc, d'après Deruet, Mariette ajoute:*
L'on m'a asseuré que ce qui rendoit cette entrée du duc de
Lorraine si rare vient de ce que ce prince en fit rechercher
tous les exemplaires et les supprima autant qu'il put, ne pouvant supporter toutes les railleries que l'on débitoit sur tous
les arcs de triomphe qui y avoient été faits. Il avoit fait cette
entrée au retour d'une expédition qu'il avoit faite en Allemagne où il avoit eu du dessous. Cependant, il prétendoit y avoir
remporté de grands avantages, et sur ce pied il se fit recevoir
en triomphateur à Nancy; mais il ne fut pas longtemps sans
s'apercevoir de la faute qu'il avoit faite. On l'en railla vive-
ment, et ce fut pour en abolir la mémoire qu'il voulut sup-
primer le livre qui pouvoit le mieux la conserver (1).

DESCAMPS (J.-B.), né à Dunkerque, en 1717, a étudié à
Anvers et ensuite à Paris sous Largillière; directeur de l'Académie de Rouen.

— J.-B. Descamps est né à Dunkerque en 1717. Après avoir
pris les premiers principes du dessein et de la peinture à
Anvers, il est venu à Paris, et s'est perfectionné sous M. de
Largillière. Il s'est depuis retiré à Rouen, où, sur un théâtre

(1) Les planches du volume, longtemps introuvable, ont été
dernièrement retrouvées à Nancy, et il en a été tiré quelques
épreuves.

moins brillant et environné de concurrences moins redoutables, il a pu figurer plus aisément; il y a primé, et est parvenu, sans avoir de talens bien supérieurs, à devenir le directeur de l'Académie des arts, établie dans cette ville. Il ne s'est pas borné à faire des tableaux, il a voulu prendre aussi la plume, et il nous a donné quatre volumes de Vies des peintres des Pays-Bas, où l'on s'attendoit à trouver plus de recherches et plus de critique. Il s'est borné à traduire en françois, tant bien que mal, ce que Van Mander, Houbraken et les autres auteurs flamands avoient écrit en leur langue, et, s'il y a fait quelques additions, elles ne regardent que des peintres avec lesquels il a vécu, et auxquels il prodigue des éloges peu mérités ; il faut d'ailleurs le lire avec précaution, car il a fait bien des fautes, et même d'assez lourdes méprises. Un nouvel ouvrage qu'il a donné depuis peu, et qui est une notice des peintures les plus considérables des villes des Pays-Bas, est encore plus chargé d'erreurs, et je n'en reviens pas, vu ce qu'il m'avoit promis d'user de la plus grande exactitude et de la critique la plus sévère. C'est, du reste, un fort galant homme, et l'on y a eu égard lorsqu'on l'a admis dans le corps de l'Académie royale en 1764.

DESCHAMPS (FRANÇOISE), femme de Beauvarlet, morte en 1769, âgée seulement de 3 .

DESHAYS (JEAN-BAPTISTE-HENRI) de Colleville, mort à Paris, le 10 février 1765, âgé seulement de 35 ans et 2 mois, est un des meilleurs élèves qu'ait fait M. Boucher. Quoy qu'il eût été à Rome, il n'en avoit pas pris davantage le goût italien, ou, s'il s'était voulu mouler sur quelque manière, c'étoit seulement celle du Benedette dont il avoit paru affecté ; aussi cette manière libertine rentre-t-elle assez dans celle de M. Boucher, dont s'étoit rempli Deshays, et dont il ne cher

cha jamais à se défaire. Il composoit bien, inventoit facilement et peignoit à plein pinceau; mais dans tout cela, il
mettoit de la manière, et je doute qu'il fût devenu avec le
temps plus habile qu'il n'étoit. On a vu de lui un grand tableau du martyre de Saint-Barthélemy, et un autre du mariage de la sainte Vierge qui lui ont fait honneur. Boucher
en avoit fait son gendre et ne devoit pas être mécontent de
ce choix, car Deshays lui étoit sincèrement attaché. Il est
mort malheureusement d'une chute. S'étant retenu sur ses
pieds, il en reçut une telle commotion sur tout son corps
qu'il se fit un déchirement dans les parties du bas-ventre,
lequel fut suivi d'une hernie des plus dangereuses : elle oc-
casionna bientôt une opération qui, quoyque faite par le
plus habile de nos chirurgiens, n'a pu le sauver de la mort.
Il avoit été admis dans l'Académie, en 1759, et fait adjoint à
professeur en 1760; ses desseins et ses esquisses ont été vendus fort cher à son inventaire.

— Il étoit né à Rouen en décembre 1729, et il étoit fils d'un
peintre médiocre, qui après lui avoir mis le crayon à la main,
l'envoya à Paris, et il entra pour lors dans l'école de M. Restout
qu'il quitta dans la suite pour entrer dans celle de M. Boucher.
— Voyez l'essai sur la vie de cet artiste, par N. Cochin (1).

DESJARDINS. Il se nommoit Martin et non pas Marc. En
s'établissant en France, il avoit francisé son nom. Son nom
de famille étoit Vanden-Bogaert, mot hollandois qui revient
au mot François *Des Jardins*. Montagne, qui s'appeloit dans
son pays Van-*Plattenberg*, avoit fait de mesme. C'étoit un excellent artiste.

---

(1) Dans sa 2ᵉ lettre, aux auteurs de l'Année littéraire, Paris,
Jombert, 1765, in-12. Voir aussi l'article de M. Fontaine dans le
Nécrologe de 1766, p. 163. Plusieurs de ses plus importants ta-
bleaux sont conservés au Musée de Rouen.

DESPORTES (françois), mort à Paris le 20 avril (1) — c'est mal à propos qu'on nomme icy (2) M. Desportes Alexandre; son véritable nom est François — d'une fluxion de poitrine. Il étoit âgé de 82 ans, et dans un âge aussi avancé, il n'avoit rien perdu de sa première vigueur, ni du côté du corps ni du côté de l'esprit. Peu avant que de mourir, il travailloit avec le même succès et la même facilité que dans sa plus grande force. Il aimoit son talent et il s'y étoit entièrement consacré; et ce qui faisoit qu'il réussissoit si bien, c'est qu'il s'étoit fait une loy inviolable de ne rien représenter que d'après nature. Il paraissoit cependant qu'il auroit pu s'en exempter; car ayant travaillé pendant très-longtemps, presque toujours sur les mêmes sujets, il devoit ce semble les scavoir pour ainsi dire par cœur, et il pouvoit par conséquent se passer de la nature en une infinité d'occasions. Mais M. Desportes, accoutumé à travailler par règles et par principes, connoissoit la nécessité de consulter la nature, sans quoy il étoit convaincu qu'il falloit nécessairement devenir praticien, chose qui répugne à tout artiste qui a des idées distinctes du beau et du vray telles qu'il les avoit. Ainsi, il ne se refusoit point à l'étude, et dans ses derniers ans comme dans sa jeunesse, il ne peignoit rien que d'après nature; aussi faut-il convenir que personne ne s'est plus distingué que lui dans son talent. Il consistoit à représenter des animaux, des oyseaux, des poissons, des fleurs, des fruits, du paysage; quelquefois il faisoit entrer dans ses compositions des vases d'or et d'argent et des ouvrages d'orfévrerie, et l'on a vu de lui des bas-reliefs de bronze ou de marbre, dont l'imitation étoit séduisante. Ce n'est pas que dans ses ouvrages il mît ce

(1) Dans l'*Abecedario* du père Orlandi.
(2) L'année non indiquée par Mariette est 1743; la note a dû être écrite au moment même.

même fini qui se trouve dans ceux de Mignon, de J. Van
Huysum et des autres peintres flamands qui se sont distingués dans le même talent. Les siens ne paroissent pour ainsi
dire que des ébauches en comparaison de ceux-cy, et cependant on y trouve encore plus de fraîcheur, plus de vérité et
plus d'effet. C'est que M. Desportes avoit une très-grande intelligence, qu'il sçavoit placer ses touches à propos, qu'il
avoit l'art de caractériser chaque objet, suivant qu'il convenoit, que ses compositions étoient agencées de façon qu'un
objet en faisoit valoir un autre. Enfin, toutes les règles, que
les grands maîtres ont observé dans l'ordonnance de leurs
tableaux étoient observées dans les siens : et il est à présumer que, si cet habile homme ne se fût renfermé dans les
bornes d'où il n'est jamais sorty, il auroit pu devenir un des
grands peintres d'histoire de ce siècle. Il a beaucoup travaillé pour Louis XIV, et l'on trouve quantité de ses tableaux
dans les mains royales. L'on reconnoit dans son maniement
de pinceau le faire du célèbre Sneydre. Sans en estre le disciple, M. Desportes pouvoit être agrégé à son école : car Nicasius, son maître, avoit été élève de Sneydre et travailloit
dans les mêmes principes. Il étoit conseiller dans l'Académie
royale de peinture. Il vint fort jeune à Paris et fut mis par
un de ses oncles chez Nicasius qui, vieux et fort déchu de ce
qu'il étoit autrefois, n'auroit rien appris à quelqu'un qui
n'auroit pas apporté avec lui des talents naturels et supérieurs.

—M. Desportes se maria en 1692, et, presque sur le champ,
il fit le voyage de Pologne, où il eut occasion de peindre le
roi Jean Sobieski et toute la famille royale. Le genre du portrait faisoit alors sa principale occupation. Sobieski étant
mort, Desportes fut rappelé en France et y reprit son premier
talent, qui étoit celui de peindre des animaux, et comme il
le fit avec le plus grand succès, il se vit presque continuelle-

ment occupé par Louis XIV. Il passa, en 1712, à Londres, à
la suite du duc d'Aumont qui y alloit en ambassade, et il y
fit plusieurs ouvrages. Les plus considérables qu'il ait faits
sont à Marly, à Meudon : ils sont répandus dans presque
toutes les maisons royales. Il peignit aussi beaucoup de
choses à la ménagerie dans les compositions d'ornemens,
dont le s^r Audran a enrichi tous les appartemens de cette
maison. Le tableau où il s'est représenté en chasseur est un
de ceux qui lui font le plus d'honneur. Il le donna à l'Académie pour son morceau de réception, et il y est conservé
avec grand soin (1).

DE TROY (FRANÇOIS), né le .. février 1645, mort le 1er may
1730. Peu de peintres ont travaillé aussi longtemps, et aussi
longtemps bien que celui-ci. Il est mort presque le pinceau
à la main. J'ay vu de ses tableaux, qu'il avoit peints à l'âge
de plus de 80 ans, et qui ne se ressentoient point du froid de
la vieillesse. Ils étoient aussi frais de couleur et d'un pinceau
aussi ferme que tout ce qu'il avoit jamais fait; ce qui vient
non-seulement de ce que la machine a resté longtemps chez
lui en bon estat, et qu'il s'est peu ressenti des incommodités
de l'âge, mais aussi de ce qu'il travailloit sur d'excellens
principes. Il avoit une manière de peindre extrêmement fondue, un pinceau léger et facile et un coloris qui imite merveilleusement bien tous les tons de la chair : J'ay veu de ses
portraits dignes d'entrer en parallèle avec les ouvrages les
plus fameux du Van Dyck et du Titien. Il avoit étudié sous le

(1) Il est maintenant au Louvre, et a été gravé par Joullain aussi
pour sa réception à l'Académie; la planche est conservée à la
chalcographie du Louvre. — Dans les papiers de Mariette il existe
de sa main une copie de l'article très-curieux du *Mercure de France*
sur Desportes. C'est dans le volume de juin 1743, auquel nous
nous contentons de renvoyer.

célèbre M. Lefebvre, et il n'est pas étonnant qu'aiant goûté
sa manière de peindre, il se la soit pour ainsi dire appropriée. Car, si l'on y fait attention, leurs manières ont beaucoup de conformité. Quoyque le caractère d'esprit soit en
quelque façon indépendant du talent, on ne peut disconvenir
qu'il ne le relève infiniment, surtout lorsqu'il se trouve aussi
excellent que celui dont ce peintre étoit doué. Il y joignoit
une politesse qui n'avoit rien d'affecté et qui s'étoit perfec-
tionnée par la fréquentation d'une cour telle que celle de
Louis XIV, où l'on n'étoit admis qu'autant qu'on se distinguoit par cette aimable qualité. Ce qui achève l'éloge de
notre peintre, c'est la manière noble et généreuse avec laquelle il a toujours vécu avec M. Rigaud et M. de Largillière
qui couroient la même lice. Il est rare de trouver trois personnes de même talent vivre ensemble dans une union si parfaite. M. de Troy, comme le plus âgé et comme ayant paru
le premier sur la scène, auroit, ce me semble, pu exiger une
espèce de supériorité. Mais on ne l'a jamais vu l'ambitionner;
cependant, lorsqu'il a refusé de vouloir marcher le premier,
il n'en a pas moins fait d'efforts pour aller toujours de pair
avec ses émules et ne se point laisser surpasser, pensant qu'il
lui étoit permis alors de laisser paroistre quelques sentimens
de jalousie.

DE TROY (JEAN). Son nom est Jean-François. — M. de Troy
est né à Paris, en 1679, et mort à Rome, le mercredi 26 janvier 1752. (Ces dates sont plus sûres que celles données par
le Dandré Bardon.)

— Il a demeuré deux années à Pise. Un gentilhomme de
cette ville nommé Jean Grassulini, le logea et lui fournit les
moyens d'étudier en lui procurant des ouvrages : on voit de
lui dans l'église de Saint-Félix, à Pise, un tableau de Saint-
Louis. (Voyez Guida di Forestieri del Pandolpho Titi, p. 132.)

— Il étoit âgé de 27 ans lorsqu'il revint d'Italie à Paris. Il y avoit fait un long séjour et s'y étoit fort réjoui, deux choses qui déplurent beaucoup à son père.

— Après la mort de M. Vleughels, arrivée le 10 décembre 1737, il a été nommé pour le remplacer dans l'employ de directeur de l'Académie royale de peinture et de sculpture à Rome. Le 25 may de l'année suivante le roy lui avoit accordé l'ordre de Saint-Michel. L'un et l'autre conviennent également à M. de Troy; c'est un homme du monde, qui en connoist parfaitement les usages et qui scaura faire honneur à la nation dans le poste qu'il occupe. Un mariage avantageux, qu'il a fait avec la fille du commissaire Deslandes, femme d'esprit, le met encore en estat de figurer, chose qui est fort de son goût; car il a toujours aimé à frayer avec les gens de finance, et ce qu'on appelle les gros riches. Quant à ses talens, peu de peintres en ont autant receu que luy de naturels. L'exécution du pinceau ne lui coûte rien et ne manque pas de génie; mais l'on dira toujours de luy que c'est un praticien, et comme il est fort éloigné de s'en apercevoir luy-même, et que, pour en sortir, il faudroit étudier, chose qui ne luy convient point, il ne deviendra jamais un peintre correct, ni dont le coloris imite les vrays effets de la nature. Il a beaucoup plu à Paris par ses petits tableaux de modes, qui sont en effet plus soignés que ses grands tableaux d'histoire; mais je ne pense pas que ce soit sur ces ouvrages qu'il fonde sa réputation. Il y avoit entre luy et le peintre Lemoyne une inimitié fondée sur la jalousie, et entretenue par l'ambition de l'un et de l'autre.

— M. Jean-François de Troy, né à Paris, en 1679, est mort à Rome, le 26 janvier 1752. Il venoit d'être remplacé dans son employ de directeur de l'Académie royale de peinture, établie à Rome sous la protection de la France, par M. Natoire. Il avoit demandé lui-même son rappel. Depuis plu-

sieurs années il en parloit dans toutes ses lettres; mais bien
des gens pensoient que, dans la persuasion où il étoit de la
difficulté de lui trouver un successeur, il ne s'exprimoit ainsi
que parce qu'il espéroit de n'être pas écouté, et que tout se
passeroit en complimens. J'ignore ce qui s'est passé entre lui
et M. de Vandières; j'ai ouï dire que l'altercation avoit été
vive, et que, dans un moment de dépit, M. de Troy étoit revenu à la charge et que pour cette fois M. de Tournehem,
directeur général des bâtimens, parut se rendre à ses désirs.
Son rappel lui fut accordé, et M. Natoire nommé pour le
remplacer. L'on ne comprend rien à cette conduite de M. de
Troy. Que prétendoit-il devenir à Paris? Auroit-il vu de bon
œil M. Coypel remplissant la place de premier peintre du
roi et à la tête de l'Académie? Déchiré par son ambition, il
eût pu prendre des sentimens qui peut-être auroient troublé
le repos des autres peintres et qui ne l'auroient pas rendu
plus heureux. Il pouvoit former une brigue, et, à la faveur
de ses créatures, causer des mortifications et des chagrins aux
personnes qu'il n'aimoit pas, et, quoyque le supérieur n'eût
pas été content de toutes ces tracasseries, elles n'en auroient
pas causé moins de maux. Il est fâcheux que M. de Troy soit
mort; c'est un habile artiste de moins, et l'on n'en a jamais
de trop. Mais, pour le bien de l'Académie, c'est ce qui pouvoit arriver de plus avantageux. Ses équipages étoient déjà
expédiés et prêts à être embarqués à Civita Vecchia. Il alloit
mettre le pied dans sa chaise, lorsqu'une esquinancie l'attaqua subitement, l'obligea de rester, et, s'étant convertie en une
fluxion de poitrine, M. de Troy fut emporté en sept jours de
tems. Le travail ne coûtoit rien à ce peintre, et quoy qu'il ait
passé presque toute sa vie avec des gens qui lui faisoient perdre
bien du tems, il est étonnant combien il a fait d'ouvrages. Il
lui auroit été facile avec un si heureux talent de faire une
fortune brillante; mais il aimoit à vivre et à dépenser. Bien

lui en a pris que les parens de sa femme en ayent bien agi
avec lui ; car, après la mort de ses enfans, qui ne survécurent
pas de beaucoup à leur mère, ils le laissèrent jouir de la plus
grande partie du bien que lui avoit apporté son épouse, et
qui étoit considérable. C'étoit le seul qui lui restoit ; car tout
avoit été dépensé en meubles, en parures et en festins. Il
avoit pris une charge de secrétaire du roi en 1737, avant que
d'aller à Rome ; c'étoit le prélude de la grâce que le roi lui
devoit faire l'année suivante en le créant chevalier de Saint-
Michel, et je me souviens que sa réception dans la charge de
secrétaire du roi souffrit quelques difficultés, mais qui, étant
mauvaises, furent bien tost aplanies. La facilité qu'il eut à
manier le pinceau lui fut nuisible ; elle l'empêchoit de méditer sur son ouvrage et de l'étudier ; et, ce qui doit être plus
mortifiant, elle le brouilla avec tous ses confrères. Jusques-là
les ouvrages qu'ils avoient faits pour le roi leur avoient été
payés sur un pied dont ils avoient lieu d'être contens. M. de
Troy s'offrit de les faire à un prix plus modique de beaucoup
et, sans examiner ce qui l'y déterminoit, on ne fit qu'un prix
pour tous les tableaux qui étoient de même grandeur. Il fallut en passer par là ou n'en point faire. Cela fit beaucoup
crier ; mais M. de Troy n'en alla pas moins son train, et, en
peu d'années, il envoya en France des tableaux pour deux
tentures de tapisseries, l'une représentant l'histoire d'Esther,
et l'autre la fable de Thésée et la conquête de la Toison d'or.
Tout y étoit fait de pratique, mais les compositions étoient
extrêmement riches et faites pour plaire. On fut plus content
des tableaux d'Esther et l'on eut raison. Il ne les faut pas éplu-
cher ; ils fourmillent de défauts, et avec cela on est forcé de
les admirer. Qu'on dise que M. de Troy est lâche dans son
dessein, qu'il ne scait pas ce que c'est qu'expression, que ses
airs de têtes ont souvent quelque chose d'ignoble, on en con-
viendra, et on demandera quel est le peintre qui a mis plus

de richesse dans ses compositions, qui a eu un pinceau plus flatteur et qui a rendu ses tableaux plus piquans par certains effets qui sont à lui. On n'en nommera pas beaucoup qui lui soient supérieurs. Il avoit passé une bonne partie de sa jeunesse en Italie, plus occupé des divertissements qu'il y prenoit que de l'étude qu'il y devoit faire, et qui lui avoit été si fort recommandée par un père qui connoissoit la nécessité de consulter la nature et qui s'en est si bien trouvé.

— *La note précédente portait en marge la date de 1752; depuis, Mariette ayant eu des détails sur son rappel de Rome, les consigna dans la suivante datée, en marge, de 1762.* M. de Troy le fils a succédé à Vleughels, dans la place de directeur de l'Académie de peinture que le roi entretient à Rome, en 1738, et, pendant tout le tems de son directorat, il en a rempli les fonctions à l'honneur de la nation. Il a vécu noblement et s'est fait regarder, dans une ville où il faut figurer si l'on veut s'attirer de la considération. Tous les élèves qui ont vécu sous lui se louent de ses bonnes façons. Il a entretenu parmi eux l'émulation, mais peut-être leur a-t-il laissé voir de trop près et goûter les attraits de la vie somptueuse, que lui et sa femme ont mené. Il a admis quelques-uns des plus huppés dans ses parties de plaisir, et, comme c'est autant de tems pris sur l'étude, et que les momens sont précieux pour tout homme qui est dans le cas de s'instruire, je ne scais si M. de Troy n'en doit pas être responsable, et cela est bien pardonnable de sa part. Je crains d'ailleurs que par rapport à l'art sa façon de faire ne fût une occasion de chute pour des élèves qui, n'en sachant pas assez, se seroient imaginés qu'en l'imitant ils étoient dans le chemin qui conduit au but. M. de Troy se montroit trop facile dans l'exécution de ses tableaux et si complaisant pour les productions de son génie que son indulgence ne lui permettoit pas de les épurer, ni de corriger les fautes qui pouvoient s'y être glissées, même lorsqu'il en

étoit frappé. Il s'en faisoit un mérite et s'excusoit sur ce qu'il
y a toujours à perdre à déranger ce qui a esté fait dans un
premier enthousiasme. Il étoit convaincu que le feu du génie
s'éteint pour peu qu'on le veuille contraindre. Cela pouvoit
lui convenir, mais l'exemple étoit pernicieux. Il ne pouvoit
manquer d'occasionner des chutes. On l'a éprouvé en plus
d'une occasion.

M. de Marigny, ou, comme on l'appelloit alors, M. de Vandières, fit le voyage d'Italie dans le tems du directorat de
M. de Troy. Il fut logé dans le palais de France. M. de Troy
le reçut avec toute la distinction qui lui étoit due. Tout se
passa dans les commencemens à la satisfaction de l'un et de
l'autre. Il y eut des fêtes données. Les pensionnaires firent
les honneurs d'un bal où la principale noblesse de Rome fut
invitée, et M. de Vandières sceut gré au directeur de toutes
ses attentions. Malheureusement celui-ci avoit pris pour maîtresse la femme d'un médecin extrêmement jolie. Il en étoit
amoureux à la folie. C'est le foible des vieillards de porter la
passion à l'excès et d'être jaloux. M. de Troy se laissa gagner
par cette maladie. Il crut appercevoir que son hôte s'étoit
pris d'amitié pour la jolie femme; il ne put y tenir, et, ne se
possédant point, il manqua à son supérieur; il tint des discours qui furent entendus et qui déplurent. Dès ce moment
sa perte fut résolue. Il y avoit du tems qu'il demandoit son
rappel; c'étoit peut-être un jeu : ce qu'il y a de sûr c'est
qu'amoureux comme il l'étoit, il eût été très-piqué si on
l'eût pris au mot et que, ne recevant aucune réponse, il étoit
persuadé que l'affaire étoit oubliée. Il étoit dans l'erreur. On
lui avoit nommé un successeur. Au moment qu'il s'y attendoit le moins, il le vit arriver, sans aucune espérance de garder sa place. Il restoit à Rome, captif de celle dont il portoit
les liens; il temporisoit; mais enfin il fallut prendre son parti.
M. de Nivernois, notre ambassadeur à Rome, avoit obtenu la

permission de revenir en France. Une frégate, équipée à Marseille, l'attendoit et étoit venue pour servir à son passage. M. de Troy eut ordre de se préparer à partir et de profiter de l'occasion. Le jour fut indiqué et l'intimation lui en fut faite peu de tems auparavant à l'Opéra, où il assistoit avec sa maîtresse. Ce fut un coup de foudre. Saisi et abbatu, faisant effort sur lui-même pour ne rien laisser apercevoir de ce qui se passoit dans son intérieur, il rentre chez lui. La fièvre le saisit. Un mal de gorge, qu'on attribue à l'air froid qu'il a respiré à la sortie du spectacle, le menaca d'une esquinancie. Les médecins appelés le traitent en conséquence, et la maladie dégénère bientost en une fluxion de poitrine, qui le fait périr en peu de jours.

DIAMANTINI (GIUSEPPE). Le chevalier Joseph Diamantini vivoit à Venise sur la fin du siècle dernier et au commencement de celui-ci ; et, à en juger par une suite de planches qu'il a gravé lui-même à l'eau-forte sur ses propres desseins (1), c'étoit un peintre licencieux et d'un dessein fort peu correct. A sa façon de composer je serais assez porté à croire qu'il étoit disciple du cav. Liberi. Il cherchoit du moins à imiter sa manière. L'auteur de la nouvelle édition du Boschini *Pitture di Venezia* le fait naître dans la Romagne, et lui donne le nom de *Jean*, mais c'est une erreur de sa part ; il vaut mieux s'en rapporter au peintre lui-même, qui, sur toutes ses planches, prend le nom de *Joseph*.

DIEPENBEKE (ABRAHAM). Voicy l'inscription qui est au-dessous de son portrait gravé chez J. Meyssens : « Il est né à Bois-le-Ducq, ayant cy-devant exercé pour quelque temps

---

(1) Voir Bartsch, XXIᵉ vol., p. 265-88.

l'art de peindre sur les vitres, en quoy il surpasse tous ceux de son temps, mais à présent il s'est adonné à peindre toutes sortes de peintures, mesme aux desseins très-curieusement, ayant eu pour maistre Pierre-Paul Rubens, tient sa résidence à Anvers. » Sandrart dit à peu près la même chose, et fait mention des desseins qu'il a donné pour le temple des Muses.

— Abraham Diepenbeck étoit à Paris, selon que je puis le conjecturer, en 1632. M. Lasne a gravé, dans cette année, une grande thèse sur ses desseins, et je pense que ce fut aussi alors qu'il fit pour M. Favereau les desseins qui ont été gravés par Bloemaert et Matham, et qui enrichissent le livre des tableaux du temple des Muses, mis seulement au jour en 1655. Il est à remarquer que dans cette même année, 1632, Van Thulden, condisciple de Diepenbeck, travailloit à Paris. Les tableaux de la galerie du Luxembourg, peints par Rubens, auxquels ils avoient eu part, leur avoient acquis une certaine considération dans cette ville.

—La facilité, avec laquelle Diepenbeck inventoit, lui a fait produire une prodigieuse quantité de desseins. qui sont faits sur de bons principes, pour ce qui concerne le clair-obscur. Ceux qui lui ont fait plus d'honneur sont les tableaux du temple des Muses, qui ont été gravés par Corneille Bloemaert. (Cat. Crozat, p. 100.)

— Un jeune paysan se reposant au pied d'un arbre, tenant son asne par le licou. Cette petite pièce touchée avec beaucoup d'esprit a été gravée à l'eau-forte, en 1630, par Abraham Diepenbeck. Une autre, du mesme dessein, n'en est qu'une copie tournée de l'autre sens. — On y lit au haut le nom de l'auteur écrit à rebours. J'ay remarqué qu'il y écrit ainsy son nom *A. van Diepenbeeck fe*. Dans l'original, le paysan est assis du côté gauche de la planche. Le nom du peintre ne se trouve point dans la copie. 2° 3' h.; 5° trav.

— Tous les saints de l'ordre des Carmes louans la sainte

Vierge dans le ciel, et invitans les princes et le peuple chres-
tien à l'honorer en prenant le scapulaire. Grande pièce de
deux planches assemblées, gravées par Pierre de Jode le jeune.
Celle-cy est une épreuve sans lettre. La teste de l'archiduc
d'Autriche, qui n'y est pas encore gravée, est dessinée par
Diepenbeke mesme.

— Une suite de plusieurs sujets, tirés de l'Iliade et de
l'Odyssée *(au nombre de* 36). Il n'y a de noms d'artiste qu'à la
première pièce, et il y en a mesme quelques-uns dans la
suite qui ne paroissent pas être du dessein de Diepenbeke.
Cette suite est fort rare. Je ne sais pas si elle est complète,
ou si, n'ayant jamais été finie, c'est là tout ce qui en a été
fait. — *A la pièce d'Achille pleurant la mort de Patrocle, Mariette ajoute :* A celle-cy, seulement, il y a au bas une dédicace à Edouard Bysshe de Smalfield, écuyer dans le comté de
Surrey. — Toutes ces figures avoient été faites pour être
incorporées dans une nouvelle édition des œuvres d'Homère,
qui se devoit faire en Angleterre. Elles sont fort rares, l'édition n'ayant jamais été donnée, que l'on sache.

DIERICK (DE FRIZE). Un jeune homme, fils de Thiery
Frisius, peintre hollandois, demeurant alors à Venise, représenté par H. Goltzius avec un chien de chasse et un oyseau
de proye sur le poing. Cette pièce est datée de 1597, et tous
les curieux en ont toujours attribué la gravure à Goltzius.
Cependant, si on l'examine avec attention, l'on trouvera
qu'elle est bien plus dans la manière de Jean Saenredam, et
il y a grande apparence qu'elle a été exécutée par ce graveur, sous les yeux et la conduite de H. Goltzius et sur un
dessin de ce dernier. — Les quatre vers qui sont au bas de
la planche, et qui sont de P. Scriverius, sembleraient prouver
que cette pièce est de H. Goltzius ; il y est dit :

> .... quos Goltzius aptè
> Vivere Phidiacâ fecit in ære manu.

Tout cela ne m'empêche pas cependant de croire que c'est Saenredam qui en est le graveur. L'on voit bien d'autres pièces de lui où son nom n'est pas et où il n'y a que la marque de Goltzius, son maistre. Theodorico Frisio pictori egregio apud Venetos amicitiæ et filii absentis repræsantandi gratiâ D. D. — Van Mander fait mention de ce peintre, amy de Goltzius, dans la vie de ce graveur, p. 284. Il l'avoit trouvé à Venise, à son retour d'Italie. Il en parle encore dans un autre endroit, p. 296, et il le nomme toujours Dierick de Vries, c'est-à-dire, en latin, Thedoricus Frisius, comme le nomme Goltzius.

DIETERICH (CHRÉTIEN-GUILLAUME-ERNEST). Il naquit à Weimar, en Saxe, le 30 novembre 1712. Son père, né à Weissensée, et mort à Dresde, en 1753, âgé de 68 ans, lui donna les premiers principes de l'art; et lorsqu'il le vit en état de profiter des enseignements d'un meilleur maître, il le mit, en 1727, sous la direction d'Alexandre Thiele. Dieterich passa trois ans dans cette école. Il n'en avait que 18 lorsqu'une heureuse étoile le fit connaître de M. le comte de Brühl, qui, charmé de ses belles dispositions, le mit sous sa protection et lui fournit les moyens de les faire valoir en lui accordant une pension de 1500 livres, l'entrée de son cabinet, meublé d'excellents tableaux; Dieterich en sçut profiter; il étudia avec ferveur. Les manières qui lui plurent davantage furent celles de Berchem, d'Ostade, de Poelembourg, de Dujardin, de Claude le Lorrain. Il les apprit pour ainsi dire par cœur, et s'en rendit si bien le maître que, dans les tableaux qu'il fit dans la suite, on put reconnoître une imitation parfaite de la manière de ces différents maistres. Mais ce fut Rembrandt qui fut principalement son héros. Il le regarda toujours comme sa boussole, et, cela alla quelquefois si loin, qu'au lieu d'un imitateur on le prendroit pour un

copiste de ce grand peintre. Après quatre années d'une étude
assidue, le désir de voir de plus près les ouvrages des peintres
qu'il se proposoit pour modèles, lui fit entreprendre le voyage
de Hollande. Il le fit en 1734, et revint à Dresde l'année suivante. Il eut alors le bonheur d'entrer au service de son
prince, qui lui fit l'honneur de placer plusieurs de ses tableaux dans ses magnifiques galeries et qui l'occupa presque
toujours depuis. Dieterich entreprit, en 1743, le voyage
d'Italie. Il vit Rome ; mais, ayant déjà une manière décidée
et qui ne tenoit rien du goût italien, ce voyage fut plus une
affaire de curiosité qu'un objet d'utilité. Il n'en tira d'autre
parti que d'avoir vu les beaux paysages de Salvator Rosa et
d'avoir appris de ce grand maistre à former avec art des
troncs d'arbres, un feuillé léger et des roches sèches et
arides. Ces nouvelles richesses se répandirent dans d'excellents paysages où je le regarde comme supérieur à tout ce
qu'il a fait. S'il y met des eaux, si ses terrains sont couverts
d'une herbe et d'une mousse légère et douce, ils deviennent
admirables. J'en ay vu quelques-uns à Paris, chez M. Randon de Boisset, qui vont de pair avec tout ce qu'on trouve
de plus beau dans ce genre. J'en dirai autant de ses desseins ;
il m'en a envoyé quelques-uns, faits d'après nature, qui sont
admirables. Dieterich ne brille pas moins dans ses gravures.
Elles sont spirituelles et agréables. Il a eu la complaisance
d'en rassembler pour moi près de 150, et il m'en manque
encore. Mais où les trouver ? Car, à l'exception de celles qu'il
a gravé en dernier lieu et dont il a les planches, toutes ses
autres sont de la dernière rareté. Il brisait les planches à
mesure qu'il les gravoit, ne prévoyant pas que quelque jour
elles mériteroient les recherches des curieux. La dernière
guerre, qui a ruiné tant de familles en Saxe, n'a pas été désa-
vantageuse à notre peintre. Le roi de Prusse, le prince son
frère, ses généraux, tous ont voulu avoir de ses ouvrages.

Sa réputation s'est accrue et répandüe dans le reste de l'Europe. On lui a demandé de ses tableaux de toutes parts, et surtout la France les a reçus avec empressement. A peine a-t-il eu le temps de se reconnoître. On les lui a bien payés. Dieterich a fait avec cela un mariage avantageux. Il se trouve aujourd'hui dans une grande aisance. Il faut souhaiter que l'art n'en souffre point ; c'est assez ordinairement le terme fatal où viennent se briser et se perdent les talens. (Voyez le livre : *Lettres d'un amateur avec des éclaircissemens hist.*, p. 300.)

—Dieterich a eu la manie de changer de nom et de donner à celui qu'il avoit hérité de son père une terminaison italienne en se faisant appeler Dietericy. Ce n'est pas qu'il eût dessein de se rapprocher par-là des italiens. Son goût naturel le portoit plutost à imiter le faire des peintres des Pays-Bas, et Rembrandt fut son héros. Après être demeuré pendant près de dix ans chez le comte de Brühl, qui lui fournit généreusement les moyens d'étudier et de se rendre habile dans son art, un beau matin, par un caprice qui n'a point de nom, il sortit brusquement de la ville de Dresde et se retira dans la ville où il étoit né ; mais bientost il revint à son premier poste, et le comte de Brühl songeant qu'il étoit temps de lui faire voir l'Italie, lui en proposa le voyage et se chargea d'en faire les frais. Dieterich débarqua à Venise, et paroissoit s'y plaire, mais c'étoit Rome qui lui étoit marquée pour la continuité de ses études ; il s'y transporta, mais toujours livré à ses caprices ; il prit cette ville en haine ; il y séjourna peu, repassa à Venise, et bientost il fut de retour à Dresde ; où ses occupations se multiplièrent de façon qu'il eut peine à y suffire. Il se maria avantageusement. Il fut choisi pour présider en qualité de peintre à la fabriques des porcelaines de Meyssens avec de gros appointemens. Mais il ne fut pas longtemps dans ce nouvel emploi sans éprouver un dégoût qui avoit sa source dans son inconstance. Une attaque d'appoplexie à laquelle il a eu le bonheur de résister, l'acquisition d'un bien de campagne où il paraît se plaire avec trop d'aisance, tout cela lui arrache trop souvent le pinceau des mains, et il est à craindre que ce ne soit plus le même qui ait fait tant de choses et jolies dans des tableaux qui dans leur genre le disputent à ceux des meilleurs maîtres; témoin ceux qu'on voit de lui chez M. Randon de Boisset à Paris. M. de Heinecken, de qui je tiens tout ce que je viens d'écrire, me dit que le père de Dieterich, peintre en miniature, fit embrasser la peinture à son fils, malgré lui, et que, pour l'obliger à manier le pinceau, il usa souvent de violence.

DIEU (ANTOINE) étoit bourguignon et disciple de Le Brun. — Antoine Dieu, né en Bourgogne, vivoit à Paris au commencement de ce siècle, et son extrême facilité de dessiner lui a mis presque continuellement la plume à la main. Il mettoit du feu dans ses compositions, mais, s'il faut dire la vérité, elles sembloient presque toutes être jettées dans le même moule; elles avoient un caractère de ressemblance qui ne montroit pas un génie bien fécond. Il avoit coutume de donner à ses figures des proportions fort allongées, et cela n'étoit pas un défaut lorsqu'il dessinoit en petit, mais il étendoit cette règle aux plus grandes figures, et alors c'étoit un défaut dont il ne lui fut pas permis de se corriger, car il étoit devenu un praticien et rien davantage; c'étoit, du reste, un assez médiocre peintre. Je l'ai connu dans ma jeunesse; il venoit chez mon père, qui s'est souvent servi de lui. Il a dû mourir vers l'année 1720 : il tenoit une boutique de tableaux sur le petit-pont, et je crois me rappeler qu'il mourut de l'opération de la pierre : je n'ose pourtant l'assurer.

DIEU (JEAN DE) d'Arles, sculpteur du roy, a connu particulièrement M. Puget, mais n'a jamais été son élève. Quand M. Puget vint à Paris, et, lorsqu'il vit les ouvrages qui sont dans les jardins de Versailles, il en témoigna de la satisfaction. De Dieu avoit été fort lié d'amitié avec Roullet, graveur, son compatriote. Il avoit été pareillement grand amy de la Fage, dont il possédoit une belle suite de desseins qu'a M. Chubéré; entre autres, ce beau dessein de la chutte des anges, qui fit regarder dans Rome La Fage comme un nouveau Michel-Ange. Au reste, de Dieu, que j'ay connu, étoit un parfaitement honeste homme.

DIZIANI (GASPARD), né à Belluno, en 1689, a fait son premier cours d'étude sous Grégoire Lazarini à Venise, et est entré ensuite dans l'école de Sébastien Ricci, dont il étoit le compatriote, et dont il épousa la manière. Il étoit né avec du génie; mais l'imagination prévaloit chez lui et ne lui permettoit pas de mettre beaucoup de correction dans ses ouvrages. Il sortit de Venise et fut en Allemagne, où il étoit appelé; et dont il revint à Venise en 17 . Il y est mort en 1767. Il a laissé un fils nommé Joseph, qui exerce la peinture à Venise.

DOBSON (GUGLIEMO). Il étoit gentilhomme et descendoit d'une très-bonne maison, anciennement établie à St-Albans, dans le comté d'Herford. Il nacquit sur la paroisse de St-André, dans le quartier de Holbourn, à Londres, en 1610. Obligé par la nécessité de chercher une profession, il fit choix de la peinture, et y fit, en peu de temps, de tels progrès que ses premiers ouvrages méritèrent les regards et l'approbation de Van Dyck. Ce grand peintre l'alla déterrer dans un misérable grenier où il travailloit, le présenta au roi Charles Ier, et lui fit accorder la protection de ce prince, grand ami de la peinture. Dobson a principalement réussi dans le genre des portraits. On en voit quelques-uns qui ne le cèdent point aux plus beaux de Van Dyck. Il a peint aussi quelques tableaux d'histoire, mais il faut convenir qu'il étoit alors hors de sa sphère. Son goût pour le plaisir le jetta dans de folles dépenses, qui le conduisirent en prison. Un ami vint à son secours et l'en fit sortir ; mais il ne jouit pas longtemps de la liberté qu'il venoit de recouvrer. Il mourut , âgé seulement de 36 ans, le 28 octobre 1646. Anecdotes sur la peinture par Vertue. — On a son portrait, gravé par lui-même à l'eau-forte, qui est un beau morceau.

DOFIN (OLIVIER) est (à ce que j'ay appris de M. Vleughels) neveu de Jean Boulanger de Troyes, disciple du Guide. J'ay veu quelques pièces qu'il a gravé d'après ce peintre.

— La Vierge, s'appuyant d'une main sur un livre, posé sur une table, et de l'autre sur un coussin sur lequel est assis l'enfant Jésus à qui St Jean montre un oiseau perché sur sa main ; en demy-corps, gravée à l'eau-forte, d'un assez bon goût de dessin, par Olivier Dofin, d'après Annibal Carrache.

DOLENDO (BARTHÉLEMY). Le saint Esprit descendant sur les apôtres le jour de la Pentecoste, gravé au burin, en 1629, d'après Martin Hemrskerk, par Barthélemy Dolendo. *Bartholomeus Dolendo fecit* 1629. C. *Vischer exc.* 20° 6' haut. 14° 9' trav. Ce peut estre une faute. Je ne sache pas que l'on connoisse d'autre Dolendo que celuy qui se nomme Zacharie. Du moins celuy-cy, qui se nomme Barthélemy, a gravé dans la mesme manière, et c'est encore une des raisons qui me feroient soupçonner erreur, et qu'on devroit lire Zacharie au lieu de Barthélemy.

DOLIVAR (JEAN), neveu de Jean Lepautre, apprit à graver

sous luy ; il promettoit beaucoup, mais il mourut jeune, en 1692 (Extrait d'une lettre de d'Aviler.)

DONATELLO. Vasari dit qu'il nacquit à Florence, en 1303, et qu'il y mourut, en 1466, âgé de 83 ans. Il y a une erreur manifeste dans ces dattes ; car, s'il est constamment mort dans l'année et à l'âge qu'il dit, il devoit estre né en 1383 et non pas en 1303, ce que je croirais assez volontiers, et qui est constant. Voiez Bocchi, Tav. seconda.

DORIGNY (LOUIS). *Après avoir copié le passage du Pozzo, Vite de' pittori Veronesi,* p. 176, *Mariette ajoute* : Mori negli ultimi del l'anno 1742, overo nei primi mesi del 1743. Là partie de ce peintre étoit l'invention. Il avoit un génie extrêmement facile, et il réussissoit principalement dans les grandes compositions. Ses tableaux de chevalet ne lui font pas le même honneur que ce qu'il a peint à fresque sur des murailles. C'est qu'il cherchoit plus tot l'effet et les dispositions singulières et piquantes que la correction du dessein et la justesse des expressions. Il étoit devenu si grand praticien qu'il n'avoit presque jamais besoin de faire des desseins pour les ouvrages qu'il avoit à peindre, même ceux qui étoient les plus composés. La plus légère esquise lui suffisoit. De là il partoit ; et, le pinceau à la main, il composoit et rédigeoit sur le mur ce qu'il vouloit exprimer. Ce qu'il a peint à Vienne chez le prince Eugène n'est pas ce qu'il a fait de plus beau. Il y a toujours du feu, mais le ton de couleur en est d'une fadeur extrêmement supportable, et est entièrement faux.

DORIGNY (LE CHEVALIER NICOLAS) de Paris, dessinateur et graveur à l'eau-forte, de l'Académie royale de peinture et de sculpture. — Celuy, dont on a recueilly icy les ouvrages, avoit de trop heureuses dispositions, et en même temps de trop illustres exemples dans la personne de son père et dans celle du fameux Vouet, son ayeul, pour balancer un moment dans le choix de sa profession. Aucune ne luy convenoit mieux que celle du dessein. Beaucoup de goût, une grande facilité, mais par-dessus tout une vivacité de génie surprenante luy firent faire en peu de temps un progrèz si rapide que ses maistres en furent, pour ainsy dire, épouvantés. Il ne luy fut presque pas nécessaire, comme aux autres, d'apprendre les premiers élémens de l'art. Dès les premiers momens, il fut en estat de dessiner des parties entières, et, ce que l'on n'ose espérer que des années et de la pratique acquise par une étude continue et suivie, on le vit, au bout d'un an, capable d'entreprendre le voyage d'Italie ; c'étoit ce qu'il désiroit le plus. Louis Dorigny, son frère aîné, l'avoit déjà devancé, et, dans un séjour de plusieurs années, qu'il avoit fait dans diverses parties de l'Italie, il s'étoit déjà acquis une partie de cette grande réputation, qu'il soutient encore si bien présentement et qui l'a fait souhaiter par tant de grands seigneurs pour enrichir leurs palais de ses vastes idées. Le projet de Nicolas Dorigny, en allant en Italie, étoit d'embrasser, comme son frère, la peinture. Par un pur hasard, et presque sans le vouloir, il devint graveur. La grande facilité qu'il avoit à dessiner l'y conduisit insensiblement et luy fit aisément surmonter les difficultés qu'il auroit pu y rencontrer. Ce ne fut pas en cela seul qu'il luy fut utile d'être bon dessinateur ; il devint en quelque façon par là le maître de son ouvrage, et il luy eût même autrement été difficile de se captiver à une manière étrangère. Comme ce graveur joint à beaucoup de goût une vaste connoissance des belles choses, il a sceu parfaitement choisir les tableaux qu'il a gravés, et c'est encore un nouveau mérite pour ses estampes de ce qu'elles représentent les plus beaux ouvrages des plus grands maîtres. La feue reine d'Angleterre ayant souhaité de voir gravés les célèbres cartons de Raphaël, que l'on conserve dans le palais d'Hamptoncourt, elle fit proposer à Dorigny de passer à Londres. Il exécuta ce que souhaitoit Sa Majesté ; et, en récompense d'un si grand travail, l'on pourroit adjouter en faveur de son mérite personnel, le roy d'Angleterre, à présent régnant (1), luy fit l'honneur de le créer chevalier.

— Jésus-Christ descendu de la croix par ses disciples. Ce tableau passe pour un des plus beaux de la ville de Rome, où Daniel de Volterre l'a peint dans l'église de la Trinité du Mont. L'estampe, dessinée d'après le tableau, gravée à l'eau-forte et terminée ensuite au burin, par N. Dorigny, en 1710, est très-bien dessinée et donne une grande idée de l'original. — Il l'a rachevée en France, lorsqu'il y vint pour la première fois avant que passer en Angleterre.

— Les sept pièces de la suite des Actes des apôtres, inventés par Raphaël d'Urbin et peints par luy-mesme à détrempe sur des cartons, pour servir de modèles aux tapisseries, qui furent exécutées pour le pape Léon X (ces fameux cartons, dont Rubens fit faire l'acquisition à Charles Ier, roy d'Angleterre, se conservent dans le palais d'Hamptoncourt), ont été gravées par le chevalier Dorigny pendant son séjour à Londres.

— St Étienne, abbé de Cisteaux, recevant St Bernard qui arrive à Cisteaux avec ses compagnons pour y prendre l'habit religieux, gravé d'après le dessein de Joseph Passari. — J'ay veu le tableau original dans l'église de Cisteaux. Le R. P. Étienne Prinstet, qui estoit alors procureur général de l'ordre de Cisteaux en cour de Rome, le fit faire au Passari, et fit en-

_____

(1) Comme ce fut de Georges Ier que Nicolas Dorigny reçut cette distinction, en 1719, époque de son retour en France, la note est antérieure à 1727, époque de la mort du roi. Dorigny ne mourut qu'en 1746.

suitte graver la planche au ᶜʰᵉʳ Dorigny. Il s'y est fait représenter sous la figure d'un des réligieux de St Bernard, qui est sur le devant de la composition et qui regarde en face ; la teste est le portrait du père Prinstet qui, s'étant retiré à Cisteaux, y est mort en 1727, âgé de 77 ans. — M. Dorigny m'a asseuré que ce n'est point le portrait du père Prinstet, mais celuy du père Raydelet son compagnon.

DOSI (GIO. ANTONIO). Il donna les desseins de plusieurs décorations pour l'entrée de la grande-duchesse, Christine de Lorraine, à Florence, en 1588. C'étoit précisément le temps qu'il travailloit à décorer la belle et riche chapelle de la famille Nicolini, dans l'église Ste-Croix de Florence, dont le Borghini a fait une si exacte description.

DOSSIER (MICHEL). Une femme dessinant des figures d'optique, demie figure gravé par Dossier, d'après le sʳ Allou qui y a, à ce qu'on prétend, représenté le portrait de sa femme.

DOSSO DA FERRARA. L'auteur de la description des peintures qui se voyent à Ferrare, ne le nomme point autrement que Dosso Dossi, et le fait mourir en 1560. Si cela est vrai, le Dosso dut avoir le chagrin de voir parler de lui avec un infini mépris par le Dolce dans son dialogue sur la peinture, imprimé à Venise, en 1557. Cet écrivain (page 10) trouve très-mauvais que l'Arioste ait donné au Dosso et à son frère une place honorable dans son poëme (1), et les ait mis au rang

---

(1) E quei, che furo a nostri di, o son'ora,
   Leonardo, Andrea Mantegna, Gian Bellino,
   Due Dossi, e quel, ch'a par sculpe, e colora,
   Michel, piu che Mortal, Angel divino,
   Bastiano, Rafael, Tizian, ch'onora
   Non men Cador, che quei Venezia, e Urbino :
   E gli altri, di cui tal l'opra si vede,
   Qual de la prisca età si legge e crede.   (Canto 33°, st. 2.)

des peintres les plus illustres, tandis qu'ils n'ont fait, à son avis, que des ouvrages grossiers et nullement dignes des éloges que ce fameux poëte leur a prodigués. S'il en faut croire le Dolce, l'un des deux Dosso avoit étudié à Venise pendant quelque temps sous le Titien. Son frère a vu Rome, et avoit été disciple de Raphaël; mais j'apréhende qu'il n'entre un peu d'humeur dans ce jugement, d'autant que le critique n'épargne pas Fra Bastiano del Piombo, et trouve pareillement mauvais de le voir placé à la suite de Raphaël et de Michel-Ange, dans le même endroit où l'Arioste parle si avantageusement des deux Dosso. Le Rosetti, *Descrip.. delle pitture di Padoua*, page 168, sur la foi d'un ancien Ms. donne au Dosso le nom de Bernard, mais il me faudroit d'autres preuves pour être persuadé de la vérité de cette assertion. Les auteurs des discours, qui accompagnent les gravures des portraits des peintres peints par eux-mêmes, qui sont dans la galerie de Florence, ne sont pas favorables aux Dosso; et le Rossetti, auteur de la nouvelle Description des peintures de Ferrare, les accuse de partialité et d'avoir parlé sans connoissance d'ouvrages qu'ils n'ont jamais vus; autrement ils en auroient fait l'éloge.

Le jugement du Dolce, porté en 1557, me feroit croire que les Dosso n'étoient plus lorsqu'il fit paroître son livre. Il n'étoit pas naturel qu'il se hazardât de parler si désavantageusement de peintres vivants, et qui jouissoient d'une réputation à la cour d'un prince qui avoit ses états si près de Venise, et qui n'avoit pas dédaigné de faire travailler dans son palais le Dosso en même temps qu'il y employoit le Titien.

DOU (GÉRARD) (1). *Sur le passage où Houbraken dit que*

---

(1) Les notes de Mariette contiennent sur Gérard Dou quatre grandes pages tirées d'un passage de Houbraken; comme elles ne sont

*M. Spiering payait à Gérard Dou ses tableaux la valeur de
leur poids en argent, Mariette ajoute :* Apparemment que
c'étoit en or; car le plus considérable tableau de Gérard Dou
ne pèse pas plus de deux ou trois livres, et ce poids en argent
n'auroit pas fait une fort grosse somme.

— *Houbraken parlant du tableau représentant un intérieur
de chambre avec une femme donnant à téter à un enfant, le
plus considérable qu'il connût de ce maître, Mariette remarque :*
Apparemment par rapport à la grandeur; *il avait 3 p. de
haut sur 2 p. 6 p. de large — et ajoute la suite de l'histoire
du tableau :* C'est le même tableau qui vient d'être exposé en
vente, en 1754, après la mort de M. Bernard, maître des re-
quêtes, fils de Samuel Bernard. Il a été porté jusqu'à 29,050
livres et retiré à ce prix par les héritiers qui ne veulent point
le donner à moins de 30,000. Ils disent que c'est un présent
fait à leur père par les états généraux, et j'ay ouy dire que
MM. Pils d'Amsterdam avoient ici un homme qui étoit chargé
de leur commission, et qui l'a fait monter au prix excessif
où il a été porté. Nos connoisseurs ne conviennent point que
ce soit le plus beau morceau de Gérard Dou. Ils trouvent les
figures et surtout l'enfant mal dessiné, et en général la composition peu intéressante. Ce qui est de beaucoup le meilleur est le sujet représenté dans le fond; celui où est le chi-
rurgien et les deux tables, qui sont peints dans la manière de
Schalcken, ou noire.

DOUET. La Ste Vierge assise et veue par le dos, ayant au-

---

qu'une traduction et même assez inexacte, nous dit-on, nous n'a-
vons point à les donner, mais seulement les notes ajoutées par
Mariette. — Dans son catalogue de l'école flamande, M. Villot,
d'après l'année de son âge mise par Gérard Dou dans la signature
de sa femme hydropique, a rectifié la date de sa naissance, qui
se trouve reportée à 1598.

près d'elle l'enfant Jésus qui se jette entre ses bras en la regardant avec amour. Cette figure est en demy corps; elle
est du dessin d'André del Sarto et gravée en clair-obscur de
deux couleurs, par un anonyme. En jaune; n'est pas de
bonne qualité. Le trait est contourné et les principales ombres
remplies d'hacheures. Au bas le nom d'Andrea del Sarto.
Sans autre marque, 8° 9' haut.; 6° 6' trav. — J'en ay veu des
épreuves avec le nom du graveur qui me semble françois :
Douet f. Telle est celle qui se trouve chez le roy. Aux épreuves où se trouve le nom de *Douet f.*, il y a eu une planche
d'ajoutée, de sorte que le clair-obscur est pour lors composé
de trois planches.

DREBBEL (CORNEILLE). Les sept arts libéraux, représentés
par des femmes en demy corps, en sept pièces, gravées par
Corneille Drebbel, d'après les dessins de H. Goltzius. Ce graveur me paroist disciple de Saenredam ; peut-être est-ce ce
Cornelius quidam, dont Sandrart fait mention à la fin de la
vie de Gheyn, et alors il seroit disciple de ce dernier.

DREVET. Les Drevet sont au nombre des maîtres qui ont
exercé la graveure au burin avec le plus de succès. L'émulation, que dut naturellement produire l'exemple de ces habiles artistes, a sans doute empêché que cette pratique de
graveure, autrefois la seule en usage et si nécessaire pour
certains genres, ne tombât et ne pérît entièrement. Pierre
Drevet le père, en possession de graver tout ce qui de son
temps s'est fait de plus considérable en France, en matière
de portraits, s'y est acquis une très-grande réputation par le
nombre de beaux ouvrages qu'il a mis au jour. Les deux
grands portraits de Louis XIV et de Louis XV, qu'il a gravés
pour sa majesté très-chrétienne et par son ordre, sont exécutés avec un soin et dans un détail dont peu de maîtres au-

roient été capables. Aussy cet artiste étoit-il doüé d'une patience infinie, et, pourveu qu'il parvienne au but qu'il s'estoit
proposé, il se mettoit peu en peinne du temps qu'il lui en
coûtoit et du travail souvent rebutant qu'il lui falloit es-
suyer (1).

Son fils, élevé dans la même profession, ne s'y est pas
rendu moins recommandable. Il a paru sur les rangs de très-
bonne heure, et dans un âge où la plupart des autres ne font
que commencer à se faire connoître. Il a débuté par des ouvrages de maistre, si accomplis dans toutes leurs parties, que
l'on n'y peut rien désirer, et qu'il luy auroit peut-être été
difficile à lui-même de rien faire de plus parfait dans la suite.
Son burin est d'une couleur extrêmement douce et brillante,
et l'on ne peut regarder sans étonnement les recherches dans
lesquelles il est entré, et avec quelle légèreté, quelle précision, il a exécuté chaque objet suivant le caractère qui lui
convenoit. Peu de graveurs eussent osé entreprendre un travail aussi épineux ; c'est qu'il en est peu qui ayent assez de
dextérité, de patience et d'amour pour le travail. Pierre Drevet, en élevant son fils dans la graveure, y a en même temps
instruit un de ses neveux qui commence à donner des espérances. Tout ce qui est sorti de la main de ces graveurs
est dans ce recueil. On a cru pouvoir y joindre à la fin

(1) « La générosité de M. Coustard, contrôleur général à la grande
« chancellerie, et celle de M. son fils, conseiller au parlement de
« Paris, doit avoir ici sa place. Ils ont fait peindre, par le fameux
« Rigaud, les portraits de la Fontaine, de Santeul et de Despréau.
« Le portrait de ce dernier a été gravé à leurs frais par Devrét et
« distribué gratuitement à toutes les personnes de distinction et de
« belles-lettres qui le leur ont demandé ! » Titon du Tillet. Essais
sur les honneurs et sur les monuments accordés aux illustres savants pendant la suite des siècles. Paris, 1634, in-12, p. 447. — Ce
portrait, par Pierre Drevet, porte bien en bas le nom de M. Coustard, mais on ne savait pas que l'original avait été fait aussi à ses
frais.

ce qui a été gravé par Simon Vallée, disciple de Drevet, et par les deux Chéreau, dont l'aisné a travaillé chez Drevet pendant quelque temps. Tous ces graveurs sont actuellement vivants, et les deux derniers sont presque les seuls qui partagent avec les sieurs Drevet la réputation de bien graver au burin. François Chéreau a gravé de fort beaux portraits; son frère, qui a appris sous lui, a aussi beaucoup de talent. Pour Vallée, il avoit commencé à se donner entièrement à la graveure au burin, et il y avoit assez bien réussi; mais il l'a abandonné depuis et a préféré l'usage de l'eau-forte. — Pierre Drevet, le fils, mort en 1739.

DROUAIS (HUBERT), peintre en miniature, reçu académicien en 1730, est mort à Paris, le 9 février 1767, âgé de 68 ans. Son fils, qui est de la même Académie, se distingue dans le genre du portrait et est en vogue.

DUBOIS (AMBROISE), mourut le 27 décembre 1615. Il est enterré dans l'église d'Avon, près de Fontainebleau. — Trésor des merveilles de Fontainebleau, p. 338.

Il a peint son portrait dans un des tableaux de l'histoire de Cariclée qui sont dans la chambre de l'ovale à Fontainebleau.

L'abbé de Villeloin, dans son catalogue d'estampes, page 91, nomme un *Elie* Dubois qui fit le portrait du duc de Sully, en 1614.

DUBREUIL (TOUSSAINT) *Toussaint de Brevil*. Il faut lire Toussaint Dubreuil. Il ne remplaça point le Primatice. Ce ne fut que plusieurs années après la mort de ce grand artiste, que le roi Henri III le déclara son peintre.

« Dubreuil, peintre du roy, singulier en son art, et qui avoit fait et divisé tous ses beaux tableaux de St Germain, revenant dudit St Germain à Paris sur un cheval rétif et qui alloit fort dur, fut à son retour surpris d'une colique de *mise-rere* qui l'emporta en moins de 24 heures, le 22 novembre 1602.» Journal du règne de Henri IV, par de L'Estoille, t. I, p. 214.

DUCHANGE (GASPARD), mort le 6 janvier 1757, âgé de près de 96 ans.

DU CHATEL (FRANÇOIS), né à Bruxelles en 1616. Il avoit pris dans sa jeunesse le parti des armes, et il étoit parvenu au grade de cornette, lorsque un de ses amis ayant été (*tué*) à ses côtés dans une bataille, il se dégoûta du service et se donna à la peinture. C'étoit en 1640. Il y fit en peu de temps beaucoup de progrès. Il embrassa le même genre que Gonzales Cocques. Il peignit comme lui des portraits. Il rassembla dans un même tableau toute une famille ; il en fit dont les compositions étoient extrêmement agréables. D'autres fois il peignit à l'imitation de Brauwer des assemblées et des débauches de paysans. Il avoit un pinceau soigné et fait pour plaire. Ce qu'il a fait de plus beau, et ce qu'on regarde comme son chef-d'œuvre, est la cérémonie de l'inauguration de Charles II, roi d'Espagne, faite à Gand, en 1666, en sa qualité de duc de Brabant et de comte de Flandre : l'on y voit une multitude prodigieuse de figures. Ce beau morceau est dans une des chambres de l'Hôtel-de-Ville à Gand. On ne lui fait qu'un reproche, c'est d'avoir trop négligé ses drapperies et d'en avoir souvent abandonné le détail à ses disciples. Il mourut à Bruxelles, en 1694, âgé de 78 ans. Voyez le Peintre Amateur, t. II, p. 51. Corn. de Bie fait aussi mention de ce peintre, p. 399. Descamps en fait le disciple chéri de David Teniers, t. II, p. 370.

DUFLOS (CLAUDE), de Soissons. Une extrême propreté dans

la conduite de la graveure, une grande netteté, un arrangement de tailles, égales entre elles et bien suivies, une attention toute singulière à terminer ses ouvrages et à leur donner
une couleur douce et agréable; voilà ce qui fait le principal
mérite de Claude du Flos et ce qui a toujours été l'objet de
ses études. Non content d'exprimer chaque objet par le moyen
ordinaire des tailles, il a fait revivre la manière de Boulanger, qui consiste à exprimer les chairs par une multitude innombrable de points approchés l'un auprès de l'autre; il a
perfectionné cette manière et est arrivé au point que plusieurs
de ses ouvrages semblent plus tost lavés au pinceau que
gravés, tant ils sont terminés avec soin. Il n'a pas fallu
moins de patience que de veue pour venir à bout d'un travail
aussy pénible.

— La Résurrection de Lazare, d'après Seb. Bourdon; la
pièce n'est pas de luy, il n'a fait que la retoucher.

— Duflos a gravé dans les portraits des Illustres de Per-
rault le portrait de Blondel et du maréchal de la Meilleraye;
mais il n'y a que les testes de Duflos; les habillemens et les
fonds sont d'une autre main.

— C'est aussy Duflos qui a gravé les habillemens du portrait du premier président de Harlay qui se trouve dans le
livre susdit. Van Schuppen avoit gravé la teste, et la planche
estoit demeurée en cet estat à sa mort. — C'est Duflos luy-
mesme qui me l'a fait remarquer.

DUFOUR (NICOLAS) d'Abbeville, graveur.

DUFRESNY (CHARLES-RIVIÈRE), valet de chambre de
Louis XIV et controlleur de ses jardins, n'a guère eu d'égal
pour la vivacité de son imagination, et peu de gens se sont
montrés aussi singuliers que lui. Je ne parlerai point ici de
tout ce qu'il a écrit, ni de ses talents pour le jardinage. Cela

a été dit dans son éloge, qui se trouve imprimé à la tête de
ses œuvres ; mais je ne laisserai pas passer sous silence la
façon dont il formoit ses compositions à l'aide de différentes
estampes qu'il découpoit et dont il prenoit ce qui lui convenoit dans chacune. Il avoit une armoire distribuée en un
nombre de tiroirs ou de cases, chacuns étiquetés de ce qu'elle
contenoit. Dans celle-ci il y avoit des pieds, dans une autre
des bras, des mains, des têtes, des nés, des yeux, des bou-
ches, etc. En puisant dans chaque tiroir, et en tirant ce qui
convenoit à ses desseins, il avoit l'art de l'arranger et d'en faire
une combinaison, qui quelquefois formoit assez heureusement un sujet. J'ay vu une de ces ordonnances fort plaisante ;
c'étoit une assemblée d'yvrognes, et ce qui faisoit le fonds
étoit un assemblage de figures et parties de figures, qu'il
avoit empruntées d'une estampe représentant la Cène. Dufresny ne se contentoit pas de former ainsi des compositions
qui tenoient lieu d'estampes, il les faisoit souvent peindre par
des artistes médiocres dont il empruntoit la main, espérant
les vendre avantageusement, et, comme cela ne lui arriva jamais, il se plaignoit qu'on achettat des sommes immenses un
tableau de Raphaël et d'autres maîtres qui avoient acquis la
même célébrité, tandis qu'on avoit peine à tirer de sa bourse
cent misérables pistoles pour une de ses peintures. Voilà
jusqu'où il poussoit l'extravagance, et l'on cessera d'en
être surpris quand je dirai que, pour subvenir aux frais
d'un déjeuner qu'il s'étoit engagé de donner à ses amis,
où il ne devoit y avoir que des langues de carpes de Seine,
et des noix d'épaules de veau de rivière, il vendit le
fond d'une rente viagère que lui faisoient, par ordre du roi,
les entrepreneurs de la manufacture des glaces, auxquels il
en avoit cédé le privilége, qui, s'il l'eût conservé, devoit
faire sa fortune. Mais il étoit bien loin de s'en occuper. Il
aimoit bien mieux satisfaire ses caprices. Il étoit né en 1648,

et il mourut à Paris, le 16 octobre 1724, âgé de 76 ans.

DUFRESNOY (CHARLES-ALPHONSE), garçon, âgé d'environ 56 ans, est décédé le 16 janvier 1668, et a été inhumé dans la nef de l'église de Villiers-le-Bel, le 17, son frère Antoine Dufresnoy, établi dans cette paroisse, l'ayant amené de Paris chez lui, malade d'une paralysie et faible d'esprit. *Extrait des registres de la Paroisse de Villiers-le-Bel.* Voilà qui rectifie la datte de la mort de Dufresnoy, qu'a donnée M. de Piles, et sur laquelle il s'est trompé, ce qui doit paroître bien singulier, lui qui avoit connu si particulièrement Dufresnoy. Voyez la première édition du poème de Dufresnoy. Le privilége qui s'y trouve à la fin est en son nom, il est de 1667. Ce peintre n'étoit donc pas mort en 1665. Félibien s'est exprimé plus exactement, mais pas encore avec précision. Il y a une estampe de l'entrevue de St Nil et de l'empereur Othon, d'après le Dominiquain, dessinée et gravée à Venise par Charles *Dufresne* : c'est certainement Dufresnoy, qui n'a pas fait difficulté d'altérer ainsi son nom : il a bien osé le traduire en latin par *Frexinetus* sur une estampe gravée par Fr. Poilly.

DUGHET. Le Guaspre ne se contentoit pas de dessiner et de faire ses études d'après nature, comme le font la plupart des peintres de paysages. Il peignoit aussy d'après nature une bonne partie de ses tableaux. Un petit asne qu'il nourrissoit à la maison, et qui estoit son unique domestique, luy servoit à porter tout son attirail de peinture, sa provision et une tente pour pouvoir peindre à l'ombre et à l'abri du vent : on l'a veu souvent passer ainsy des journées entières aux environs de Rome. Des gens dignes de foy me l'ont raconté à Rome. Il étoit né en 1621, et mourut en 1684 ; selon Pascoli, il est né en 1613, et mort en 1675. L'inscription au bas de son portrait, que M. Crozat avoit eu de la collection de Pio, le fait mourir en 1686. Félibien nomme les tableaux du Guaspre les restes des festins du Poussin.

DUGUERNIER (LOUIS) travailloit de miniature, mais d'une manière différente de Hanse, lequel couchoit du blanc sur son vélin, comme le faisoient Olivier et Cooper. Il dessinoit beaucoup mieux et donnoit une parfaite ressemblance à ses portraits. Il fut ancien dans l'Académie de peinture; il se maria en 1648, et cet officier du parlement de Rouen, qui fut tué dans les guerres de la religion, étoit son grand-père. Son père se nommoit Alexandre qui, ayant perdu tous ses biens, fut obligé de se réfugier en Angleterre, où, pour subsister, il montroit les langues. Étant de retour en France, il se ressouvint qu'il scavoit un peu dessiner, et il se fit peintre en miniature, s'établit à Paris, et y épousa Marie Doffin, fille d'un peintre de Troyes, mais il mourut jeune. Louis, son fils aîné, embrassa le même talent faute de mieux et il y excella. Il avoit peint, dans des Heures, que le duc de Guise emporta en Italie, toutes les plus belles dames de la cour sous la figure de saintes. Il ne laissa qu'un fils de son mariage, qui a été élève de M. Chatillon. De ses deux frères Alexis peignoit le paysage et Pierre des portraits, tous deux en miniature. Sa sœur, qui dessinoit assez bien, avoit épousé en secondes noces Bourdon (1). Duguernier avoit de l'esprit, parloit bien, aimoit la musique et touchoit le théorbe en perfection. Il fut élu professeur de l'Académie en 1656.

DUJARDIN (CHARLES), né à Amsterdam, en 1640. C'est de

(1) Vers l'an 1648. Voir la vie de Bourdon, par Guillet de Saint-Georges, dans les Mémoires inédits sur les Académiciens. I, 91.

tous les élèves de Berchem celui qui lui a fait le plus d'honneur. Il n'a pas peint aussi agréablement que son maître. Sa
touche est plus lourde et ses tons de couleur moins lumi-
neux; mais il a très-bien dessiné les animaux ainsi que le
paysage, et ses compositions sont heureuses. Il avoit une
très-belle pointe. Ce qu'il a gravé est excellent dans son genre.
Il s'en occupoit en 1652 et en 1657. Il voyagea assez jeune en
Italie, et les tableaux qu'il y fit furent estimés. Il retourna
pourtant dans sa patrie, mais accoutumé à vivre gayement
avec ses amis, et, ne trouvant que peines et tristesse avec une
vieille femme que la nécessité de ses affaires lui avoit fait
épouser à Lyon, à son retour d'Italie, et qu'il avoit conduite
avec lui en Hollande, un beau matin, il la quitta sans rien
dire et passa, pour la seconde fois, à Rome où il reprit ses
exercices ordinaires et son ancien train de vie. Il alla ensuite
à Venise, où il devoit espérer la meilleure réception, car la
réputation l'y avoit devancé, lorsqu'il y tomba malade peu
de temps après son arrivée et qu'il y mourut, le 20 novembre
1678. Descamps, t. III, p. 3. Houbraken, t. III, p. 56.

— Différentes façons dont Charles Dujardin a écrit son nom
sur une suite de planches d'un excellent goût, représentant
des paysages et des animaux : K dv Jardin f. 1658. — K Dv
j f. — K QV j fe.

DUMÉE (guillaume). Il étoit contemporain d'Ambroise
Dubois et de Toussaint Dubreuil, et travailloit conjointement
avec eux dans la même manière.

DUMONSTIER (geoffroy), ayeul de Daniel, étoit peintre
en miniature, et je ne scais s'il ne peignoit pas aussi sur
verre. Lorsque maître Rous vint en France, il l'employa dans
plusieurs de ses ouvrages, et Dumonstier devint un parfait
imitateur de la manière austère et sauvage de ce peintre ita-

lien. Cela se voit sur divers morceaux qu'il a gravés à l'eau-forte, et dont je possède une suite assez complette, qui est fort curieuse, surtout pour un Français qui est bien aise de voir ce que la peinture et la gravure étoient en France lors de son enfance. Deux de ces pièces portent la datte de 1543 et 1547. Geoffroy eut une nombreuse lignée, et l'un de ses fils, nommé Cosme, fut, comme son père, peintre en miniature, et fort considéré du roi, qui en avoit fait son valet de chambre et qui, se confiant en sa prudence, l'envoya en plusieurs cours chargé de commissions importantes. C'est ce que j'ai lu dans un Ms. de Sauval. L'abbé de Villeloin dans son Paris (p. 11) nomme Geoffroy Dumonstier.

— L'Éloquence représentée par une reyne assise au-dessus d'un piédestal et ayant un aigle près d'elle. Cette pièce gravée à l'eau-forte a de la manière du Primatice et de celle de maistre Rous. — Elle est de Geoffroi Dumonstier de qui nous avons plusieurs morceaux gravés. Il travailloit en 1547; une de ses planches porte cette date.

DUMONSTIER (CÔME), père de Daniel, étoit peintre et occupoit avec son fils un logement aux galeries du Louvre. Voyez l'article de Daniel. Marolles en parle dans son Paris, p. 54.

DUMONSTIER (DANIEL), étoit de race de peintres. Son père, nommé Cosme, et son ayeul, nommé Geoffroy, avoient manié dans leur temps le pinceau avec quelque réputation; mais Daniel s'en fit une bien plus considérable par sa facilité à faire des portraits qui ne sortoient jamais de ses mains sans être très-ressemblans. Il les faisoit aux trois crayons ou au pastel. Il est étonnant le nombre qu'il en a fait. Il avoit coutume d'en garder pour lui des copies, ce qui les a encore multipliés et ce qui fait que les cabinets en sont remplis : il

n'y faut chercher ni touche scavante, ni art, ni couleur, mais
de l'exactitude et de la vérité. Il avoit coutume de mettre sur
ses portraits l'année et le jour qu'il les avoit faits. Il seroit à
souhaiter qu'il eût écrit de même le nom des personnes ; ses
portraits en seroient plus intéressans, mais c'est ce qui ne
lui arrive presque jamais. Il étoit très-curieux et d'une mémoire prodigieuse. Il n'avoit rien oublié de ce qu'il avoit lu.
Son cabinet de livres étoit fameux et sa maison étoit le rendez-vous de la meilleure compagnie. Il étoit très-considéré à
la cour. Il nacquit à Paris en 1575 ; il y mourut en 1646,
d'une colique de miserere. Il occupoit un logement aux galeries du Louvre. (Sauval, Ms.)

DUMONSTIER (PIERRE). J'ignore s'il étoit le frère ou le fils
de Daniel Dumonstier. Il dessinoit comme lui des portraits
en pastel, et j'en ay vu où il a écrit son nom et la datte 1625,
et où l'on apprend qu'il étoit alors à Turin. Si l'on en doit
juger sur cet ouvrage, il avoit une touche plus lourde que
celle de Daniel. Il lui étoit inférieur. Je ne fais mention de
lui que pour ne rien obmettre (1).

DUMONT (FRANÇOIS). Ce n'étoit pas un artiste sans mérite.
Les deux figures en pierre de St Joseph et de St Jean-Baptiste,
qu'on voit au portail de St Sulpice qui regarde le Midi, font
connoître de quoi il étoit capable. Il mettoit de l'âme et de

---

(1) Il serait heureux que l'on eut, sur nos anciens artistes, autant
que sur les Dumonstier ; l'historiette de Tallemant, le contrat de
mariage de Daniel donné dans les Archives, l'article de M. de Laborde dans sa Renaissance des Arts, le catalogue de Geoffroy, par
M. Robert Dumesnil, la pièce récemment publiée par M. Fillon
dans la Revue de l'Ouest et encore relative à Daniel, composent
un ensemble qu'il serait facile d'augmenter encore par les mentions éparses dans les poëtes et les polygraphes du 17e siècle.

9

l'esprit dans son ouvrage. Il auroit été seulement à souhaiter qu'il en eût banni le goût françois qui y domina trop. Il ne survécut pas longtemps à ces deux morceaux de sculpture qui lui firent honneur dans le temps. Étant allé à Lille pour y poser un de ses ouvrages, il tomba de dessus un échafaud et se tua ; c'étoit en 1726. Il comptoit alors 39 ans, à ce que m'assure son frère le peintre. Son morceau de réception à l'Académie est un titan foudroyé. Dans un mémoire sur la vie de Noël Coypel, Dumont, qui avoit épousé une des filles de ce peintre, n'avoit, dit-on, que 36 ans lorsqu'il mourut. Cela se trouve dans le XIe vol. des Amusemens du cœur et de l'esprit (1).

DUMONT (JACQUES), qui s'est surnommé *le Romain*, pour se distinguer d'un autre peintre de notre académie qui se nomme Dumont, est né à Paris et est frère du sculpteur François Dumont. Dans sa jeunesse, il alla ce qu'on appelle courir la Calabre, et s'étant arrêté à Rome, il y étudia la peinture sous Benedetto Castiglione, et y fit assez de progrès pour se faire distinguer lorsqu'il repassa en France, en 1725. Un peu avant que son frère mourut, il s'en fit reconnoître à peu près de la même manière que l'Enfant prodigue, lorsque celui-ci revint trouver son père. La scène fut touchante. Il se présenta pour être reçu de l'Académie et le fut en 1728 ; il a passé par tous les emplois qu'on y distribue, et actuellement il en est recteur et ancien directeur. On ne voit pas beaucoup de ses ouvrages. Il en a été retenu par le peu de goût qu'il a pour le travail et peut-être encore davantage par la difficulté qu'il a d'inventer. Il a beau vouloir couvrir ce défaut ; il perce

---

(1) Voyez, dans ce second volume, à la page 27 et la note de la page 24.

dans ses ouvrages, où l'on voit souvent des figures prises toutes entières dans des compositions de grands maîtres. Avec cela il a de la dureté dans son dessein quoyque correct, et peu de finesse dans les expressions. Sa couleur n'est pas mauvaise, et c'est ce qui me plaît davantage dans ses tableaux. Son caractère caustique et sauvage n'étoit pas fait pour la société. Il n'a pu le rompre et tout le monde l'a craint et l'a fui ; c'est dommage, car il a du sens. Il y auroit bien des choses à dire sur cela et sur la conduite qu'il a tenue avec M. Coypel, lorsque ce dernier le fit nommer à la place de directeur de l'école des élèves protégés par le roi lors de cet établissement. Il remit presque sur le champ sa place, et, faisant de M. Coypel le portrait le plus désavantageux, il oublia cette équité et ces sentimens chrétiens dont il ne cessa de faire parade. Suivant ce qu'il me dit, il doit être né en 1700 ou 1701.

DUNCKER (BALTHAZAR) de Stralsun, peintre de paysages et qui en a gravé quelques-uns.

DUNZ (JEAN), né à Berne, en 1645, avoit un assez beau pinceau, et a réussi à peindre des fleurs. Il jouissoit d'une fortune considérable, et il étoit plus aisé d'avoir en présent de ses tableaux que d'en obtenir à prix d'argent. Il est mort âgé de 92 ans, le 10 octobre 1736. Fuessli, Vies des peintres suisses, t. II, p. 96.

DUPERAC (ÉTIENNE). Illustrations des fragmens antiques (divisé en trois livres).

Livre premier contenant diverses figures et testes de femmes, tirées des marbres antiques et bustes qui sont à Rome et autres lieux d'Italie, par Raphaël d'Urbin (ce qui est faux). Ces bustes sont dessinés avec beaucoup de propreté,

mais sans beaucoup de goût. Je ne les crois cependant pas
de Duperac de qui sont tous les autres desseins de la même
collection.

Livre second contenant plusieurs figures d'idoles, d'obé-
lisques, lettres hiérogliphyques des Egyptiens, retirées et
recueillies des marbres antiques qui se trouvent à Rome et
autres lieux d'Italie, par Estienne Duperac.

Livre troisième contenant plusieurs temples, faux dieux,
autels, sacrifices, inscriptions, épitaphes et cérémonies observées en la religion des anciens Romains, retirés des marbres antiques qui sont à Rome et autres lieux d'Italie, par
Estienne Dupérac, l'an 1575.

Il se trouve dans le même livre plusieurs autres desseins,
la plupart d'après des bas-reliefs, statues et autres monu-
mens antiques, dessinés par différens maistres, lesquels y
ont été adjoints après coup et à différentes reprises. Ce livre
de desseins, in-folio, est dans le cabinet de M. Falconnet,
médecin, en 1738 (1).

Il s'en trouve un presque semblable chez le roy (2); ce qui
fait voir que Dupérac en faisoit des copies pour ceux qui les
lui demandoient.

M. Crozat a deux desseins de paysages de Dupérac faits en
Italie en 1579 et 1580. On prétend que la plus grande partie
des paysages qu'il a gravés le sont d'après des desseins du
Titien. On veut qu'il ait été le disciple de ce grand peintre;
j'ay peine à le croire.

---

(1) Ne se trouve pas dans le catalogue de sa bibliothèque, imprimé, après sa mort, en 1763.
(2) Département des manuscrits, n° 6990, collection Dupuy.
Voir sur ce volume la note de M. Raoul Rochette dans les *Manuscrits françois de la bibliothèque du roy*, par M. Paulin Pàris. III,
p. 270-3. — Dans le titre du volume, le nom de Dupérac ne manque pas d'y être suivi de sa qualification de Parisien.

Où cet auteur a-t-il trouvé que Dupérac est mort âgé de 92 ans ? Baldinucci, qu'il cite, dit simplement, d'après Félibien, qu'il mourut vers l'an 1601, et qu'il étoit à Rome en 1569, où il mit au jour dans cette année une suite de veues des antiquités romaines (1).

Le père Orlandi, toujours négligent et écrivant trop à la hâte sur des matières qu'il n'entend point, prend cette datte 1569 pour celle de la naissance de Dupérac, et quoyque les auteurs s'expliquent là-dessus très-clairement, il tombe dans un anachronisme qui n'est pas pardonnable (2).

DUPRÉ (GUILLAUME), graveur de monnoyes, sous Henri IV et Louis XIII, a été un excellent homme. Il étoit de Troyes en Champagne, et est mort à Paris vers l'année 1625.

DUQUESNOY (HENRY) (3), père de François Quesnoy, dit le Flamand, n'étoit pas un sculpteur du dernier ordre. Sans avoir une grande pureté de dessin, ni cette noble simplicité qui a fait de son illustre fils un des premiers sculpteurs des derniers siècles, il manioit bien le marbre et donnoit à ses

---

(1) On en peut voir le détail dans le *Peintre-Graveur français* de M. Robert-Dumesnil. Tome VIII, p. 89-117.

(2) Félilien nous dit que Dupérac laissa une fille, Arthémise Dupérac, qui se maria à un certain Bourdin qui, dans le Baldinucci, éd. de Florence, 1770, t. VIII, 266, est imprimé par erreur *Baurdin*. Serait-ce le sculpteur Bourdin, d'Orléans, de qui l'on connaît le Louis XI de Cléry et d'autres ouvrages, et qui fut père de Gilles Bourdin, aussi sculpteur ?

(3) On verra que Mariette n'a pas toujours eu, sur les noms des trois Duquesnoy, que nous laissons à cette place parce qu'on les appelle toujours ainsi, et non Quesnoy comme on le devrait, une opinion différente de celle à laquelle il s'est arrêté. Il en résulte quelques contradictions ; il en a corrigé quelques-unes ; mais nous n'aurions pu les faire disparaître sans toucher au texte de Mariette, ce qu'il aurait fait, mais ce qu'il ne nous appartient pas de faire.

figures des tours agréables. On trouve beaucoup de ses ouvrages à Bruxelles, où il s'étoit établi et où il est mort. L'on y
fait remarquer entre autres choses, sur une fontaine publique, une petite figure en bronze d'un enfant qui pisse, laquelle mérite d'être vue. On y montre aussi, sur le frontispice
de la chapelle de Ste-Anne, dans la rue de la Madelaine, une
statue de cette sainte, qui est un beau morceau. Mille gens
vous diront à Bruxelles, pour en relever le prix, que c'est un
ouvrage de François Flamand, avant qu'il fût sorti de leur
ville. Mais on sçait le contraire, et il est même fort douteux
que le Flamand ait laissé dans sa ville natale aucune sculpture avérée de sa façon. Il aura pu travailler sur celles de son
père, car il a appris sous lui sa profession, et lorsqu'il passa
en Italie, il y étoit déjà plus qu'initié. Il est honorable pour le
père d'avoir commencé à former un si grand homme; mais
il est d'un autre côté bien triste pour lui d'avoir en même
temps donné la naissance à un second fils que ses crimes
rendront éternellement odieux. Il a pu être, comme il l'étoit
en effet, un très-bon sculpteur, mais ses vices ont tellement
obscurci ses talents, qu'on se fait une peine de le nommer et
de songer que cet homme abhominable est le même qui a
fait dans la cathédrale de Gand, en 1654, le superbe tombeau
de l'évêque de cette ville, Antoine Triest, ouvrage où le
marbre, devenu en quelque façon flexible sous le ciseau de
l'artiste, est, à ce que j'ai entendu dire, manié comme si c'é-
tait de la cire. On en a une estampe gravée par Van Cauckercken. — Ce frère de François Flamand s'appelait Jérôme, c'est un fait certain. — Antoine Triest fit faire son
tombeau de son vivant en 1654, et, comme il était grand
amateurs des arts et qu'il avait la réputation de s'y connaître, c'est un grand préjugé en faveur du sculpteur qu'il y
employa.

— Le père du Quesnoy s'appeloit *Henry*; Bellori s'est mépris de nom, C'étoit le frère de François qui portoit le nom de Jérôme. Cela été vérifié sur les lieux et m'a été assuré par des personnes dignes de foi.

. DUQUESNOY. (FRANCESCO). Sa mort arriva à Livourne le 12 juillet 1643.

— Bacchus, dans cette aimable fleur de l'âge, où le corps, ayant achevé de se former, a acquis son entière perfection. La figure est debout, son bras appuyé sur un tronc d'arbre, et elle tient de la main gauche une coupe qu'elle semble vouloir porter à sa bouche. Cette statue, qui est de marbre blanc, a 4 pieds de haut; elle est antique, et a appartenu au Sr Girardon, sculpteur célèbre. Il la regardoit comme l'un des plus beaux morceaux de son cabinet; l'on ne peut assez priser la justesse de ses contours et l'élégance de ses proportions. Il ne restoit d'entiers que la tête et le corps; les bras, les cuisses et les jambes manquoient, et ont été ajoutés par François Flamand. Quel restaurateur! Y eut-il jamais homme qui sut mieux manier le marbre, et mettre dans l'expression de la chair plus de vérité et plus de souplesse? Et cependant son travail paroît sec en comparaison de celui du sculpteur grec. Il en faut convenir, et être en cela de bonne foi, la sculpture moderne risque trop d'être mise en parallèle avec la sculpture ancienne. (*Catalogue des statues, etc., du cabinet de feu M. Crozat, marquis de Châtel, 1750, n° 1. Et catalogue des estampes, vases, figures, bas-reliefs de feu M. Crozat, baron de Thiers, 1772, n° 940.*)

— Le portrait de Fran. du Quesnoy, dit le Flamand, fameux sculpteur, demie figure gravée par P. van Bleech, en 1751, en manière noire; il tient des deux mains une tête de faune en sculpture.

DUQUESNOY (JÉROME). J'ai écrit, sur la foi de M. Eydama,

que le frère de François Flamand portoit le nom de Jérôme (1).
Il dit avoir lu les pièces du procès qui lui fut fait à Gand, et la
sentence qui le condamna à être brûlé, et qu'il se nommoit
Jérôme. Je crains que sa mémoire ne l'ait mal servi et que ce
soit le père à qui le nom de Jérôme appartenoit. Le Bellori,
qui a écrit la vie de François Flamand et qui paroît avoir eu
de bons mémoires, le dit bien formellement, et, dans la description nouvelle que le Sr Mensaert a donné des peintures et
des sculptures qui se voyent à Bruxelles, il dit qu'elles sont
de **H. Quesnoy**, et l'on sçait qu'il n'y en a aucune qui ne soit
du père de François Flamand, qui étoit habile. Celle qui est
sur le frontispice de la chapelle Ste-Anne tient le premier
rang, et l'on doute à Bruxelles si ce n'est pas un ouvrage où
le fils auroit mis la main avant que de passer en Italie. Outre
cela, le même auteur, en parlant des tombeaux des évêques
de Gand qui se voyent dans la cathédrale de cette ville, quand
il vient à nommer le sculpteur qui a exécuté celui d'Ant.
Triest, il dit qu'il est de **J. Quesnoy**, ce qu'il faut expliquer par *Jean Quesnoy*. Or, il est notoire que les belles sculptures qui ornent ce tombeau sont du frère de François qui,
dans certaines parties, et surtout dans celle de manier le
marbre, marchoit de fort près sur les traces de son frère (2).
J'ajouterai que j'ai vu deux petits enfants d'yvoire qui sont, à
n'en pas douter, exécutés sur le modèle de François où l'on
voit ces initiales **J. Q.**, ce qui achève de montrer que le
frère cadet qui s'y est ainsi désigné s'appelloit Jean et non
Jérôme.

---

(1) Cette phrase était d'abord écrite de cette façon : J'ai écrit sur
la foi de M. Eydama que le père de François Flamand se nommoit Jérosme, et que son frère portait le nom de Jean.

(2) Cette note est, comme on voit, antérieure à celles qu'on a
lues plus haut sur le père, et par lesquelles Mariette reconnaît
qu'il faut lui conserver le nom d'Henri.

— *Voici la lettre que M. Eydama écrivit à Mariette pour compléter et confirmer les renseignements qu'il lui avait donnés de vive voix :*

Monsieur,

« J'avois eu l'honneur de vous promettre un extrait du procès de Jérôme Quesnoy; le voici; tel que je l'ai traduit du flamand.

« Le 31 août 1654 Jérôme Quesnoy, sculpteur et archi-
« tecte de S. M. catholique, subit, au Châtelet de Gand, son
« premier interrogatoire sur le crime de sodomie, qu'il étoit
« accusé d'avoir commis la veille avec un enfant de chœur,
« dant l'église de S.-Bavon, ainsi qu'ailleurs et en différentes
« fois, avec le fils d'un cordonnier de la même ville, âgé de 8
« à 9 ans. Quesnoy répondit d'abord, et selon les formalités
« ordinaires, qu'il estoit à Gand depuis deux mois, où il étoit
« venu de Bruxelles, sa résidence, pour assembler les pièces
« du tombeau de l'évêque Triest, et nia le fait dont il étoit ac-
« cusé. Il le nia de même au second interrogatoire qu'il subit
« le lendemain. Mais, à la première confrontation des té-
« moins, il confessa tout, et réclama sa qualité d'architecte du
« roy d'Espagne pour être renvoyé à Bruxelles, par devant
« ses juges naturels. L'on écrivit en cette cour, et MM. du
« Châtelet de Gand reçurent ordre de passer outre. Le procès
« de Jérôme Quesnoy fut donc continué, et, par sentence du
« 28 septembre suivant, il fut condamné à être attaché à un
« poteau, sur le marché aux grains de cette ville, à y être
« préalablement étranglé, ensuite brûlé, et ses cendres jetées
« au vent, ce qui fut exécuté (1). »

(1) Dans le *Messager des Sciences et des Arts et de la Belgique*, publié à Gand, in-8°, année 1833, p. 462-5, M. A. V. Lokeren, à propos d'une note de M. Diericx dans ses Mémoires sur la ville de

« Malgré le crime abominable dont Jérôme Quesnoy fut convaincu, l'évêque Triest fit son possible pour lui conserver la
vie. Il tâcha d'obtenir qu'on le condamnât à une prison per-
pétuelle pour y travailler le reste de ses jours au profit des
pauvres. Une telle démarche, qui auroit été une preuve de
l'humanité de cet évêque en tout autre occasion, étoit, dans
celle-ci, une marque bien convaincante de son amour pour
les beaux-arts. Mais son crédit fut impuissant, et ses sollicitations inutiles. Le crime et le scandale étoient énormes ; il falloit un exemple et une réparation proportionnés à l'un et à
l'autre.

« Comme Jérôme Quesnoy attendoit que le tombeau fut as-
semblé pour donner les derniers traits de ressemblance à la
tête de l'évêque, cette tête est demeurée sans avoir reçu ce
qu'on appelle le dernier fini ; les environs du nez, des yeux,
sont durs et raboteux. Il est étonnant que quelque sculpteur
n'y ait point mis la dernière main du vivant de M. Triest.
Quant aux enfants qui sont au bas de ce tombeau, ils sont certainement de François Quesnoy.

« M. Triest avoit envoyé son portrait à cet artiste célèbre, en
1642, en le priant d'exécuter ce monument, dont il vouloit
décorer sa cathédrale, ainsi qu'il avoit déjà fait par la conver-
sion de S.-Bavon, que Rubens avoit peinte à sa sollicitation et
à ses frais. La satisfaction d'obliger un compatriote et la générosité avec laquelle Triest récompensoit les talents déterminèrent bientôt le Quesnoy à entreprendre cet ouvrage. Mais la
proposition de passer en France, que M. de Chantelou lui fit de

Gand, a publié le texte flamand de la sentence de Jérôme Duquesnoy, et, dans la note qu'il y a jointe, il indique avec plus de détails
et en ajoutant les dates, les diverses phases du procès et les noms
des parties. Son article, très-curieux, se termine par des détails
tout nouveaux sur la fin très-tardive, arrivée en 1671, du payement
du tombeau de l'évêque Triest, qui fut payé en tout 8,000 florins.

la part de M. Desnoyers, et la lettre qu'il reçut enfin de M. Desnoyers même, qui lui annonçoit la pension que le Roi lui ac-
cordoit, et les prérogatives honorables dont il vouloit qu'il
jouît dans son royaume, déterminèrent cet excellent homme à
suivre la fortune qui lui tendoit les bras pour la première
fois. Le portrait de M. Triest et le plan de son tombeau furent
donc renvoyés en Flandres. Mais ils étoient accompagnés de
deux petits enfants destinés à orner ce tombeau, s'il venoit à
être exécuté par un autre sculpteur. Triest eut beaucoup
moins de chagrin de recevoir ce plan qu'il ne ressentit de joie
en apprenant l'heureuse destinée d'un homme que sa vertu
et ses talents n'avoient pu garantir ni de l'oppression de ses
concurrents, ni de la situation la plus triste, ni de l'injustice
de ceux qui, par état, doivent protéger le mérite et encoura-
ger les arts. Il écrivit mille félicitations au Quesnoy, et accom-
pagna sa lettre de cent pistoles d'Espagne, pour les deux enfants qu'il avoit reçus.

« Après la mort de François Quesnoy, Jérôme, qui étoit pour
lors en Italie, retourna à Bruxelles, et Triest lui proposa d'exécuter son tombeau, ce qu'il accepta. Mais comme il étoit aussi
débauché que son illustre frère étoit sobre et vertueux, et que
d'ailleurs il étoit accablé par une infinité d'ouvrages moins
considérables que le tombeau de l'évêque, et qui, par conséquent, lui apportoient plus tôt de l'argent, l'exécution de ce
tombeau traîna en longueur, et ne fut fini qu'en 1654.

« Je ne sais par quelle fatalité Sanderus, qui estoit à Gand
même, curé aux environs de cette ville dans le temps de l'exécution de Jérôme Quesnoy, et ami de Triest, ait pu avancer
que ce fut François qui commit le crime dont il est question
et qui en subit la punition. Je ne m'étonne donc plus que
tant de compilateurs, tels que Florent le Comte, Audibert,
Alstein, Royer, etc. aient répété la même chose, ni que les
trois quarts des Flamands et des Hollandois, la moitié des

François tiennent le fait pour certain. Je sais bien que plusieurs auteurs ont parlé pertinemment de la mort de François Quesnoy ; mais tout le monde ne possède pas ces auteurs,
et, de ceux qui les possèdent ou qui les ont lus, la plûpart
n'en croient pas moins le contraire de ce qu'ils contiennent,
parce que, n'ayant jamais rien vu de détaillé sur la vie et la
mort de ce Jérôme Quesnoy, ils confondent sans cesse son
frère avec lui. Ils savent en gros que François a eu un frère,
qui étoit un très-habile homme ; mais chez eux, pour tous
les ouvrages dont l'auteur est un Quesnoy, ce Quesnoy était
François, et ce malheureux François étoit un scélérat qui a
été brûlé. Ne se trouvera-t-il jamais quelque honnête
homme qui désabusera entièrement le public sur cet article,
et tous les honnêtes gens ne pourront-ils enfin admirer les
ouvrages d'un artiste célèbre, sans ressentir l'horreur qu'ins-
pirent les abominations prétendues de leur auteur.

J'ai l'honneur d'être avec respect, Monsieur,
Votre très-humble et très-obéissant serviteur,

H. EYDAMA.

Paris, ce 27 juin 1766.

« *P. S.* Vous trouverez cy-joint, Monsieur, le reste des extraits que j'ai faits du manuscrit dont M. Basan vous a parlé.
Je vous ai prié de les parcourir ; mais je doute fort que vous
puissiez décider de tous ces articles sans être à Paris. Si vos
affaires vous appellent bientôt en cette ville, nous serions
charmé que vous voulussiez faire cet examen dans votre
cabinet. Il y a bien des choses apocryphes et d'autres douteuses ; mais il y en a qui méritent d'entrer dans le catalogue. »

— M. Eydama persiste à soutenir la vérité de l'extrait de

la sentence qui condamna au feu le malheureux frère de
François Flamand, et dans laquelle il est nommé Jérôme.
Pour tout concilier, il faut croire que le nom de Jérôme lui
étoit commun avec son père, et qu'il n'y a point eu de Jean
Quesnoy ; il n'y a là rien que de très-vraisemblable. M. Descamps, qui a compulsé les registrés où se trouve la sentence qui condamné à la mort le frère de François Quesnoy,
y a lu, ainsi que M. Eydama, le nom de Jérôme Quesnoy,
et il ne faut plus douter que ce ne fût là le véritable nom de
cet indigne frère. Quant à leur père, il m'assure qu'il se
nommoit Henry. Je lui ai objecté l'autorité de Bellori, qui
paraît n'avoir rien écrit que sur des mémoires authentiques,
cela n'a point été capable de lui faire changer de sentiment.
Il s'en tient à ce qu'il en a recueilli sur les lieux, et il regarde
comme un fait incontestable que le père s'appeloit Henry,
l'aîné de ses deux fils, François, et le plus jeune, Jérôme.

DURANTE (GEORGES) de Bresse, peintre d'animaux. Il prenoit la qualité de chevalier. Il est nommé dans la description
des peintres de Padoue par le Rosetti, p. 92.

DURANTINO (GUIDO). C'est le nom d'un de ces ouvriers
qui travailloient à ces ouvrages de fayence, qu'on a voulu attribuer à Raphael, parce qu'il y en a plusieurs qui ont été
exécutés d'après ses desseins, et qu'une des principales fabriques étoit établie à Urbin. C'étoit celle de Guido Durantino, qui, si l'on en croit la tradition, étoit beau frère de
Raphael. J'ay veu quelques uns de ses ouvrages chez M. Crozat, entre autres des plats ou assietes qui avoient été faites
pour une personne de la famille de Montmorency, au revers
desquels il y avoit écrit : *In Botega di M. Guido Durantino
in Urbino*, 1535. Les sujets qui y sont peints sont d'après
Raphael, ou de ses élèves, où d'autres maistres ; car ces ou-

vriers prenoient tout ce qui leur tomboit entre les mains. Ils étoient bien mauvais dessinateurs et altéroient fort ce qu'ils avoient à imiter.

— *Voici l'article de Mariette en tête de l'indication de fayences de Durantino, qui se trouvaient dans le catalogue de Crozat Du Chatel, rédigé par Mariette* (1750, p. 43): La ville d'Urbin ayant donné naissance à Raphaël, et, la fabrique de fayences qui y étoit établie ayant été gouvernée longtemps par un des parens de ce grand peintre, il n'en a pas fallu davantage pour faire dire avec assurance qu'il y avoit travaillé dans sa jeunesse; et, sur cette supposition, ces ouvrages ont acquis une assez grande considération. Ils le méritent à quelques égards; les émaux qui les embellissent ont de l'éclat; l'apprêt n'en est pas mauvais. Mais c'est faire trop de tort à Raphaël que de mettre sur son compte des peintures qui pèchent autant que celles-ci par le dessein. Aussi est-il vrai que, si elles représentent quelquefois des sujets dont on ne peut lui contester l'invention, il est facile de s'apercevoir qu'elles ont été exécutées non par lui, mais seulement d'après quelques unes de ses estampes. Il ne faut donc pas donner à ces faïences plus qu'il ne leur appartient. Mais cela n'empêche pas qu'elles n'ayent été et qu'elles ne doivent être encore estimées. Elles ont été dans leur tems ce que sont aujourd'hui nos belles porcelaines. Les buffets des rois et des plus grands seigneurs en étoient chargés, et encore aujourd'hui elles peuvent obtenir une place dans les meilleurs cabinets. Quelques-unes de celles qu'on voit ici ont été faites pour des seigneurs de l'illustre maison de Montmorency.

DURER (ALBERT). Le portrait d'A. Durer peint par luy en 1498, pour lors âgé, suivant une inscription vulgaire allemande qu'on lit sur le tableau, de vingt six ans, — faute qui s'est glissée dans cette date, car il devoit avoir pour lors

27 ans; cela peut venir aussi de la façon de compter l'année qui commençoit alors au mois de mars, — gravé à l'eau forte en 1645 par W. Hollar, d'après le tableau qui estoit pour lors dans le cabinet du comte d'Arondel à Londres, et qui se trouve présentement à Florence, dans celuy du grand duc. — Il vient d'être gravé dans la suite des portraits des peintres peints par eux-mêmes dans la galerie de Florence (1).

— Le portrait d'Albert Durer, gravé au burin par André Stock, d'après celui qu'avoit peint, à Anvers, en 1520, Thomas Vincidor de Boulogne, suivant cette inscription gravée au bas de la planche : *Effigies Alberti Dureri Norici pictoris et sculptoris hactenus excellentissimi delineata ad imaginem ejus quam Thomas Vincidor de Boloignia ad vivum depinxit Antuerpiæ, 1520. And. Stock, sculp. H. Hondius excudit 1639.* Aux 2es épreuves, *J. de Wit, exc.* — Je n'ai pu encore rien découvrir de certain sur ce peintre de Bologne, de qui

---

(1) On connaît les sources principales sur Durer, le catalogue de Bartsch, dans son *Peintre graveur*, le livre spécial de Heller, Leipzig, 1831, in-8, second volume en trois parties d'un ouvrage sur la vie et l'œuvre de l'artiste, dont le premier n'a jamais été publié. M. Passavant pense, dit-on, après l'édition française de son Raphaël dont il s'occupe, à faire la même chose pour Durer; rien ne serait plus heureux pour tous ceux qui s'intéressent à l'histoire des arts. Dans le cabinet de l'amateur et de l'antiquaire, tome III, on a traduit, p. 306-23, la généalogie de sa famille écrite par Durer et publiée par Sandrart (édition latine, p. 215-7), et les lettres de Durer à Pirckheimer données dans le Journal de de Murr. Dans le même volume, pages 414-23, 435-64 et 487-507, on a traduit aussi le Journal du voyage de Durer en Flandres et en Hollande, fort curieux à tous égards, et même pour nous, à cause de la mention de quelques artistes français et de quelques autres ayant travaillé pour la France, comme ce maître Conrad, sculpteur, qui n'est autre que le Conrad Meyt que Marguerite d'Autriche a fait travailler pour l'église de Brou. — Nous ferons remarquer que quelques passages que nous donnons avaient été barrés par Mariette, ainsi les détails très-curieux sur la *généalogie* de son œuvre de Durer, et la discussion relative à la matière sur laquelle ont été gravées certaines pièces. Quoique les conclusions actuelles

l'on a une estampe avec son nom gravée par Corn. Cort ; et, ce qui est d'autant plus singulier, c'est que cette estampe, quoyque ce peintre s'en donne pour en être l'auteur, est un des morceaux que le Primatice avoit peint dans le plafond de la galérie d'Ulisse, à Fontainebleau. — Quoy qu'il en soit, il paroît que ce portrait, quiconque l'ait peint, étoit en grande estime, puisque, lorsqu'Ortelius forma l'œuvre d'Albert que j'ai, il le fit dessiner et le mit à la tête de son recueil en l'accompagnant de cette inscription : *Alberti Dureri Norici effigies excepta ex eâ quam ad vivum delineab: Thomas Vincidor quem de Boloniâ cognominam. Antuerpiœ, anno M.CIƆ.IƆ.XX.*

— Le portrait d'Albert Durer vu de profil, dessiné et gravé par luy mesme en 1527. Au haut de la planche sont les armes d'Albert, qui sont parlantes ; c'est une porte, dans l'ouverture de laquelle est la marque de ce peintre et la date. Elles furent

---

ne soient plus les mêmes, comme nous ne pouvions savoir si Mariette avait effacé ce passage parce qu'il avait changé d'opinion ou parce qu'il avait remis cette discussion au net dans un autre endroit, ce qui lui est arrivé plus d'une fois, nous avons, dans le doute, cru devoir les reproduire.

— Un de nos amis nous donne la copie, prise par lui dans le cimetière de Nuremberg, de l'épitaphe de Durer ; c'est à ce titre, et comme reproduisant l'original sans intermédiaire, que nous le reproduisons ici :

Die ruhe Künstler Fürst du mehr als grosser mann
In Vielkunst hat es dir noch keiner gleich gethan
Die Erd ward ausgemalt der Himmel dich jetzt hat
Du maltest (*malest*) Heilig pum dort an der Gottes stadt
Die Bau-Bild-Malerkunst die neppen Dich Patron
Und setzen dir nun auf im Tod die Lorbeerkron.

En voici la traduction :

Repose ici, prince des artistes, toi plus que grand homme.
Dans plus d'un art nul ne t'a encore égalé ;
Tu avais peint la terre, et maintenant le ciel te possède ;
Devenu saint, tu peins là haut dans la cité de Dieu.
L'architecture, la Sculpture, la Peinture te nomment leur patron
Et maintenant dans la mort te couronnent de lauriers.

supprimées dans la suite et ne paroissent point aux 2es épreuves, auxquelles en ont succédé d'autres; au pied desquelles sont
24 vers allemands en trois colonnes à la louange du peintre,
suivis de l'adresse du marchand : *In Nurnberg by Hans
Wolf Glasen.* — Il y a une copie de ce portrait, fort exacte,
tournée du même sens et de même grandeur, qui a été gravée sur bois par André Andreini de Mantoue, en 1588, étant
à Sienne, et dédiée par lui à un peintre romain nommé Jean-
Pierre Tranquilli. Il s'y trouve, dans le haut, deux écussons,
l'un aux armes d'Albert, l'autre renfermant son monogramme.

— Portrait de Durer en demy corps, gravé au burin, en
1608, par Luc Kilian, d'après une copie d'un tableau de ce
fameux peintre, faite par Jean Rotenhamer. *Ornatissimis
viris Dom. Custodi vitrico, Jacobo Mullero socero, Chariss.
suis..... offert Lucas Kilianus, anno* 1608; ce qui nous apprend que Dom. Custos étoit son beau-père, mari en secondes
noces de sa mère, et que Jac. Muller étoit le père de sa
femme.

— La belle œuvre d'Albert Durer, reliée en velours bleu,
que mon père possède, luy vient de Hollande, où elle avoit
été achetée en 173., à la vente du bourguemestre Six. Je n'en
ay point encore vu d'aussi parfaite pour les épreuves ni
d'aussi suivie; aussi avoit-elle été rassemblée avec de grands
soins et beaucoup de dépenses par le célèbre Ortelius. Après
sa mort, cette œuvre passa à son neveu et son héritier Col-
lius; on y lit au commencement cette inscription : *Jacobi
Colli Orteliani,* 1598.

— M. le baron de Heinecken a vu à Nuremberg deux
œuvres d'Albert Durer qui, recueillis anciennement, se conservent dans des maisons patriciennes, et il assure qu'on
n'en peut pas désirer de plus complets. L'un est dans la famille Furleger et l'autre chez M. Martin Charles Schweyger.

— Jamais il n'y eut peut-être un génie plus universel que celui d'Albert Durer. Successivement orfèvre, peintre à huile, en détrempe et en émail, sculpteur, graveur, architecte, ingénieur, il exerça avec éclat tous ces divers talents.

Raphaël lui-même, tout partisan qu'il étoit de l'antique, ne put s'empêcher d'admirer les ouvrages de cet excellent homme, et, afin que les louanges qu'il leur donnoit parussent plus sincères, il exposa dans son propre cabinet les estampes gravées par Albert. Le travail en est, en effet, merveilleux; mais il semble qu'il y a encore plus d'esprit, et que la touche est plus légère dans les desseins de ce grand artiste, quoique le faire soit le même.

Si les formes en étoient pures, mais il auroit fallu pour cela qu'Albert eût vu les sculptures antiques, ses desseins iroient de pair avec ceux des plus grands dessinateurs de l'Italie. Presque tous ceux qui sont dans la collection de M. Crozat, viennent de M. Jabach, qui les avoit fait venir de Flandres, avec de grandes dépenses; car ces desseins y étoient pour lors sans prix. (Cat. Crozat, page 88.)

— Sandrart est un de ceux qui a écrit la vie d'Albert Durer avec le plus d'exactitude, et qui y a inséré le plus de nouvelles recherches. Une des plus curieuses est certainement la vie d'Albert Durer, le père, écritte par son propre fils; c'est un excellent morceau pour décider sur le temps de la naissance de nostre graveur, sur son éducation, ses maistres, et plusieurs autres circonstances. Vasari a encore parlé d'Albert avec éloge, et même assez au long, et Baldinucci nous en a donné la vie qui n'est proprement qu'une traduction de celle que Charles Van Mander avoit auparavant écrite en flamand. Baldinucci n'a fait qu'y ajouter quelques remarques. Avec celles que j'ay faittes dans le cours de ce catalogue, et tout ce que ces auteurs ont dit, on pourroit faire une vie fort suivie d'Albert.

Dans le catalogue, que Sandrart a donné des ouvrages gravés par Albert, j'en trouve quelques uns qui ne me sont pas connus, entr'autres *un Christ montré au peuple par Pilate, gravé à l'eau forte, en* 1515 (Sandrart, p. 207) (1). Ce mesme auteur fait un dénombrement général des Estampes d'Albert, et en compte près de quatre cents, ou en bois, ou en cuivre, outre le grand arc de l'empereur Maximilien. Il en compte quatre gravées à l'eau forte sur le fer, *ferro eroso*, trois sur l'étain, *Stanno Cœlator*. Ainsy, adjoute-t-il, en comptant le Grand-Crucifix (2), le Petit-Crucifix (3) et le Saint-Jérosme, les pièces sur le cuivre, l'étain et le fer, se montent en tout à cent quatre, le Petit-Crucifix et le *Saint-Jérosme dans le désert* étant de forme ronde. Ce Saint-Jérosme dont il parle icy m'est une pièce inconnue, de mesme que *le portrait d'Albert, gravé en cuivre* par luy-mesme, dont parle Baldinucci, p. 4, et un *Christ nud, avec les mistères de la passion à l'entour, petite pièce gravée en bois,* dont le mesme auteur fait mention à la page 5 de son livre sur la graveure. L'abbé de Villeloin, Marolles, dans son catalogue d'Estampes, en 1666, compte, de mesme que Sandrart, trois pièces gravées sur l'étain, et six gravées à l'eau forte ; mais j'appréhende que lui et l'autre ne se soient mépris, car je ne trouve icy que trois pièces gravées à l'eau-forte sur le fer, et j'en trouve, au contraire, six gravées sur l'étain. Le nombre des pièces gravées en cuivre est icy de quatre-vingt-treize, sans y comprendre les neuf gravées sur le fer ou sur l'étain, ce qui fait en tout cent deux pièces ; c'est-à-dire deux de moins que n'en rapporte

---

(1) Seroit-ce de l'Ecce homo assis, gravé sur du fer, en 1515, dont il entendroit parler ? — Il faut que ce soit cela. (*Mariette.*)

(2) Apparemment celuy en hauteur, gravé en 1508. (*Mariette.*)

(3) C'est celuy qui est à ce que l'on prétend, gravé sur le pommeau de l'empereur Maximilien. (*Mariette.*)

Sandrart, et c'est apparemment le *Saint-Jérosme* et le *Christ montré*, dont il fait mention, et que je ne connais pas.

L'abbé de Marolles, dans son second catalogue d'estampes, fait en 1672, p. 12 (1), parle d'une *Vierge, tenant son enfant, assise sur le croissant*, laquelle est gravée en cuivre, et est, dit-il, une pièce si rare, qu'il ne l'a jamais veuë ailleurs. En effet, mon père ne se souvient pas de l'avoir jamais veuë, ny d'en avoir mesme entendu parler. Il y a une Vierge de ce mesme sujet gravée par un anonyme, avec la marque d'Albert et l'année 1515, et peut-être est-ce la copie de celle que possédoit l'abbé de Marolles ; car, comme cette copie est commune, et qu'il est fort facile de voir qu'elle n'est pas d'Albert, je ne peux pas m'imaginer que l'abbé de Marolles se soit trompé assez lourdement pour la donner à cet excellent graveur, et il me paroist bien mieux de croire qu'il en avoit effectivement l'original, comme il le dit.

Il me reste à parler icy du petit Crucifix en rond, qui est dans cette collection à la page 9, et que l'on dit avoir été gravé sur le pommeau de l'épée de l'empereur Maximilien ; l'abbé de Marolles l'a écrit ainsy dans son catalogue. Il m'est passé par les mains une collection des pièces d'Albert, qui avoit été faitte en Allemagne, et où se trouvoit cette petite pièce. Celuy qui avoit rassemblé cette collection, connoissoit tout le mérite de cette petite estampe, et il avoit mesme eu le soin d'écrire au bas ce qu'il en sçavoit. Le discours en Allemand étoit fort ample et signé de sa main. Et au dessus il

---

(1) L'abbé de Marolles s'est trompé en cet endroit, comme il l'a fait en une infinité d'autres ; cette vierge si rare, qu'il disoit posséder dans son œuvre d'Albert, n'en a jamais été. C'est la mesme pièce que celle dont il se trouve cy-après une épreuve. J'ay veu celle qui avoit apartenu à cet abbé, et nous l'avons mesme encore dans notre collection ; ainsy il est facile de se convaincre de sa méprise ; il avoit écrit au derrière le mot, *rare*. (*Mariette*.)

avoit fait le mesme en françois fort mauvais, et tel que le pouvoit faire un Allemand, qui en sçavoit peu la langue. La voicy tel que je l'ay copié : *Ce Crucifix est ainsy imprimé, où saint Jean est au côté droit, on doit entendre qu'il n'a pas été contrefichere.* (Je crois qu'il veut dire contrefait.) (1) *Quand on l'a gravé la première fois, on l'a gravé en pur or, pour mettre dans le trésor de l'empereur Maximilien, premier de ce nom, et je l'ay veu au trésor à Inspruck, l'an 1556.* Signé *Daniel Specklé* (2).

Il me semble que l'on doit entendre par là, que le Crucifix, où saint Jean est au côté droit (et c'est, pour le dire en passant, celui qui est dans cette collection, et le seul d'Albert, original, dont on connoisse des épreuves), n'est pas une copie, mais qu'il a été gravé par Albert mesme sur de l'or, et qu'on en conserve la planche dans le trésor d'Inspruck. En effet, si l'on en examine les épreuves, on verra bien qu'Albert avoit plustost eu en vue, en gravant la planche, la perfection de la planche mesme que des épreuves qui en pouvoient provenir; car le soldat qui est derrière le saint Jean a son bouclier passé dans le bras droit, et il le doit avoir naturellement passé dans le bras gauche, car on le portoit ainsy, et l'inscription qui est placée au dessus de la croix, ІЯИІ dans les épreuves imprimées, au lieu qu'elle est gravée sur la

---

(1) Comme il y a des copies de cette pièce assez bien faites pour en imposer, l'auteur de cet avis fait observer que l'estampe originale du petit crucifix est celle où le Saint-Jean est au côté droit de la croix, et cela est ovale. (*Mariette.*)

(2) Daniel Specklé ou Specklin étoit architecte de la ville de Strasbourg, où il est mort en 1589. Il a écrit une chronique qui se conserve Mss. dans les archives de Strasbourg. Elle est citée par M. Schœpflin dans son *Vindiciæ typographicæ,* imprimé en 1760, p. 37, et l'on voit par le passage cité que Specklin étoit un homme curieux, et qui étoit affecté de ce qui étoit du ressort des arts. (*Mariette.*)

planche, dans le sens naturel. Ce seroient là des négligences pour Albert, qui ne luy sont pas ordinairement échappées, et l'on en peut tirer une conséquence, que la planche, encore une fois, n'a pas été faite dans l'intention d'en tirer des épreuves, mais qu'elle l'ait été pour mettre sur le pommeau de l'épée de l'empereur Maximilien. C'est ce dont je n'ay d'autre certitude que la tradition ; la manière, dont sont faites à présent nos gardes d'épées, feroit croire que cela ne peut pas être, si l'on ne sçavoit que celles des épées ou espadons, telles qu'on les portoit alors, avoient à l'extrémité un pommeau qui étoit plat dans deux de ses superficies ; lesquelles pouvoient recevoir une petitte plaque ronde pour ornement, telle que l'est celle sur laquelle est gravé ce petit crucifix. Mais le silence de Sandrart, qui parle de cette petitte pièce, sans en dire autre chose, sinon qu'elle est gravée sur de l'or, et qu'il l'a veuë, me feroit presque croire que ceux qui disent qu'elle fut gravée sur le pomeau d'épée ne sont pas bien fondés.

L'on doit prendre garde qu'il y a plusieurs estampes inventées et gravées par H. Goltzius, dans la manière d'Albert, auxquelles on pouroit se tromper en les rangeant au nombre des ouvrages de ce peintre, d'autant plus que Goltzius, pour mieux imposer par ces pastiches, y avoit mis la marque d'Albert. On les trouvera dans le recueil des ouvrages de Goltzius.

Il me reste à remarquer qu'Albert a eu plusieurs manières de graver ; je ne parle pas de la 1re, car c'est celle précisément d'Israël Van Mecken, ou plustost de Martin Schoen ; car je remarque une plus grande conformité de manière entre celle dont Albert s'est servy dans ses commencemens, et celle de Martin Schoen, que je n'en trouve avec les ouvrages d'Israël Van Mecken, et je remarqueray en passant que celuy-cy avoit luy-mesme copié beaucoup de pièces de M. Schoen, qui estoit beaucoup plus habile que luy dans le dessein et dans la science de conduire ses tailles avec art et intelligence, dont il copioit les ouvrages; la 2e en tient encore beaucoup, c'est celle qu'il avoit dans le temps qu'il gravoit l'Enfant Prodigue, etc.; la 3e, et celle dans laquelle il a gravé le plus de pièces, est dans le gout de la Passion, et la dernière est la plus finie et plus moelleuse, et celle où l'on s'aperçoit qu'il avoit veu et profitté des ouvrages de Lucas. La Mélancolie, les Apostres, et plusieurs Vierges sont gravées dans cette manière, que j'estime infiniment.

— A propos des premières pièces de Durer, comme l'Adam et l'Ève, l'Enfant Prodigue, Mariette ajoute : On ne peut rien gravé plus artistement. A l'égard de la manière de graver, ce sont des tailles sans beaucoup de suite, tantôt prises d'un sens et tantôt d'un autre, suivant qu'il le falloit pour exprimer les muscles ou les plis des draperies. Il y a quelquefois jusques à trois tailles dans les ombres, et elles viennent s'élargir sur les jours, avec quelques joints pour faire le passage. Cette manière de graver étoit particulière à Israël Meckenen, et plutost encore à Martin Schoen. Albert se l'est appropriée, et n'a fait que la perfectionner; ses dernières pièces, qui sont les plus terminées, en tiennent encore beaucoup.

— Je suis comme assuré qu'Albert n'a jamais gravé en bois. Il se contentoit de dessiner sur le bois ce que son génie lui dictoit, et, quitte de cette opération, il remettoit la planche de bois entre les mains d'un de ces tailleurs de bois, dont l'Allemagne étoit alors bien fournie, et qui y étoient connus sous le nom de Formschneider. Il y en avoit dans le nombre plusieurs qui étoient d'une dextérité merveilleuse, et qui sçavoient épargner sur le bois des tailles qui le disputoient en finesse à ce que le burin traçoit sur le cuivre. Albert a eu le bonheur de faire passer plusieurs desseins par des mains si habiles, et il y a telle de ses estampes en bois, qui, véritablement, sont des chefs-d'œuvres. On dit en Allemagne qu'il tenoit dans sa maison un de ces ouvriers à ses gages.

— Je ne connois rien de si parfaitement exécuté, dans le genre de la graveure en bois, que ce qui l'a été du vivant d'Albert Durer, sur les dessins de ce grand artiste. Il eut l'avantage de trouver, pour ainsi dire sous sa main, des graveurs, ou, pour parler avec les Allemands, des tailleurs de bois, *Formschneider*, qui avoient acquis la pratique de trancher le bois (1) avec une grande facilité, et pour lesquels les traits les plus déliés, et ceux qui étoient les plus isolés, n'avoient rien de difficile. C'étoit sur le bois que ceux qui les premiers avoient donné des estampes, s'étoient exercés; c'étoit sur cette même matière qu'avoient formé leurs caractères les artistes industrieux, qui donnèrent naissance à l'imprimerie des livres. L'usage et l'expérience n'avoient pas manqué d'en perfectionner la pratique, et notre Albert Durer sçut profiter d'un moyen facile et prompt, qui, en multipliant les dessins, lui faisoit une réputation qui se répandoit de toutes parts, et lui acquéroit une gloire immortelle. Il pouvoit dessiner à la plume, sur le bois, ses pensées, et il étoit sûr que le graveur ne laisseroit pas passer un seul trait, qu'il les rendroit de leur épaisseur, et qu'ainsi rien ne seroit perdu de son travail, et que chaque estampe, qui donneroit l'impression de la graveure, seroit une copie fidèle de ce qu'il auroit dessiné, avantage qui ne se rencontre point dans les autres genres de graveure, où celui qui fait agir son burin et sa pointe ne peut jamais suivre si exactement les contours du dessein qu'il imite, qu'il ne s'en écarte, et qu'il ne le réduise même pres-

---

(1) Ils employoient le bois de poirier, et, dans les ouvrages les plus recherchés, celui de buis qui, étant plus dur et plus compacte, conserve mieux ses arêtes. (*Note de Mariette;* il a écrit en haut de la page la date de 1767.)

que toujours dans une manière qu'il aura contractée, et qui lui sera devenue familière.

Ces considérations m'ont souvent fait faire un retour sur moi-même, et m'ont jetté dans l'étonnement, quand je me suis représenté l'espèce de discrédit, où il me sembloit voir tombé tout ce qui a été gravé autrefois en bois. On en est venu à ce point d'indifférence, que les graveurs en bois, manquant de travail, ou ont embrassé d'autres professions, où n'ont point fait d'élèves qui puissent les remplacer. A peine s'en trouve-t-il aujourd'hui, et ceux qui taillent le bois, comment s'en acquittent-il? Il est déplorable qu'on ait ainsi laissé échapper une branche de la gravure, qui, si elle n'é-toit pas faite pour rendre les effets de clair obscur, ni pour flatter la vue, avoit d'un autre côté le mérite de pouvoir con-server avec plus de précision le vrai caractère du maître, et tenir lieu de ses dessins.

C'est dans cet unique point de vue qu'on doit envisager ces estampes; et, quand on les rencontre bien conditionnées et de bonne impression, il faut n'avoir point de goût, si l'on n'en est point affecté. Mais, autant que ces sortes d'estampes sont déplaisantes lorsqu'elles sont mal imprimées, ou que la gravure en a été faite par un mauvais ouvrier, autant sont-elles rares et estimables quand on les a des premières édi-tions; celles-ci sont reconnaissables en ce que les traits en sont fins, déliés, et que la netteté des traits fait paroître l'es-tampe douce à l'œil. Mais la planche de bois ne peut pas tou-jours demeurer dans ce premier état de fraîcheur. L'effort de la presse et la compression écrasent en assez peu de temps le bois qui lui est soumis; les vives arêtes s'en émoussent, les traits deviennent plus gros, des parties de bois s'écornent, surtout dans les endroits qui manquent de support et qui sont trop isolés; les vers s'en mêlent quelquefois, et la plan-che de bois ne fournit plus à l'impression qu'un travail rude

et grossier, au lieu de cette légèreté qu'elle avoit donnée lorsqu'elle avoit passé pour la première fois sous la presse.

On voit donc combien ces sortes d'estampes demandent
qu'on y apporte de choix. Comme on néglige de les rechercher, cela ne s'aperçoit point. Mais, si jamais elles repre-
noient faveur, à peine s'en trouveroit-il pour satisfaire à l'empressement des curieux, tant la disette en seroit grande. Il
m'est passé bien des estampes par les mains, et j'en ai beaucoup vu de celles d'Albert Durer, gravées en bois; mais c'é-
toit un pur hazard si elles se trouvoient de bonne qualité. Il
en est arrivé de même à mon père, qui en a manié encore plus
que moi, et jamais je ne le vis plus content que lorsqu'il eût
fait l'acquisition d'un beau recueil de ces estampes, qui fait
aujourd'hui le fond de celui que je possède, et que je mets au
rang de ce que j'ai de plus rare. Toutes les fois que je le par-
cours, je me sens pénétré d'un plaisir nouveau, qu'égale ma
surprise de trouver rassemblées un si grand nombre de pièces
d'une date si ancienne, et de les voir d'une condition si parfaite. Toutes ont leur première fraîcheur; et la netteté, la
pureté des tailles en est telle, qu'on a peine à se persuader
que ce ne soit pas une opération du burin faite sur le cuivre.
Ce recueil est devenu d'un prix inestimable, depuis que j'ai
eu le bonheur d'y joindre un exemplaire de cet ouvrage
unique, que Maximilien I faisoit préparer, et que la mort de
ce prince a interrompu. C'est une comparse, une marche
triomphale de tous les officiers qui composoient sa cour, et
Albert Durer, qui partagea cet ouvrage avec son disciple
Jean Burgmayr, y montre la même étendue de génie que
dans ses autres productions. Je ne puis m'empêcher de dire
à sa louange qu'il est peu de peintres qui ayent eu une plus
belle imagination, ni qui ayent autant varié leurs compositions. Otez-lui ce qu'on peut appeler le goût de terroir, un
goût sauvage, aride et sec, qui tient du gothique, et qui,

étant celui dans lequel il avoit été élevé, n'avoit pu se perfectionner par une étude de l'antique qui lui manquoit, vous trouverez, dans ses ouvrages, de la noblesse, des caractères variés et bien saisis, une grande richesse de composition, chaque figure sur son plan, l'observation la plus exacte des règles de la perspective, des recherches savantes, des draperies souvent très-heureusement jetées, et où il ne faut qu'abatre et simplifier des plis trop minutieux pour en former des jets de draperies de la plus grande manière. C'est ce qu'a très-bien compris le Guide, et avant lui André del Sarte et le Pontorme. Ces grands peintres n'ont point eu honte de puiser dans les ouvrages d'Albert. Ils s'en sont quelques fois approprié des parties qui n'ont pas peu contribué à embellir leurs tableaux, et, si Raphaël lui-même a fait hommage aux productions de notre habile peintre, en plaçant de ses gravures dans son cabinet, afin de les avoir continuellement sous les yeux, ay-je tort de les présenter sous un point aussi avantageux que je viens de le faire, et ne dois-je pas, au contraire, espérer que les curieux reviendront enfin de leur assoupissement, et qu'ils regarderont les ouvrages d'Albert Durer avec toute la vénération qui leur est due. Heureux si, par tout ce que je viens de dire, je pouvois avoir opéré ce miracle.

— Moyse recevant les tables de la loy sur le mont Sinaï, gravé à l'eau forte par un anonyme moderne, d'après un dessin d'Albert, de l'an 1524. — On tient à Nuremberg que cet anonyme est Laurent Strauch, peintre à Nuremberg, et que la planche a été gravée d'après un dessin d'Albert Durer, qui se trouvoit dans un livre de prières à l'usage du docteur Gartner, et je le crois volontiers.

— Vierge assise, dans un paysage où l'on découvre la mer dans le lointain, et ayant entre ses bras l'enfant Jésus qu'elle caresse, pendant que saint Joseph est endormy. Cette pièce, grâvéé par Albert Durêr, est singulière en ce que c'est une copie de l'estampe originale de Israel van Mecken, un des plus anciens graveurs qui ayent paru en Allemagne, et c'est en même temps un des premiers ouvrages d'Albert. L'on ne peut pas dire précisément le temps qu'il a été fait ; ce ne peut guerre estre que vers l'année 1497 (j'en ay eu une épreuve avec la date 1491 écrite à la main), car ce fut pour lors qu'il commença à s'appliquer à la graveure. Comme l'on n'a aucune connaissance de celuy qui donna les premières leçons de cet art à Albert, il y a lieu de croire que sa seule industrie lui tint lieu de maître. Les copies, que l'on a de luy d'après plusieurs estampes d'Israël van Mecken, sont sans doute ses coups d'essai. Ce sont là les leçons qu'il se donnoit à lui-mesme, c'est sur quoy il se formoit ; mais ce qui doit encore faire estimer davantage ce grand homme, c'est de le voir, dès le commencement, faire des copies beaucoup plus belles que ses originaux. La force de son génie étoit telle qu'elle le portoit à perfectionner ce qu'il n'avoit dessein que d'imiter.

— Suite de sujets de la passion de J.-C., en treize pièces, dont il y en a six qui sont du meilleur temps d'Albert, c'est-à-dire des années 1510 et 1511 ; les autres avoient précédé et doivent être de même époque que les figures de l'Apocalypse, et l'on y trouve le monogramme d'Albert à toutes. — Je les crois présentement toutes de l'invention et de la gravure d'Albert, mais faites en différents temps. Les moins bien ont été gravées vers le mesme temps que l'Apocalypse. C'est là mesme manière de dessiner et de graver, et les planches de l'Apocalypse sont, à n'en point douter, d'Albert, mais de ses premiers ouvrages. Depuis, dans le temps de sa plus grande force, c'est-à-dire en 1510 et 1511, il aura fait les cinq sujets qui manquoient pour parfaire la suite qu'il avoit commencée cy-devant. A ces six, il a mis la date et la marque. Aux autres, il n'a mis que sa marque sans la date, coutume qu'il a observée dans tous les autres ouvrages en bois qu'il a gravés dans ses premières et dans ses bonnes manières.

— La Sainte Vierge, la sainte femme et saint Jean au pied de la croix, sur laquelle est attaché Jésus-Christ. Cette pièce, dont il n'y a que le trait de gravé, et où il y a même un groupe qui n'est pas encore achevé, est attribuée par quelques-uns à Albert; elle n'est cependant que de son dessin; l'on ignore même le nom de celuy par qui elle a été exécutée à l'eau forte. — Il se peut fort bien que ce trait soit d'Albert, et que c'est ainsi qu'il préparoit ses planches. == On n'en doute point à Nuremberg.

— Saint Eustache rencontrant à la chasse un cerf ayant entre ses bois l'image de J.-C. crucifié. Cette admirable pièce est une des plus considérables et des plus parfaites de l'œuvre d'Albert; elle est terminée avec un grand soin; les terrasses, les fabriques, les plantes, les troncs d'arbres, tout y est traité avec un art merveilleux, surtout le cheval et les chiens de chasse qui sont sur le devant, et qui occupent la principale partie de la composition. Une seule chose que l'on y pourroit désirer, seroit moins de travail, et que ce qui est dans le lointain ne fut pas ouvragé de mesme que ce qui est sur le premier plan; mais ce défaut est assez ordinaire à Albert, et il ne paroit pas qu'il ait jamais bien connu les règles de la perspective aérienne. Au reste, cette épreuve est si parfaite qu'il semble qu'elle ne vienne que de sortir de dessous la presse; il est bien singülier de trouver des estampes aussy anciennes aussy bien conditionnées. — On raconte que lorsqu'Albert eut achevé cette planche, il en fit voir une épreuve à son ami Pirckmeyer, qui lui fit apercevoir que les étriers n'étoient pas suffisamment grands, et que le pied du cavalier n'y pourroit jamais entrer, faute qu'Albert corrigea sur-le-champ. L'on veut aussi que la tête du saint soit celle d'un certain Rieter, ami d'Albert; cela peut être; mais, quand à autre anecdote, l'on voit bien que la critique de Pirckeimer étoit fondée ; mais il ne paroit pas qu'Albert en ait jamais profité. Ainsi, ce sera là une de ces histoires auxquelles il ne faut point s'arrêter.

— Le martyre des dix mille vierges, grande pièce composée de quatre planches qui, de même que le tableau, se conserve dans le trésor du Palais Impérial. On y lit au bas cette anscription : Hanc ab Alberto Durero olim depositam et $\frac{M}{X}$ martyrum passionem et mortem exprimantem tabulam Aug. Cœsares suo dignam thesauro censuerunt. Invictiss. Imperator Leopoldus I ad prototypi proportionem à Nicolas van Hoye suo pictore delineari ac à Franc. vanden Steen suo cœlatore sculp. jussit anno 1661. Il y avoit trois ans qu'il étoit empereur ; il fut élu en 1658. J'ai fait faire des recherches à Vienne ; on y a en effet trouvé cette planche dans le trésor, mais en si mauvais état qu'elle ne peut plus donner d'épreuves. Ainsi il faut regarder celles qui sont dans le public comme des morceaux très-rares, et d'autant plus que la planche est très-bien gravée et rend parfaitement ce tableau, l'un des plus parfaits qu'ait fait Alber Durer. Il le peignit en 1508, ainsi qu'il paroit par cette inscription, qui se lit sur une banderole que tient dans ce tableau le peintre, qui s'y est représenté accompagné de son ami Bilibald Pyrckheimer, et qui est conçue en ces termes : Iste faciebat anno Domini 1508 Albertus Durerus Alemanus. Il ne faut pas qu'il ait mis plus d'un an à faire ce tableau ; car l'année précédente, 1507, il en avoit jeté sur le papier la première esquisse. M. Crozat avoit ce dessein légèrement fait à la plume avec cette date ; on en a l'estampe gravée par le comte de Caylus. Quant au dessin, il fut acheté par le comte de Tessin (1), et il appartient

(1) Nº 784, composé de quatre dessins capitaux ; vendu 20 liv. 10 sous.

présentement au prince Royal de Suède. — L'auteur du
livre, intitulé : *Il Figino,* p. 250, fait mention du tableau
d'Albert, dont Albert, duc de Saxe, fit présent, dit cet écrivain, au feu cardinal de Granvelle, et il y a toute apparence
que cette Eminence en fit à son tour un cadeau à l'empereur
son maître, et que c'est ainsi qu'il est entré dans la collection
impériale, dont il fit un des principaux ornements.

— M. Boyet m'écrivoit en 1723 que toutes les démarches
qu'il avoit faites, ainsi que M. Bertoli et M. Herrens, antiquaire de S. M. I. pour tâcher de me procurer une estampe
du martyre des dix mille martyres d'après Albert Durer,
avoient esté jusqu'alors infructueuses, que cette estampe étoit
d'une rareté étonnante à Vienne, qu'il étoit certain que la
planche devoit estre dans le trésor de l'empereur, mais qu'on
ne l'y trouvoit plus, et que cependant on avoit fait pour cela
bien des perquisitions à la sollicitation du prince Eugène.
— Jen ay eu depuis une épreuve que M. Le Fort m'a pro-
curée, et que je regarde comme un morceau unique. — Elle
m'a coûté 4 florins d'Allemagne, qui font environ 10 livres.

— *A propos du* n° 132, *du cat. Tallard : Un prêtre disant la
messe en présence d'un empereur qui se voit, sur la gauche du tableau, à genoux devant un prie Dieu. Vendu* 184 *liv.* Ce morceau, peint avec soin, n'est point d'Albert, qui dessinoit et
composoit de meilleure manière. Je l'estime de quelque ancien peintre des Pays-Bas, et peut-estre a-t-il esté peint pour
le dernier duc de Bourgogne, Charles ; car, dans un papier que
tient un petit ange, on lit en latin : Seigneur, conservez
Charles.

— Une femme ailée représentant la fortune ; d'une main
elle porte un vase précieux, de l'autre, une bride, ce qui
marque la dépendance où elle tient les hommes par l'appât
des richesses, de même que ses ailes et le globe sur lequel
elle est élevée dénotent son inconstance. Cette explication pa-

roit plus naturelle que celle que luy donnent plusieurs autres personnes qui ont prétendu que cette figure représentoit la tempérance. La veue du pays qui est au-dessous est celle du village d'Eytar, situé près de Waradin, dans la Haute-Hongrie ; c'est la patrie du père d'Albert Durer et le lieu d'où sa famille tiroit son origine. — Depuis, ayant lu la vie du père d'Albert Durer, écrite par son fils, et y ayant trouvé que des trois enfants qu'avoit eus son ayeul, l'aîné, qui se nommoit Albert, et qui est le père du peintre, avoit embrassé l'orfèvrerie, et que le cadet, qui se nommoit Ladislas, faisoit des brides de chevaux, j'ay pensé qu'Albert avoit voulu exprimer icy la fortune de sa famille, qui, par le moyen de l'orfèvrerie, figurée par un beau vase, et de l'art de faire des freins, exprimé par une bride, avoit tiré ses parents du village d'Eytar, où ils vivoient sans aucun renom, et les avoit élevés, pour ainsy dire, jusques dans les cieux. Cette pensée ne me déplaît pas.

— Quatre femmes nues, dont l'une couronnée de lauriers et vue par le dos aussi bien qu'une autre qui est coiffée à l'allemande, et les deux autres vues par devant. Elles sont représentées debout et dans une chambre où l'on voit à terre une teste de mort et d'autres ossemens ; dans le fond, le démon paroit sortir de l'enfer. Circonstances qui font connoitre visiblement l'erreur de ceux qui ont cru que ce sujet représentoit les trois grâces. Suivant Sandrart, ce n'est autre chose qu'une assemblée de sorcières, et en effet, ce qui est écrit sur ce globe, qui pend au-dessus de leurs testes, sont les lettres initiales de cette prière allemande : O Gott Hüte, qui, étant rendue en nostre langue, signifie : Seigneur, deffendez-nous, Deus deffende, sous entendu, suivant mon explication, à demone, à morte, à muliere. L'invention n'en est point d'Albert Durer, car ce n'est qu'une copie qu'il a faite d'après une estampe d'Israël van Meckenen. Il la grava en l'année 1497, étant pour lors âgé de 26 ans; Comme l'on ne voit aucune pièce de luy avec une date antérieure, l'on préjuge que c'est vers ce temps-là qu'il commença à s'appliquer à la gravure. — Au lieu des trois lettres O. G. H. qui se trouvent sur l'estampe d'Albert, il y a sur le même globe, dans l'estampe d'Israël van Mecken, les trois autres lettres G. B. A., qui renferment le même sens que celles d'Albert, puisque ces trois lettres sont les lettres initiales de ces trois mots allemands : Gott Behütt Alle, qui signifient : Deus preservet omnes. J'imagine que l'inventeur de cette estampe y a voulu figurer les dangers attachés à la fréquentation des femmes, puisque c'est par elles et le démon, représenté dans la même composition, qu'est entrée dans le monde la mort, exprimée par cette teste de mort et ces ossements qui sont à terre. Si ce n'en est pas là le sujet, il faut avoir recours à l'explication de Sandrart.

— Albert Durer a gravé en bois une longue frise, composée de trois planches, dont le sujet est une allégorie sur l'emploi de la fraude parmi les hommes. Voici l'explication des inscriptions allemandes : « Cette figure et les inscriptions en vers allemands qu'on y lit ont été dessinées et copiées exactement d'après une ancienne tapisserie qui étoit faite il y avoit environ cent ans, lorsqu'on en fit la découverte vers le milieu du carême de l'an 1524 dans le château de Michel Feldt sur le Rhin, et l'on y apprend que nos ancêtres ne pensoient pas bien différemment de nous sur les choses qui arrivent journellement. »

— Un emblème sur les souffrances qu'ont fait endurer dans tous les tems au pauvre peuple, figuré par un asne, la tyrannie des grands et l'avarice insatiable des juifs roturiers qui l'écorchent tout vif. La basse flatterie a voulu lui persuader qu'il lui étoit utile de souffrir et de vuider sa bourse, et l'asne indigné lui lance une ruade et le renverse à terre; d'un aütre côté, la foible raison vient à sa rencontre et lui présente un voile propre à l'éblouir et à leur faire oublier ses malheurs. La justice, retenue captive, pleure et gémit de ce qu'elle ne peut lui être d'aucun secours, et la Parole Divine, dans laquelle il doit trouver son unique consolation, se montre sous la figure d'une femme qui tient d'une main l'épée vengeresse, et de l'autre le livre sur lequel doivent estre jugés tous les hommes. Ce sujet est traité dans le goût des anciens tableaux où chaque figure est toujours accompagnée d'un écrit qui en donne l'explication. Il en est de même de tout ce qui entre dans cette composition; il y a autant d'écriteaux que de figures. Les explications sont en vers allemands, et il y a, outre cela, au pied de l'estampe, une longue pièce de vers allemands, disposés sur cinq colonnes, qui donne une interprétation encore plus étendue de tout ce qui y est exprimé. La gravure, qui est au burin et assez mauvaise, porte la date 1647. Elle est d'un anonyme. Elle vient d'après un dessein d'Albert Durer, qui y a apposé sa marque et l'année dans laquelle il l'a fait, qui est 1522. L'estampe porte 7° et, y compris la pièce de vers, 10° 5' de haut sur 14° 9' de large. Aux secondes épreuves, on trouve le nom de Keyser, qui est, je pense, celui de l'éditeur.

— Une femme nourrissant son enfant dans un désert où l'on découvre, dans le fonds, un saint vieillard qui, par un motif de pénitence, se réduit à marcher à la manière des bestes. — Il faudra s'informer de l'histoire que représente cette estampe. Il n'y a point de date; elle est gravée dans la manière de l'enfant prodigue et paroit du mesme temps. Je croy que le sujet est tiré de la vie de saint Barlaam. — Non. — Je crois que cette histoire a été rapportée par saint Jean Chrisostome dans ses livres de la défense de la vie monastique.

— *A propos de la pièce de la Mélancolie, Mariette ajoute :*

Contre le mur est une table remplie de chiffres depuis 1 à 16, disposés de telle sorte que, de quelque sens qu'on les prenne et qu'on les additionne, la somme totale est toujours 44. — C'est ce qu'on appelle un quarré ou table magique.

— L'empereur Maximilien I, accompagné de la sainte Vierge, de saint André, de saint Georges et des autres saints qu'il a pris pour ses patrons, se présentent à genoux devant le Sauveur du monde dont il implore le secours. Sans marque ; seulement l'on aperçoit, sur le devant du socle où pose la figure du Christ, les armoiries de Jean Stabius, qui fit faire cette gravure sur le dessein d'Albert vers l'an 1519, qui est celle de la mort de Maximilien, et il paroit, en effet, que cette pièce étoit destinée à lui servir comme de monument sépulcral. Une longue inscription, qui se lit au pied de l'estampe, fait mention de la mort de ce prince à la suite de tous ses titres, et finit par des vers latins, où, persuadé qu'il jouit de la félicité éternelle, on lui demande son intercession pour les peuples qu'il a gouvernés. La pièce est singulière et rare.

— Le triomphe de l'empereur Maximilien premier, ce prince y paroissant assis dans un char conduit par les vertus. La pensée en est du fameux Bilibald Pirckheimer, et c'est une des plus belles pièces que l'on connoisse d'Albert. Il en fit le dessin en 1518 et en publia à Nuremberg, en l'année 1523, la planche composée de huit planches qui s'assemblent. — La première édition, où les explications sont en allemand, a été faite en 1522. — La lettre de l'empereur à Bilibald Pirckheimer est une bonne preuve de la satisfaction que luy donne ce travail d'Albert ; elle est imprimée à la fin de l'explication latine du sujet. — Remarquez que, dans la lettre de l'empereur et dans l'inscription de l'édition allemande de 1522, Albert écrit son nom par un Th., *Thürer*, au lieu de Durer. C'est le seul endroit où je l'aye vu écrit de cette manière.

— Portrait de Damien de Goes, savant Portugais, de qui l'on a plusieurs ouvrages, entr'autres un qui traite de la religion et des mœurs des Éthiopiens. Albert eut occasion de le voir et de le connoître dans le voyage qu'il fit aux Pays-Bas en 1520, et peignit son portrait, qui est le même qu'a gravé Philippe Galle, et qui est le 42e dans la suite des hommes illustres que ce graveur a publiée. On trouve au haut de la planche, sur la gauche, le monogramme d'Albert; mais il n'y a pas de nom de graveur.

— Portrait du fameux Erasme de Rotterdam, représenté en demy corps dans son cabinet, où il est occupé à écrire une lettre, dessiné et gravé en 1526. Il est exécuté avec grand soin, et l'on n'en trouve que difficilement des épreuves bien imprimées. Celle qui est icy est de la meilleure qualité. Généralement tous les portraits qu'a fait Albert sont très-estimés; ils sont gravés sçavamment, et l'on y trouve un art qui fait bien connoistre qu'il étoit pour lors dans sa plus grande force. — J'en ai une épreuve sur laquelle un Polonois a écrit qu'il étoit présent, lorsqu'Albert peignit ce portrait d'Erasme à Bruxelles, en 1520.

— Portrait de Frédéric troisième, surnommé le Sage, électeur et duc de Saxe, en buste, dessiné et gravé en 1524. Il mourut l'année suivante, le 5 mai. Charles V lui devoit la couronne impériale; il l'eût pu placer sur sa tête, s'il l'eût voulu, et il fut un des premiers protecteurs de Luther. Albert n'a rien fait de plus parfait; les yeux sont pleins de vie. L'inscription gravée au bas insinue que la planche fut gravée après la mort de ce prince. Albertus Durer, Nur. faciebat, B. M. F. V. V. Que signifient ces initiales?

— Il y a deux sentiments sur cette pièce, où l'on voit un homme fort gras qui a tout l'air d'être un cuisinier et qui est becqueté par un pigeon, etc. Les uns veulent que ce soit un Jurian Penz et sa femme, apparemment quelque aubergiste de Nuremberg, autre que le peintre George Penz, qui a gravé de si jolies petites pièces ; d'autres prétendent que c'est Mahomet et sa maîtresse, et cela parce qu'il est dit que ce faux prophète tenoit volontiers un pigeon sur son épaule, qui lui révéloit les volontés de Dieu. Si j'avois à opter, je donnerois la préférence au premier sentiment.

— Portrait d'un homme dont on ignore le nom. C'est celuy de Joachim Patenier, de Dinant, peintre de paysages. Il a été gravé par un graveur anonyme des Pays-Bas, d'après un dessein d'Albert, que ce peintre avoit fait en 1521, lorsqu'il vint aux Pays-Bas ; car j'appelle dessein ce qui est tracé avec un poinçon d'argent sur une ardoise ou tablette, et c'est ainsy qu'Albert aura fait ce portrait. Dom. Lampsonius nous a transmis cette anecdote dans les vers latins. qu'il a mis au bas du portrait de Joachim Patenier, qui se trouve dans la suite des portraits des anciens peintres flamands mis au jour à Anvers par la veuve de Jérosme Cock, en 1572 ; les voicy :

Joachimo Dionantensi Pictori.

Has inter omnes nulla quod vivacius,
 Joachime, imago cernitur
Expressa, quam vultus tui ; non hinc modo
 Factum est, quod illam (1) Curtii
In ære dextra incidit, alteram (2) sibi
 Quæ non timet nunc æmulam.

---

(1) C'est que Corn. Cort a gravé cette planche, au bas de laquelle sont ces vers de Lampsonius, d'après celle qui est dans notre œuvre d'Albert. (*Mariette.*)

(2) En 1572, Corn. Cort s'estoit déjà fait une grande réputation, puisqu'il ne se trouvoit aucun graveur qui luy fut égal pour lors. (*Mariette.*)

Sed quod tuam, Durerus, admirans manum,
    Dum rura pingis et casas,
Olim exaravit in palimpsesto (1) tuos
    Vultus ahena cuspide.
Quas æmulatus lineas se (2) Curtius
    Nedum præivit cæteros.

— Portrait de Bilibalde Pirkeymher, ou, comme il écrivoit lui-mesme son nom, Pirckheimer, fort en réputation de son temps, et l'un des amis intimes d'Albert Durer. Il nacquit en 1470 et mourut le 22 décembre 1530. En buste, dessiné et gravé en 1524. Cette pièce originale est suivie de deux autres, dont la première en est une épreuve après que la planche eut été retouchée, et l'autre, une copie qui est tournée du même sens et assez exactement imitée. — L'original est gravé avec un burin plus fin et la copie est moins empâtée; du reste, il est bien aisé de s'y tromper lorsqu'on ne les a pas l'une et l'autre devant les yeux. — On dit qu'aux épreuves postérieures la date MD:XXIV est ainsi figurée, au lieu qu'aux premières épreuves il y avoit M.DXX.IV. Mais je crains qu'on n'ait pris cette différence sur la copie qui, ainsi que je l'ai remarqué, est assez ressemblante à l'original. — Cette copie a été faite pour être mise dans l'édition des œuvres de Pirckheymer, faite à Francfort, en 1610.

— Planisphère céleste de deux grandes planches : Joannes Stabius ordinavit; Conradus Heinfogel Stellas posuit, Albertus Durer imaginibus circumscripsit. Au bas, leurs trois armoiries. Cette pièce, dédiée à Mathieu Lang, cardinal de Saint-

---

(1) *Palimpsesto*, c'est une ardoise, tablette à écrire ou autre matière, sur laquelle on peut écrire et l'effacer ensuite pour y écrire de nouveau (*Mariette.*). — Ce pourrait tout aussi bien être de la peau d'âne.

(2) *Supple* præbuit. (*Mariette.*) Le *præivit* suffit au sens.

Ange, coadjuteur de Salsbourg — il étoit chancelier de
l'empereur Maximilien — avec le privilége de l'empereur
Maximilien pour tous les ouvrages de Stabius, en 1515.

· — Il y a une médaille de Jean Stabius, la tête couronnée
de laurier ; il porte une barbe ; au revers, ses armoiries, qui
sont une aigle éployée avec cette légende : Imp. divi Maxi-
miliani P. F. Aug. ab historiis Joannes Stabius poeta Laurea-
tus. M. Mazzuchelli, qui a rapporté le type de cette médaille
dans son livre Museum Mazzuchellianum, pa. 38, observe,
dans l'explication qu'il en donne, que Stabius cultivoit l'as-
tronomie, et qu'il est le premier qui ait fait une horloge so-
laire. Ce planisphère céleste, qui est son ouvrage, en est la
preuve.

— J'ai vu une copie de ce planisphère céleste gravée en
bois, et publiée à Venise, en 1630. On y lisoit ces deux inscriptions qui m'ont paru assez curieuses pour être copiées.
D'un coté : Magnifico et excellentissimo jurisconsulto domino
Bartolomeo de Gualtarottis Patricio Florentino et apud illus-
trissimos Dnos Venetos pro Republicâ Florentinâ oratori
dignissimo dicatum. De l'autre coté, vis à vis : Conradus
Heinfogel stellas posuit, Albertus Durer imagines circumscripsit, Euphronius autem Vulparius Florentinus iterum
excudit additisque novo que quidem sunt notatu dignissima.
Venetiis, anno MDXXX. Cette partie du planisphère céleste
en est la partie méridionale : Imagines cœli meridionalis.
Dans la partie supérieure et aux deux angles qui correspon-
dent avec les susdites inscriptions, sont, à droite, le portrait
de Luc Gauric Neapolitanus ; à gauche, celui de Laurent
Vulparius Florentin, et au milieu, on lit par observation :
· Omnes hujus formæ stellæ antiquis incognitæ.

— Dans le livre intitulé : Hrosvithæ monialis Germ. opera
Norimb. imp. anno 1501. Il y a au commencement une épi-
gramme latine de ce Jean Stabius, où il prend la qualité de

mathématicien et se dit d'Ingolstadt, je crois en Autriche : *Joannes Stabius mathe. Ingolstadien* (1).

— Le frontispice du livre intitulé : Bartholomæi Anglici de rerum proprietatibus, imprimé à Nuremberg, en 1519, par Frederic Pyfus, aux dépens de Jean Coberger ; ce dernier étoit le parrain d'Albert ou d'un de ses frères, ce qui, indépendamment de ce que la manière d'Albert est fort reconnoissable, sert à montrer que notre peintre a dû, plus qu'un autre, avoir été choisi pour donner le dessin de ce frontispice, qui n'est autre chose qu'un cadre où, dans le haut, est saint Jean dans l'île de Pathmos ; dans le bas, le baptême de N. S., et dans les côtés, le triomphe de la mort. La planche est gravée avec tout le soin possible.

— Une suite de dix pièces de différentes grandeurs, quatre en hauteur et six moins grandes en travers, de desseins d'ornements d'orfévrerie pour des boucles et des guaines, etc., gravées avec beaucoup de fermeté, je crois, mais je n'en suis pas sûr, par Blondus, d'après des desseins d'Albert à la plume. A toutes, la marque de ce peintre. Je les ay vues dans l'œuvre de ce maître qu'a M. d'Argenville, et je les ai actuellement. Je les crois gravées d'après des gravures d'Albert Durer exécutées sur de l'argent, et que c'est la raison pour laquelle, outre sa marque, l'on voit sur ces planches un croissant qui est, en chymie, la marque de ce métail. Il y a dans le nombre un morceau avec une figure de lyon se terminant en queue de poisson, telle que le portent dans leurs armoiries les Imhoff, famille patricienne de Nuremberg.

DUSART (CORNEILLE), Hollandais et peintre de buveurs et

---

(1) Les belles gravures en bois de cette édition ont été réduites avec soin, pour l'excellente traduction de théâtre de Hrôsvitha, par M. Magnin, 1845, in-8°.

autres sujets grotesques, dans la manière d'Adrien van Ostade, dont il est peut-estre l'élève; l'on voit quelques estampes de luy qu'il a gravées à l'eau-forte, en 1685 et 1695,
et d'autres qu'il a exécutées en manière noire, et qui ont été
terminées par Jean Gole.

— J'ay trouvé écrit en hollandais, sur une pièce gravée
par C. Dusart, qu'il étoit élève d'Ostade et qu'il étoit mort
en 1693. Mais cela ne peut être, puisqu'il y a des pièces de
luy gravées en 1695.

DUVAL (MARC), surnommé Berthin, un des excellents
hommes de son siècle, tant pour le burin que pour le
crayon et la peinture, mourut le 13 de septembre de l'an
1581, au jour et à l'heure qu'il avoit prédit. *Histoire des
évêques du Mans par Antoine le Courvaisier de Courteilles;*
Paris; Cramoisy, 1648; in-4°, p. 838 (1).

DUVAL (MARTIN), peintre, dont il y a des morceaux dans
le cabinet d'Aiguilles. Reste à savoir où M. Heinecken a vu
qu'il se nommoit Martin. — Vous verrez qu'il a voulu parler
de Marc Duval.

DUVAL (PHILIPPE). M. Boyer d'Aiguilles avoit dans son cabinet deux tableaux d'un peintre nommé Duval qu'il a fait
graver, et je ne doute nullement que l'un et l'autre ne soient
l'ouvrage de Philippe Duval, peintre français qui, après avoir
étudié sous Ch. Lebrun, étoit passé à Venise, où il avoit
cherché à se perfectionner dans la couleur. Il y a grande apparence que ce fut à son retour d'Italie et à son passage par

---

(1) Lacroix du Maine a sur Marc Duval et sa fille un article plus
important auquel nous renvoyons. — M. Rob. Dumesnil a catalogué son œuvre gravé, tome V, p. 56.

la Provence, que M. Boyer le fit travailler. De là il alla en Angleterre où il peignit, en 1672, un tableau pour la duchesse
de Richemond et il ne sortit plus de Londres. Son goût pour
la chimie le réduisit à une espèce de misère à laquelle il auroit succombé sans l'assistance que lui prêta M. Boyer; mais,
celui-ci étant mort, et notre peintre se trouvant sans res-
source et dans la plus grande indigence, il finit par devenir
fou et mourut à Londres l'année 1709. Anecdotes sur la peinture en Angleterre, t. III, p. 49.

DUVET (JEAN), étoit orfeure des roys François I et Henry II,
ainsy qu'on l'apprend dans la bibliothèque de du Verdier,
pag. 688, où il est fait mention de cette suitte de figures
qui furent imprimées, avec le texte de l'Apocalypse, à Lyon
par J. de Tournes en 1561. Il a mis son nom à toutes les
planches. Une des premières représente Saint Michel au milieu
de deux anges dont l'un porte un écusson aux armes de
France, et l'autre l'oriflamme; ils soutiennent aussy un croissant sur le devant duquel il y a un H, devise de Henri II. La
dernière planche de la suitte est la plus singulière. C'est une
allégorie qui a rapport à l'auteur, il s'y est représenté assis et
pensif, appuyé sur une table, ayant vis-à-vis de luy le livre
de l'Apocalypse, et auprès une table sur laquelle on lit *Joh.
Duvet Aurifab, Lingon. annor. 70 has hist. perfecit*, 1555.
D'un autre côté, on lit ce distique qui donne l'intelligence de
toute l'allégorie :

**Fata premunt trepidantque manus; jam lumina fallunt.
Mens restat victrix grandeque suadet opus.**

Au reste, ces estampes sont fort mal gravées et surtout fort
pesamment; le dessein ny la composition n'en sont meilleures.
J'ay souvent entendu nommer le maître à la licorne celuy

qui a gravé les quatre pièces cy à côté (1) apparement parce qu'il n'y a aucun nom et qu'on n'en connoissoit pas le maistre; cependant il est certain qu'elles sont aussy de Jean Duvet, et ne sont pas mieux exécutées que celles de l'Apocalypse. L'abbé de Marolles, dans son premier catalogue, fait mention de *Jean Duvet ou du maître à la Licorne.*

DU VIGEON (BERNARD), peintre en miniature, né à Paris, mort le 11 avril 1760, âgé de 77 ans. Il est auteur d'une petite comédie intitulée : « La partie de campagne, » qui a été imprimée en 1738 (1). Et je ne crois pas que ni cette pièce, ni les ouvrages de son pinceau lui fissent jamais un grand nom.

DUVIVIER (JEAN), est né à Liège le 7 février 1687 : son père, graveur de la monnoie du prince, avoit dessein de l'élever dans la même profession; mais, afin qu'il s'y distingua, il le mit chez un peintre du pays, où Duvivier prit tant de goût pour le dessein qu'il prit la résolution de se faire peintre et d'aller en Italie pour y acquérir toutes les connaissances nécessaires à cet art. Il vint à Paris n'ayant encore que 23 ans. Il ne vouloit que le traverser et il s'y fixa. Il y trouva l'électeur de Cologne, son souverain, dont il grava la médaille qui commença sa réputation. Il fit celle du maréchal de Villars, iuq ne parut pas moins admirable. Il exécuta nombre de portraits du Roi, et, comme il dessinoit assez bien, tout cela fut fait sur ses desseins. Pendant longtemps il fut employé à faire les portraits, que les doyens de la Faculté de Médecine sont dans l'usage de faire mettre sur leurs jettons dans le

---

(1) Ce sont les nᵒˢ 54, 55, 58, 59 du catal. Rob. Dum., t. V du *Peint. grav. franç.*, p. 28-29.

(2) Représentée le 5 juin 1738 sur le Théâtre-Italien. La pièce n'est pas de Du Vigeon seul; Antonio Romagnesi y a aussi travaillé. (Léris, *Dict. des Théâtres.*)

temps de leur décanat. Depuis Varin, aucun artiste ne s'étoit autant distingué que lui dans ce talent. Il l'obscurcissoit par un caractère dur et peu traitable, qui lui faisoit trouver de l'amertume jusque dans les choses qui devoient lui faire le plus de plaisir. Dans le nombre de ses enfants, qui étoit grand, il s'en trouvoit un qui promettoit de le remplacer. Il n'y eut rien qu'il ne fît pour y mettre obstacle. Sa réception dans l'Académie de 1718, fut suivie de traits de mauvaise humeur qui pensèrent l'en faire exclure. Il osa dire en face à M. Bouchardon, chez M. de Cotte, qui lui présentoit un dessin de cet habile homme pour être gravé, qu'il ne le feroit point, et qu'il ne feroit rien de bon d'après cela ; c'étoit une politesse liégeoise.

DYCK (ANTONIO VAN). On dit à Anvers que van Dyck entreprit son voyage d'Italie vers l'année 1621, et cela paroit très-vraisemblable (1).

— Antonio van Dyck étoit en France en 1641 (l'année de sa mort). Bellori fait mention de ce voyage et dit qu'il y étoit venu dans le dessein de peindre la grande gallerie du Louvre ; mais il ne marque pas précisément l'année. J'ay trouvé une

---

(1) On connaît sur Vandyck le catalogue de ses tableaux dans l'ouvrage anglais de Smith, et le beau catalogue des gravures exécutées par lui, publié par M. Carpenter, chef de la Print-room, au British muséum, sous le titre de *Pictorial notices of Van Dyck*, traduit en français en Belgique, en un vol. in-8°. — Le musée du Louvre a acquis à la vente de M. Goddé une collection très-importante de notes sur Van Dyck, en flamand et en français, évidemment prises par un homme qui avait l'intention d'écrire sur Van Dyck une monographie complète, et qui avait extrait des comptes et des pièces manuscrites. Ce qui est en français n'est qu'une traduction d'une très-mince partie des notes flamandes, dont la seule vue montre qu'avec beaucoup de désordres et de répétitions, elles sont trop importantes pour ne pas être consultées avec fruit par un futur historien de Van Dyck.

lettre de Vignon à M. F. Langlois dit Ciartres, du mois de
janvier 1641, où il l'invite à le conduire chez van Dyck, qui
étoit pour lors à Paris. Vignon ne pouvoit avoir un meilleur
introducteur, car Langlois était intime ami de van Dyck.

J'ai trouvé ceci écrit à la marge d'un exemplaire de l'Académie des Sciences et des Arts de Bullart, lequel exemplaire
a appartenu à Bachelier, celui de la bibliothèque duquel on
a un catalogue.

« J'ai ouï dire à feu M. Bordone, peintre génois, que van
« Dyck, dans le temps de la peste qui régnoit en Sicile et qui
« l'obligea d'abandonner Palerme, passant sur les frontières
« du royaume de Naples sans bulletin de santé, y fut arrêté
« et condamné aux galères, où étant, il fit quelques portraits
« pour le capitaine de la galère, qui en fit un présent au vice-
« roi de Naples, qui les trouva si beaux qu'il le fit retirer des
« galères, et le fit travailler à Naples, d'où il vint à Gesnes. »

— M. Edelinck racontoit ce qu'il avoit ouï dire dans sa jeunesse, à Anvers, que van Dyck, étant fort jeune et étant entré
dans le lieu où Rubens peignoit, un jour que ce peintre étoit
sorti de chez lui, ses camarades se mirent à jouer avec lui,
ils lui prirent son bonnet, le jettèrent en l'air et le firent malheureusement tomber sur une peinture de Rubens, encore
toute fraîche. C'étoit le tableau qui est au maître-autel de
l'église des Augustins à Anvers, et l'endroit où porta le bonnet étoit le devant du corps de Saint Sébastien. Étourdis d'un
pareil malheur, et ne sachant comment y remédier, l'un
d'eux ouvrit l'avis que, puisque c'étoit le bonnet de van
Dyck qui avoit fait le mal, c'étoit à lui a qui il appartenoit à
le réparer. Les voilà donc occupés à charger une palette de
couleurs, on la remet à van Dyck; on l'oblige de repeindre
ce qui a été effacé; il le fait avec fermeté, et Rubens, qui s'en
aperçoit le lendemain et qui se fait dire la vérité, conçoit, dès
ce moment, les plus grandes espérances de son disciple, et

lui fait l'honneur de laisser subsister ce qu'il a peint sur son tableau. Voilà ce qui m'a été raconté plus d'une fois, et ce qui est fort différent de ce qui a été écrit sur le même sujet par M. Descamps. J'avois toujours douté de la fidélité de son récit, et je suis présentement convaincu que c'est à celui d'E-delinck qu'il faut s'en tenir. L'auteur du nouvel ouvrage intitulé le Peintre amateur et curieux, t. I. p. 186, dit précisément la même chose.

— Si l'on excepte les portraits de van Dyck et ses études particulières de têtes, ou d'autres parties, dans lesquelles ce peintre est fort correct et fort précis, presque tous ses autres desseins de compositions se réduisent à de légères esquisses, que l'auteur semble n'avoir fait que pour être entendu de lui seul. Il y cherche à développer sa pensée, se mettant peu en peine de paraître correct. A travers cependant de ces espèces de nuages, l'homme de génie se découvre, et l'on y démêle, quand on y veut prêter attention, des pensées neuves et tout à fait sublimes. Tel est à peu près le caractère des desseins de van Dyck ; ce n'est pas cependant qu'il n'en ait fait aussi quelques fois de très-terminés ; la collection de M. Crozat en fournit des exemples, et l'on voit même par ses paysages qu'il étoit capable, lorsqu'il vouloit s'y assujétir, de dessiner avec soin ; mais ses desseins finis sont fort rares. Ceux que M. Crozat a tirés de Flandres, et singulièrement du cabinet d'Antoine Triest, évêque de Gand, tiennent le premier rang dans sa collection. (*Catalogue Crozat*, pag. 99.)

— Les Philistins, se saisissant de Samson, à qui Dalila vient de couper les chèveux, et qu'elle rejette avec mépris. Gravé au burin par Henry Snyers, sous la conduite d'Abra-ham Diepenbeke, d'après le tableau de Van Dyck, qui est présentement dans la galerie de l'empereur, à Vienne. Abr. à Diepenbeck excudit Antuerpiæ. — Bellori, p. 462, dit que ce beau tableau fut donné à l'archiduc Léopold Guillaume, gouverneur des Pays-Bas, par van Woonsel. — C'est un beau morceau; l'on voit que le graveur a été conduit par un homme intelligent; l'estampe fait de l'effet.

— Le même tableau, gravé en manière noire, à Vienne, par Jacob Mannl, sur un dessin fait d'après le tableau par Christoph Lauch, garde des tableaux de l'empereur.

— Vierge, en demi-figure, ayant sur ses genoux l'enfant Jésus, à qui elle donne à téter, gravé au burin par Piérre Clouwet, d'une belle coupe de burin, mais sans esprit. *Jean Meyssens pictor ex. Antuerpiœ*, et dédié par lui au R. P. Philippe Voeck ou Foxius, prieur Commend. de saint Antoine. Ce prieur étoit ami de Meyssens. Celui-ci lui a pareillement dédié une estampe, d'après Rubens, représentant sainte Catherine, couronnée par l'enfant Jésus, que tient la Vierge.

— Vierge en demy corps, considérant son divin fils, qui est étendu sur ses genoux, et qui lui tend les bras pour la caresser. Gravé au burin, par Henri Snyers, sous la conduite d'Abraham Diepenbeke, et mal gravé, mais assez bien conduit. — Un de mes amis, M. Baudouin, capitaine des gardes, en a, en 1767, le tableau, qui étoit à l'hôtel de Lassay.

— La sainte Vierge, tournant les yeux vers le ciel, et tenant sur ses genoux l'enfant Jésus, qui porte la main au menton de saint Joseph, et qui le caresse; demie figure. Gravé en manière noire, par Jacob Mannl, sur un dessein fait par Christophe Lauch, garde des tableaux de l'empereur, d'après un très beau tableau de Van Dyck de cette magnifique collection. La suite d'estampes, dont celle-ci fait partie, est très rare à trouver.

— Saint Jean-Baptiste adorant l'enfant Jésus, qui le caresse. Gravé au burin, à Londres, en 1666, l'année que cette ville fut presque entièrement consumée par les flammes, d'après le tableau de Van Dyck, qui estoit pour lors dans le cabinet de Pierre Lely, à qui la planche a été dédiée, par

Richard Thomson. *Arnoldus de Jode. sculp. Londini tempore incendii maximi* 1666. Bien exécutée et gravée d'une manière fort moelleuse, et n'est pas commune.

— La sainte Vierge, accompagnée de saint Joseph, auprès duquel elle est assise, et ayant entre ses bras l'enfant Jésus endormy, figures en demy corps. Gravé au burin, par Schelte à Bolswert; c'est un de ses chefs d'œuvres. — Dédiée par A. Van Dyck à Theod. Wattmann Van Dyck, son frère, chanoine Prémontré à Saint-Michel d'Anvers.—Excellente pièce, et je préjuge que, pour la gravure, il aura fait un dessein terminé, ainsi qu'il en avoit agi pour cette belle autre estampe de Vierge, gravée par le même Bolswert.

— La sainte Vierge, en demi corps, adorant l'enfant Jésus, qui dort couché sur ses genoux, tableau de Van Dyck, qui a été apporté de Flandres à Rome, dans l'an 1753, et qui est actuellement dans le palais du cardinal Neri Corsini, qui en a fait graver la planche à Florence, par un peintre nommé A. Pazzi, sur un dessein de Jean Dominique Campiglia; mais l'estampe n'est point du tout dans le goût de Van Dyck. C'est dommage; le tableau est, dit-on, très beau, et le paroît.

— La sainte Vierge, regardant son divin fils, qui dort assis sur ses genoux, et la tête appuyée sur le bras droit de sa mère; figure dans un ovale. La composition en est agréable et me paraît appartenir à Van Dyck; mais, pour le graveur, je n'en puis rien dire. Il y a apparence qu'il n'avoit jamais manié le burin lorsqu'il grava cette petite planche, tant elle est grossièrement gravée. C'est un morceau rare. L'épreuve que j'ai a été tirée avant que la planche fut entièrement achevée. On n'y trouve gravés aucuns noms d'artistes; elle est, je crois, unique.

— De jeunes anges formant entre eux une danse, à dessein de réjouir l'enfant Jésus, qui est entre les bras de sa sainte Mère, assise dans un paysage près de saint Joseph. Gravé au burin par Schelte à Bolswert. — Le tableau est en Angleterre; voyez ce qu'en a dit M. Walpole. — Van Dyck l'avoit peint pour un prince d'Orange, et le tableau étoit encore dans le château de Loo lorsqu'on le vendit à l'encan, vers l'an .....

— Une autre estampe, de la même composition, gravé au burin, à Aix, l'an 1698, par Jacques Coelemans, d'après un petit tableau du cabinet de M. Boyer d'Aiguille, de l'authenticité duquel on pourroit douter.

— Vierge dans le ciel, aidant à l'enfant Jésus à se tenir debout sur le globe terrestre, au milieu de deux anges jouant des instruments; figures en demy corps, gravé au burin, par Pierre de Balliu. Le Bellori fait mention de ce tableau dans la vie de Van Dyck.

— L'enfant Jésus, écrasant sous ses pieds le serpent, et ayant derrière lui le globe de la terre renversé, gravé à Londres, en 1754, en manière noire, par P. V. B. — Pierre Van Bleeck, mort à Londres depuis 1760 — d'après un tableau appartenant à A. Vander Gucht. — C'est un extrait du tableau précédent.

— Une estampe d'un tableau, peu différent de ce dernier (une Vierge à my corps, regardant le ciel et soutenant entre ses bras l'enfant Jésus, est de Paul Pontius, dédiée par Van Dyck à Ant. Triest, évêque de Gand), lequel appartient à M. le comte de Vence, et est très beau. Il a été gravé au burin, en 1757, par Emmanuel Salvador Carmona, Espagnol, qui a appris à graver chez M. Dupuis. M. de Vence fit la découverte du tableau chez M. le Camus, ancien président de la cour des aydes, et en mourant il l'a légué à M. de Voyer.

— L'enfant Jésus écrasant le serpent, et s'appuyant sur le globe terrestre, auquel il donne sa bénédiction; gravé au burin par P. de Jode le jeune, en 1661. Des bonnes choses du graveur, mais n'est pourtant pas de sa meilleure manière.

Dédié par Pierre-Paul Borrekens à sa sœur Claire Christo-
phorine, religieuse à Lyre.

— L'enfant Jésus, ayant sous ses pieds le serpent, et s'ap-
puyant de la main droite sur le globe. Très mal gravé à l'eau
forte par G. P. Mensaert, auteur du livre intitulé *le Peintre
Amateur*, et mauvais peintre, d'après un tableau de Van
Dyck, différent de celui qu'a gravé en manière noire Vander
Gucht.

— Jésus-Christ, après avoir guéri le paralytique, luy or-
donne d'emporter son lit. Les figures qui entrent dans la
composition de ce sujet sont en demy corps ; il est gravé au
burin par Pierre de Jode le jeune. — N'est pas de la meilleure
manière de P. de Jode le jeune. Le tableau actuellement est
chez le ch^er de Verhulst, à Bruxelles. Voy. le Peintre Amateur, tom. I, p. 62. Dédiée par J. Meyssens à Philippe Voeux
ou Fox, supérieur de la maison de S. Antoine, à Anvers.

— Judas trahissant Jésus-Christ, en lui donnant un baiser,
gravé au burin, avec très-peu de succès, par Adrien Lomme-
lin. — Ne seroit-ce pas le tableau dont Van Dyck fit présent
à Rubens, lorsqu'il partit pour l'Italie ?

— Jésus-Christ, insulté par un de ses bourreaux, qui lui
présente un roseau, en demy corps, gravé à l'eau forte, par
Ant. Van Dyck qui en est l'inventeur, et terminé au burin,
par Luc Vorsterman, autant que je le puis préjuger. *Ant. Van
Dyck, invent.*, sans autre nom de graveur. Autant qu'on peut
le voir, la planche avoit manqué à l'eau forte. Elle étoit
trouée, et il a fallu presque l'effacer et la refaire presque toute
entière au burin, ce qui a demandé de la part du graveur
restaurateur bien de l'habileté et de la patience. — Quelqu'un
m'a assuré d'en avoir une épreuve d'eau forte (1).

---

(1) La planche est à la calcographie du Louvre, n° 368 ; elle
vient de l'ancienne Académie.

— Les soldats couronnant d'épines J.-C.; d'une composition très-riche. Elle est gravée au burin, par Schelte à Bolswest; c'est une des plus parfaites qui ayent été exécutées par cet excellent graveur, et c'est en même temps une des plus considérables et des plus recherchées de l'œuvre de Van Dyck; mais il faut l'avoir bien imprimée. Il s'en trouve des contr'épreuves très bien faites, et c'est une singularité qui n'est pas à rejeter; j'en ay une dont je fais cas. Martinus van den Enden excudit et Paulo Halmalio Antuerpiano dicavit.— Ce tableau, qui étoit dans l'Abbaye des Dames, et sur lequel il y a un conte qu'a rapporté Descamps dans la vie de Van Dyck, mais dont je ne garantirois pas la vérité, a été acheté en 1755 par le roi de Prusse, avec deux autres de Van Dyck, dont il a payé 20,000 florins. La Pentecôte, qu'a gravée Cauckercken, en étoit un. Voyez le Peintre curieux, tome II, p. 63.

— Jésus-Christ portant sa croix au Calvaire. Gravé au burin, à Anvers, par Corneille Galle le vieux, dans les dernières années de sa vie. — C'est des moindres choses de Corn. Galle, et où l'on aperçoit sensiblement de sa décadence; c'est un fruit de sa vieillesse. — Le tableau, qui est renommé, est dans l'église des Dominicains, à Anvers. Voy. le Peintre curieux, tom. I, p. 202. — Ce tableau a été peint par Van Dyck au sortir de l'école de Rubens, et tient beaucoup de la manière de ce dernier.

— J.-C. portant sa croix. Gravé par le comte de Caylus, d'après un dessein de Van Dyck, qui appartenoit à M. Coypel. — C° sculpt. Le Nº 99, au haut de la planche, est mis pour indiquer que c'est la 99e pièce qu'a gravée le comte de Caylus.

— Les bourreaux élevant la croix sur laquelle est attaché Jésus-Christ. Gravé au burin, par Schelte de Bolswert. — Ce n'est pas une des meilleures choses de Bolswert, quoique d'après un excellent tableau à Courtrai, dans l'église de Notre-Dame. Voy. le Peintre curieux, tome II, p. 66.

— Quelqu'un m'assure avoir vu une première épreuve du Crucifix de Van Dyck, gravé par Bolswert, où le saint Jean pose la main sur l'épaule de la sainte Vierge, que, cette attitude ayant paru peu décente à des personnes pieuses, cette main avoit été effacée, et que cela s'étoit fait très-peu de temps après que la planche eut été mise au jour et après qu'elle eut tiré un très-petit nombre d'épreuves qui sont devenues très-rares; et il faut que cela soit ainsi, car les épreuves que j'ai sous la main sont des plus brillantes et sont elles-mêmes rares; elles portent une dédicace à François de Moncade, qui fut supprimée lorsqu'on remit la planche dans son premier état, c'est-à-dire lorsqu'on rétablit la main telle qu'elle étoit dans l'origine. Dans la suite, sur ce que le marchand, qui avoit cette planche, vit qu'on recherchoit par préférence les épreuves sans la main, il l'effaça sur la planche, et l'on s'apperçoit très-aisément de la reprise. Voilà ce qui m'a été dit; reste à savoir si cela est vrai (1). J'avois toujours cru que la planche n'avoit souffert que deux changements, et que les premières épreuves étoient sans la main, ou bien que, sur le rapport qui m'en a été fait, il y auroit eu trois changements, et qu'on en devroit trouver des épreuves de quatre façons. — M. Huquier, qu'on faisoit auteur de cette anecdote, m'a dit qu'il ne voudroit pas en être caution. Il l'avoit ouy raconter au vieux Eisen; mais il n'en étoit pas beaucoup persuadé, ni moi non plus, et je commence à croire que les premières et meilleures épreuves sont celles sans la main, avec la dédicace au marquis d'Aytona; que,

(1) Si cela étoit vrai, l'on s'apercevroit des reprises sur la planche où il n'y a pas la main, et c'est ce qui ne s'y voit pas. (*Note de Mariette de la même écriture que la seconde partie de cet article.*)

peu après, on mit la main et que l'on supprima la dédicace,
et qu'après on supprima la main, et la dédicace fut remise
de nouveau; je crois tout le reste une histoire faite à plaisir
pour la rendre plus intéressante. On dit même que la planche
fut traduite au tribunal de l'inquisition, et que le graveur
auroit mal passé son temps s'il ne se fût accommodé aux circonstances en supprimant la main. — Je crois que M. Cayeux
m'a dit que ce tableau étoit dans l'église de Saint-Michel, à
Gand. — Cela est vrai; voyez le Peintre curieux, tom. II,
p. 39. — Le tableau commence à pâtir; l'humidité du lieu
le fera périr. Un maladroit a voulu nétoyer ce beau tableau
et lui a fait perdre toute sa fleur. Quelle perte et quel dommage!

— Jésus-Christ attaché en croix sur le calvaire, au milieu
des deux larrons; il y a nombre de figures sur la terre, et,
entre autres, un bourreau qui tient la barre de fer dont il
s'est servi pour briser les jambes des deux malfaiteurs. C'est
un des moindres ouvrages de Bolswert. Le tableau est dans
l'église des Récollets, à Malines. V. le Peintre curieux, tome I,
p. 173; le Bellori, p. 258, appelle cette église l'église de Saint-
François, mais mal.

— Des anges recueillant dans des calices le sang de Jésus-
Christ attaché sur la croix, gravé en manière noire par
Is. Beckett. D'après le tableau qui est dans la chapelle de Ça-
therine, reyne d'Angleterre, veuve de Charles second, ainsi
que le porte une inscription latine au bas de la planche. —
Le Christ est une répétition de celui qui est à Gand, en l'é-
glise de Saint-Michel.

— Le corps mort de J. C. détaché de dessus la croix, d'où
ses disciples le descendent pour le mettre dans le tombeau. La
sainte Vierge, évanouie, est soutenue par sainte Madelaine.
Gravée à Dresde, par Laurent Zucchi, d'après un tableau,
de la même grandeur de l'estampe, qui est dans la galerie

du roi de Pologne, électeur de Saxe. Cette planche fut trouvée, par Sa Majesté Polonoise, si mal exécutée, qu'il n'a pas voulu permettre qu'elle parût. On m'en a pourtant fait avoir une épreuve à cause de sa singularité. Les noms des artistes y sont au bas, ainsi que les armes de Sa Majesté Polonoise. — Je ne sais trop si le tableau est de Van Dyck, je n'y trouve point son caractère, ni sa façon de composer.

— Les anges pleurant à la vue du corps mort de J. C. descendu de la croix, et étendu sur les genoux de la Sainte Vierge, gravé au burin par Luc Vorsterman avec cette dédicace : Georgio Gagi Anglo mutuæ consuetudinis olim in urbe (*in urbe*, sc. *Romæ*.) contractæ nunc perpetuum ejus amoris argumentum D. C. Q. Ant. van Dyck. Belle pièce. — J'en ai vu des épreuves avant la dédicace qui n'a pas tardé à y être mise, et aussi avant que le nom *excudit* fut mis à la suite de *sculp*.

— Une autre estampe du mesme sujet traité différemment, gravé au burin par Schelte de Bolswert. Tableau que l'on dit peint dans les principes du Titien. Il est dans l'église des Récollets à Anvers. Voy. le Peintre curieux, tom. I, p. 206. Le Bellori en donne la description dans la vie de van Dyck. p. 157.

— Ce mesme tableau gravé à l'eau-forte, d'une manière fort croquée, par un peintre anonyme et qui n'est pas sans mérite. Peut-être L. Françoys. Je l'ai, épreuve et contre épreuve.

— Jésus-Christ porté au tombeau, gravé à l'eau-forte par M. Lempereur, le père, d'après un tableau esquisse de van Dyck du cabinet du comte de Vence. Mais il est fort douteux que cette esquisse soit de van Dyck.

— Le corps mort de J.-C., soutenu par la Sainte Vierge et par Saint Jean dans le sépulcre, gravé au burin par C. van Caukercken. Une des belles pièces de l'œuvre, dédiée par

Phil. vander Meere, à Josse vander Meere, son oncle, chanoine de Tournay. — Ces vander Meere sont sans doute parents du moine Augustin vander Meere, qui procura à van Dyck le tableau du Saint Augustin en extase.

— La Sainte Vierge offrant à Dieu le père le corps mort de son fils, qui est couché à l'entrée du sépulcre, et est adoré par sainte Magdelaine. Religiosæ duæ Annæ van Dyck monasterii Facontini Germanæ suæ ponebat Ant. van Dyck. — Belle pièce de P. Pontius, conduite par le peintre même, et gravée sur une peinture à huile en blanc et noir, préparée à cet effet par le peintre, qui en cela a suivi la méthode de Rubens, son maître. — Le tableau, l'un des plus beaux que van Dyck ait peint, est au maître-autel de l'église de Beguinage, à Anvers. Voy. le Peintre curieux, tom. I, p. 22, et la description du tableau dans la vie de van Dyck par Bellori, pag. 257. Ce dernier prétend que la Magdelaine est un portrait de la sœur de van Dyck, qui étoit religieuse dans le Béguinage d'Anvers. Mensaert avance que le tableau a été peint peu avant que van Dyck passât en Angleterre. — Ces religieuses suivent la règle de Saint-Augustin, et leur monastère est à Anvers, peu éloigné de la maison des Oosterlings. On les nomme Façontines.

— Le Saint-Esprit descendant sur les apôtres assemblés dans le cénacle le jour de la Pentecôte, passablement gravé au burin par C. van Caukercken. Dédié à Gérard de Bare, abbé de Dunes par Adrien Posseniers. Secundum archetypum exstans in abbatiâ Dunensi ordinis Cisterciensis in Belgio. — Il y a longtemps, comme on voit, que ce tableau étoit dans l'abbaye des Dunes, et cela me feroit assez volontiers mettre au nombre des fables l'histoire que Descamps a rapportée dans la vie de van Dyck touchant ce tableau et celui du couronnement d'épines du même peintre. — Le roi de Prusse en a fait l'acquisition en 1755; voy. le Peintre curieux, t. II, p. 63.

— Le Saint-Esprit descendant sur les apôtres; sans nom de

peintre ni de graveur. Gravé au burin par Jacques Lubin, d'après un dessin fait sur l'estampe précédente pour un cours de bréviaire 8° que mon père a fait graver.

— Le Saint-Esprit descendant sur les apôtres en forme de langues de feu, composition qui, pour le fond, est la même que celle du tableau qu'a gravé Cauckercken; il s'y trouve quelques changements ; mais je les soupçonne avoir été faits par celui qui a gravé cette planche au burin. La différence dans la manière le décèle, et c'est aussi ce qui fait que cette pièce, qui a servi en thèse, ne mérite presqu'aucune considération ; elle est gravée au burin. Je pense que c'est mon père qui la fit graver.

— Un groupe de huit personnages, dont deux sont à genoux et que l'on présume être des disciples de J.-C., se présentent devant une femme vêtue d'un long manteau qui lui couvre la tête, laquelle peut être la Sainte Vierge. Gravé en 1762, à Londres, par M. W. Ryland, d'après un dessein de van Dyck de la collection de Milord comte de Chelmondeley, par les soins de M. Rogers, amateur anglais, qui a entrepris de faire graver, dans le goût du dessein, un nombre de desseins choisis, et cette suite doit paraître incessamment. 1767.

— J. C. et les apôtres, suite de quatorze pièces, gravées au burin par Corneille van Caukerken. On y trouve assez ordinairement les planches de Caukerken environnées d'une bordure d'ornement en forme de passe-partout, gravée sous la conduite de Corn. Galle le jeune. — Ces tableaux, suivant Bellori, p. 262, ont été faits pour Charles Bosch, évêque de Gand.

— St Antoine de Padoue adorant l'enfant Jésus entre les bras de la Ste Vierge; gravé au burin par Gilles Rousselet, d'après le tableau qui est au cabinet du roy de France (1). —

---

(1) Calcographie du Louvre, n° 369.

Rousselet n'étoit pas fait pour graver des tableaux de maîtres flamands ; aussi son estampe ne rend-elle que bien imparfaitement les beautés du tableau qu'il a gravé. — Voir l'écrit qui donne la description du tableau dans le livre des tableaux du cabinet du roi ; on y apprend, ce me semble, comment le tableau est passé en France.

— St Augustin, évêque d'Hippone, accompagné de Ste Monique et d'un religieux augustin, qui considèrent avec luy la grandeur de la sainte Trinité et qui s'y perdent. Gravé au burin par Pierre de Jode le jeune, d'après le tableau de van Dyck, qui est dans l'église des Augustins, à Anvers. C'est un de ses plus beaux ouvrages, et l'estampe la mieux exécutée de toute son œuvre. — Elle est dédiée par van Dyck à Suzanne van Dyck, sa sœur, béguine à Anvers. *A. Bonenfant exc.* J'en ay une superbe épreuve avant le nom de Bonenfant. C'est une excellente estampe ; elle est gravée avec un grand art et beaucoup d'intelligence, et tout à fait dans la manière de Vorsterman. J'ay remarqué déjà quelques pièces dans cette mesme manière, où P. de Jode met après son nom *jun.*, et j'ay trouvé qu'elles étoient gravées du vivant de son père, qui étoit habile, et qui sans doute dirigeoit le travail de son fils ; car toutes les pièces, que je vois gravées depuis sa mort, sont bien inférieures à celles-là, et dégénèrent dans une manière plus roide ; je ne vois pas qu'il s'y désigne par P. de Jode jun., mais seulement par son nom P. de Jode. C'est un fait à examiner, car peut-être y auroit-il trois Pierre de Jode ? — Non ; il n'y en a eu que deux. — *Ant. van Dyck inv.*, ce qui me persuade qu'elle a été gravée sur un dessin fait par van Dyck et non sur son tableau. — L'auteur du livre *le Peintre amateur* prétend que van Dyck avoit peint en blanc la tunique du saint, et que, pour complaire au moine, il la repeignoit en noir. Si cela est, il auroit suivi dans son estampe sa première idée. — Van Dyck, en peignant le S. Nicolas de To-

lentin, a fait le portrait d'un religieux augustin qui lui avoit
procuré le tableau. C'estoit le R. P. Vander Meeren, dont le
nez étoit fait comme une courge — à ce que me disoit
Vleughels, qui l'avoit ouy dire mille fois de son père, peintre
flamand. — J'en ai le dessein original. — Cet excellent tableau, que je ne fais point difficulté de mettre à la tête de
tous ceux qu'a peints van Dyck, fut très-critiqué lorsqu'on le
vit pour la première fois ; les moines furent prêts de le rejeter. Ils disoient que leur saint avoit l'air d'un ivrogne, que
van Dyck lui en avoit donné l'attitude. Il avoit peint sa tunique en blanc; autre sujet de plainte ; ils la vouloient noire,
comme celle qu'ils portoient ; van Dyck fut obligé d'y con-
descendre. Ce ne fut pas tout. Ils firent les gueux, et quoyque
van Dyck demandât peu, ils trouvèrent que c'estoit encore
trop cher pour eux. Il fallut, pour terminer l'affaire, qu'il fît
présent d'un petit tableau d'un crucifix, qui vaut plus que ce
qu'il reçut ; il est gardé dans la chambre du prieur.

— Le même tableau, gravé au burin par Arnould Loe-
mans, en 1642, d'après l'estampe précédente. Dans cette copie,
qui n'est pas fort excellente, le graveur a tenu noirs les habits
de St Augustin, de Ste Monique, et du moine à genoux, dont
il a fait un St Nicolas de Tolentin, et il a dédié la planche au
P. Jean Martens, prieur du couvent des Augustins d'Anvers.

— St Bonaventure recevant la sainte communion qui lui
est administrée par les anges, gravé au burin par un anonyme qui a beaucoup de la manière de P. de Balliu. Fr. vanden Wyngarde, exc. et le nom du peintre. — Tableau dans
l'église des Récollets, à Malines. Il en est fait mention dans
la vie de van Dyck par Bellori, p. 258, et dans le Peintre curieux, tom. I, p. 173.

— St Dominique considérant J.-C. crucifié, et Ste Catherine de Sienne embrassant le pied de la croix ; gravé au burin par Schelte de Bolswert sur un dessein d'Erasme Quelli-

nus, fait d'après le tableau d'Antoine van·Dyck, qui est placé à Anvers, dans le lieu où le père de cet habile artiste a reçu la sépulture. — Dédié par les religieux dominicains d'Anvers, en 1653, au R. P. Norbert van Couwerwen, nouvellement élu abbé de St Michel d'Anvers. Il fut élu en 1652 ; voyez Sande-rus, Brabantia illustrata. — J'en ai vu une épreuve sans lettres, et ce n'est pas la seule fois que je l'ai vue ainsi. — Ce beau tableau se voit dans l'église des religieuses dominicaines à Anvers. Van Dyck fit ce tableau et le donna à cette église, en reconnaissance de ce qu'on y avoit accordé la sépulture à son père. Les mêmes religieuses possèdent l'esquisse de ce tableau qui est d'une beauté singulière. Voyez le Peintre cu-rieux, tom. I, pag. 198 ; La sainte étant au pied de la croix est nommée dans ce livre une Ste Rosalie ; on a voulu dire sainte Rose ; mais c'est une faute, il est incontestable que c'est une Ste Catherine de Sienne.

— St François d'Assise, à genoux devant Jésus–Christ, qui, de dessus la croix, recommande sa sainte mère à son disciple bien aimé. Gravé au burin par Pierre de Balliu, en 1643. Le tableau est dans l'église des religieux cordeliers de Lille, à ce que m'assuroit M. Cayeux, mais il se trompe ; c'est un ta-bleau fameux de van Dyck, dans l'église des capucins de Ter-monde. V. le Peintre curieux, tom II, p. 17. L'estampe est dédiée par Jean de Heem à J. Caspeels, serrurier, son ami, et amateur de tableaux, à Anvers.

— St François d'Assise debout, considérant dans le ciel une croix de lumière qui imprime sur son corps les stigmates. St Antoine de Padoue, aussi debout et tenant entre ses mains l'enfant Jésus ; il fait pendant à la figure précédente. D'après les tableaux peints par van Dyck, chez les capucins, à Bruxelles. Gravé à Bruxelles par J. L. Kraft, sur le dessin de Zorst, en 1758. — J'en ai fait venir d'Anvers des épreuves que j'ai payées 10 livres à cause de la rareté. — Les planches ont été achetées par le prince Charles de Lorraine, et les épreuves n'en deviendront pas plus communes.

— Le martyre de St Georges — le saint, à genoux au pied d'un autel sur lequel est la statue d'une fausse divinité qui s'écroule, est lié par les bourreaux pour être conduit au supplice — représenté dans un tableau placé sur un autel décoré d'un ordre d'architecture, gravé au burin par Pierre Clouet. — Les noms des artistes y sont gravés; très-mal exécuté, et si mal, qu'on ne peut rien de pire. — Je pense que c'est le tableau dont il est fait mention dans *le Voyageur curieux*, tom. I, p. **270**, et qui est attribué à Rubens par l'auteur de ce livre et placé dans l'église de St Gommaire à Lierre. Si cela est, il s'est trompé; car la composition est dans le style de van Dyck.

— Le bienheureux Herman Joseph, de l'ordre de Prémontré, jouissant de la vue de la Ste Vierge, qui le choisit pour son époux. Gravé au burin par Paul Pontius, d'après le tableau qui est dans la chapelle de la congrégation de la Ste Vierge dans la maison professe des jésuites, à Anvers. — Bellori met ce tableau dans le monastère de St Michel, à Anvers; c'est une faute qui lui est échappée et qu'il faut corriger. — Je ne crois pas qu'il soit possible de voir un plus beau tableau ni une meilleure estampe. — Ce beau tableau est du même temps que celui de St Augustin; il le fit peu de temps après son arrivée d'Italie. — Excellente pièce dédiée par van Dyck à Jean Chrysostome vander Steen, abbé de St Michel d'Anvers. — Il venoit d'être élu abbé en 1629. Voilà donc le temps où ce beau morceau a été gravé et peut-être peint. — J'en ai vu une épreuve postérieure avec une inscription différente, la planche étant alors entre les mains de Michel Hage, et dédiée par ce marchand d'Anvers à Macarius Simeon, abbé de St Michel d'Anvers, les armes de ce prélat y étant au bas.

—St Martin coupant la moitié de son manteau pour le donner à deux pauvres qui le reçoivent à genoux. Dessiné et gravé très-mal par J. L. Kraft le fils, et dédié par lui au baron de Willbroeck d'après le tableau de van Dyck, le même, à ce que je crois, qu'on voit à Salvelthen, près de Bruxelles. — Je n'en doute pas, et comme ce tableau est fameux, l'estampe, toute mauvaise qu'elle est, devient curieuse ; elle est rare.

— J. Boydell a inséré dans le 1er. volume de son recueil une estampe qu'a gravée Th. Chambars en 1766 et qui vient d'après un tableau qui appartient à la princesse royale de Galles, et qui lui a été vendu pour être de Rubens. Mais on l'a trompé. Ce n'est qu'une copie ou une répétition du tableau de van Dyck qui est à Salvelthem et qui représente St Martin coupant son manteau et en donnant la moitié à un pauvre. On y a seulement ajouté une pauvre femme qui tend la main pour demander l'aumône et qui a entre ses bras un enfant. Du reste, il n'y a rien de changé à la composition. Je la restitue icy à son véritable auteur. — Salvelthen est marqué sur la carte de Robert sur la gauche de la chaussée qui va de Bruxelles à Louvain (1).—Le groupe de St Martin et du pauvre a été gravé avec très-peu de différence par Corn. Vischerr dans la suite des saints de la Hollande publiés par Soutman, et ce dernier, en s'en attribuant l'invention, a commis un plagiat qui ne lui fait pas honneur.

— L'apôtre St Paul représenté en buste, excellemment gravé en manière noire par A. Blootelingh. La touche du pinceau ne peut être mieux exprimée. Il y a un St Pierre, qui fait le pendant du St Paul, et qui n'est pas moins bien

(1) Voir sur ce tableau, *le Musée de Bruxelles*, par l'un de nous, p. 34-8, et les additions en tête. Paris, Dumoulin, 1850, in-8° de 52 pages.

exécuté, et ce morceau vient d'après un tableau de P. Moreels.

— St Sébastien délié par des anges qui luy arrachent les flèches dont il est percé; gravé avec une grande propreté mais peu d'art, par Pierre van Schuppen avant qu'il vînt en France. — *Joan. Meyssens exc.* et dédié par lui à Mathieu Laurix, chanoine de St-Antoine à Maëstricht. — J'ai vu ce tableau à Bruxelles chez M. Robins, ensuite à Paris chez M. de la Live qui s'en est défait. — Il est retourné à Bruxelles..

— St Sébastien, martyr, ayant les yeux tournés vers le ciel et le corps attaché à un arbre; gravé au burin par Luc Vorsterman le jeune, et dédié par le graveur à un amateur nommé Luc Lancelot.

— Ste Barbe prête à recevoir la couronne du martyre des mains d'un bourreau qui luy va couper la teste; gravé à l'eau forte, à ce qu'on prétend, par Ant. van Dyck. On y lit : *Anthoni van Deyck.* Si cela est, il a dû graver la planche dans toute sa jeunesse; car il n'y a ni esprit ni dessin, et, comme il en a toujours mis dans ses ouvrages, il en faut conclure que celui-ci est supposé. — L'auteur du livre intitulé le Peintre amateur et curieux, tom. I, p. 112, s'exprime ainsi en faisant le détail des tableaux qui sont dans l'église de Ste Madelaine à Bruxelles : « Dans la nef à droite, sur l'autel « de Ste Barbe, est le tableau de son martyre, peint par « Jacques van Helmont. Nous en avons l'estampe gravée par « van Dyck. » Comment cela peut-il estre? Le peintre van Helmont est postérieur d'un siècle à van Dyck. Est-ce qu'il auroit fait son tableau d'après la gravure?

— Ste Cécile jouant de la basse de viole et chantant les louanges de Dieu avec les anges, dont quelques-uns touchent l'orgue. Gravé au burin par Édouard le Davis (1), graveur

---

(1) Voir ce volume même, p. 67.

anglois, disciple de Loggan; il vint à Paris, et, de retour à Londres, il quitta la gravure pour se faire marchand de tableaux. — *F. C. excud. C.P. Regis* 1673. Je crois que c'est François Chauveau qui avoit cette planche; elle est assez médiocrement exécutée.

— Ste Madelaine considérant une teste de mort; en demy-corps, dans une forme ovale; gravé au burin par Arnould de Jode. Deux vers latins au bas, qui commencent par *Fallax gratia;* mon épreuve est sans lettres; je l'ai fait acheter à une vente qui s'est faite à Bruxelles, en 1760, et elle m'a coûté prodigieusement cher.

— Cette mesme sainte quittant les habits du siècle dont elle est vêtue. Ste Cécile s'avançant vers un jeu d'orgues. Ces deux pièces sont gravées au burin par Pierre de Balliu, d'après des portraits de Van Dyck, que le graveur a accommodés à son sujet. — Ce sont des portraits debout, habillés et à la mode. La Ste Madelaine est celui de Henriette Marie, reine d'Angleterre.

— Pièce curieuse en ce qu'il n'y a point, ce me semble, de portrait de la reyne d'Angleterre autrement gravé.

— Ste Rosalie adorant l'enfant Jésus qui lui fait présent d'une couronne de roses, étant entre les bras de la Ste Vierge, qui est elle-même au milieu des apôtres St Pierre et St Paul; gravé au burin avec tout le succès possible par le célèbre Paul Pontius, d'après le tableau qui est dans la chapelle de la congrégation de la Ste Vierge, dans la maison professe des jésuites à Anvers. — On le dit peint du temps que Van Dyck étoit encore chez Rubens; il étoit associé à la congrégation pour laquelle il fit ce beau tableau. — Dédié aux congréganistes de la maison professe des jésuites, on ne dit pas par qui; mais on ne peut guère douter que ce ne soit par Van Dyck, qui y étoit agrégé.

— Ste Rosalie montant au ciel, environnée de petits anges qui honorent son triomphe; gravé par Luc Vorsterman le jeune, et dédié par lui à Jean Philippe Happart, chanoine de la cathédrale d'Anvers. Pièce assez médiocre, mais curieuse ; c'est la partie supérieure du tableau que Van Dyck a peint pour Palerme en Sicile. Voyez Bellori, p. 257.

— Une sainte martyre qui tient une palme, et qui, croisant les mains sur sa poitrine, adore l'enfant Jésus couché sur les genoux de la sainte Vierge ; en demy-corps, gravé au burin par Schelte de Bolswert.—Moyen tableau, dans une chapelle de l'église des Récollets, à Anvers. Voy. le Peintre curieux, tom. I, p. 205.— Excellent morceau ; les premières épreuves avant *Bon-enfant exc.* — La planche a été gravée sur un dessin très-terminé, fait par Van Dyck et qui rappelle ceux que Rubens lui faisoit faire d'après ses tableaux pour les faire graver. Il est précisément du même faire ; il appartenoit à M. Crozat, et aujourd'hui il est à M. de Julienne (1).— Je l'ai vu avec regret passer en Russie. — Dédié à Gaspard Vander Meeren, religieux augustin, par Ant. van Dyck, *amicitiæ ergo*, le même dont on voit le portrait dans le tableau de St Augustin. Ce fut lui qui procura à Van Dyck revenu d'Italie ce beau tableau du St Augustin, qui, tant qu'il subsistera, fera l'admiration des connoisseurs.

— L'ange gardien accompagnant un jeune enfant auquel il montre et fait envisager la gloire du Paradis. Au burin par un anonyme d'après la planche de Corneille Galle le jeune. De peu de mérite. Il y a dans la gloire deux têtes de chérubins de plus que dans l'original, et toutes deux sont tournées différemment.

— La charité représentée par une femme en demi-corps, qui est environnée de plusieurs enfants dont elle reçoit les caresses ; gravé au burin par C. van Caukerken sous la con-

(1). Catalogue de la vente de M. de Julienne, n° 534.

duite d'Abraham Diepenbeke. Au bas douze vers flamands.
Bien exécuté. — J'en ai le dessein. — C'est un tableau de
toute beauté. Le roi Louis XV, étant à Anvers dans le temps
de la dernière guerre, le vit chez M. Goubouw avec un tableau
de Rubens représentant l'enlèvement des Sabines, qui est aujourd'hui dans le cabinet de M. Boschaert, et en fit offrir,
pour les deux, 60,000 liv. Mais la proposition ne fut point
écoutée; le propriétaire en vouloit avoir 36,000 fl., argent
de change de Brabant, en argent de France, 72,000 liv.; milord Malborough les avoit, dit-il, offerts autrefois. — Il a été
vendu depuis, en may 1764, avec un tableau de sainte Famille de Rubens, 19,500 fl., argent de change, qui sont près
de 40,000 florins de Brabant.

— Une Bacchanale; on y voit représenté un enfant yvre,
monté sur un tigre et conduit en triomphe par d'autres enfants qui célèbrent les festes de Bacchus; gravé au burin à
Gennes, en 1628, par D. Brunn de Strasbourg, sous la conduite de Corn. de Wael. — Francisco Grimaldo patritio Ge-
nuenso Picturæ amiratori hanc Sileni historiam æri incisam
xenioli ergo D. dedicatq. Genuæ, Nov^{ris} 1628. Le nom de
Van Dyck inv. sur la terrasse, en place du nom du graveur
D. Brunn Arg^{sis} scul., qui ne se trouve que sur les premières
épreuves. Assez passablement exécuté.

— Une femme et un jeune homme de la suite de Bacchus
aidant au père Silène à se soutenir ; figures en demy-corps,
sans, dans le fonds, le paysage du tableau ; gravé au burin par
François vander Steen, qui, dans cette première estampe de
sa façon — Gonzalo Coques, pictori eximio, devoti sui styli
primitias D. D. Fr. vander Steen — gravé dans la manière
de Van Kessel, ce qui pourroit faire croire qu'il en est le disciple, d'autant plus que, dans ses autres gravures postérieures
à celle-ci, ce n'est plus la même manière.

— Le Temps rognant les ailes de l'Amour, gravé en manière noire par quelqu'un qui n'en avoit pas la pratique. On trouve à un coin de la planche la marque A V D (*en monogr.*) qui est celle du peintre, suivie de celle-cy : T V (*aussi en mon.*) que je ne connois pas. Je n'ai encore rencontré cette pièce qu'une seule fois. Seroit-ce la marque d'un des Vaillants ? Ils étoient plusieurs.

— Le Temps domptant l'Amour et lui rognant les ailes, gravé en manière noire par Pierre Schenck, à Amsterdam. Mal exécuté, d'après un tableau qui paroît être d'une grande beauté. — Une estampe du même, qui est présentement chez le duc de Malborough à Blanheim, gravé en manière noire avec grand soin par Jacques Mac Ardell.

— Bélisaire réduit à demander l'aumône, tableau qui est en Angleterre, et qui appartient aux héritiers de milord Burlington, qui en fit l'emplette à Paris, et l'acheta prodigieusement cher. On peut cependant douter que ce soit un ouvrage de Van Dyck. L'estampe a été gravée à Londres par G. Scotin sur le dessin de J. Goupy, et n'est pas des plus excellentes.

— Renaud couché entre les bras d'Armide, au milieu des amours, dont quelques-uns jouent avec son épée, et d'autres présentent un miroir à Armide et développent sa toilette ; gravé au burin à Anvers, en 1644, par Pierre de Jode le jeune (1). Riche ordonnance. Une des bonnes choses de ce graveur, mais qui n'approche pas de celles qu'il faisoit dans son premier temps. — *Joan Caspeel exc. Antuerpiæ* et les noms des artistes. La qualité d'*eques* donnée au peintre fait connaître que le tableau a été peint depuis que le roi d'Angleterre l'avoit fait chevalier. — Ce Caspel étoit un serrurier d'Anvers qui

---

(1) Au Musée du Louvre, n° 141 du catalogue de l'école flamande, par M. Villot.

avoit un cabinet, et auquel a été dédiée, par Jean de Steen, la planche du crucifix.

— Des soldats jouant aux cartes dans une masure. Ils ont en leur compagnie deux paysans. Une vieille femme leur apporte des pipes, etc. Mauvaise pièce, gravée au burin par J. Richer, à Paris. On n'y trouve point le nom de Van Dyck; au bas, huit vers françois. M. de Julienne en a le tableau de Van Dyck, qui est très-beau. — M. Walpole a un semblable tableau qu'il compte être original.

— Un officier-général à cheval, courant à toute bride. Gravé par le comte de Caylus d'après un dessin du cabinet de M. Coypel; n° 81. — J'ai vu un dessin de cavalier, acheté très-cher à la vente de Coypel, et encore plus cher à celle du duc de Tallard, le tout par caprice.

— Des têtes, gravées par M. de Caylus, le plus grand nombre est mal à propos donné à Van Dyck. J'ai les desseins originaux, qui sont de Rubens pour la plus grande partie (1).

— Ma collection est de plus de 320 portraits sans les doubles.

— J'ai vu un recueil de portraits de Van Dyck de l'édition de Martin vanden Enden; il étoit composé de 83 morceaux; je doute qu'il y en ait davantage de cette édition. Il est certain que le recueil devint plus nombreux dans la suite, et que jamais il n'a monté à 100 dans le temps que Vanden Enden la publia. — Sur nombre des planches de l'édition de Vanden Enden, le nom du graveur n'est pas encore mis; le même nom se

---

(1) « Vingt-sept têtes de différents caractères de vieillards et autres, très-bien distribuées sur quatre feuilles; elles sont d'une plume savante et pleine d'esprit : on les connoît gravées par le C. de Caylus, sous le nom de Van Dyck; mais c'est une erreur. » Cat. Mariette, n° 1024. Vendues en deux lots; douze furent achetées par M. Hall, peut-être le peintre, pour 240 liv. 1 sou, et les 15 autres 299 liv. 19 sous, par Boileau.

trouve cependant gravé sur d'autres épreuves de ladite édition de Vanden Enden, preuve qu'il n'a pas tardé à y être gravé ; aussi n'y a-t-il aucune différence pour la qualité d'épreuves entre les unes et les autres. — Tous les portraits marqués V. E., je les ai de l'édition de Martin vanden Enden, et ils sont au nombre de 81. Il y en a, outre cela, 18 gravés par Van Dyck à l'eau-forte, qui n'ont jamais été publiés par Vanden Enden, mais bien par S. Hendrick ; on y joignoit le portrait de Nic. Rococx, et cela faisoit le nombre de 100.

— Albert, comte d'Aremberg, à cheval, armé de toutes pièces, gravé au burin par P. de Balliu. Le tableau, qui est un des plus parfaits de Van Dyck, est en Angleterre ; M. Walpole en parle.

— La famille entière de Thomas Howard, comte d'Arundel, tableau que ce fameux protecteur des arts fit peindre pendant son séjour à Anvers en 1643, d'après le dessein qu'en avoit préparé Van Dyck, par Ph. Fruitiers, et que le vieux duc Edouard de Norfolk, actuellement vivant, a fait graver par G. Vertue en 1743. Il en garde la planche dans un de ses châteaux situés loin de Londres, et, comme l'estampe n'a jamais été rendue publique et qu'il en faut tenir de lui les épreuves, elles sont très-rares. C'est un tableau curieux et intéressant.

— Gui Bentivoglio, cardinal, en buste, peint en 1623, et gravé à l'eau forte par Jean Morin (1). — Dans le tableau, qui est chez le grand duc, la figure est entière ; Morin n'a gravé que le buste, sans doute d'après un tableau. — Le tableau du grand duc se trouve gravé par Picchianti à Florence, et c'est peut-être ce que Van Dyck a jamais fait de plus parfait.

(1) Robert Dumesnil, II, n° 43.

— Frère Lelio Blancatcio, commandeur de Malthe, mareschal de camp général dans l'armée d'Espagne; gravé au burin par Nic. Lauwers (1). Je pense qu'il faut lire Brancaccio. Les noms de plusieurs personnes sont défigurés dans les inscriptions que Van Dyck a fait mettre au bas de leurs portraits. Il les a écrits comme il les entendoit prononcer; il faudra faire attention à cela.

— Henry du Boys et Hélène-Éléonore de Sieveri, sa femme. Ces deux portraits, gravés au burin par Corneille Visscher, sont fort rares. — Les tableaux ont passé dans ces derniers temps, avec les planches, en Angleterre. Milord Sommers les acheta, et fit graver au bas des planches que ces deux portraits faisoient partie de sa collection. A sa vente, les planches furent achetées par Cooper, marchand d'estampes à Londres, qui les a et les vend; ainsi ces deux pièces, de rares qu'elles étoient, sont devenues communes; mais les premières épreuves avant le nom de Cooper seront toujours rares et recherchées.

— Jean Breughel d'Anvers, peintre de fleurs et de paysages, gravé par Van Dyck lui-mêsme (2). Ce portrait, peint par Van Dyck et l'un de ses meilleurs ouvrages, est placé au-dessus de l'épitaphe de J. Breughel, dans l'église de Saint-George à Anvers. Voyez Descamps, Voyage pittoresque.

— Jacques de Cachopin, curieux de tableaux à Anvers, gravé par L. Vosterman (3). J'ai le dessein original d'après lequel a été gravé ce portrait de Cachopin; il a été fait en 1634, et c'est un chef-d'œuvre.

— Portrait de François-Thomas de Savoye, prince de Cari-

---

(1) Calcographie du Louvre, n° 4095.
(2) Calcographie du Louvre, n° 4020.
(3) Calcographie du Louvre, n° 4034.

gnan, gravé par Paul Pontius (1). Le tableau est chez S. A. le prince Eugène de Savoye à Vienne.

— Charles Ier représenté debout et revêtu de l'habit et du manteau royal. La planche, gravée avec tout le soin possible en 1770 par Robert Strange (2), vient d'après un petit tableau de Van Dyck qui lui appartient, qu'il a découvert à Rome, et qui est en petit la même chose que ce qui a été peint en grand par le même Van Dyck, et dont on voit le tableau à Hamptoncourt.

— Le roi d'Angleterre Charles Ier en armure et monté sur un beau cheval blanc. Il est accompagné d'une personne à pied qui porte son casque. L'inscription au bas de la planche dit que c'est le duc d'Espernon, et en effet on lui voit un ordre qui paroît celui du Saint-Esprit. Cependant M. Walpole, dans ses Mémoires sur la vie de Van Dyck, dit que c'est un écuyer du roi, et il le nomme M. de Saint-Antoine, ce qui me paroît plus vraisemblable; car comment un homme aussi fier que M. d'Espernon auroit-il souffert de se voir peint, même auprès d'un roi, dans la posture d'un domestique? Ce tableau est encore dans le palais de Kensington. L'estampe en a été gravée par B. Baron en 1741. — Le même tableau avoit été gravé par Lombart, qui depuis l'a fait servir à Cromwell, et il faudra faire connoître tous les changements qu'a éprouvés cette planche.

— La Famille du roi Charles Ier. — Le tableau original de Van Dyck, qui est dans le palais de Kensington, a été gravé pour la première fois par Rob. Strange à Londres en 1758 (3). C'est dommage que le travail du graveur, qui est

---

(1) Calcographie du Louvre, n° 4099.
(2) N° 46 du catalogue spécial de Strange, par M. Ch. Le Blanc. Leipsic, Weigel, 1848; in-8.
(3) N° 49 du catalogue de Strange, par M. Ch. Le Blanc.

d'un froid à glacer, rende si mal la touche spirituelle du peintre. — Le même tableau a été gravé depuis en manière noire; mais l'estampe de Strange est préférable.

— Don Charles Coloma, mestre de camp général dans les Pays-Bas, au service de l'empereur, gravé par Corn. Galle le jeune. C'est ainsi qu'il faut écrire le nom de cet officier général, et, non ainsi qu'il est gravé sur la planche, *de Columna* (1). Il n'étoit point de la famille des Colonnes. C'étoit un Espagnol qui a figuré dans le XVIᵉ siècle, et qui allioit à la science des armes celle du cabinet et celle des lettres. On a de lui une histoire des guerres du Pays-Bas, que cite Fern. Strada dans la sienne, et dont il s'est beaucoup aidé. Il fut aussi envoyé en Angleterre pour y signer le traité de paix en 1630.

— Kenelme Digby, chevalier, un des premiers courtisans de Charles Iᵉʳ; gravé au burin par Rob. van Voerst (2). La lettre de Van Dyck, écrite à F. Junius, qui se trouve imprimée dans le livre *De picturâ veterum* (3), nous apprend que Van Dyck venoit de faire graver le portrait de Digby, et qu'il étoit prêt de le rendre public en aoust 1636. Le mot de la devise: *Impavidum ferient* est, suivant toutes les apparences, de la composition dudit Junius; du moins Van Dyck lui en fait la demande dans sa lettre. Je fais cette remarque pour montrer que la suite des cent portraits de Van Dyck a été gravée de son vivant, et que, lorsqu'on les gravoit à Anvers, il étoit à Londres, d'où il envoyoit les desseins de ses tableaux; car, c'est encore une observation à faire, presque tous ces portraits n'ont été gravés que sur des desseins ou des grisailles.

_____

(1) Si Mariette ne parle pas de la planche de Pontius (Calcographie du Louvre, nº 4100) la même observation s'y applique.

(2) Calcographie du Louvre, nº 4100 *bis*.

(3) La lettre est en flamand. Ed. in-fº de Rotterdam, 1694, feuillet 17. Elle est datée de Desen, 14 aoùt 1636.

— Les portraits de Van Dyck et de Rubens dans la même planche, gravés par Pontius; les accompagnements, qui sont du dessein d'Erasme Quellinus, me paroissent gravés par Lauwers.

— Portrait de ce célèbre peintre (Van Dyck), qui s'y est représenté en demy corps, montrant d'une main une chaisne d'or, et de l'autre un tournesol; gravé à l'eau forte à Londres en 1644 par W. Hollar. Le tableau est chez S. A. le prince Eugène à Vienne; il est d'une grande beauté.

— Corneille Vander Geest, curieux de tableaux à Anvers, gravé par Pontius (1). M. Crozat avoit le dessein sur lequel ce portrait de Vander Geest a été gravé; M. de Tessin l'a emporté en Suède.

— La Famille du chevalier Balthazar Gerbier, gravé en 1766 par Guill. Walker pour le premier vol. du Recueil de Boydell, d'après un tableau qui est attribué à Ant. van Dyck, et qui appartient à la princesse douairière de Galles. Il s'est élevé bien des disputes à Londres par rapport à ce tableau, non-seulement pour déterminer quelle pouvoit être la famille qui y étoit représentée; mais encore pour s'assurer s'il étoit véritablement de Van Dyck, d'autant plus qu'il y avoit un autre tableau dont on a une estampe de Mac Ardell, qu'on sçavoit être incontestablement de Rubens, et dans lequel on voyoit la femme et les quatre enfants qui font le groupe principal du tableau de la princesse de Galles. Il ne fut pas difficile de décider que c'étoit là famille de Gerbier; il y avoit des preuves de reste; et, si l'on vouloit être de bonne foi, on ne s'obstineroit pas à mettre sur le compte de Van Dyck un tableau qui n'en est pas digne; car, de l'aveu même de ceux qui en sont les plus grands partisans, tout ce qui s'y trouve

_____

(1) Calcographie du Louvre, n° 4047.

de plus que dans le tableau de Rubens, c'est-à-dire la figure de Gerbier et celle des cinq enfans qui remplissent le côté gauche du tableau, sont mauvaises, et n'ont jamais pu appartenir à Van Dyck. Mon sentiment est que le tableau est de Gerbier ou de quelque peintre médiocre qu'il auroit employé pour peindre toute sa famille, et que celui-ci, trouvant le grouppe de Rubens tout à fait propre à entrer dans sa composition, s'en sera servi sans difficulté, et, dans ce cas là, ce n'est qu'un mauvais tableau qu'on a fait achetter cher à la princesse auquel il appartient, et c'est ainsi que les princes, qui ne sont pas obligés de s'y connoître, sont trompés si souvent. Il faut voir ce que M. R. Walpole a écrit au sujet de ce tableau dans ses anecdotes de la peinture, etc.

— Le portrait d'un homme de guerre en armure avec l'ordre de la Jarretière pendu à une chaîne et attaché à son col. Il a de longs cheveux plats, est de trois quarts, en demie figure, et la main appuyée sur un bâton de commandement. Gravé à l'eau-forte par L. de Châtillon. L'épreuve que j'ai est sans nom, et je ne puis dire de qui est ce portrait, que je n'ai vu qu'une fois. — Seroit-ce le prince Robert dans sa vieillesse? — Non. — Il m'en est passé par les mains une épreuve où l'on avoit fait écrire au bas par une fort belle main : « Jacques, duc d'Hamilton, chevalier de l'ordre de la Jarretière, général de la cavalerie de Charles Ier, décapité à Londres en 1646. » Voilà une confirmation de ce qui m'avoit été dit autrefois, et qui m'avoit fait écrire la même chose sur mon épreuve. — Cela n'est pourtant pas vrai. Après un très-mur examen j'ai reconnu que c'étoit le portrait de Guillaume, duc d'Hamilton, né en 1616, qui, ayant suivi le parti de Charles Ier, reçut à la bataille de Worcester des blessures dont il mourut le lendemain, en 1652. Le portrait du même seigneur, avec ses cheveux plats, se trouve gravé par R. White.

— Guillaume Hondius, graveur à La Haye, gravé par luy-
mesme (1). Ce portrait fait regretter qu'il y ait si peu d'ouvrages de lui ; est-ce qu'il seroit mort jeune ? — Je pense que
c'est lui qui a gravé en Pologne, où il avoit été attiré, et où
je crois qu'il est mort.

— Christophe vander Lamen, d'Anvers, peintre, gravé par
Pierre Clouwet (2). De Bie, qui lui donne place dans son *Cabinet doré*, le nomme Vander Laenen, et le qualifie de peintre
de sujets de conversations ; il est ici désigné par *consortis ju-
venilis pictor*.

— François Langlois, dit de Chartres, parce qu'il y estoit
né, marchand libraire et d'estampes à Paris, en 1645, contemporain et ami de Van Dyck, représenté en demy corps
avec une cornemuse, dont il avoit le talent de jouer dans la
dernière perfection ; gravé à l'eau-forte par Jean Pesne (3).
— Le tableau original est chez M. le président de Maisons,
1730. — Portrait différent de celui du même libraire, gravé
par Nic. Poilly, d'après un petit portrait de boette de poche
qu'avoit M. Crozat (4).

— Philippe le Roy, seigneur de Ravels, curieux de tableaux ; les draperies sont gravées au burin par L. Vosterman
et la teste par Paul Pontius. — J'en ai nombre d'épreuves
sur lesquelles il faudra faire des observations. — La planche
estoit originairement gravée par Vosterman ; sa marque paroist encore dans le fonds au-dessus de l'épaule gauche,
quoi qu'un peu effacée, et l'on remarque aisément dans les

---

(1) Calcographie du Louvre, n° 4,049.
(2) Calcographie du Louvre, n° 4,056.
(3) Robert Dumesnil, tome III, n° 97.
(4) Robert Dumesnil, t. II, p. 245, n° 34. — Immédiatement
au-dessus de cette note, Mariette avait écrit dans l'entreligne, et ensuite effacé cette mention : « Le portrait de mon bisayeul, P. Mariette ce qui ferait supposer qu'il avait été peint par Van Dyck. »

premières épreuves la place de ce qui a été effacé, c'est-à-dire la teste et le rabat; cela n'est pas si sensible dans les secondes épreuves que Paul Pontius a retouchées, et repassé les tailles pour accorder : apparemment que le portrait qu'avoit gravé Vosterman ne s'estoit pas trouvé ressemblant et qu'on le fit refaire par Pontius (1).

— Marc-Antoine Lumague, banquier et curieux de peintures à Paris, en demy corps, gravé au burin par Michel Lasne. Le tableau est chez M. Crozat le jeune, à Paris. — La tête séparément gravée par Suzanne Silvestre.

— Lazare Maharkysus, médecin d'Anvers, figure assise gravée en manière noire, très-bien, par Seb. Barras (2). M. Crozat avoit ce tableau.

— Jean Malder, évesque d'Anvers, en demy corps, gravé à l'eau forte à Anvers en 1645 par Wenceslas Hollar (3). Le tableau est à Paris chez M. Crozat le jeune, — et à présent chez M. de Thiers.

— *Monsieur de Nys* — je crois François de Nys, peintre de portraits, dont quelques-uns ont été gravés par Paul Pontius — *amateur*, inscription manuscrite que j'ay trouvée au bas d'un portrait en manière noire; gravé par Walerant Vaillant, d'après Van Dyck, lequel représente un homme en demie figure dans son cabinet. De la main gauche il s'appuye sur le bras de sa chaise, et tient de l'autre un compas qu'il a posé sur une table chargée d'estampes, d'instruments de musique, d'un buste, etc.

— Anthonius van Opstal, Bruxellensis, pictor iconum, et, au bas : Anthonius van Dyck pinxit. Sans nom de gra-

---

(1) Mariette avait un croquis de la tête, à la pierre noire, nᵒ 905 de son catalogue, acheté 48 liv. par S. Hubert.
(2) Robert Dumesnil, t. IV, nᵒ 34, p. 245.
(3) Calcographie du Louvre, nᵒ 4,117.

veur (1); elle est assez bien exécutée, et peut être d'un peintre nommé Stocade.

— La Famille de Philippe, comte de Pembroke, qui passe
pour le plus beau tableau de ce genre qu'ait peint Van Dyck.
Il se voit à Wilton, château appartenant à la famille de
Pembroke (2). Le comte et son épouse, assis sur une estrade,
sont environnés de tous leurs enfans; on ne peut desirer rien
de plus riche pour la composition. Le tableau a été gravé en
1746 par Bern. Baron, mais pas aussi bien qu'il le mérite. Il
y en a un tableau en petit chez M. le baron de Thiers, qu'on
estime estre une copie faite par Pietro Lely.

— Philippe IV, roi d'Espagne, représenté armé de toutes
pièces et à cheval, sous l'arcade d'un arc-de-triomphe, à la
clef de laquelle arcade est le portrait de l'empereur Charles V,
dans une bordure ovale portée par deux lyons. Gravé par
Pierre de Jode en 1660, à l'occasion de la paix des Pyrénées.
Le cheval est précisément le même que monte Charles Ier
dans le tableau qu'a gravé Lombart; mais la figure du roi
n'est pas la même. Les accompagnemens, qui sont assez
mauvais, n'appartiennent pas à Van Dyck; ils sont d'un
nommé Pet. Cocus, qui s'en dit l'auteur. La gravure est de
Pierre de Jode le jeune.

— Le même portrait de Pontius, gravé par Van Dyck (3),
a été gravé en manière noire, d'après le tableau qui est en
Angleterre, par Jacques Wanton, en 1764.

(1) Calcographie du Louvre, n° 5063. Antoine Van Opstal est
le père de Gérard, sculpteur, qui a été de l'Académie en 1648, et
qui a tant travaillé en France.
(2) Pour les noms des différents personnages, représentés dans
ce tableau, voyez Ædes Pembrochianæ, a new account and description of the statues. . . . paintings. . . . and other antiquities
and curiosities in Wilton House, 1784; in-8°, 10e édition, p.169.
(3) Calcographie du Louvre, n° 4021.

— Nicolas Rockox, conseiller de la ville d'Anvers, en demy corps et assis dans son cabinet; gravé au burin par Luc Vosterman. Le tableau est chez M. Watelet (1).

— Nicolas Rockox, ancien bourguemestre d'Anvers, en buste dans une forme ovale; gravé au burin par Pontius en 1639 (2). — Il y en a des premières épreuves sans nom de peintre. — Il passe pour estre de Van Dyck; mais d'autres le croyent de Rubens et avec plus d'apparence. Les premières épreuves *H. de Neyt exc.* portent le nom de Rubens; à celles où n'est plus le nom de Neyt on trouve le nom de Van Dyck.

— Conrad Ruten, chevalier écossois, surnommé le Roux. en demie figure. Gravé par Jacques Coelemans d'après un tableau du cabinet de Boyer d'Aiguilles. Le nom de Van Dyck, qui se lisoit sur cette planche, quand elle a été mise au jour, a depuis été effacé; l'on y a substitué celui de Bronchorst, et je crois qu'on l'a fait avec connoissance de cause.

— Corneille Sachtlaven, peintre hollandois, gravé par Luc Vosterman (3). J'ai le dessein original de toute beauté sur lequel la planche a été gravée; ce n'est pas un ouvrage qui fasse honneur à Vosterman, surtout ayant sous les yeux un aussi beau dessein que celui-ci à imiter.

— Jean Snellincx, peintre de cartons pour tapisseries à Anvers; gravé par Van Dyck (4). On voit son épitaphe dans l'église de Saint-George à Anvers, dans laquelle on lui donne la qualité de peintre de l'archiduc Albert et de l'infante Isabelle, et ce monument est accompagné du portrait de Snellincx peint par Van Dyck, le même qu'il a gravé.

---

(1) Ne figure pas dans le catalogue de la vente faite en 1786 par Paillet.
(2) Calcographie du Louvre, n° 4127.
(3) Calcographie du Louvre, n° 4091.
(4) Calcographie du Louvre, n° 4076.

— Diodore Tulden, professeur de jurisprudence dans l'Université de Louvain, gravé par P. de Jode le jeune (1). J'en ai le dessein, qui est bien beau (2).

— Robert Van Voerst, graveur à Londres, gravé au burin par luy-mesme. J'en ai le dessein, qui est une merveille d'art (3).

— Paul de Vos, peintre de chasses à Anvers. Il y en a ici trois épreuves, dont la première est telle que la planche est sortie des mains de Van Dyck; la seconde est rachevée à l'eau-forte par Jean Meyssens, et la troisième est entièrement terminée au burin par Schelte à Bolswert. J'en ai le dessein de Van Dyck (4).

— Jean Vander Wouwer, du conseil de guerre et des finances des Pays-Bas, gravé au burin par Paul Pontius (5). Il y en a deux tableaux à Paris, qu'on prétend estre tous deux originaux : l'un chez M. de Julienne (6), que je crois l'original; l'autre chez M. de Massé.

—Petit portrait d'une dame en corset, ovale; buste sans nom; sur mon épreuve étoit écrit de la main même de P. Pontius : *M^de Elisabeth Blonde; A. Van Dyck; pin.; P. Pontius, sculp.* C'est peut-être la femme ou la fille de Michel Le Blond.

---

(1) Calcographie du Louvre, n° 4,136.

(2) N° 903 de son catalogue. Vendu 445 livres. Maintenant au Louvre; il a été gravé de nouveau en fac-simile, par Alph. Masson, n° 371 de la calcographie.

(3) N° 907 de son catalogue. Vendu 176 livres. Gravé de nouveau en fac simile, par Alphonse Leroy. N° 372 du catalogue de la calcographie.

(4) N° 905 de son catalogue; acheté 24 livres par Tersan.

(5) 4,138 du catalogue de la calcographie.

(6) N° 123 du catalogue de la vente faite en 1767 : « Un portrait à mi-corps, que l'on croit être celui d'un baron allemand; sa tête est nue, garnie de petits cheveux; il porte à son col un rabat et un manteau un peu ouvert qui laisse voir un rouleau de papier dans sa main droite. Ce tableau, peint avec vigueur, est d'un beau fini; on le cite au rang des bons portraits de ce maître. »

— Portrait anonyme d'une dame, en buste, gravé à l'eau-forte par L. Ferdinand. J'ai vu entre les mains de M. R. Walpole le tableau d'après lequel cette pièce a été gravée. M. le prince de Valentinois venoit de lui en faire présent. On croit que c'est une des filles de Charles Ier.

— La comtesse douairière d'Exeter, gravée au burin par Guillaume Faithorne, d'après le tableau qui est dans le cabinet de M. Richardson, en Angleterre; il en fait une très-ample description dans son traité de la science de la critique (1). — L'estampe est rare, même en Angleterre. — Comme cette dame manquoit de sourcils, ce qui faisoit une difformité, Van Dyck, pour la sauver, a fait tomber son voile jusques sur les yeux. M. Walpole m'a appris cette particularité. — M. Walpole a le tableau, qu'il a eu à la vente de Richardson.

— Marguerite Lemon, angloise, célèbre par ses aventures de galanterie, en demy corps; gravé à l'eau-forte par Wenceslas Hollar en 1646. Cette femme fut maîtresse de Van Dyck, et si passionnée dans ses amours, qu'ayant appris le mariage de Van Dyck avec Marie Ruten, elle prit la résolution, pour se venger de l'infidélité de son amant, de lui couper le poignet, afin qu'il ne pût plus exercer son art. Mais, ce dessein ayant avorté, elle passa en Flandre avec un nouvel amant, qui, ayant péri à l'armée, elle se tua elle-même de désespoir d'un coup de pistolet. Il faut être instruit de ces faits pour bien entendre le sens des vers françois qui sont au bas de son portrait gravé par Hollar.

DYCK (DANIEL VAN) ou plus tost *Van den Dyck*, car c'est

---

(1) Voir l'édition des œuvres de Richardson. Amsterdam, 1728; in-8, tome II, p. 30-41.

ainsi qu'il écrit lui-même son nom au pied d'une assez belle
estampe qu'il a gravée; il avoit épousé une des filles de Nicolas Renieri, peintre flamand, étably à Venise. Mal à propos le P. Orlandi en fait-il un François. Il étoit Flamand; son
nom seul le dit, et ne permet pas d'en douter. Il étoit à Mantoue en **1660.**

— La Ste Vierge tenant l'enfant Jésus qui se jette à son col:
La Vierge tourne la tête d'un autre côté, et l'enfant est à peu
près dans la même intention que dans le tableau, dont il y a
une estampe gravée par Waumans. Je ne voudrois pourtant
pas assurer que cette petite pièce, qui est très-joliment gravée à l'eau-forte, fût d'Ant. van Dyck. On y lit sur la planche : *D. V. Dyck in. et fe* (1). Cela voudroit dire que c'est un
ouvrage de Daniel van Dyck qui a demeuré à Venise, et qui
n'étoit rien au chevalier Antoine. Le morceau est rare, et
tient beaucoup, par rapport à la touche et au maniement de
la pointe, d'une autre petite vierge gravée à l'eau-forte. —
*La pièce à laquelle Mariette fait allusion est ainsi décrite par
lui* : La Ste Vierge présentant à tetter à l'enfant Jésus qui est
couché sur ses genoux. Elle est en demy corps, et derrière est
St Joseph qui lit dans un livre; gravé à l'eau-forte par un
anonyme, avec esprit. *Antoine van Dyck inv.* Gravé d'une
pointe légère et spirituelle. C'est en tout la même composition que ce qui a été gravé par P. Clouvet avec cette différence que les testes ne sont pas des portraits comme dans
cette dernière.

DYCK (FLORIS VAN) de Harlem, n'est connu que par le

---

(1) N° 2 du catalogue de l'œuvre de Daniel Vanden Dyck dans
M. Robert Dumesnil, t. III, p. 16-8. Il n'a pas compris la pièce suivante; et d'après la description même de Mariette, il est évident
qu'elle ne se rapporte pas à Dan. Van Dyck.

peu qu'a dit à sa louange Scriverius, historien de Harlem, et non Schrevelius, ainsi qûe l'a écrit Descamps. Il y a apparence que ses talents le rendoient digne de l'éloge qu'en a fait sôn compatriote. Josepin, avec lequel il étoit lié d'amitié, en faisoit un si grand cas qu'il lui envoya en présent son portrait, et par un retour de reconnoissance le peintre hollandois prit soin de le faire graver par J. Matham, et d'y ajouter des vers latins qui nous apprennent toutes ces particularités. Voyez Descamps, t. I, p. 46.

EDELINCK (GÉRARD). Quoyque Gérard et Jean Edelinck soient nés à Anvers, dans les Pays-Bas, qu'ils y ayent appris les premiers éléments de leur art, et qu'ainsy ils semblent devoir estre mis au nombre des graveurs flamands, la France a pourtant droit de se les approprier, et ce seroit même luy faire une espèce de larcin que de les luy vouloir enlever. Lorsque ces deux artistes vinrent s'y établir, ils étoient fort jeunes ; à peine étoient-ils connus par leurs ouvrages. Il y a mesme apparence que, s'ils fussent demeurés plus longtemps dans leur patrie, les occasions d'exercer leurs talents leur auroient pu manquer, au lieu que la France leur en présentoit de très-favorables. Les arts y florissoient alors avec éclat. Jean-Baptiste Colbert, ministre d'état, à qui le roy en avoit confié l'intendance et celle des manufactures, recherchoit avec soin ceux qui se distinguoient dans leurs professions ; il répandoit abondamment sur eux les récompenses et les honneurs, et les pays voisins se dépeuploient tous les jours d'artistes qui venoient chercher auprès de luy une fortune et plus solide et plus brillante. Ce fut dans ces heureuses circonstances que les deux frères Edelinck arrivèrent à Paris. Jean Edelinck y vint le premier. Gérard, son frère, qui estoit son aisné, l'y suivit de près, et l'on peut remarquer comme une circonstance toute singulière qu'il eut à travailler dès le jour mesme de son arrivée; mais, lorsqu'il eut trouvé le moyen de se faire connoître de Charles Le Brun, premier peintre du roy, il eut alors de quoy satisfaire abondamment le désir qui le possédoit d'acquérir de la gloire. Il étoit déjà très-habile dans son art, et ce célèbre peintre, très-bon connoisseur en fait de mérite, n'eut pas de peine à s'en asseurer. Pouvoit-il luy donner des signes moins équivoques de son estime qu'en luy proposant de graver pour le roy la famille de Darius aux pieds d'Alexandre, tableau où il avoit déployé tout son sçavoir et qui avoit été si fort goûté de toute la cour? La grandeur de l'entreprise, la difficulté de bien exprimer sur chaque visage les expressions que l'on admiroit dans l'original, n'arrestèrent point Edelinck; elles ne servirent qu'à l'exciter davantage, et en effet le désir de réussir luy fit apporter tant de soins dans son ouvrage que cette estampe suffit seule pour faire juger de sa capacité: Rien n'y est négligé; chaque objet y est traitté de la manière et dans le goût qui luy convient, et il y règne une suavité de tons soutenue par une couleur brillante, que l'on ne rencontre point ailleurs. C'est que Gérard Edelinck travailloit avec tant d'aisance, que ce qu'il gravoit il le faisoit presque toujours au premier coup, sans être obligé d'y revenir comme la pluspart des autres graveurs. C'étoit un don de la nature, et ceux qui l'ont veu travailler étoient surpris de la facilité avec laquelle il promenoit son burin sur le cuivre. De là le grand nombre de pièces que l'on voit de luy, dont il n'y en a aucune qui ne soit très-terminée, et qui toutes cependant sont gravées au burin, manière qui est d'ailleurs si peu expéditive. Une bonne partie consiste en portraits d'hommes illustres parmi lesquels il s'en trouva d'une beauté singulière. Gérard Edelinck avoit succédé aux biens de Nanteuil, dont il avoit épousé la niepce, et il avoit en mesme temps hérité de la réputation que celuy-cy avoit acquise dans ce genre d'ouvrages. Le roy de France

luy avoit accordé la qualité de son premier graveur, et, le
jour qu'il fut receu de l'Académie royale de peinture, on luy
décerna dans la mesme séance le titre de conseiller de cette
Académie, honneur que l'on n'avoit encore fait à personne (1).
Gérard et Jean Edelinck avoient un troisième frère à qui ils
avoient appris la graveure; mais, comme il y faisoit peu de
progrès et qu'il luy survint d'autres occupations, il l'abandonna de bonne heure.

Il est à propos de remarquer que, pour éviter les redites,
les pièces où l'on ne spécifiera pas le nom du graveur seront
celles gravées par Gérard Edelinck, et l'on observera le contraire à l'égard de celles qui le sont par son frère.

— Le Déluge, gravé d'après Alex. Veronèse. Des tableaux
du roy. Ce fut Gérard Edelinck qui le fit faire sous ses yeux
par ses frères, et il l'a retouché en plusieurs endroits. — Jean
Edelinck avoit entrepris de graver cette planche du Déluge ; il
mourut en y travaillant et la laissa imparfaite. Gérard Edelinck se chargea de la faire rachever sous ses yeux par son
plus jeune frère, et il y donna ensuite luy-même la dernière
main (2).

— La Ste Famille de Jésus-Christ, d'après le tableau de
Raphaël d'Urbin, qui est dans le cabinet du roy. Gérard Edelinck ne grava pas cette planche pour le roy, mais pour
M. Colbert, et pour servir à une thèse soutenue par un de
ses enfants; depuis M. Colbert la donna au roy et l'on effaça
ses noms qui étoient au bas de la planche (3).

— Jésus attaché sur l'arbre de la croix. Inventé et gravé
par Fr. de Poilly. Gérard Edelinck travailloit pour lors auprès

---

(1) M. Robert Dumesnil a donné son œuvre, t. VII, p. 169-335.
(2) Calcographie du Louvre, n° 2.
(3) Robert Dumesnil, n° 4; calcographie du Louvre, n° 190.

de luy, et ce fut sous sa conduite qu'il grava dans cette plan‑
che les terrasses, le ciel et le lointain.

— St Ambroise, pour le livre intitulé : Vie de St Ambroise,
par Herman, 4°, Dezalier, 1679. St Bazile le grand et St Gré‑
goire de Nazianze, St Athanase en demy corps, d'après
J.-B. de Champagne. — Pour les Vies de ces saints docteurs,
imprimés chez mon oncle Dupuis, en 16..; ce libraire les
vouloit faire graver à Pitau; mais, n'étant pas convenu de
prix avec luy, Edelinck les grava (1).

— St Étienne lapidé par les Juifs. Cette planche est gravée
par P. Brissart, et il n'y a que la teste où G. Edelinck ait tra‑
vaillé.

— St François Xavier annonçant la foy aux Indiens, d'a‑
près Jérosme Sourley. La mesme pièce avec écriture; la
mesme pièce avec dédicace où l'on a effacé le nom d'Ede‑
linck. Les deux dernières ont cela de différence avec la pre‑
mière que la tête du saint est gravée par Fr. Poilly qui ref‑
faça celle qu'Edelinck avoit fait auparavant, parce qu'elle
n'estoit pas assez gracieuse; on a assez de peine à en trouver
de cette pièce sans lettre et où la teste du saint soit gravée par
Edelinck.

— La bienheureuse Catherine Adorne de Gênes, à demy
corps tenant un crucifix. Très-rare; mon père l'avoit eu de
l'œuvre de M. Edelinck mesme (2).

— Alexandre, ayant vaincu Darius, vient rendre visite à la
famille de ce prince accompagné de Parmenion, d'après Mi‑
gnard. — Pierre Mignard, premier peintre du roy après la
mort de Charles Le Brun, jaloux de la réputation que le ta‑
bleau avoit acquise à Le Brun son prédécesseur, voulut mon‑

(1) Robert Dumesnil, n° 23-5.
(2) Robert Dumesnil, n° 207.

trer en peignant celuy-cy qu'il étoit capable de travailler sur le mesme sujet avec autant de succès, et, pour que rien ne manquât au parrallèle, il entreprit de faire aussy graver son tableau par Gérard Edelinck; mais, celui-ci étant mort, la planche demeura imparfaite jusqu'à ce que Pierre Drevet l'eût rachevée dans l'estat qu'elle est présentement (1).

— Combat de quatre cavaliers, des premières manières, d'après L. de la Finse. — Je préjuge que cette inscription, qui est au bas de la planche, se doit écrire L. de Vinci, et que c'est une faute de l'écrivain qui a corrompu le nom du peintre. Ce sera assurément le tableau, dont il est fait mention dans la Vie de L. da Vinci, écrite par Trichet du Fresne, lequel estoit pour lors aux Thuilleries. La description qu'il en donne est fort conforme à ce qui est représenté icy (2).

— Statues de Versailles sur des piédestaux; gravées par G. Edelinck. — Ces statues sont présentement fort rares; il doit y en avoir, pour estre complettes, quatorze. — Toutes ces statues sur des piédestaux sont gravées d'après Chaufourier. Ce sont des derniers ouvrages du sieur G. Edelinck; il s'en trouva à sa mort douze de gravées entièrement, et deux dont il n'a jamais été tiré une seule épreuve, et qui mesme n'estoient pas encore achevées de graver. Je scay cela de M. Chaufourier qui est son gendre. Ces planches sont rares présentement, mais dans la suitte elles ne le seront pas selon toutes apparances. On les mettra au jour, elles sont au bureau chez M. de Cotte, premier architecte du roy (3).

— Casparus Bartholimus, fils de Thomas; âgé de 22 ans

---

(1) Robert Dumesnil, n° 43.
(2) Robert Dumesnil, n° 44. — Voir sur un dessein de Rubens, qui a servi de premier type à la gravure d'Edelinck, le journal *la Lumière*, n° du 18 décembre, 1852.
(3) Robert Dumesnil, n°s 49-53. Calcographie du Louvre, n°s 1269, 1273-4, 1276, 1280, 1286, 1307-9, 1316, 1326.

en 1676, anatomes professor, gravé en 1676 par J. Edelinck.
Je crois y reconnoître du travail de Gérard Edelinck. Pour
un livre intitulé : Caspari Bartolin Thom. f. diaphragmatis
structura nova, Romæ 1676. Bartholini étoit à Paris pendant
qu'on imprimoit son livre à Rome ; l'épître dédicatoire adressée à Cosme III, grand duc, est datée de Paris, Calendas Februarii, anno 1676.

— La Peinture et la Sculpture, accompagnées de leurs génies soutenant le portrait de Pierre-Vincent Bertin, trésorier
général de la chancellerie de France. Le portrait est d'après
N. Largillière, et le reste des accompagnements d'après Ant.
Coypel le fils. — Il résigna cette charge en 1687, et fut depuis, à ce que je crois, trésorier des parties casuelles (1).

— Jean-Paul Bignon, abbé de Saint-Quentin, à demy
corps, d'après Lucrèce Catherine de la Roue. C'est M. Anisson
qui l'a fait graver en 1700 (2).— Autre du mesme à iny-corps
dans un ovale, d'après Vivien. Cette épreuve est retouchée
par J. Audran ; l'on en trouve qui sont pures d'Edelinck ; ce
fut Monbard qui fit retoucher cette planche par J. Audran (3).

—Emmanuel de la Tour d'Auvergne, cardinal de Bouil-
lon (4), Charles-Maurice le Tellier (5), archevesque de Rheims,
grands portraits gravés par Nanteuil et retouchés par G. Edelinck. Ces planches tombèrent à Edelinck dans la succession
qu'il eut de Nanteuil, et, pour les faire servir, il les retoucha.

— Portrait de ....., femme de M. Nicolas Chauvin, maistre
des comptes, à demy corps, dans un ovale ; représentée en
Ste Élisabeth. — Élisabeth Guillois, fille de Michel Guillois,

---

(1) Robert Dumesnil, n° 149.
(2) Robert Dumesnil, n° 151.
(3) Robert Dumesnil, n° 150.
(4) Robert Dumesnil, catalogue de Nanteuil, t. IV, n° 51 ou 52.
(5) Robert Dumesnil, catalogue de Nanteuil, n° 137.

doyen du Chastelet et femme de .... Chauvin, maître des comptes. La planche est restée dans la famille; ce petit portrait est rare (1).

— L'Histoire occupée à escrire les actions héroïques de Louis XIV, accompagnée du Temps qui luy ayde à supporter le portrait de ce prince. Il n'y a que le portrait du roy et la teste de l'Histoire, qui est celuy de madame de Beaulieu, qui soient gravées par Edelinck, le reste l'étant par Loisel d'après Desmarets. — C'est la dédicace du Beaulieu; Reine de Beaulieu, nièce du chevalier de Beaulieu et épouse de M. Des Roches, ingénieur du roy.

— Philippe Évrard, avocat au parlement de Paris, d'après Tortebat; dans un ovale; très-rare. On ne sçait ce qu'est devenue la planche; c'estoit le chevalier Simon qui l'avoit fait graver; mais jamais de son vivant il ne la put trouver chez luy, et après sa mort on ne la put pas non plus trouver; on n'en connoît que trois ou quatre épreuves. — Elle est présentement retrouvée; M. Drevet l'a achetée (2).

— Portrait de Régnier de Graef, médecin hollandois, gravé en 1666, d'après H. Watelé. — C'est le premier ouvrage que le sieur G. Edelinck ait fait à Paris. Voici l'anecdote telle que me l'a racontée M. Chaufourier son gendre. Lorsque M. Edelinck arriva à Paris, il alla sur-le-champ chez son frère qui y étoit déjà, et, luy ayant demandé quels étoient les ouvrages qu'il avoit à faire, il luy montra ce portrait qu'il alloit graver. Gérard luy dit d'aller faire préparer le souper et que pendant ce temps il travailleroit à sa planche, ce qu'il fit, car, pendant le temps que Jean apprêtoit le souper, il grava entièrement la teste de ce portrait. Il avoit pour lors 26 ans.

---

(1) Robert Dumesnil, n° 167.
(2) Robert Dumesnil, n° 198.

— M. Edelinck le fils et M. Wleughels conviennent que M. Edelinck, arrivant à Paris, trouva son frère occupé à graver des testes dans une planche, et que, ayant sçu qu'il en avoit un écu de chacune, il en grava deux dans le jour même de son arrivée, pendant que son frère étoit occupé à donner ordre à sa réception, et l'un et l'autre m'asseurent que ce fait leur a été raconté souvent par M. Edelinck même. Au reste, ce petit portrait de De Graef se trouve dans un livre de médecine de cet auteur, je pense imprimé à Paris (1).

— Portrait d'Innocent XII, dont il n'y a que la teste où Edelinck ait retouché. — M. Chaufourier m'a dit qu'à l'élection du pape Innocent XII M. Edelinck trouva cette petite planche qui traînoit chez luy; il y donna quatre coups et la donnoit à vendre à ses enfants; il ne veut pas que cette pièce soit dans son œuvre. — M. Edelinck le fils m'a dit que son père, ayant appris sur les dix heures du matin la nouvelle de l'élection du pape Innocent XII, remonta après le déjeuner dans sa chambre, et qu'il se mit sur-le-champ à graver en quatre coups le portrait qui fut achevé à midi, et je tiens cela pour vray.

— Jean de la Fontaine de l'Académie française, d'après H. Rigaud. Le tableau original, qui est d'une grande beauté, est chez M. Coustard, conseiller au parlement, en 1730 (2).

— Le baron del Kink, Holandois, d'après A. Boonen. Il y en a des épreuves avec l'inscription. — C'est Gerbrand Van

---

(1) Robert Dumesnil, n° 219. Nous n'avons pu trouver de ce médecin qu'un livre imprimé à Paris, intitulé : *Traité de la nature du suc pancréatique*... par Régnier de Graef, médecin Hollandais. Paris, Olivier de Varennes, 1666, in-18. L'exemplaire que nous avons vu n'avait pas de portrait; mais il peut ne pas avoir été mis à toute l'édition.

(2) Robert Dumesnil, n° 230. — Voyez plus haut la note sur Drevet, p. 122.

Leeuwen, ministre de la R. P. R. à Amsterdam et non pas le
baron del Kink (1). Voyez le portrait de ce mesme homme,
gravé par P. Schenck, d'après le mesme peintre, Ant. Boonen. J. Gole l'a aussy gravé.

— Un homme d'épée, chevalier de la Jarretière, dans un
ovale, accompagné de trophées. Vignette avec cette inscription : Mars in prælio. Cette pièce est attribuée par quelques-
uns au sieur Edelinck; mais elle n'en est pas sûrement; elle
est de L. Cossin. C'est Jean-Gaspard-Ferdinand, comte de
Marchin. Cette vignette se trouve à la teste du livre intitulé :
le Miroir des nobles de Hasbaye (2).

— Thomas Alexandre Morant, conseiller d'estat, maistre
des requestes et intendant en Provence (Gallo-Provincia);
gravé en 1685, d'après de Largilière. Ce portrait est rare; la
planche en est gâtée et ne peut plus imprimer. M. Drevet en
est certain et me l'a asseuré (3).

— Jean Mouton, célèbre joueur, jouant de la guitare —
est-ce un luth ou une guitare (4) — c'est un luth — à demy
corps, d'après Fr. de Troyes. — D'après un des plus beaux
tableaux qu'ait peints M. de Troyes. Il a été peint en 1690,
Mouton étant pour lors âgé de 64 ans. J'ai vu ce tableau en
1755, et j'ose dire que le plus beau tableau de Van Dyck ne
me paroît pas supérieur.

— Philippe de France, frère unique du roy, duc d'Orléans,
buste dans un ovale, armé d'une cuirasse, avec une écharpe
passée par dessus et un rabat de point; quatre fleurs de lys

(1) Robert Dumesnil, n° 239.
(2) Miroir des nobles de Hasbaye, par Jacques de Hemricourt,
mis du vieux en nouveau langage, par le sieur de Salbray. Bruxelles, Henri Fricx, 1673, in-f°.
(3) Robert Dumesnil, n° 279.
(4) Mariette par surcroît d'exactitude avait dessiné en marge
l'instrument. — Robert Dumesnil, n° 281.

disposées aux quatre coins de l'ovale. Ce portrait en petit, auquel on ne trouve aucuns noms d'artistes, est, à n'en point douter, de Gérard Edelinck qui le fit dans les premières années de son arrivée à Paris, pour estre mis à la teste d'un petit livre de morale intitulé : La belle amitié ou le véritable amy (par P. Dalicourt). Paris, 1688, in-12. Ce petit ouvrage est dédié audit duc d'Orléans ; or, cet ouvrage qui est de très-peu d'importance, n'ayant pas été fort recherché, le petit portrait, qui estoit à la teste, est demeuré aussi dans l'oubly, et il est si rare que je ne l'avois veu ni n'en avois entendu parler jusqu'en 1733 (1).

— Nic. Pinette, conseiller du roy en ses conseils et directeur de l'hôpital général de Paris, d'après Quenel. — J'en suis asseuré présentement ; c'est l'abbé Quesnel que j'ay connu qui brocantoit des tableaux ; il estoit frère du père Quesnel (2).

EDELINCK (JEAN). Au bas du portrait de Nic. Samson, gravé par Jean Edelinck, qui est chez le roy, M. Clément a écrit la datte 1679, et je crois que la cause qu'il n'a pas été tout à fait fini, est la mort de J. Edelinck survenue dans le temps qu'il y travailloit. Je suis présentement asseuré que J. Edelinck mourut en 1680.

— La Ste Vierge montrant la tunique de son fils, gravé par Jean Edelinck d'après J. B. de Champagne. Pour le livre : l'Histoire de la robe sans couture de N. S. qui est révérée dans l'église des Bénédictins à Argenteuil, imprimé à Paris en 1677.

EDELINCK (NICOLAS), le seul qui reste des enfans de Gé-

---

(1) Robert Dumesnil, n° 286, qui le considère comme douteux.
(2) Robert Dumesnil, n° 296, qui n'a pas pu indiquer le nom de Quesnel. — Voir dans ce même volume, p. 46.

rard Edelinck est né à Paris en 1681. Une indolence impardonnable l'a empêché d'exercer un art pour lequel il avoit d'heureuses dispositions. Son père croyant qu'en changeant de climat, il pourroit montrer plus d'ardeur pour la gravure, à laquelle il le destinoit, l'envoya jeune à Munich, chez Amling, qui lui mit le burin à la main, et qui lui fit exécuter diverses planches. De là il passa à Venise, y fit connoissance avec le peintre Vleughels, et contracta avec lui une amitié qui ne s'est point démentie; ils restèrent unis; mais cela ne changea rien à la façon d'agir d'Edelinck pendant son séjour à Venise qui fut assez long. Il ne grava que deux planches. Il vint ensuite à Rome où il travailla encore moins, et enfin à Paris où il ne fit plus rien du tout. Il y est mort d'une chute au mois de mars 1768, ayant 87 ans accomplis.

— La Ste Vierge à demy corps tenant l'enfant Jésus endormi entre ses bras, gravé en 1708 par N. Edelinck, fils de Gérard; il étoit pour lors à Venise, d'où il vint à Rome en 1709 à la pension du roy; il fit cette planche d'après un tableau que l'on prétendoit être du Corrége, mais qui n'en estoit certainement point. Elle est fondue et assez bien.

EGMONT (JUSTE VERUS D') d'Anvers; ce peintre, qui estoit excellent pour peindre les portraits, vint à Paris sous le règne de Louis XIII et y acquit une grande réputation. En effet personne n'estoit plus capable que luy de bien peindre une teste. J'en ai veu qui sont dignes de Van Dyck, tant elles sont peintes avec fraîcheur. Pour faire la cour au roy on asseure qu'il prit le nom de Juste, et depüis on ne le connut plus que sous ce nom là. Il fut un des anciens conseillers professeurs de l'Académie, et, étant retourné à Anvers, il y mourut le 8 janvier 1674, âgé de 72 ans; car Corneille de Bie le fait naître à Leyde en 1602; il avoit étudié sous Rubens, qui, dans un acte juridique, du 19 août 1628, le fait servir de témoin avec

Guillaume Pannells, aussi son disciple. Voir Corneille de Bie, p. 135. Il n'avoit donc pas encore mis le pied en France, en 1628.

Bombourg, dans sa description sommaire des peintures qui sont à Lyon, dit que le tableau du grand autel des Jacobins de cette ville, représentant le baptême de N. S., est de Juste, peintre du grand Duc.

EICHLER (GOTTFRIED ou GODEFROI), peintre de portraits et d'histoire à Augsbourg, né en 1677, mort en 1759. Inscription qui se lit au bas du portrait de cet artiste, qu'a gravé en 1772 G. P. Kilian.

ELHZEIMER (ADAMO) étoit fils d'un tailleur de Francfort. Il seroit bon de traduire le peu que Van Mander en a écrit à la page 296 de ses Vies de peintres. Il y dit entre autres choses qu'Elhzeimer estoit à Rome en 1604, âgé pour lors de 28 ou 30 ans, ce qui confirme l'époque de sa naissance rapportée par Sandrart. Descamps, t. 1, p. 283, a écrit sa vie, et le fait mourir à Rome en 1620, âgé de 56 ans; il a voulu dire 46 ans. Je ne scais qui lui a fourni cette datte. Le Baglioni dit simplement qu'il mourut jeune sous le pontificat de Paul V, qui a fini en 1621. La femme qu'il avoit épousée à Rome étoit une Écossoise. Sandrart la trouva encore à Rome en 1632, et achetta d'elle un tableau de son mary. Ses ouvrages sont rares et se payent au poids de l'or.

— *Comme le père Orlandi appelle cet artiste Marco d'Adamo Ælzheimer, Mariette ajoute :* Autant de fautes que de mots. Cette marque $_{VE}^{P}$, que voici mieux figurée, se trouve bien sur nombre de planches qui ont été gravées à Anvers, d'après le vieux Breugel. Mais ce n'est point celle d'Adam Elsheimer, qui n'a jamais rien fait de semblable. On croit que c'est la marque d'un marchand d'Anvers, qui avoit les plan-

ches où se trouve la marque en question; qui se nommoit
P. Miricenys exc., qui lui-même a pu les graver. Je ne serois
pas éloigné de le croire; d'autres la donnent à un **P. Martini**, marchand d'estampes à Anvers.

— L'ange Raphaël conduisant le jeune Tobie, et traversant
avec luy une rivière; gravé au burin à Rome, en 1608, par
Henry Goudt. Sandrart fait mention de ce tableau dans la vie
d'Elsheimer.

— St Christophe traversant une rivière et portant sur ses
épaules l'enfant Jésus, gravé à l'eau-forte par J. V. Noordt.
Ce graveur n'y a pas mis son nom ; mais elle est tellement
semblable, pour la manière, à un paysage qu'il a gravé d'a-
près Lastman, et où l'on trouve son nom, que je ne fais point
de difficulté de la luy donner.

— St Laurent dépouillé de ses habits de diacre pour estre
martyrisé. Gravé à l'eau-forte par un maistre qui ne s'y est
pas nommé, et que l'on croit estre Pierre Nolpe. *Adam Van
Frankfort inv.* Je suis comme assuré qu'elle est de P. Nolpe ;
c'est sa touche et sa manière. Ce tableau est cité par Sandrart; vie d'Elsheimer.

— Céphale ramassant des simples pour tâcher de guérir la
malheureuse Procris qu'il vient de blesser. Gravé au burin
par Magdelaine de Pass, et dédié par elle à Rubens. Sandrart fait encore mention de ce tableau.

— Latone insultée par les paysans de Lycie qui sont méta-
morphosés en grenouilles; gravé par la même; et dédiée par
elle à Nicolas van Bouckhorst, qui en avoit pour lors le tableau. Sandrart en parle.

— Deux petits paysages, où dans l'un est représentée une
femme qui danse au son du tambour de basque, en présence
de quelques satyres, et, dans le second, une autre femme assise écoute un satyre qui joue de la flûte. Sans nom ni
marque. Ce sont deux petits morceaux fort jolis. Sandrart en

parle, et c'est luy qui dit qu'elles sont gravées par Elsheimer même.

ELLE (FERDINAND) de Malines, l'un des plus excellents peintres de portraits qui ayent paru en France, vint s'établir à Paris et laissa deux fils, Louis et Pierre, qui suivirent sa même profession ; comme leur père avoit acquis une grande réputation sous le nom de Ferdinand, ils se firent pareillement nommer Ferdinand, préférablement à leur nom de famille. Louis Elle Ferdinand l'aisné naquit en 1612 et mourut en 1689. Il étoit de l'Académie et l'un des premiers qui en avoit été receu. C'est de luy que l'on voit plusieurs pièces qu'il a gravées à l'eau-forte, la plus grande partie d'après Testelin. L'on trouve de ses ouvrages de graveure avec la datte 1644 et 1656. Il gravoit d'une manière assez moelleuse. Il avoit été de la religion, et par conséquent obligé de se retirer de l'Académie où il fut rétably après son abjuration. Son frère, Pierre Ferdinand, étoit aussy peintre ; il avoit le fonds de planches de son frère ; Louis eut un fils qui peignit aussi des portraits, et qui, s'étant retiré en Bretagne, est mort à Rennes le. . . (1). Il étoit comme son père de l'Académie.

ELLE (LOUIS). L'un des plus habiles peintres de portraits, qui aient paru en France, a été Ferdinand Elle. Il étoit de Malines, et s'étant venu établir à Paris, il se fit appeller par son nom de baptême, préférablement à celuy de sa famille. De là vint que ses enfants prirent aussy le nom de Ferdinand. Ayant embrassé la peinture, il leur étoit avantageux de profiter du grand nom que leur père s'y étoit fait. L'aisné, qui se nommoit Louis, se distingua dans sa profession. Il entreprit aussi de graver, et il le fit d'une manière assez moelleuse.

---

(1) A Soixante-neuf ans, le 5 septembre 1717. Liste des académiciens. *Archives*, t. I, p. 370.

Outre ce qu'il grava d'après Testelin, qui est son plus considérable ouvrage, il fit encore quelques planches d'après le Primatice, et d'après d'autres maistres. A son exemple, Samuel Bernard, qui étoit son parent, devint aussy graveur. Ferdinand luy en avoit montré la pratique, c'est ce qui fait que leurs manières ont une si grande conformité. Bernard excelloit à peindre en miniature, et il avoit un goût si excellent, que, lorsqu'il entreprenoit de copier à détrempe les ouvrages des plus grands maîtres, il en rendoit parfaitement toutes les beautés. Ces deux maistres étoient de l'Académie royale de peinture, et du nombre de ceux qui en avoient commencé l'établissement.

EMPOLI (JACOPO DA). En 1588, lorsque la grande-duchesse Christine de Lorraine fit son entrée à Florence, on lui fit une magnifique réception et tous les peintres travaillèrent à l'envi pour enrichir de leurs peintures les décorations, qui furent placées en divers endroits de la ville. Jac. da Empoli fit aussi son tableau dont on voit l'estampe dans la description imprimée de cette fête.

ENGELBRECHT (CHRISTIAN), graveur et marchand d'estampes à Ausbourg, y naquit en 1672 et y est mort en 1735. Son portrait gravé par S. Ch. Kilian, en 1772.

ERRARD (CHARLES), nacquit à Nantes en 1606. C'estoit un des peintres les plus employés de son temps, à cause de la réputation dont il jouissoit; cependant il avoit un goût extrêmement lourd et pesant, qu'il avoit contracté en étudiant d'après les bas-reliefs antiques. Il fut un des premiers membres de l'Académie de peinture établie à Paris, et le Roi le choisit en 1666 pour estre directeur de l'Académie françoise établie à Rome. Cependant il ne paroissoit pas y être propre. De jéunes disciples ne pouvoient recevoir une bonne éducation sous sa discipline, car l'on doit éviter surtout de tomber dans le lourd, lorsque l'on commence à s'adonner à la peinture. Quoy qu'il en soit, Errard eut la direction de cette Académie jusques en 1672 qu'il revint en France. Il retourna une seconde fois à Rome en la mesme qualité en 1677, et il y mourut le 25 may 1689, âgé de 83 ans. Il y avoit longtemps qu'il estoit directeur de l'Académie de Paris. M. Poussin ne l'estimoit pas, ainsy qu'on le peut voir par la lettre qu'il écrivoit à Abraham Bosse au sujet des figures qu'il avoit dessinées dans le traité de peinture de Léonard de Vinci de l'édition de Paris et qui estoient attribuées par quelques-uns au Poussin. Cette lettre se trouve dans un traité de Bosse intitulé.... (1).

Ch. Errard s'estoit particulièrement attaché à peindre des ornements et il en avoit fait son principal talent. Le goût qui régnoit pour lors étoit d'en peindre dans tous les plafonds et les lambris des appartements, et il s'estoit enrichy à conduire de ces sortes d'attéliers lorsqu'il fut à Rome en qualité de directeur de l'Académie françoise. Il dessina tout ce qu'il put trouver d'ornements antiques, et il en rassembla la plus ample collection qu'on eut jamais veue. Au lieu de former ces jeunes gens, dont il avoit la conduite, sur les ouvrages des meilleurs dessinateurs et des meilleurs coloristes, il les assujetit trop à ce que l'anatomie, les proportions et les règles de l'art ont de plus servile, et il captiva ainsy tellement leur génie que ceux qui suivirent ses leçons ne purent jamais depuis se défaire de la mauvaise éducation qu'il leur avoit donnée.

— Recüeil des plus beaux vases antiques qui sont à Rome ou aux environs, au nombre de douze, dessinés par Charles

_____

(1) Dans : *Traité des pratiques géométrales et perspectives enseignées dans l'enseignement royal de peinture.* Paris, 1665, in-8°, p. 128.

Errard, lequel est aussy l'inventeur du sujet qui sert de frontispice à cette suite ; le tout est gravé au burin par G. Tour-
nier. La première feuille représente une femme assise dans
un jardin orné de vases ; elle est appuyée sur un médaillon
dans lequel est figuré le chiffre de la Reyne Christine de
Suède, cette suite luy ayant été présentée par Errard, aux
dépens de qui elle fut gravée. Aussy y met-il *C. Errard
del. et exc.*

ERTINGER (FRANÇOIS), étoit peintre en miniature et graveur.

— Epitaphe de l'épouse de Paul Sevin, dans l'église de St-
André-des-Arcs, à Paris ; le génie de Paul Sevin, peintre à
Paris, représenté dans un médaillon ; gravé en **1688** d'après
P. Sevin.

ESPINOSA (GÉROSME), peintre de Valence, en Espagne, sur
la fin du dernier siècle. D. Joseph. Garcia.

EVERDINGEN (ALLART VAN). Les fables du Renard, en 56
pièces, inventées et gravées à l'eau-forte par Allart Van Everdingen. Il y en a parmy sept ou huit où la graveure à l'eau-
forte est alliée avec la graveure en manière noire ; ce sont des
sujets de nuits, et cette manière fait un fort bon effet. Les
sujets de la plus grande partie de ces fables sont tirés d'un
livre allemand dont il y a une traduction latine sous ce titre :
De admirabili fallacia et astutia Vulpecula Reinikes, auctore
Hartmanno Schoppero, Francofurti ad Menum, 1567, 8°.
C'est une satyre, faite par un protestant, où les prestres ca-
tholiques ne sont pas espargnés. On l'estime fort en Allemagne. Je dis que les sujets de la plupart des fables gravées
par Everdingen sont tirés de ce livre ; c'est qu'effectivement
il s'en trouve quelques-unes dans la suite qui sont tirées d'É-

sope. Il y a au bas de la première dix vers hollandois ; mais l'auteur n'a mis ni son nom ni sa marque à aucune planche. Nous en avons une suite avant que les planches eussent été retouchées au burin, c'est-à-dire telles qu'elles sont sorties de l'eau-forte. Elles ont été retravaillées depuis au burin pour y mettre plus de propreté et même pour y donner plus d'intelligence ; car ce qui y a été fait paroît l'avoir été sous les yeux de l'auteur. Il faut même avouer que les sujets de nuit en manière noire sont mieux traités. Mais aussi perdent-elles beaucoup de leur premier esprit, le travail au burin qui a été mis étant un peu froid. C'est ce qui fait que j'estime bien davantage la suite que nous avons. Elle est moins nombreuse que celle que l'on débite actuellement en Hollande. Celles-cy sont, comme je l'ay remarqué, composées de 56 planches ; nous n'en avons que 53 ; encore dans ce nombre y a-t-il deux planches qui n'ont point servi. Il y en a en place deux autres qui ont été recommencées et qui représentent les mêmes sujets. Ce sont celle du titre, qui dans notre suite est d'une forme un peu plus petite que toutes les autres planches de la suite, et la seconde, le renard chassé par des chiens et le chat monté sur un arbre. Les trois planches qui nous manquent sont le lyon, l'ours et le renard, la danse de l'ours, le cheval qui, pour se venger du cerf, se laisse mettre un mors. — Elles me sont venues depuis.

— Il y a du même auteur une suite de cent paysages de diverses formes, les uns plus grands, les autres plus petits, tous gravés par lui-même d'après des desseins qu'il avoit faits d'après nature, la plus grande partie en Norwége. Aussi les sites et les fabriques en sont-ils fort extraordinaires et ne tiennent rien de tous les autres paysages que l'on a. Ce sont des roches couvertes de forêts et de mauvaises maisons bâties de bois. Il a mis à presque toutes les planches la marque A. V. E., et à quelques-unes son nom tout au long.

Il y en a, dans le cours de ces planches, qui sont d'une manière assez différente, et quelques-unes qui, ayant manqué
à l'eau-forte, ont été retouchées assez mal au burin. Il
paroist même que ces planches ont été négligées dans la
suite, et il seroit à souhaiter que les épreuves qu'on en a
fait tirer, lorsqu'on les a reproduites, eussent été mieux imprimées. Ce sont, à ce qu'on m'a assuré, les héritiers d'Everdingen qui les ont, de même que celles des fables, et ils les
tiennent, dit-on, assez chères. La suite que j'ay veue n'étoit
composée que de 97 planches; on m'a assuré que pour que
la suite fût plus complète, il falloit qu'elle fût composée de
cent planches. — Huquier en avoit rassemblé 105, et dans ce
nombre, il y en a quatre qui sont curieuses, ce sont des vues
des eaux, je crois, de Spa (1).

EVERDEYCK (CORNEILLE), peintre hollandois du dernier
siècle, a réussi à représenter, ainsi que l'a fait Sneydre, des
viandes, des poissons, des légumes et des meubles de cui-
sine. C'est apparemment faute d'avoir vu de ses ouvrages que
Descamps en a fait un peintre d'histoire. Il lui donne une
naissance illustre de parents originaires de Tergou; je ne
scais s'il est mieux fondé.

FACCHETI (PIETRO). Il en est fait mention dans le livre intitulé : Origine e progresso dell' Academia del disegno di
Roma, p. 55; où il est nommé Pietro Facchetti Mantouano.
Nous avons de ce peintre un portrait du pape Sixte V assis
dans la chaire pontificale, gravé à l'eau-forte, tellement dans
la manière de Bern. Passari que je l'aurois cru de sa graveure, si on n'y lisoit cette inscription : Pietro Fachetto For.

(1) Voyez le catalogue de son œuvre dans Bartsch, t. II, p. 155.

Fec. Mais que signifie cette première sillabe *For*, s'il est vrai que cet artiste fût de Mantoue?

FACCINI (BARTHELEMI), disciple de Sébastien Filippi, à qui le P. Orlandi a donné une place parmi les peintres de Ferrare, ci-après, **p. 97**, mourut en 1577, le 22 juillet, d'une chute qu'il fit de dessus l'échafaud qui lui avoit servi pour peindre en clair-obscur les portraits des princes de la famille d'Est, jusques et y compris Alphonse II dernier duc de Ferrare, sur les murailles des bâtiments qui entourent la grande cour du château de Ferrare. Il étoit disciple de Sebastien Filippi, au rapport du P. Orlandi. Cependant l'auteur de la description des peintures de Ferrare ne le dit point (p. 187), et c'est le seul endroit où il soit fait mention de cet artiste.

FACCINI (PIETRO). La Vertu, représentée par une femme assise qui a près d'elle une trompette, soutenant en l'air les armes du pape Clément VIII de la famille Aldobrandine. Cette pièce, gravée par Fr. Villamena, est de l'invention de Pierre Faccini, élève des Carraches; j'en ay vu le dessein original chez M. Crozat.

— Tout incorrects et tout incertains que sont les desseins de ce maître, on ne laisse pas que d'y apercevoir une idée du beau et un goût, qui ont mérité les éloges des Carraches. (Catalogue Crozat, p. 61.)

FACHINETTI (JOSEPH) de Ferrare, disciple d'Antoine-Félix Ferrari, et actuellement vivant, est, comme son maître, un peintre Quadrarista et rien de plus. Il est fait mention de ses ouvrages, dont sont ornées les églises de Ferrare, dans la description des tableaux de cette ville, et de lui en particulier, p. 31.

FAISTENBERGER'(ANTOINE), né à Inspruck, selon quelques-uns en 1678, et selon d'autres deux années plus tard, s'est formé sur les tableaux de paysage de Gaspre Poussin et sur ceux de Glauber. Il les enrichissoit volontiers de fabriques dans le goût antique, et quelquefois il y introduisoit des chutes d'eau. Comme il ne scavoit pas faire la figure, lors-qu'il en vouloit introduire dans ses ordonnances, il emprun-toit une main étrangère, et il a eu souvent recours à celle du vieux Bredal, peintre flamand. Il a eu pour disciple un frère cadet nommé Joseph, qui comme lui s'étoit établi à Vienne en Autriche, où Antoine est mort en 1720 ou 1722. *Eclair-cissements historiques*, p. 197.

FALCK (JÉRÉMIE), qui, sur plusieurs de ses gravures, se dit Polonois, est pourtant regardé par les Suédois comme un de leurs compatriotes, et ils se fondent non-seulement sur ce qu'il a beaucoup travaillé à Stockholm que sur ce que son nom est suédois. Il signifie dans la langue de ce pays un faucon. Ils disent au moins que, s'il est Polonois de nais-sance, il est Suédois d'origine.

FALCONE (ANIELLO), peintre napolitain, a eu la gloire non-seulement d'avoir servi de maître au célèbre Salvator Rosa, mais de s'être lui-même infiniment distingué dans le genre des batailles, et d'en avoir peint qui ne le cèdent point en beauté à tout ce qu'a fait de mieux le François Bourguignon. Il reçut les premiers renseignements de la peinture de l'Espagnolet, dans l'école duquel il fut admis dans son jeune âge, et ce fut par ses conseils qu'il se consacra à la représentation d'actions militaires, pour lesquelles son maître lui trouvoit d'heu-reuses dispositions. Quelques tableaux qu'il fit dans ses com-mencements furent vus par le chr Josepin, qui voulut con-noître l'auteur, et qui, l'ayant aidé de ses conseils, l'encou-

ragea à continuer de s'y exercer, prit de ses ouvrages et
commença sa réputation. Le Falcone, spadassin de profession, se distingua dans la révolution de Naples, où Maso
Aniello fut déclaré chef du peuple. Animé contre les Espagnols, dont il avoit reçu une injure, il associa à sa querelle
ses disciples et plusieurs peintres, dont il forma une compagnie, qui prit le nom terrible de celle de *la Mort*. Pendant
plusieurs jours, ils firent un horrible massacre de tous les
Espagnols qu'ils rencontrèrent. L'émeute finie, ils sentirent
leur tort, et la crainte d'être recherchés leur fit prendre à
tous la fuite. Falcone se réfugia avec son disciple Salvator
Rosa à Rome, d'où peu de temps après il passa en France. Il
vint à Paris, où il fut accueilli, et trouva de fréquentes occasions d'exercer son talent. On prétend que M. Colbert s'en-
trémit pour lui faire obtenir sa grâce, et que ce fut aux sollicitations de ce généreux ministre qu'il dut la permission de
retourner à Naples mener une vie plus tranquille, où il continua de travailler avec distinction jusqu'à sa mort, arrivée
en **1665**. Il étoit né en cette ville en **1600**. J'ai eu occasion de
voir chez M. de Calvière et chez M. Lempereur quelques-uns
des tableaux que le Falcone a dû faire dans le temps de son
séjour à Paris, et j'avoue que, si je n'eusse pas été prévenu,
je les aurois pris volontiers pour des productions de Salvator Rosa, tant j'y ai trouvé de sa manière. C'est la même
pâte de couleur, c'est la même finesse de touche, et je sous-
cris volontiers à l'éloge qu'en a fait le Domenici, auteur de la
Vie des Peintres napolitains, t. III, p, **70**, et ne suis nullement surpris qu'on l'ait surnommé dans son pays l'*oracle des
batailles*, et qu'il y tienne un des premiers rangs parmi les
peintres de cette nation.

FALENS (CHARLES VAN), né à Anvers en **1682**, étoit venu
s'établir à Paris, où il est mort en **1733**. Il peignoit dans la

manière de Wouwerman, et imitoit jusqu'à ses compositions. Ses tableaux ne sont pas sans mérite, mais ils se ressentent trop d'une imitation servile. Un des principaux talents de cet artiste étoit de copier à tromper les tableaux des peintres de son pays, et surtout ceux du maître dont il s'étoit rendu le sectateur. Il étoit aussi fort expert à raccommoder les tableaux qui avoient souffert. Le duc d'Orléans, régent, lui fit faire la reveue des siens, et principalement de ceux qu'il avoit acquis de don Livio Odescalchi, et je mets cela au nombre des malheurs qu'a éprouvés la peinture; car cela ne s'est pu faire qu'en écurant les tableaux et aux dépens des glacis et des dernières touches qui, dans cette opération pressée, sont nécessairement obligés de disparoître.

FARELLI (JACOPO). Le chevalier Jacques Farelli, peintre napolitain, a dû naître à Rome, et l'on n'en doit pas douter, puisque celui qui lui a dédié le *Guida di Forestiere per, Puteolo*, de l'édition de 1697, le lui dit à lui-même dans l'épître dédicatoire qu'on lit à la tête du livre. Elève d'André Vaccaro, il fit, dans sa jeunesse et en concurrence avec Lucas Giordano, des tableaux qui étonnèrent et lui firent dans Naples un grand nom. Mais s'étant trop livré dans la suitte à une pratique vicieuse et toujours dangereuse pour ceux qui s'y laissent entraîner, et ayant eu, outre cela, la manie de vouloir peindre dans la manière pure et sage de Dominiquin, qui étoit diamétralement opposée à la sienne, il perdit ce qu'il avoit pu acquérir de réputation, et ne fut plus compté que parmi les peintres médiocres. Il avoit fait autrefois un voyage en Toscane, et le grand-duc Ferdinand II, qui régnoit alors, lui avoit fait un accueil des plus favorables. Il lui avoit fait peindre, dans le palais des Prieurs, à Pise, deux grands tableaux qu'on y voit. On compte, entre ce qu'il a fait de plus considérable, son tableau du Massacre des Innocens, que

possède le duc de Stigliano, et les peintures dont il a enrichi
la magnifique galerie du duc d'Atri, à Atri, dans les Abruz=
zes. C'étoit son principal protecteur : il lui fut redevable de
la croix de Malthe, que lui conféra, en qualité de ch^{er} de
grace, le grand-maître Grégoire Caraffa, et ce fut sans doute
aussi au crédit de ce seigneur qu'il dut le gouvernement de
plusieurs villes du royaume, et surtout celui d'Aquila, dans
l'administration desquels il fit paroître beaucoup de prudénce
et de vigueur. Il laissa une fille peu avantagée, des biens de
la fortune, à qui il avoit mis le pinceau à la main, mais qui
se distingua bien davantage par la beauté de sa voix. Le Farelli, chargé d'années, mourut à Naples en 1706, âgé de 82
ans. J'ai un dessein d'étude d'enfant fait à la sanguine telle=
ment dans la manière du ch^{er} Mathias, que je n'ai pas hésité
de le lui attribuer. Quelqu'un qui vient de Naples m'a voulu
persuader qu'il étoit du Farelli ; si cela est, il faut le regarder comme un des plus fins dessinateurs, ce qui ne s'accorde
guère avec ce qu'on lui connoît de penchant pour la pratique
licencieuse de son art, à laquelle on est obligé de convenir
qu'il s'étoit livré à corps perdu. Voy. le Domenici, t. III,
p. 457, et l'épître dédicatoire à la tête du *Guido di Forestieri*
cité au commencement de cet article.

FARINATI (ᴘᴀᴏʟᴏ), de Vérone, a fleuri dans le xvie siècle,
et; comme il avoit un génie des plus abondans, et qu'il ne
cherchoit pas à épurer ses premières idées, il a rempli de ses
ouvrages une infinité de lieux de l'état vénitien, et surtout sa
patrie; sans avoir été le disciple de Paul Véronèse, sa manière de dessiner et de composer tient beaucoup de celle de
ce grand artiste, mais elle n'en a pas la finesse.
— Ce maître a une plume fort légère, et il y a peu de
peintres qui aient dessiné autant que lui, mais on voit qu'il
ne peut rien faire que de pratique. Il est parmi les Italiens

ce que La Fage est entre les François. (Cat. Crozat, p. 78.)

FASOLO (GIO.-ANT.). Il faut écrire Fasuolo. Il est fait mention de lui dans l'Histoire de Vicence de Jacques Marzari, page 193, et l'on y apprend que sa mort arriva en 1572. Ses ouvrages sont tout à fait dans le style de Paul Véronèse. Le Boschini, dans la description des peintures de Vicence, nomme tous les ouvrages de peinture que le Fasuolo a peints dans les lieux publics de cette ville. Il l'appelle en plus d'un endroit *singulare pittore*.

Il a reçu la sépulture dans le couvent des Augustins à Vicence. L'on y lit dans le chapitre son épitaphe, que voici : Joannis Antonii Fasoli pictoris eximii — Hæredumque suorum, — vixit an. 44 — obiit x Kalend. Septembris — annis 1572. — in sepultura posito — in Capitulo sancti Michaelis Vicentiæ.

FALBE (JOACHIM-MARTIN). J ≅ F, marque dont se sert, pour se désigner sur plusieurs de ses planches, *Joachim-Martin Falbe*, peintre allemand, établi, ce me semble, à Berlin.

FAUCUS (GEORGE), de Châteaudun, peintre de paysage de l'Académie royale, mort fou le 27 février 1708, renfermé aux petites maisons. J'ay vu un recueil de desseins qu'il avoit fait dans les accès de sa folie ou parmi mille extravagances. Il y avoit des morceaux de paysage dessinés d'assez bon goût ; c'étoit en 1694. Ce recueil, tronqué de toutes les obscénités dont il étoit rempli, est passé en Prusse, et il n'y a pas grande perte.

FAVANNE (HENRI DE) est mort à Paris le 27 avril 1752, âgé d'environ 83 ans. Il avoit été reçu dans l'Académie royale de peinture en 1704, et il en étoit recteur depuis 1748. Jacques II, roi d'Angleterre, l'avoit fait son premier veneur.

C'étoit un peintre qui n'étoit pas sans génie, mais qui n'a rien fait de piquant (1).

FAVRAY (ANTOINE), né à Bagnolet, près Paris, en 1710, est élève de M. de Troy le fils, qui le conduisit avec lui à Rome, lorsqu'il y fut envoyé directeur de l'Académie de Rome. Il lui fit avoir une place de pensionnaire dans cette académie, et pendant ce temps-là, Favray, dont le caractère est très-sociable, fit connoissance avec des chevaliers de Malthe, qui l'engagèrent à passer avec eux dans cette isle, et cela fit sa fortune. Il s'y fit aimer, ses ouvrages plurent, et le grand-maître l'a fait chevalier magistral. En cette qualité, il a fait ses caravanes sur le vaisseau que M. le cher de Breteuil, aujourd'huy ambassadeur de la religion à Rome, avoit équipé pour faire les siennes. Il peint le portrait, et il réussit principalement dans de petits tableaux où il représente des usages et des modes malthoises. La coeffure et l'habit des dames de cette isle a quelque chose de singulier, et qui ne contribue pas peu à rendre ces petits tableaux agréables. On y reconnoît la façon de peindre de M. de Troy le fils, mais pourtant un pinceau plus lourd et qui n'a pas la même grâce ni le même attrait. Il en a fait présenter quelques-uns à l'Académie pour

---

(1) Il existe sur cet artiste une monographie particulière et très-curieuse, dont voici le titre : *Mémoire pour servir à la vie de M. de Favanne, peintre ordinaire du Roy, et recteur de l'Académie royale de peinture et de sculpture.* Paris, chez la veuve de D. A. Pierres, 1753, in-12 de 34 et 2 p. Elle est dédiée par un anonyme à M. Hulst; nos lecteurs trouveront d'ailleurs, dans les *Mémoires inédits des Académiciens*, une notice sur Defavanne, provenant des papiers de l'ancienne Académie, et qui n'est pas étrangère au mémoire imprimé dont nous venons de citer le titre. Le Musée d'Orléans conserve l'esquisse d'un de ses sujets pour la galerie de Chanteloup, et l'Hôtel-de-Ville de Versailles, jadis hôtel du Grand-Maître, montre aussi de Defavanne une composition gracieuse.

y être reçu avec un autre plus grand tableau, dont le sujet est
la cérémonie qui se célèbre annuellement dans l'église de
Saint-Jean à Malthe, pour remercier Dieu de la délivrance de
l'ile et de la levée du siége que les Turcs avoient mis devant
la ville. L'on y voit une assemblée nombreuse et fort bien
ordonnée ; l'intérieur de l'église, décorée de peintures du
cer. Mathieu, est exprimé avec vérité. Le tableau a plu, et
Favray a été unanimement agréé et receû académicien sur
les ouvrages qu'il a produits, le 30 octobre 1762. — Actuellement (1762), il est à Constantinople ; curieux de voir cette
fameuse ville, il a profité de l'occasion que lui a fourni le
renvoi du vaisseau appartenant au ʼgrand seigneur, dont
la chiourme révoltée s'étoit emparé et qu'elle avoit conduit
à Malthe. Il étoit pourtant arrêté qu'aucun chevalier de
Malthe né monteroit sur ce bâtiment, que la France faisoit
reconduire à Constantinople. Favray a si bien fait qu'il a été
excepté, et que M. le chevalier de Vergennes, notre ambassadeur à la Porte, s'est saisi de Favray et l'a retenu, se char-
geant de le faire trouver bon au grand maître. Favray a dessein de faire à Constantinople ce qu'il a fait à Malthe, d'y
peindre les usages du pays, de faire ce qu'a fait avant lui
dans cette ville Van Mours, et, comme il le surpasse de beaucoup en talents et que les sujets sont intéressants, il ne peut
manquer de faire des ouvrages qui plairont.

— La guerre qui s'est allumée entre la Porte-Ottomane et la
Russie a déterminé Favray de quitter Constantinople, et dans
cette année 1771 il se trouve à Marseille, d'où il compte se
rendre à Malthe pour y passer le reste de ses jours.

FEDINI·(Gio). Ce peintre florentin n'est connu que par une
comédie de sa façon, qui a été imprimée sous ce titre : Le
due Persilie, comedia [in prosa] da Gio : Fedini, Pittor Fiorentino, in Firenze, Giunti, 1583, in-8º coll' ritratto dell' au-

tore. Cette comédie fut représentée à Florence en 1582, en présence de la cour, et elle a été dédiée par l'auteur à Pierre Conti, secrétaire du grand-duc. Il étoit contemporain du Vasari, et il faut croire qu'il ne s'étoit pas illustré par ses ouvrages de peinture, puisque cet auteur n'en a fait aucune mention. Il n'a pourtant oublié presqu'aucun artiste florentin.

FELIBIEN (ANDRÉ), sieur des Avaux, historiographe de France, garde des antiques du roi, et de l'Académie des inscriptions, est connu par beaucoup d'ouvrages qui sont sortis de sa plume, et qui lui ont fait une réputation. Un des principaux, qui lui donne droit dans celui-ci, sont ses Entretiens sur les vies des Peintres. Il le conçut étant à Rome, où il avoit accompagné en 16.. M. de Fontenay-Mareuil, ambassadeur de France auprès du saint-siége, et de retour à Paris il y donna la dernière main : j'ai son premier canevas qui prouve ce que j'avance. Pendant son séjour à Rome il connut le Poussin, se lia d'amitié avec lui, et devint de ses grands admirateurs. Son livre sur les Vies des Peintres est en quelque façon un monument élevé à la gloire de ce fameux artiste, et cela l'engagea dans des querelles avec les fauteurs de la couleur, et principalement avec M. de Piles, qui, zélé partisan de Rubens, portoit peut-être un peu trop loin cet enthousiasme à cet égard. M. Felibien, né à Chartres et concitoyen de M. Nicole, pensant comme lui, étoit un de ceux qui formoient la bande de ce qu'on appeloit les messieurs de Port-Royal. Cela a fait croire que ses entretiens avoient été revus pour le style par M. Nicole, ce qui n'est pas un fait hors de vraisemblance. On les trouve un peu diffus, et les écrits de Nicole ne sont pas exempts de ce défaut. Felibien, que M. Colbert employa toutes les fois qu'il étoit question d'écrire quelqu'ouvrage de l'art ou de donner la description de quelque fête royale, a fait presque tout ce qui a paru dans ce genre sous cet heuréux ministère. M. Colbert avoit jetté les yeux sur lui pour faire l'histoire des bâtiments royaux, et Félibien commença par ceux qui sont aux environs de la Loire. Je l'ai en ms., et ne crois pas que l'ouvrage ait été porté plus loin (1). Son fils, Félibien des Avaux, devoit le continuer, mais c'étoit la paresse même, et il n'y songea jamais. Il le pouvoit d'autant plus aisément qu'il étoit dépositaire de tous les matériaux que son père avoit rassemblés, et en particulier de tous les extraits concernant les dépenses des bâtimens du roi, qu'il avoit fait extraire des comptes étant à la chambre des comptes de Paris, et c'est encore un ms. en plusieurs vol. que j'ai eus après sa mort. Felibien le père, qui étoit né à Chartres en 1619, est mort à Paris le 11 juin 1695.

FENZONI (FÉRAU). Feraù Fanzone, o da Faenza. Son nom étoit Fenzoni, et sa patrie la ville de Faenza dans la Romagne. C'étoit un assez beau génie, et qui tire au grand dans ses ordonnances. Sa manière a beaucoup de celle du cavalier

---

(1) Cet ouvrage de Félibien existe aux manuscrits de la Bibliothèque impériale; l'un des exemplaires, plus beau et orné de quelques dessins lavés, portait le n° 8427 ²; l'autre, avec le même numéro, quoique faisant partie du fonds de Baluze, est plus simple, mais identique quant au texte; c'est un in-8° de 64 feuilles, avec la date de 1681. Les châteaux, dont parle l'auteur, sont Blois, les Montilz, Chambord, Montfraud, Chenonceaux, Chaumont-sur-Loire, Montrichard, Cheverny, Ménars. A la fin est un mémoire sur les carrières des environs de Blois, et la qualité des pierres employées dans les bâtiments dont il est ci-devant parlé, mémoire dans lequel se trouve une dissertation sur la pierre employée dans le clocher de Chartres. Quoique très-insuffisant, comme tout livre d'archéologie écrit à cette époque, il n'en offre pas moins des documents nouveaux et précieux en assez grand nombre pour mériter d'être publié, et il le sera prochainement par l'un de nous, qui en a déjà exécuté la copie. On peut voir un extrait de l'article de Cheverny dans les Peintres provinciaux, 2° vol., article de Jean Mosnier, de Blois.

Vanni, mais elle n'est ni si gracieuse, ni si naturelle. Vanni dans sa simplicité ne laisse pas d'être fort maniéré, celui-ci l'est bien davantage; sa manière de drapper est sèche et sent le carton, ses figures nues tombent pareillement dans une extrême sécheresse; mais ses compositions sont riches et neuves, elles sont remplies de verve, et, en général, le Fenzoni n'est pas un peintre à mépriser. Il y avoit, dans les desseins de M. Crozat, les deux desseins du serpent d'airain et du St François aux pieds de la Ste Vierge, dont on a des estampes gravées par Villamena. La manière spirituelle avec laquelle ils sont exécutés m'a laissé une idée fort avantageuse de ce peintre. Ces deux desseins étoient assez conformes pour l'exécution à ceux que l'on connoist du cavalier Vanni, et qui sont au crayon. Au reste, je suis étonné qu'aucun auteur n'ait fait mention de ce peintre. Il n'en est parlé que dans le Scanelli, encore assez succinctement. Cet auteur fait mention des différents ouvrages que Fenzoni a faits à Rome, à Todi, à Césène, à Forli, à Ravenne, et surtout à Faenza qui est le lieu où il a le plus opéré. Comme il avoit une grande facilité, il a produit quantité de grands ouvrages, et il y a apparence, puisqu'on n'en voit point dans les cabinets, qu'il a toujours été occupé à travailler en grand et pour des églises. Il étoit outre cela fort laborieux, et sa vie a été très-longue puisqu'il s'en est peu fallu qu'il n'ait vécu un siècle. Dans ses derniers jours, accablé de vieillesse, et ne pouvant plus soutenir le pinceau, on le trouvoit continuellement occupé à dessiner, tant son amour pour la peinture étoit grand. Il soutenoit aussi son état avec noblesse, et c'est un des peintres qui a fait le plus d'honneur à sa profession. Voy. Scanelli, p. 202.

FERABOSCO (JÉROME). L'auteur de la description des peintures de Padoue revendique ce peintre, et veut qu'il soit né à Padoue.

FERG (françois), peintre allemand, qui étoit établi en Angleterre. Son talent le portoit à peindre de petites figures, et il a gravé quatre planches de caprices où l'on trouve la marque F. F.

FERGIONI (bernardino) est né à Rome, en 1675. Il passa toute sa jeunesse dans l'étude des belles-lettres, et ne commença à se donner à la peinture qu'à l'âge de vingt ans. Il fit quelques copies d'après des tableaux du Guerchin, du Calabrèse et de l'Espagnolet, dont la manière luy plaisoit, qui furent veues par Roos, peintre d'animaux, et sur cet échantillon ce dernier lui conseilla de s'attacher au même talent que lui, sûr d'y réussir. Un voyage, qu'il fit en Toscane, le conduisit à Livourne, où il se lia d'amitié avec M. Atto, excellent peintre de marines; les tableaux de ce peintre firent une si forte impression sur lui, qu'il résolut dès lors de peindre de semblables sujets; il se mit pour cela à faire des études particulières de vaisseaux et de toutes sortes de bâtiments, et, étant revenu à Rome, il y a paru avec éclat, et s'est tellement distingué que ses tableaux de marines ont été mis au rang de ceux de Salvator Roza et de M. Atto. Il vivoit encore en 1717. *Mss. de Pio.* Il se nomme Bernardin-Vincent Fergioni, suivant l'inscription de son portrait dessiné qu'avoit M. Crozat, et qu'avoit fait faire le sr Pio.

FERI (gio-battista). M. Strange parle fort avantageusement de trois tableaux de paysages qu'il a rapportés de son voyage d'Italie, et qui sont peints, à ce qu'il prétend, dans le style de Claude le Lorrain. Les sites en sont pris dans le royaume de Naples, et le peintre est lui-même Napolitain. Voyez la description des tableaux appartenant à M. Strange, page 39.

FERNANDO (FRANCESCO) de Milan a peint des animaux et des paysages, et, comme il étoit attaché au cardinal Imperiali, qui lui avoit accordé un logement dans ses palais, il substitua à son nom celui de cette éminence, et ne fut plus connu que sous le nom de Francesco Imperiali. Il nacquit en 1679, suivant l'inscription qui accompagnoit son portrait, dans le recueil de desseins qu'avoit formé à Rome Nic. Pio, et qui a passé depuis entre les mains de M. Crozat.

FERRAND (JACQUES-PHILIPPE), peintre en émail, né à Joigny en 1651, élève de iP. Mignard et de Samuel Bernard; mort à Paris en 1732.

FERRARI (ANTOINE-FÉLIX),. né à Ferrare en 1667, s'est distingué, de même que François Ferrari son père, dans le talent de peindre l'architecture et les ornemens. On peut même dire qu'il le surpassa, et il ne faut pour s'en assurer qu'entrer dans l'église de Saint-George aux faubourgs de Ferrare. L'intérieur en est peint par lui, et la décoration d'architecture, dont il l'à embelli, paroît être réellement de relief. Il faut y mettre la main pour se convaincre du contraire. Venise, Udine,. Padoue et Ferrare sont les villes où l'on voit le plus grand nombre de ses ouvrages. Il est mort dans sa patrie, en 1720, âgé de 52 ans. — *Descri. delle pitt. da Ferrara*, p. 81.

FERRARI (FRANÇOIS), né à Ferrare, le 25 janvier 1634, est le premier qui ait apporté dans Ferrare l'art de peindre de l'architecture et des ornemens sur les murailles de façon à faire illusion; c'est ce que les Italiens appellent *pittore di quadratura*, genre de peinture dont les Bolognois sont en possession, et dans lequel il a paru parmi eux des hommes excellens. Il faut croire qu'avec ce talent il avoit celui de peindre supérieurement des scènes de théâtre, et c'est ce qui

le fit appeler à Vienne par l'empereur Léopold, à l'occasion
du mariage de l'archiduc Joseph. Son ouvrage terminé, il
reçut des mains de sa majesté Joseph une médaille d'or et
une récompense proportionnée à ses travaux. On ne fut pas
moins content de lui à Venise, à Ravenne et à Forli, où il eut
occasion de s'exercer. Retourné dans sa patrie, il y mourut
le **23** décembre **1708**, âgé de **74** ans. *Descri. delle pitt. di
Ferrara*, p. 30.

FERRARI (LUC), plus connu sous le nom de Luc de Reggio,
ville qui lui a donné la naissance, a beaucoup travaillé à Padoue ; les églises sont remplies de ses ouvrages, où l'on reconnoit, dit-on, le caractère du Guide, dont il étoit l'élève. Il
florissoit au milieu du XVIIe siècle. Le Rosetti, Pitture di Padova, p. 61, en parle avec éloge. Il avoit, s'il faut l'en croire,
un dessein correct ; il drappoit bien ses figures et leur donnoit de l'expression.

FERRATA (ERCOLE), né à Pelsotto, dans le diocèse de Come,
en 1610, mourut à Rome, le 11 juillet 1686. Il avoit été envoyé dans sa première jeunesse à Gennes, où on lui apprit
seulement à tailler le marbre. Il s'en dégoûta, passa à Naples ;
il y trouva de meilleures occasions de s'exercer, mais, cela ne
le satisfaisant pas encore assez, il vint à Rome, et, y travaillant
sous le Bernin et sous l'Algarde, il devint un des plus habiles
sculpteurs et des plus employés qui fussent alors. Il coupoit
très-bien le marbre, mais il n'avoit presque aucune pratique
du dessein, peu d'invention surtout, de sorte que, lorsqu'il
commençoit quelque ouvrage, il en faisoit assez ordinairement faire la première pensée par quelqu'un de ses disciples,
se réservant d'y faire pour l'améliorer les changemens qu'il
y jugeoit nécessaires, et cette pratique lui a souvent réussi.
Il n'auroit pas eu besoin d'aller ainsi à l'emprunt, s'il avoit

reçu une meilleure éducation, et l'on voit par cet exemple combien il est nécessaire de faire de bonne heure de bonnes études. Voyez ce que Pascoli a écrit. Il a donné la vie de ce sculpteur et le détail de ses principaux ouvrages. Peu de gens ont eu plus de talent pour bien restaurer les statues antiques. Le grand duc Cosme III se servit de lui et lui en a fait restaurer plusieurs, entre autres une statue de Vénus qu'on s'imagine être un ouvrage de Phidias. Il n'y avoit que le torse. Ferrata a suppléé ce qui y manquoit, et son ciseau s'assortit fort bien avec celui du sculpteur grec. Voyez la préface, p. XI et l'explication des statues de Florence, p. 38, où il est fait mention de cette restauration.

FERRERI (ANDRÉ), né à Milan, le 28 février 1673, s'est consacré à la sculpture qu'il a appris sous Joseph Mazza, célèbre sculpteur de Bologne. Étant venu à Ferrare pour y exécuter les sculptures qui décorent la façade de l'église de Saint-Dominique, il y fut si bien reçu, et les ouvrages lui vinrent en si grande abondance qu'il se fixa pour toujours dans cette ville, où il est mort le 13 juin 1744. S'il n'a pas surpassé le Mazza son maître, il l'a presque égalé, et, pour le prouver, il ne faut que jetter les yeux sur les sculptures qu'il a faites en concurrence dudit Mazza dans l'église de Sainte-Marie-de-la-Consolation. Le marbre, le stuc, la terre, le bois, toutes ces matières ont été employées par lui, et avec un égal succès. Il a laissé un fils nommé Joseph, qui montroit d'heureuses dispositions, mais qui n'a pas voulu les mettre à profit, et un élève nommé Pierre Turchi, actuellement vivant. *Pitture di Ferrara*, p. 34.

FERRETTI (DOMINIQUE), peintre florentin qui est mort depuis peu de temps (j'écris ceci en 1769), étoit en réputation d'un habile artiste. Il avoit étudié sous Félix Torelli à Bologne, et la femme de ce dernier, Lucia Casalini Torelli, a peint son portrait. Voyez le supplément au livre : Felsina pittrice, dal can^{co} Crespi, p. 247. Il a fourni les desseins de quelques-unes des planches qui ont été gravées pour une édition du bréviaire fait à Florence; et les compositions en sont heureuses. Le Ferretti ne se nommoit point *Vincent*, mais Jean-Dominique. C'est ainsi qu'il est nommé au pied des deux morceaux qui ont été gravés sur ses desseins pour le bréviaire imprimé à Florence. Il n'est pas nommé autrement sur son portrait et dans l'abrégé de sa vie, qui vient de paroître dans la première partie du 2e volume des portraits des peintres peints par eux-mêmes, qu'a publié en 1766, l'abbé et graveur Ant. Pazzi. On y apprend que le Ferretti, né à Florence, le 15 juin 1692, étoit vivant lorsqu'on écrivoit sa vie. Le chan^e. Crespi annonce sa mort, arrivée depuis assez peu de temps à Florence, et, comme son ouvrage est postérieur de trois années à celui de Pazzi, il se peut faire que le Ferretti soit mort dans cet intervalle; mais il n'en faut pas moins corriger la faute qui est échappée à l'auteur bolognois au sujet du nom de baptême de notre artiste.

FERRONI (JÉROME) a été un des disciples de Carle Maratte, mais qui, au sortir d'une aussi bonne école, est demeuré un peintre fort médiocre. C. Maratte lui fit graver plusieurs de ses desseins, et ne dut pas en être fort content. Il se retira à Milan, qui, je crois, étoit sa patrie. M. Crozat avoit eu dessein de l'employer à graver les plus beaux tableaux de cette ville, et il débuta par le St Paul du Gaudenzio ; mais il en fit une planche si mauvaise que, tout prévenu qu'étoit M. Crozat pour les Italiens, après avoir reçu deux ou trois autres planches tout aussi mal exécutées, il renonça à son entreprise et ne voulut plus le faire travailler. Il avoit le défaut de mettre dans son travail une pesanteur insuportable.

FETI (DOMENICO). La sœur du Feti se nommoit Lucrina et
se fit religieuse dans le monastère de Sainte-Ursule à Mantoue. L'on y voit plusieurs de ses tableaux, sur quelques-uns
desquels son habile frère n'a pas dédaigné de mettre la main.
Voyez Cadioli, descriz. delle Pitture di Mantova, p. 71 et suiv.

— *Dans le catalogue Tallard, Mariette a ajouté au n° 26 : La
vie champêtre, caractérisée par une femme assise filant sa que-
nouille, et accompagnée de deux enfans, etc., achetée 1310 liv.
par M. Stogenoff, la note suivante :* J'ay trouvé un homme à
la vente, qui se disoit avoir esté grand ami de M. de Cormery,
et qui prétendoit que ce tableau n'est qu'une copie, que Van
Fallens avoit faite pour ce curieux avec toutes les précautions
de quelqu'un qui veut imposer. Je ne veux pas assurer que
cela soit vray ; mais il est constant que le tableau est d'une
touche bien molle pour estre du Feti.

FIALETTI (ODOARDO). On voit beaucoup de desseins d'O-
doard Fialetti, faits avec la plume de roseau.

FIDANZA (PAUL). Le cardinal Silvio Valenti vouloit faire
graver de nouveau les peintures de Raphaël au Vatican, et il
avoit fait choix pour cette entreprise d'un nommé Paul Fidanza, qui a commencé par graver le Parnasse et la messe de
Bolsene. Il a fait très-sagement de ne pas aller plus loin. Ce
qu'Aquila nous a donné est bien mauvais ; les nouvelles planches sont encore pires. On ne peut pas plus mal dessiner, et
la gravure est d'un homme qui n'en a pas la moindre pratique, ni qui puisse jamais l'acquérir.

Ces deux planches ont paru à Rome, en 1753, sous les
auspices du cardinal Valenti auquel elles sont dédiées, et se
vendent à la calcographie de la chambre apostolique. Elles
sont à peu près de même grandeur que celles d'Aquila. Que
le sort de Raphaël est malheureux ! faut-il que ce qu'il a fait

de plus beau; et ce·qui méritoit le plus d'être conservé à la
postérité, tombe deux fois de suite entre les mains de graveurs ignorans, et que les habiles graveurs s'endorment et
laissent périr des morceaux qu'ils regretteront, lorsqu'il n'en
sera plus temps, d'avoir trop négligé!

FIGINO (AMBROGIO) a été disciple de Paul Lomazzo, et, à
l'imitation de son maître, il s'est plu à cultiver les muses, et
a mérité d'occuper une place sur le Parnasse. C'est ce qu'a
fait remarquer le Gigli dans son poëme *della Pittura trionfante.*

FIGURINO da Faenza, peintre, disciple de Jules Romain.
Vasari en fait mention dans la vie de ce dernier, t. II, p. 342,
ediz. di Bolog., et dans la première édition faite à Florence
en 1550, p. 893, t. II, et dit que Figurino mourut avant Jules
Romain, et que sans cela, il auroit fait revivre son maistre
par ses excellens ouvrages, aussi bien que Rinaldo de Mantoue qui mourut jeune, et aussi avant Jules Romain. Je ne
sais pourquoy Vasari a supprimé cette particularité dans sa
seconde·édition.

FILIPPI (JACQUES) de Ferrare, peintre d'architecture et
d'ornement, et disciple d'Ant.-Félix Ferrari, vit dans sa patrie.
L'Italie, et surtout la Lombardie, regorge de ces sortes de
peintres qui trouvent de l'ouvrage, et qui n'en sont pas pour
cela plus dignes qu'on en fasse mention. Peint. de Ferrare,
p. 31.

FILIPPI (CÉSAR) de Ferrare, fils de Camille et son élève, n'a
guère été occupé qu'à peindre des ornemens appellés *gro-
tesche* par les Italiens, et les têtes d'enfans qu'il y introduisoit étoient supérieurement belles. Voilà tout ce qu'on peut

dire à son avantage; car, du reste, c'étoit un pauvre peintre; c'est ainsi qu'en jugeoit le Bononi, habile peintre et son compatriote..Descriz. delle pitture di Ferrara, p. 16.

FILIPPI (BASTIANO), surnommé *Bastianino*, né à Ferrare en 1532, fut initié dans les premiers principes de son art par Clément Filippi son père. Il n'étoit âgé que de 18 ans lorsqu'il entreprit le voyage de Rome, et Michel-Ange Buonarota le reçut dans son école. Il devint l'imitateur de la terrible manière de dessiner de ce grand artiste; mais il la sçut adoucir dans ses tableaux, et il mit un tel accord dans ses teintes que ses figures neuës semblent peintes d'un seul coup de pinceau. Il étoit dans l'usage de couvrir ses figures de draperies si légères qu'elles laissoient voir le nud comme s'il fût demeuré à découvert. Il mourut le 26 août 1602, et il fut inhumé dans l'église de Sainte-Marie in Vado, dans le même tombeau qui renfermoit les cendres de son père. Le Bononi le met au-dessous de Camille, et lui reproche d'avoir fait des figures qui n'avoient aucune consistance, et qu'on peut définir de vrais transparens. — Descriz. delle pitture di Ferrara, p. 5. — Il étoit dans toute sa force en 1577; ce fut dans cette année qu'il peignit à fresque, au fond du chœur de l'église cathédrale de Ferrare, un jugement universel, ouvrage qui a presque disparu par la malhabileté des peintres qui, sous prétexte de le netoyer et s'imaginant que la peinture étoit à l'huile, l'ont presque entièrement effacé. — Ibid., p. 40.

FILLOEUL (PIERRE), fils de Gilbert.

FINELLI (JULIEN), sculpteur, a travaillé sous le cavalier Bernin; il manioit le marbre avec une liberté surprenante; une grande partie des statues de bronze, qui sont dans la chapelle de Saint-Janvier ou du Trésor, à Naples, sont de luy.

Les deux lions de marbre blanc, qui soutiennent le rétable d'autel de la chapelle Filamarini, dans l'église des SS. Apostres à Naples, sont encore un de ses ouvrages, et le travail en est d'une beauté singulière, de mesme que le buste de Michel Ange Buonaroti le jeune, qui se conserve à Florence dans la maison de sa famille. Il y a aussy plusieurs de ses ouvrages à Rome, rapportés par l'abbé Titi, qui apprend dans la table de son livre que Julien Finelli étoit de Carrare. Baldinucci le met au nombre des élèves du cav^r Bernin.—Vita del cav. Bernino, p. 81. — Le Domenici, auteur des Vies des peintres napolitains, a écrit celle de Finelli.

FINIGUERRA (MASO). Cette marque Z. A. se voit sur une estampe ancienne, gravée dans la manière de celles qui l'ont été par le *Pollajolo*, et, s'il falloit s'en rapporter à ce que m'a écrit autrefois le chevalier Gaburri, ce seroit un ouvrage de Maso Finiguerra; car il vouloit me persuader que, sur plusieurs desseins dudit Finiguerra, qui se trouvent dans la collection du grand Duc, il y avoit ce même chiffre Z. Je le veux croire ; mais je n'en suis pas pour cela plus convaincu que le morceau, quoyqu'une des premières productions de la gravure en Italie, appartienne au Finiguerra. Le père Orlandi donne cette marque à un Zazingeri ou *Martin Zinkius*, et y rapporte la marque (n° 10 de sa tav. A); mais c'est une conjecture hazardée, et à laquelle je n'ajoute aucune foi. — Le signe qui précède la lettre A est un Z, cela est indubitable. Il m'est passé entre les mains une autre pièce du même maître qui est une Judith où la marque étoit ainsi figurée Z. A.

FINSONIUS, né dans les Pays-Bas, fleurissoit au commencement du dernier siècle. Portrait de François de Malherbe, gentilhomme ordinaire du roy, et le plus grand poëte de son siècle, peint en 1613 par Finsonius, peintre flamand, peu connu hors de la Provence, où il avoit établi son séjour, mais qui cependant a fait, dit-on, des portraits qui peuvent aller de pair avec ceux de Van Dyck (1). Celui-ci, qui est un de ses plus beaux, est passé à titre d'héritage dans la famille de MM. Boyer, avec les livres et les manuscrits de Malherbe. Jean-Baptiste Boyer, un de leurs ancêtres, étoit beau-frère de ce restaurateur de la poësie françoise. Ils avoient épousé les deux sœurs. Les plus grandes alliances n'ont rien de préférable à celle d'un homme aussi rare que celui-ci. — Description du cabinet de M. Boyer d'Aguilles, p. 11.

FISCHER (ISAAC) le père, et Isaac son fils, tous deux peintres d'histoire et de portraits à Augsbourg; le premier, né en 1638, et mort en 1706; le second, né en 1677, mort en 1705, âgé de 28 ans. Leurs portraits, gravés en 1772 par G. C. Kilian, m'ont donné ces dattes.

FLORE (FRANCESCO). Son épitaphe dans le cloître de S.-Jean et Paul à Venise, dont voici la teneur, apprend que sa mort arriva en 1433. Ridolfi s'étoit mépris dans la copie qu'il en avoit prise :

Fert persculpta virum magnæ virtutis imago.
Urbe satum Veneta dedit ars pictoria summum.
Franciscum de Flore vocant, patrem Jacobelli :
Hujus et uxoris Luciæ membra quiescunt.
Hic extrema suos heredes fata recundent.
M. CCCC. XXXIII. die XXI julii.

FOLLER (ANTOINE). Son nom vrai étoit Antoine de Ferrari.

---

(1) Sur Finsonius, voyez l'étude spéciale qui fait partie du premier volume des *Peintres provinciaux*, p. 1-40.

Follero étoit un surnom. C'est ce que nous apprend le Gigli dans son poëme *della Pittura trionfante*.

FOCUS (GEORGE), peintre de l'Académie royale de peinture, ayant pris le Guaspre pour modèle, a laissé de très-beaux paysages qui font regretter qu'il n'en ait pas exécuté un plus grand nombre (1). Jacques Rousseau, qui étoit de la même Académie, réussissoit surtout à peindre des morceaux d'architecture. On ne peut rien de plus parfait que ses perspectives. On estime aussy les paysages de Charles Hérault, imitateur de la manière de Forest.

FOLLI (SEBASTIANO), mourut en 1620, âgé de 52 ans. Inscription autour de son portrait, gravé par B. Capitelli en 1634.

FONBONNE (QUIRIN), graveur en 1720.

FONDULO (JEAN-PAUL), de Crémone, disciple d'Antoine Campo, qui, ayant été conduit en Sicile par le marquis de Pescaire, s'y est fait une bonne réputation. Hist. de Crémone, du Campo, p. 54.

FONTAINE (ÉLOY), peintre.

FONTANA (ANNIBALE) mourut à Milan, en 1587, âgé de 47 ans. Lisez son épitaphe qui est dans l'église de S. Celse, et qui a été rapportée dans le Ritratto di Milano, p. 74.

FONTANA (DOMENICO). Son frère aîné Jean Fontana, ex-

(1) M. Robert Dumesnil a catalogué son œuvre gravé, t. I, 235-42. Voyez plus haut dans ce volume même, p. 235.

cèllent architecte et ingénieur, et qui étoit profond dans la
conduite des eaux, étoit né en 1540, et mourut à Rome, en
1514. Voyez ce qu'en a écrit le Bottari à la suite de la vie de
Dominique. On lit cet épitaphe dans l'église de Sainte-Marie
du Peuple, à Rome :

Joanni Fontanæ e pago Calmerii Comensis, spectatæ indo-
lis adolescentulo, immatura morte perempto; vixit an. 17.
mens. 7. obiit 6. Kal. Februarii 1591. — Franciscus pater
filio dulcissimo mæstissimus posuit, monumentumque sibi
ac posteris suis elegit.

Je préjuge que c'est un neveu de Dominique Fontana. Ce
dernier avoit fait venir à Rome toute sa famille, car le cavalier Maderne étoit aussi un de ses neveux. Le bourg de Mili,
où le Fontana avoit pris naissance, est ici appelé Calmerium.
J'ai tiré cet épitaphe du livre Origine del Tempio consecrato
alla madonna del popolo, p. 194.

FONTANA (GIO-BATTISTA), peintre et graveur de Vérone.
Voyez *Giulio Fontana*. Le Gigli lui a donné place dans son
poëme della Pittura trionfante, et nous apprend que cet artiste avoit passé la plus grande partie de sa vie en Allemagne,
et qu'il s'y étoit fait une réputation.

FONTANA (GIULIO) et Jean-Baptiste, son frère, de Vérone,
peintres établis à Venise, ont gravé plusieurs pièces, entre
autres quelques paysages, la plupart de leur invention; ils
ont aussy gravé quelques morceaux d'après le Titien; l'un et
l'autre ont eu à peu près la même manière, qui est un peu
sèche et petitte. Le premier grava, en 1568, les figures d'es-
crime pour le livre de Camille Agrippa. Son frère grava dans
le mesme temps celles qui sont dans le livre de l'exercice des
armes d'Achilles Marezzo, l'un et l'autre imprimés à Venise,
en 1568, et dédiés par Jules Fontana à un seigneur de la

cour de l'empereur. C'est dans une de ces épîtres dédicatoires que j'apprends.que Jean-Baptiste étoit frère de Jules (1). Le comte dell Pozzo, auteur des Vies des peintres de Vérone, fait mention de Jules Fontana, et dit qu'il mourut au service de l'empereur, et qu'il travailla presque toujours hors de sa patrie.

FONTANA (LAVINIA) n'est point venue à Rome sous le pontificat de Grégoire XIII. Ce souverain pontife étoit, il est vrai, un de ses principaux admirateurs. Elle en reçut une infinité de bienfaits ; mais c'étoit dans le temps qu'il étoit archevêque de Bologne, et avant que d'être élu pape. Elle étoit encore à Bologne en 1601. On n'en peut pas douter. Le Malvasia fait mention d'un tableau, qui se voit dans l'église de S. Michel in Bosco, lequel porte cette datte. Aussi le Baglione ne la fait venir à Rome que sous le pontificat de Clément VIII, qui a commencé avec l'année 1592 et a fini en 1605. Le cardinal d'Ascoli fut un de ceux qui contribua davantage à lui faire une réputation dans Rome, et, s'il est vrai qu'elle soit née à Bologne, ainsi que l'assure Malvasia, en 1552, et qu'elle soit morte à Rome, sous le pontificat de Paul V, qui n'a été élu pape qu'en 1605, il faut de toute nécessité que le Baglione se soit trompé en ne lui donnant que 50 ans de vie. Elle en avoit au moins 60 ; pour lors sa mort seroit arrivée en 1612, et j'en suis comme persuadé, d'autant que le Baglione range assez volontiers ceux dont il écrit la vie, selon les années dans lesquelles ils sont morts, et que Lod. Lioni, qui dans son livre est placé immédiatement après Lavinia

---

(1) Bartsch a donné le catalogue des pièces gravées par Jean-Baptiste, tome XVI, p. 209-239, mais sans parler du livre de l'exercice des armes.

Fontana, est mort, suivant mon calcul, que je crois juste, en
cette même année 1612. Je pourrois prouver que Lavinia, qui
avoit épousé un Zappi d'Imola, étoit vivante en 1608. Une lettre
de Zuccari, écrite en cette année et imprimée dans son livre
intitulé Passagio per l'Italia, est mon garant. Il y est fait mention d'elle et de son mari.

FONTANA (ORAZIO), celebre lavoratore di vasi di terra cotta
e porcellane, in tempi di Guidobaldo da Urbino, che, per
la bianchezza delle vernici e perfezione della pittura, sono
riguardevoli. *Baldì, memorie concernante la citta d'Urbino*,
p. 34.

FONTEBASSO (FRANÇOIS), né à Venise au commencement
du XVIIIᵉ siècle, s'est distingué dans le nombre des disciples
qui sont sortis de l'école de Bap. Ricci, dont il a gravé avec
esprit quelques tableaux. Quelques-uns des siens ont été pareillement gravés par lui, et l'on y remarque un fond de génie et des tours de figures agréables. Il a fait un voyage à
Rome qui ne lui a pas été infructueux. Le palais d'Uoro à
Venise est rempli de ses peintures, et c'est là, dit-on, où il
triompha. Sur la fin de ses jours, il a été appelé à St-Péters-
bourg, où l'attendoient de grands ouvrages que la Czarine lui
avoit destinés. Il y est passé en 1761, et, peu de temps après,
j'ai appris qu'il y avoit terminé ses jours. Voy. Longhi, Vit. di.
pitt. Venet. et l'Abeced. de l'edit. du Guarrienti. Sa mort est
arrivée en 1769; il étoit âgé de 60 ans : Della Pitt. Veneta,
p. 445.

FOREST (JEAN-BAPTISTE), né à Paris en 1635, mort dans
la même ville en 1712, disciple du Mole, avoit mis à profit
les leçons qu'il avoit reçu de cet excellent peintre, et, comme

lui, il étoit sensible aux effets piquants de la couleur (1).
(Description des tableaux du cabinet de M. Boyer d'Aguilles,
p. 19.)

FORNARJ (SIMONE), pittor da Reggio molto stimato, dipinse
il paradiso, che si vede nella chiesa della Misericordia di Reggio, et una imagine di nostra Sig^a, col'bambino sopra la porta
di S. Zenone; fioriva nel 1545. — *Borzani, nel suo Antiquarium Regii Lepidi, mss. nella Libreria Reale, p. 90.*

FOUARD (MOYSE). Grand paysage, où l'on aperçoit dans le
lointain une ville bâtie dans des montagnes, et sur le devant
un vieux pastre s'entretenant avec une femme qui garde des
chèvres; gravé à l'eau-forte par Moyse Fouard, d'après un
dessein qui paroist plustost estre du Campagnole que du Titien. Les noms du graveur ny du peintre n'y sont pas; mais
pour celuy du graveur, il est certain; c'est mon ayeul qui luy
fit graver la planche, que nous avons encore.
— Autre paysage de même grandeur, dans lequel est représentée la sainte Vierge fuyant en Égypte, précédée de saint
Joseph qui conduit l'asne au passage d'une rivière; gravé à
l'eau-forte par le mesme Moyse Fouard, d'après le Titien. —
Les figures sont des premières choses qui ayent été gravées
par mon père.

FOUQUIER (JACQUES). Voicy un autre extrait de sa vie plus
circonstancié. Jacques Fouquier, né dans la Flandre occidentale, alla à Anvers, où il apprit à peindre le paysage de Josse
de Momper, suivant de Piles, ou du Breughel de Velours, si
l'on en croit Félibien : mais ce fut Rubens qui lui enseigna

---

(1) Voir sur Forest la note I, p. 33, du premier volume.

les principes les plus essentiels de l'art. Ce furent les excellents préceptes de ce grand maître, qui le rendirent un des meilleurs paysagistes qui eussent encore paru. Il excelloit à représenter des enfoncements de forets, où il faisoit régner un sombre et une fraîcheur merveilleuse; il entendoit très-bien les lointains, touchoit les plantes, les pierres, les roches et les montagnes dans leur véritable caractère, et peignoit avec beaucoup de vérité les eaux dormantes. Les figures champêtres qu'il introduisoit dans ses tableaux s'y trouvent placées à propos, et avec toute la grâce et la vraysemblance possible; de Piles ne craint pas de le mettre en parallèle avec le Titien. Il faut pourtant avouer que, s'il a fait d'excellents tableaux où le bon goût de couleur et l'intelligence des lumières sont poussés à un haut degré, il en a peint d'autres où un mesme verd domine trop, et que, s'il a eu une bonne manière de toucher les arbres, les touffes en sont aussy quelquefois découppées avec sécheresse. Au reste, il avoit une grande pratique de peindre en grand, et Rubens l'employa plusieurs années dans les grands ouvrages qu'il étoit obligé de faire. Fouquier le quitta pour s'en aller en Allemagne, où il travailla pour l'électeur palatin; mais c'est en France où il a fait un plus long séjour. Félibien asseure qu'il y vint en 1621. Ce qui est vray, c'est qu'il existoit fort considéré, lorsque le Poussin y vint en 1641. Ils eurent mesme ensemble quelques contestations au sujet des peintures de la grande gallerie du Louvre. Foucquier prétendoit que le travail qu'il y devoit faire étoit assez considérable pour que ce fût à luy à ordonner toutes les autres peintures qui devoient orner cette gallerie, et trouvoit fort mauvais que le Poussin eût commencé les desseins de la voûte, sans les lui avoir communiqués. Il lui en parla avec sa hauteur ordinaire, et c'est ce qui fait que M. Poussin, dans une lettre à M. de Chantelou, son amy, le nomme le baron de Fouquier, qualité qu'il n'a jamais eu. Il se croyoit issu d'une bonne maison, et il en étoit si fier, et étoit si entêté de sa noblesse, qu'il aimoit mieux souvent ne point travailler et se voir réduit à toutes sortes d'incommodités, que de n'estre pas considéré comme il le prétendoit. On le voyoit toujours une longue épée à son côté, qu'il ne quittoit point en travaillant ; il eût cru dégénérer s'il eût fait autrement. Cependant Félibien croit qu'il étoit né de parens d'une condition médiocre, et que ce fut Louis XIII qui luy accorda la noblesse. Ce prince luy avoit ordonné de peindre des veües de toutes les principales villes de son royaume, pour estre placées dans les trumeaux de la grande gallerie du Louvre, mais cette entreprise n'eut point son effect. Fouquier, ayant été en Provence, s'y amusa pendant longtemps à boire au lieu de travailler, et ayant été rappellé à Paris, il n'y rapporta que quelques desseins. Depuis son retour, il travailla pour M. de la Vrillière et pour M. d'Émery. Il fit quantité d'autres ouvrages dans cette ville ; il se les faisoit payer extrêmement cher. Cependant sa conduite fut telle qu'il mourut, sans laisser de bien, vers l'année 1660. Il laissa deux élèves, qui se sont attaché à suivre sa manière, Bellin et Rendu. Ce dernier a copié beaucoup de tableaux de son maître. On a gravé quelques paysages d'après Fouquier. J. Morin est surtout parfaitement bien entré dans sa manière (1). Sandrart, p. 305. Félibien, t. II, p. 335 et 660. De Piles, p. 414 et Cours de peinture, p. 229 et 241. Corn. de Bie en a aussy écrit quelque chose en flamand, p. 168.

— M. Vleughels m'a dit qu'il avoit souvent ouï dire à son père, qui étoit Flamand, ami de Fouquier et de sa même profession, que, bien loin d'être né gentilhomme, il étoit d'une fort médiocre condition, et que Juste d'Egmont ne le morti-

---

(1) Catalogués dans M. Robert Dumesnil, t. II, nos 95 à 98.

q

fioit jamais tant que lorsqu'il lui reprochoit d'être fils d'un
charron et de n'être riche que de nom. C'est que les Fuggers,
ou, comme on les appelle en Flandres, les Fokkiers, ont formé
une maison puissamment riche, et que, lorsqu'on veut désigner dans ce pays-là un homme qui jouit d'une grande fortune, on dit assez volontiers *c'est un Fokkiers.*

Fouquier a été ami de M. Montagne, et celui-ci dessina son
portrait après sa mort. Je l'ai vu entre les mains des enfans
de Montagne avec plusieurs desseins de Fouquier. J'appréhende que tout cela n'ait été dispersé. Ceux qui avoient ces
desseins sont tous morts. C'étoient de vrais ours, qui ne com-
muniquoient avec personne, et qui auroient laissé périr dans
la poussière des morceaux qui méritoient d'être mieux conservés. Je regrette entre autres choses le portrait de Fouquier.

Il dessinoit volontiers et s'en acquittoit très-bien. Il manioit
parfaitement bien la plume. Je n'en connois point de plus
moelleuse. Personne, que je pense, n'a dessiné des broussailles
dans un plus grand détail et avec plus d'intelligence. Quoyque
faits à peu d'ouvrage, ce n'en sont pas moins des portraits
de la nature rendus dans une fidélité surprenante. Il y règne
une telle variété dans le port des branches, les feuilles et les
fleurs prennent des tours si heureux et des formes si justes,
que chaque genre de plantes se reconnoît aisément. Les ombres sont avec cela distribuées avec tant d'intelligence que
chaque objet avance ou recule suivant qu'il est nécessaire. Il
ne se sert pourtant, pour faire agir sa machine, que d'un lavis
assez léger, sans trait ; quelquefois il y mesle quelques couleurs fort légères et mises à propos. Ce qui me charme dans
ce maître, c'est qu'il est expressif, et qu'il entre merveilleusement dans le détail des formes ; il n'oublie rien. Il y a dans
la pluspart de ses desseins des effets de lumière étonnans. Sa
manière de dessiner favorite est le lavis sur un trait extrêmement léger fait au crayon noir, seulement pour arrêter sa

première idée. Mais son lavis est heurté et est bien éloigné d'estre mol. M. de Piles a grande raison de regarder Fouquier comme le Titien des Flamands. Je suis sur cela entièrement de son avis.

— Fouquier étoit à Marseille en septembre 1629. Extrait d'une lettre écrite à M. Langlois, dit Ciartres, par une personne de Marseille.

— Jacques Foucquier, né dans la Flandre occidentale, mort à Paris vers l'an 1660. Ce peintre est un de ceux qui ont mis le plus de fraîcheur dans leurs tableaux, et peu de gens de sa profession ont autant étudié la nature que lui. Le dessein, lavé à l'encre de Chine, d'après lequel cette estampe a été gravée, est une de ses études. (Description des tableaux du cabinet de M. Boyer d'Aguilles, p. 13.)

— L'on ne connoît aucun peintre flamand qui ait mis dans ses paysages plus de fraîcheur que Foucquier, ni qui ait exprimé avec plus de précision et d'intelligence la diversité des objets qui se présentent dans les campagnes. Ses desseins ne le cèdent point en cette partie à ses tableaux. Les dégradations et les différens plans y sont merveilleusement bien observés, et il s'y trouve, sur les devants, des plantes ou des broussailles ; elles sont traitées avec une vérité qu'on ne voit presque jamais dans les desseins des autres paysagistes. Un peu moins de manière dans la façon de feuiller les arbres, qui paroît un peu trop découpée, les desseins des paysages de ce maître ne laisseroient, ce semble, rien à desirer. (Catalogue Crozat, p. 110.)

FOUQUET (LE SURINTENDANT) (1). M. Fouquet le surinten-

_____

(1) Nous mettons sous ce nom, comme celui d'un de ses possesseurs, la note de cette statue antique que nous ne pouvons placer à aucun nom d'artiste, puisque l'auteur en est inconnu. Elle représente un Antinoüs, à en croire la description et explication

dant avoit fait venir d'Italie cette belle statue de bronze,
qui n'est que de moyenne nature, puisqu'elle ne porte guère
que quatre pieds de haut, et c'étoit, à ce que j'ai ouï dire,
M. Le Brun qui la lui avoit indiquée. Elle étoit à Vaux-le-
Vicomte dans le temps de sa disgrâce. Un vieux domestique
s'imagina que non-seulement on avoit résolu la perte de son
maître, mais qu'on avoit aussi dessein de s'emparer de tout
ce qui lui appartenoit. Et, comme il avoit entendu beaucoup
priser cette statue, elle lui parut perdue pour les enfants de
M. Foucquet, s'il ne la cachoit, et là-dessus il l'enterra dans
une cave, d'où elle ne sortit que lorsque l'orage fut tout à
fait appaisé. M. le marquis de Belle Isle, fils du surintendant,
en connoissoit le prix; mais, comme il n'étoit pas riche, et
que la fortune de son fils, que nous avons vu maréchal de
France, commençoit et l'engageoit à des dépenses au-dessus
de ses forces, il chercha les moyens de s'en défaire utilement, d'autant plus qu'il manquoit de place pour la mettre.
Il sçut que mon père étoit en correspondance avec M. le prince
Eugène et que ce prince étoit curieux des belles choses. Il
engagea donc mon père d'en proposer au prince l'acquisition, qui n'eut pas lieu pour lors, parce que cela ne s'arran-
geoit pas avec les finances du prince destinées à des dépenses
plus urgentes. La figure demeura donc à Paris jusqu'en **1717**
que le marché se renoua. Mon père fit alors passer la figure
à Vienne, où je l'ai veue et où elle est demeurée dans le palais

---

des groupes, statues, etc., qui forment la collection de S. M. le roi
de Prusse, par Mathias Oesterreich. Bérlin, 1774. — Voici ce qu'il
en dit, différent de ce qu'en dit Mariette : « Cette belle statue est
de bronze de 4 piés 2 pouces. Elle a appartenu au prince Eugène
de Savoie, auquel le pape Clément XI en fit présent. Ses héritiers
l'ont vendue après sa mort au roi de Prusse qui l'a fait transporter
de Vienne à Sans-Souci, p. 14-5. » La gravure dont Oesterreich
parle à la table, dessinée par Daniel Gran à Vienne, et gravée à
Venise par Giuseppe Camerata, est celle dont parle Mariette à la
fin de son article.

du prince jusqu'à sa mort. Zanetti, qui vint à peu près dans ce temps là à Vienne, la fit entrer dans un marché de tableaux et de pierres gravées que lui vendit le prince Eugène, et dont il fit le partage avec M. le prince de Lichtenstein, ainsi qu'ils en étoient convenu. Il comptoit que la statue lui demeureroit, et la tête lui en tournoit. Mais il ne put résister aux prières que lui fit le prince de Lichtenstein pour l'engager à la lui céder. Il lui en fit le sacrifice; c'étoit le sort de cette figure, de ne pouvoir demeurer entre les mains de ceux qui la prisoient le plus, et bientôt celui qui en étoit possesseur se vit lui-même obligé de s'en priver pour en faire présent au roi de Prusse et se captiver sans doute la bienveillance de ce prince, qui, dans la guerre qu'il faisoit à la reyne d'Hongrie, au sujet de la Silésie, s'étoit rendu maître des états que le prince de Lichtenstein y possède. Ils lui furent en effet restitués, et la statue de bronze fut mise dans le palais de Sans-Souci, où elle est gardée avec le soin qu'elle mérite. Le prince de Lichtenstein eut cependant, avant que de la laisser partir, la précaution de la faire mouler, et d'en faire ensuite jetter en bronze une semblable dans le creux que ce moule lui conservoit. J'ignore si cette copie a été regravée par un habile homme; ce que je sçais, c'est qu'elle fait aujourd'hui l'ornement d'une des chambres du palais de Lichtenstein à Vienne, et qu'il y en a une estampe qu'a fait graver ce prince, et dont il m'a fait la grâce de me faire présent.

FRACANZANI (MICHEL-ANGELO), fils de César Fracansani, peintre napolitain, qui avoit été élève de l'Espagnolet, fut élevé par son père, dans sa même profession. Mais il ne s'y appliqua que foiblement, et, se laissant entraîner au goût qu'il avoit pour le théâtre, il ne s'occupa plus qu'à réjouir ses spectateurs par ses boufonneries et le naturel qu'il mettoit dans la représentation du rolle de Polichinelle, dans lequel il excelloit. Le roi Louis XIV, sur ce qu'il entendit dire, le fit venir en France ; mais le comédien n'y fut pas beaucoup goûté parce qu'il s'énonçoit en langage napolitain, et que, pour juger de la naïveté de ses plaisanteries, il auroit fallu être au fait de ce jargon ; ce qu'on ne devoit point attendre d'une nation peu curieuse des langues étrangères et encore moins de leurs différents dialectes. Le séjour de Paris se trouva cependant si bien du goût de notre acteur, qu'il résolut de s'établir dans cette ville, il y prit femme, et y attira son père. Il avoit pris auprès de celui-ci du goût pour les livres, les estampes et les curiosités du même genre. Il y écrivoit ordinairement son nom, et j'ai un des livres qui lui a appartenu et qui, signé de sa main, porte la datte 1687. Par conséquent sa mort est arrivée plus tard que ne le marque le Dominici, t. III, p. 87. Je crois même qu'il ne la faut placer que dans les dernières années du siècle précédent.

— *A propos du clair-obscur, Tantale tourmenté de la faim dans les Enfers, d'après le Titien, Mariette ajoute :* Je l'ay veu chez M. Crozat et chez un fondeur qui demeure dans le faubourg Saint-Germain. J'ay eu ce clair-obscur et tous ceux qui appartenoient à ce fondeur en 1728. Il les avoit eu d'un de ses oncles orfévre, et celuy-cy les tenoit du sieur Fracanzani, comédien italien, jouant le rolle de Polichinelle, qui en avoit rassemblé une des plus amples collections qu'on puisse désirer. Il aimoit singulièrement cette sorte d'estampes ; il en avoit apporté de belles d'Italie, et, pendant son séjour en France, il n'épargna rien pour en ramasser. Fracanzani étoit Napolitain et assez proche parent de Salvator Rosa. Il étoit bon curieux et se mêloit de dessiner et même de génie, mais d'un goût lourd et fort mauvais (1).

_____

(1) C'est ce Fracanzani qui réunit les études dessinées de

FRAGONARD (HONORÉ), jeune élève qui, en cette année, 1761, revient de Rome, où il étoit à la pension du roi. L'abbé de Saint-Non l'a ramené, avec quantité de desseins qu'il lui a fait faire, et parmi lesquels j'en ai vu plusieurs représentant des veues de Rome, dont la touche et le faire m'ont beaucoup plu. Il est disciple du sieur Boucher. Je lui souhaite un aussi bon pinceau que celui de son maître. Je doute qu'il l'ait jamais. — Le tableau (1) qu'il a présenté pour être reçu dans l'Académie, et sur lequel il a été agréé tout d'une voix, ce 31 mars 1765, me le fait craindre; il est agréablement composé, mais il paraît peint avec peinne. L'ordonnance a généralement plu. J'y trouve en général un fairé qui vise à la manière de Bourdon. La timidité, qui règne dans le caractère de cet artiste, lui retient la main, et, jamais content de ses productions, il efface et revient sur lui-même, ce qui est une méthode qui nuit au talent, et qui peut faire tort à ce jeune peintre. J'en serois fâché, les efforts qu'il fait pour bien faire méritent un meilleur succès. Il est né à Grâce en Provence.

FRANCESCA (PIETRO DELLA). Le père Orlandi le fait mourir vers l'an 1460. Le Vasari, qu'il cite, ne le dit point, mais seulement qu'il vécut 86 ans, après avoir perdu la veue à 60. Il vivoit encore en 1494 et 1509. Frère Luc Pacioli, son disciple, en fait mention, comme d'un homme vivant, dans un Traité de géométrie qu'il fit imprimer à Venise en 1494. Il y parle avec éloge d'un ouvrage sur la peinture, que le P. Della

---

Le Sueur pour ses tableaux de Saint-Bruno, maintenant conservées au Louvre; voyez *Archives de l'Art français*, t. II, p. 91.

(1) Il a pris pour sujet de son tableau le Sacrifice de Callirhoë; je n'ai guère vu de crayons plus flatteur que le sien. Étant à Rome, il a fait quantité de veues, et surtout celles des jardins de la Vigne d'Est à Tivoli, qui sont spirituellement faites, et où il règne une grande intelligence. (*Note de Mariette.*)

Francesca avoit composé, et qui étoit dans la bibliothèque des ducs d'Urbin. Ce que le même auteur dit dans son livre sur les proportions, imprimé à Venise en 1509, peut faire croire que Pierre della Francesca n'opéroit plus, et effectivement il étoit aveugle; mais ce qui le disculpe de la fausse imputation que lui fait le Vasari de s'être approprié les écrits de son maître et de les avoir fait passer sous son nom, c'est que dans ce même livre des proportions, il promet de donner bientôt un traité de perspective, qui sera, dit-il, un abrégé du traité complet que son maître avoit composé sur cette matière. On ignore même s'il l'a fait imprimer. Au reste, Pierre della Francesca peut être regardé comme le premier d'entre les modernes qui ait réduit en règles la science de la perspective. Daniel Barbaro, qui avoit eu communication de son manuscrit, s'en étoit utilement servi pour son traité de perspective. Balthazar de Sienne, Serlio et Daniel de Volterre n'eurent point d'autre méthode que la sienne, et Vignole n'a fait que la perfectionner, et lui donner la dernière main. Voyez la Perspective de Vignole, publiée par Ignatio Danti, p. 82, et le sénateur Buonaroti, dans les Osservationi sopra i medagli del Carpagna, p. 256.

FRANCESCHINI (BALTHASAR), né à Volterre en 1611. J'ai des desseins de lui qui sont tellement dans la manière de Pietro de Cortonne, qu'on le croiroit disciple de ce grand peintre. Sa manière lui avoit plu, et il en étoit devenu le partisan et le sectateur. On peut adjouter qu'il ne s'en étoit pas mal trouvé.

FRANÇESI (ALESSANDRO) de Naples. L'abbé Titi en parle, comme d'un jeune homme dont on devoit concevoir les plus grandes espérances, et cela à l'occasion des peintures que cet artiste devoit exécuter à fresque dans une chapelle de l'église de Sainte-Marie in Transpontina, et dont il avoit fait voir les cartons à celui qui, par reconnoissance, a tiré son nom de l'oubbi. Domenici, qui a écrit les vies des peintres napolitains, et qui a fait sur cela d'amples recherches, a donné place à ce peintre dans son ouvrage, mais il ne dit rien de plus que l'abbé Titi.

FRANCIA (JACOPO). Une femme représentant la ville de Boulogne tenant un tableau, où est représentée la sainte Vierge avec cette inscription à l'entour : *Tuum populum ab omni malo defende.* Cette femme est au milieu des quatre saints protecteurs de la ville de Boulogne, S. Petronne, S. Procolo, S. François et S. Dominique (1). Cette pièce a certainement été faite à Bologne ; l'on n'en connoît pas le graveur, qui s'y est désigné par cette marque I. F. J'ay veu plusieurs autres pièces du mesme maistre avec la même marque. On avoit essayé de les faire passer pour estre de Marc Antoine, en corrompant la marque ainsy : MF. En effect elles sont assez dans la manière de Francia, qui est celle que Marc Antoine a imité dans ses premières manières, et, s'il étoit vray que Jacques Francia, fils de François Francia, maistre de Marc Antoine, eût gravé, comme je l'ay ouy dire à quelques-uns, il seroit fort possible que ces pièces fussent de luy.

— Un' portrait de femme en buste, dont les cheveux rassemblés dans une espèce de coiffure (cuffia en italien) tombent en boucles sur le devant et accompagnent le visage ; un cordon étroit qui est autour de la teste attache, sur le devant du front, un ornement de pierreries ; elle est vêtue d'une robe à bandes de différentes étoffes, et il paroist un bout de la main

---

(1) Bartsch, différents graveurs du temps de Marc-Antoine, t. XIV, p. 456, n° 1.

gauche. Ce portrait est gravé au burin et assez mal, je crois par cet ancien graveur bolognois qui s'est distingué par cette marque I. F. Je ne puis sçavoir de qui est ce portrait, qui est fort rare. Je l'ay veu chez le roy dans son œuvre de Raphaël.

— La Charité représentée par une femme qui est assise sur des nuées, et qui donne à tetter à un enfant (1). L'on ne voit point de graveur, à qui on puisse mieux attribuer cette pièce qu'à Marc Antoine, elle est dans le goût de ses premières manières, et cependant l'on y trouve en bas une marque qui n'est pas la sienne, I. F. Je ne connois pas ce graveur, ni à qui cette marque peut convenir. Ce qui est de certain, c'est que les pièces avec cette marque ont dû être gravées à Bologne. J'en ay veu une, où une femme, qui tient un tableau de la sainte Vierge, est environnée de saints parmy lesquels est St Pétrone, évêque, et les patrons de Bologne ; ces pièces sont assez dans la manière de Francia ; seroit-il impossible qu'elles fussent de Jacques Francia, qui, comme Fr. Francia, son père, étoit peintre et orfévre ?

FRANCK (AMBROISE), ou Francken, peintre d'Anvers. On le dit frère de Jérôme et de François Franck le vieux, et l'on prétend qu'il étoit le plus habile des trois frères. On cite, pour le prouver, un de ses tableaux dans l'église cathédrale d'Anvers à la chapelle des cordonniers, lequel représente les saints Crespin et Crépinien. On a quelques morceaux gravés sur ses desseins par les Wierx. Mais ces estampes ne remplissent pas l'idée qu'on en donne ici. Quelques-unes portent la datte 1578, et fixent le temps où il florissoit.

FRANCK (FRANÇOIS) le vieux, né à Leventals près d'Anvers,

---

(1) Bartsch, différents graveurs du temps de Marc-Antoine, t. XIV, n° 3.

fut reçu dans la communauté des peintres d'Anvers en 1561. On le croit fils de Nicolas Franck l'ancien, frère de Jérôme et d'Ambroise Franck.

FRANCK (FRANÇOIS) le jeune, celui de qui l'on a le portrait dans la suite des cent portraits de Van Dyck, nacquit, dit-on, à Anvers en 1580, et mourut en 1642. MM. d'Argenville et Descamps ont parlé assez amplement de tous les peintres de la famille Franck ; mais je trouve qu'ils ont embrouillé la matière au lieu de l'éclaircir. Je ne l'entreprendrai pas, tant j'y trouve de difficultés. Corn. de Bie parle de Fr. Franck le jeune. Il ne peignoit guère que de petites figures ; il avoit été en Italie et avoit demeuré à Venise.

FRANCK (JEAN-ULRICH), peintre d'histoire à Augsbourg, né en 1603, mort en 1680. Ce nom d'artiste et ces dates nous sont donnés par l'inscription qui se lit au bas du portrait dudit peintre qu'a gravé en 1772 G. C. Kihan.

FRANCK (JÉROME), de qui est le tableau de l'Adoration des bergers au maître-autel de l'église des Cordeliers à Paris, peint en 1585, y étoit venu d'Anvers, où il avoit appris son art sous le vieux Nicolas Franck dont il étoit le fils. Il peignoit bien le portrait, et c'est ce qui engagea Henri III de l'appeler dans son royaume et de lui accorder le titre de son peintre. C'est ainsi qu'il est nommé dans l'inscription qu'on lit au bas de son portrait qu'a gravé J. Morin (1). Il demeuroit à Anvers en 1596. On en a la preuve dans un tableau de sa main, qui est dans l'église cathédrale de cette ville, et sur lequel on trouve cette date et sa marque. Sans doute que la mort funeste de Henri III

_____

(1) Robert Dumesnil, t. II, n° 52.

et les troubles, dont la France se vit agitée, lui firent prendre
le parti de s'en retourner dans son pays. On dit qu'il y mourut fort âgé. A en juger par le tableau qui est à Paris, Jérôme
Franck semble avoir voulu imiter la manière de dessiner et
de composer de Fr. Floris, qui, toute sauvage qu'elle étoit,
étoit alors en estime auprès de bien des gens. Dans un livre
de la description des tableaux d'Anvers, on fait Jérôme Franck
fils de François dit le vieux. Je crois plus vraisemblable de le
lui donner pour son frère. Sans cela les dattes, qui regardent
ces deux peintres, auroient peine à se concilier.

FRANCK (NICOLAS), né à Lerentals près d'Anvers, est, dit-
on, la souche d'où sont sortis tous les peintres du nom de
Franck. Il mourut, dit-on, dans cette ville en 1596. On le fait
père de Jérôme qui a travaillé à Paris, de François Franck,
dit le vieux Franck, et d'Ambroise.

FRANCK (SÉBASTIEN) ou Vrank, vivoit à Anvers en même
temps que Van Dyck, qui fit son portrait et qui l'inséra dans
la suite des cent Portraits. Il y est qualifié de peintre de batailles en petit. Je ne le crois pas de la même famille que les
autres Franck, puisqu'on lui donne un nom écrit différemment; mais il est pourtant vrai que Franck ou Vranck se pro-
noncent de même. Descamps le fait aussi peintre de paysage,
et place sa naissance en 1573. Il y a dans le cabinet de l'empereur à Vienne des tableaux (t. II, p. 27) qui représentent
des veues intérieures d'église dans la manière de Steenvyck,
qu'on donne à Sébastien Franck. Corn. de Bie, p. 100, l'appelle, ce me semble, Franck.

FRANCO (BATTISTA). Depuis que j'ai vu, chez M. le duc de
Tallard, un tableau d'un portement de croix qui est indubi-
tablement de Battista Franco, j'ai conçu de ce peintre une

beaucoup plus grande idée que j'en avois eu jusqu'alors. Ce tableau est peint dans les bons principes, et ne fait point tort à l'école vénitienne dont il est sorti. On y reconnoit aussi un peintre qui a étudié à Rome sous Périn del Vague, et qui, tout maniéré qu'il est, plaist par des tours agréables et heureux qu'il a sçu donner à ses figures. La composition est riche et bien ordonnée. Tout cela avoit fait croire à ceux qui ont vendu le tableau à M. de Tallard qu'il falloit lui chercher un nom parmi les peintres qui s'étoient distingués dans l'école romaine, et ils n'hésitèrent point de lui imposer celui de Daniel de Volterre, sous lequel ce tableau a été acheté et sous lequel il s'est montré. Il est pourtant vrai qu'il est de Franco. C'est sa manière, laquelle est très-reconnoissable, et, de plus, l'on en a l'estampe gravée par lui-même (1). Ce peintre a gravé, et, si l'on y prend garde, le paysage du Titien, où est un homme conduisant par la bride un cheval, est un de ses ouvrages.

— *A propos du Déluge universel, gravé par Baptiste Franco* (2), *Mariette ajoute :* Cette pièce est certainement de l'invention de Polidore de Carravage. M. Crozat en a le dessein original fait par ce fameux peintre.

FRANÇOIS (JEAN-CHARLES), graveur des desseins du cabinet du roy, est né à Nancy, le 4 mars 1717, et il est mort à Paris, le 21 mars 1769. Il est un des premiers qui ait essayé à graver dans une manière qui rend à l'impression le grain des crayons. D'autres ont sans doute perfectionné cette méthode et ont pu imaginer d'autres moyens que le sien ; mais il faut lui rendre justice, il leur a ouvert la porte, et c'est

(1) Bartsch, vol. XVI, p. 123, n° 11 ; il ne parle pas du paysage d'après le Titien.
(2) Bartsch, appendice, n° 3, t. XVI, p. 155.

beaucoup que d'avoir le mérite de l'invention. Il commença
ses opérations en 1740 ; de nouveaux essais, qu'il produisit en
1753, reçurent des applaudissements qui l'encouragèrent à
continuer son travail, et il se vit en état de présenter à l'Académie royale de peinture quelques morceaux, dont la compagnie crut reconnoître l'utilité et auxquels elle ne fit point
difficulté de donner son approbation, ce qui valut à l'auteur
le titre de graveur des desseins du cabinet du roi et une pension, dont M. le marquis de Marigny lui fit délivrer le brevet
en 1758. Il jouissoit des mêmes avantages auprès du roi de
Pologne, duc de Lorraine, toutes choses que j'ai extrait d'une
lettre qu'il écrivit à M. Savérien sur l'utilité du dessein, etc.,
imprimée en 1760 et depuis augmentée en 1767. On a quelques
portraits qu'il a gravés au burin, et plusieurs autres planches
dans différents genres, dans toutes lesquelles il ne s'est montré qu'un artiste assez médiocre.

FRANÇOIS (simon) s'étoit consacré à Dieu dès sa plus tendre jeunesse, et n'avoit encore pris aucun parti, lorsqu'ayant
veu par hazard un tableau de la Nativité de Notre-Seigneur,
dont il fut sensiblement touché, il forma sur-le-champ, malgré ses parents, le dessein de se faire peintre. Ainsy ce ne fut
point une inclination naturelle ni l'envie d'acquérir une
grande réputation, qui luy fit choisir cette profession ; il ne
l'embrassa que dans la veue de s'entretenir dans la piété en
peignant des tableaux où il luy fût permis de produire les
idées saintes qu'il nourrissoit dans le cœur. Toute sa vie se
passa dans la pratique de la vertu, et par là il mérita une
gloire beaucoup plus durable que s'il s'étoit distingué par ses
ouvrages au-dessus de tous les autres peintres ; son principal
mérite étoit d'être gracieux. Il cherchoit à imiter la manière
du Guide, qu'il avoit connu en Italie, et avec lequel il avoit
contracté amitié.

— S. F. *en monogramme*, c'est la marque de Simon *François*, peintre, natif de Tours. Elle se trouve sur une estampe d'un saint Sébastien en demi-figure qu'il a inventée et gravée. Il a pareillement gravé une sainte Madeleine lisant et couchée dans sa grotte avec cette marque S. F. (1).

FRANCUCCI (INNOCENZIO). On lit sur un de ses tableaux, je crois que c'est celuy de M. le duc d'Orléans : *Innocentius Franchutius Imolensis faciebat.*

FRANQUEVILLE (PIETRO DE), sculpteur, cela est vray, mais ce qui suit,est un barbouillage digne du père Orlandi ; il falloit qu'il dit que M. Girardon avoit dans son cabinet plusieurs modèles de ce sculpteur, mais il pouvoit encore adjouter plusieurs circonstances qui regardent cet artiste et qu'il auroit apprises dans Baldinucci, à l'article de Jean de Bologne, dont Franqueville étoit le diciple, s'il eût voulu se donner la peine de les y chercher. Voyez plus bas à l'article de Pietro Francavilla ; c'est un double employ de celuy-cy.

—Suivant l'inscription qui est au bas de son portrait, gravé par P. de Jode, d'après J. Bunel, il devoit estre né en 1553 et non en 1548 ; voicy comme elle est conçue : *Petrus a Francavilla Cameracensis Gall. et Navar. Regis Christianiss, architect. et proto sculptor, academicus Florentinus, et ob egregia artis opera civitate Pisana donatus, M. VIᶜ. XIII Æ. 60.* Cependant il y a un portrait de ce sculpteur, peint par le Paggi, avec une inscription qui le fait né en 1548 ; voy. Baldinucci ; peut-être est-ce une faute de gravure et qu'au lieu

---

(1) M. Robert Dumesnil a catalogué les deux pièces gravées par lui, tome III, p. 20. — Dans l'église des Incurables se trouve sur l'autel de la Vierge, dans la croisée de droite, en face du tombeau du cardinal de la Rochefoucault, un tableau de la Fuite en Égypte de la composition de Simon François ; mais le mauvais état ne permet pas de dire si c'est l'original ou une bonne copie du temps.

de VIII on a mis XIII. En 1548 il étoit encore à Florence; il y fit dans cette année deux statues pour la magnifique entrée de Christine de Lorraine dans cette ville.

FREDEAU (AMBROISE). On le regarde à Toulouse comme un grand peintre et un grand sculpteur; il s'étoit fait augustin, et l'on voit dans l'église de ces religieux, à Toulouse, plusieurs autels dont les tableaux, les sculptures et l'architecture ont été exécutés par lui et méritent d'être vus. Il a servi de maître à Jean-Pierre Rivals; on juge par là qu'il travailloit dans le milieu du 17e siècle.

FREMIN (RENÉ). Il passa en Espagne en 1721, et, pendant tout le temps qu'il y a demeuré, il a partagé avec M. Thierry tous les ouvrages de sculpture qui se sont faits pour le roy d'Espagne, tant à Madrid qu'au château de S.-Ildefonse et dans les autres maisons royales. Sa Majesté Catholique lui accorda le titre de son premier sculpteur et des lettres de noblesse, et le récompensa si dignement de ses ouvrages que, lorsqu'il est revenu en France en 1738, il y étoit d'une richesse immense; il se fit secrétaire du roy, fit pourvoir un de ses fils d'une charge de maître des comptes, le maria richement avec la fille du sieur Rondet, marchand de bijoux, et vécut dans l'opulence, car il n'a plus manié depuis le ciseau. Il ne faut pas croire au reste que ce soit l'habileté qui ait fait la fortune de M. Fremin; il avoit du talent, mais il s'en falloit de beaucoup que ce fût un homme de la première volée; un peu de *manigance* a suppléé à ce qui lui manquoit du côté de l'art et en a fait un sculpteur heureux. Il est mort à Paris le 17 février 1744; il étoit pour lors directeur de l'Académie de Peinture et Sculpture (1).

_____

(1) Voyez sur Fremin la notice de M. de Valory, qui se trouvera

FREMINET (MARTIN) étoit de Paris ; on apprend cette particularité d'une estampe, représentant la sainte famille, gravée à Rome, d'après ce peintre, par Ph. Thomassin qui a encore gravé quelques autres morceaux d'après Freminet en 1589, 1591 et 1592 ; c'étoit le temps que Freminet étoit à Rome ; il n'avoit que 20 ans en 1589, supposé qu'il ne fût âgé à sa mort que de 52 ans. M. Dargenville a écrit, peut-être un peu trop légèrement, que Freminet est mort à Paris ; je croirais plustost que ce fut à Fontainebleau, et encore plustost à l'abbaye de Barbeaux, à trois lieues de Melun, où il est possible qu'il se fût retiré pour s'édifier et songer à son talent, car il y est enterré et on y lit son épitaphe. Il est mort en 1619, âgé de 52 ans. *Abrégé de la vie des peintres par Dargenville.*

— D. O. M. S.-Siste sis (*hic ?*) viator, et perlege. Jacet hic Freminetus cujus penicillo debemus quod Gallia jam suo gloriatur Apelle, quem nasci voluerant oculorum deliciæ ; rex, aula, virtus, (si per fata liceret) voluissent immortalem, postquam artis suæ nobilitavit lumen et umbras istas hic reliquet illud verius obtinet. Obiit anno S. R. M. D. C. XIX. die XVIIIᵃ, mensis junii.

Je vous envoye, mon cher ami, l'épitaphe de Freminet que vous m'aviés demandée il y a longtemps, et qu'on a copiée fidellement sur le tombeau ; je vous embrasse bien tendrement,   L'abbé BARTHELEMY.

Lundi 25 mars, ruë Colbert.

FREY (GIACOMO). Il est né à Lucerne en 1681 et est mort à Rome le 11 janvier 1752. Voyez sa vie dans le second vol. des Vies des Peintres suisses par Fusslin, p. 232.

---

dans le second volume des *Mémoires inédits sur les académiciens*, p. 201-9.

FUMIANI (ANTOINE), peintre vénitien, florissoit au commencement du XVIIIe siècle et visoit, dit le Guarienti, à la manière de Paul Veronèse ; il ne manquoit pas de génie, mais je
trouve qu'il avoit bien du chemin à faire avant que d'arriver
au but qu'il se proposoit. L'auteur de la nouvelle description
des peintures de Venise, 1753, se contente d'en dire un mot ;
mais, dans son ouvrage intitulé : delle Pitt. Venez. p. 411, il
nous apprend qu'il avoit eu pour maître à Bologne Dominique degli Ambrogi, et qu'il est mort à Venise en 1710 âgé de
67 ans ; il se nomme Jean-Antoine.

FUSLI (MATHIAS), né à Zurich en 1671. Un penchant naturel le portoit à être peintre de portraits ; mais il lui fut de nécessité de se conformer aux volontés de son père qui voulut
en faire un peintre d'histoire, et qui n'en fit qu'un peintre
médiocre. Il l'envoya à Rome à l'école de Benedetto Luti, qui,
charmé de sa docilité, de son application au travail et de sa
bonne conduite, lui accorda son amitié ; il l'envoya dessiner
d'après Raphaël, au Vatican, et, comme il manquoit de vocation, ce fut sans succès ; il n'en fut pas de même de la beauté
de son âme, elle se montroit et prenoit de nouvelles forces à
chaque instant. Kupetzki étoit alors à Rome sans occupation,
mourant presque de faim ; Füsli le rencontre, le fixe, lui demande la cause de son abattement, partage son dîner avec lui,
lui cherche et lui procure de l'ouvrage, et telle fut la source
de cette amitié intime qui régna entre les deux artistes durant
toute leur vie. Füsli demeura à Rome pendant neuf ans, et
n'en sortit que lorsqu'il plut à son père de le rappeler ; il revint à Zurich, y fit peu d'ouvrages et menoit une vie tranquille ; il y mourut en 1736. Füsli, vie des P. suisses. t. II
de la nouvelle édition.

N. B. Il ne faut pas confondre cet artiste avec celui du
même nom, dont Sandrart a fait mention ; ce sont deux hom-

mes différents, et celui de Sandrart est fort antérieur. M. Füsli
le cite pareillement dans son livre au t. I.

GABBURRI (françois-marie-nicolas), d'une famille noble
de Florence, étoit passionné pour l'art de la peinture, et je
me loue beaucoup de sa correspondance. Si ses facultés
avoient pu répondre à son zèle, sa collection d'estampes et
de desseins seroit devenue une des plus considérables qu'on
eût vue en Italie. Mais obligé de restreindre ses dépenses et à
se contenter de ce qui se présentoit à achetter à Florence,
n'étant pas d'ailleurs assez difficile sur le choix des objets
qu'il recueilloit, sa collection fut trouvée à sa mort plus nombreuse que belle. Telle qu'elle étoit, elle a été achettée de ses
héritiers par un Anglois nommé Kent, en 17...; et exposée en
vente à Londres; elle n'y a pas eu beaucoup de faveur, chose
assez singulière, car tout ce qui vient d'Italie est réputé bon
pour les Anglois. M. Gabburri est louable, en ce qu'il a sauvé
de l'oubli nombre de belles peintures, que le temps, joint au
peu de soin qu'on en prenoit, a été sur le point d'anéantir.
Nous lui devons aussi la publication de plusieurs ouvrages
sur la peinture, entr'autres ce qui restoit à imprimer de l'ouvrage de Baldinucci, ainsi qu'on nous l'apprend dans l'avis
aux lecteurs, à la tête du vol. qui contient les vies des artistes
des IIIe et IVe siècles depuis le renouvellement de la peinture,
et une réimpression de l'excellent *Riposo del Borghini*, qui
étoit devenu un livre très rare. Pendant longtemps il a soutenu la mourante Académie de dessin à Florence, dont il étoit
le lieutenant ou plutost le représentant du grand Duc. Il est
mort à Florence en 1742. Sa vie, écrite par le *Verai*, a été imprimée dans le Ier vol. du livre intitulé : Memorabilia Florent.
erudit. præstantium, publié par le docteur Lami. Il dessinoit
passablement; Onorio Marinari lui en avoit enseigné la pratique.

GABRIEL (JACQUES JULES), chevalier de l'ordre de Saint Michel, premier architecte du roy, charge dans laquelle il avoit succédé à M. de Cotte en **1736**, et premier ingénieur des ponts et chaussées, mort à Fontainebleau le 23 avril **1742**, agé de 76 ans. Ange-Jacques, son fils, a été nommé par le roy à la place de premier architecte dans le mois suivant. Le père étoit expert dans la conduite du bâtiment, mais il n'auroit pas pu dessiner le moindre bout d'ornement. Est-ce là être architecte? Et comment un premier architecte peut-il hazarder de juger sur les ouvrages des artistes qui lui sont soumis, quand il est lui-même dépourvu de connoissances qui sont si nécessaires pour diriger ses décisions. Son père, nommé Jacques, avoit été employé à la construction du Pont Royal. Le fils a beaucoup bâty dans Paris. Il étoit parent de Jules-Hardouin Mansart et il lui devoit sa fortune.

GABRIELLI (ONOFRIO) de Messine, a peint à fresque dans le palais de Sermeola, appartenant aux comtes Borromée de Padoue, pour lesquels il a beaucoup travaillé; il demeuroit chez eux. Le Rossetti, Pitt. di Padova p. 314, fait mention de ce peintre et de quelques-uns de ses ouvrages, mais ne dit point le temps qu'il vivoit.

GAETANO (GIO-BATTISTA). J'ai vu une suite de 34 petites planches, grandeur d'un in-24°, qui représentent la vie du B. H. Toribio, arch. de Lima, gravées à Rome par B. Thiboust sur des desseins de ce peintre que je ne vois point nommé ailleurs. Sa manière a du grand, et je ne la puis comparer à celle d'aucun peintre moderne dans un petit espace. Dans un petit espace il fait avec peu de figures paroistre un grand sujet. Je pense que cette suite, dédiée à la reyne d'Espagne, Marie-Louise de Bourbon, par Jean François de Valladolid, chapelain de S. M., est rare, car elle ne m'est encore tombée sous la main qu'une seule fois; les planches en seront passées en Espagne.

GAGINI (ANTOINE), sculpteur de Palerme et contemporain de Michel-Ange, qui faisoit grand cas de sa façon de drapper. Voy. p. 181 de l'Abeced.

GAGLIARDI (PHILIPPE), Romain, peintre de perspectives, a fait les desseins de toutes les veues qui se trouvent dans le livre des Hesperides du P. Ferrari jésuite. Cet auteur fait beaucoup valoir les talents de son peintre (pag. 133), et je ne doute pas qu'il n'ait dit vrai. Il écrivoit vers l'année 1640 (1).

GAJETANO (SCIPIONE). C'est ainsi que se trouve son nom,

-----

(1) C'est à la suite d'une vue d'un casin au milieu d'un jardin, gravée par Cl. Goyrand : « Et hac pagina hortensis optices, aliisque consimilibus à te adjungendis tuæ prospicis gloriæ, Philippe; brevibusque lineis longo prospectu fallentibus longissimam tibi lineam ducis memorabilis æternitatis. Fuerint alia tua opera sane præclara, quibus amplissima spatia in angusto splendide mentiris, mundumque amplificas in arcto. Sed opus hoc cedro dignum, cui laborasti; ea, inquam, cedro, cujus aurum, quam cedri alterius succus, efficacius, optime de se meritis insignibus viris allinit famæ immortalitatem. Denique in hac aureâ scenâ medicârum arborum, te arma putatoria resecandis vitiis ministrante, perennantium, spectaculum exhibes perpetuo virentis nominis tui. » Hesperides, sive de malorum aureorum culturâ et usu libri quatuor, J.-B. Ferrarii Senensis soc. Jesu. Romæ. 1646, in-f°, p. 133. Les autres planches, d'après le Gagliardi, sont p. 147, 153, 457. Outre les planches de botanique, et quelques statues antiques, il y a dans le même volume des planches de Greuter d'après Pietre de Cortone (front.), de Bloemart d'après Albane, p. 51, d'après Sacchi, p. 87; d'après Poussin, p. 97 — le musée des dessins du Louvre en possède l'admirable dessin — d'après Romanelli, p. 277; de Greuter, d'après le Guide, p. 343; de Bloemaert, d'après le Dominiquin, p. 417; de Greuter, d'après Lanfranc, p. 447; à côté de ces planches le texte offre sur tous ces peintres un passage élogieux que devront reprendre ceux qui pourraient s'en occuper.

écrit par lui-même, sur un tableau qu'il a peint en 1576 ; il mourut à Rome sous le pontificat de Sixte V, c'est-à-dire entre les années 1585 et 1590, d'une colique de miserere. Ses portraits sont du dernier fini ; dans celui que j'ai sous les yeux, et qui est celui d'un cardinal, il y a une barbe dont on peut compter tous les poils. On vante beaucoup le pinceau de Gérard Dou, dans ces sortes de détails ; celui de Gaetano n'est pas moins surprenant ; tous deux vont de pair.

GALANINO (BALTHASAR). Je connais deux portraits gravés d'après ce peintre par Luc Ciamberlan ; l'un est celui d'un musicien, Barthelemy Grassi de Luques, et celui de Jean Guillaume de Colle, dont les poésies ont été mises en chant par le susdit Grassi ; apparemment que ces deux portraits ont été faits pour être mis dans le même livre. Je ne crois pas qu'il y ait eu d'autres pièces gravées d'après ce peintre, qui a peint des portraits dignes des Carraches.

GALEOTTI (BASTIANO) est mort à Parme vers l'année 1735. A en juger par ses desseins, dont j'ai quelques-uns, c'étoit un grand praticien dont le génie étoit facile, mais qui ne s'occupoit guère de mettre de la correction dans les choses qui sortoient de ses mains. Il est fait mention de lui dans la description des peintures de Cremone par Panni. Voyez sa vie et son portrait dans la première partie du second vol. des Portraits des Peintres, peints par eux-mêmes, publié par Ant. Pazzi ; il y est dit qu'il est mort plus que septuagénaire dans le territoire de Gennes, et, comme on place sa naissance dans cette ville en 1676, il faut que celui qui m'a vendu les desseins de Galeotti et qui m'a donné la datte de sa mort, se soit trompé, et qu'au lieu de 1735 il n'ait voulu dire 1745 ou peut-être 1746.

GALESTRUZZI (gio-battista), diciple de François Furini, excellent peintre florentin. *Baldinucci.Part.* 1. *sec.* v., p.264.

GALETTI (filippo-maria), frère théatin,étoit de Florence, où il naquit en 1636 et il y mourut le 23 février 1714. Voyez sa vie et le détail de ses ouvrages dans le tome III du recueil des portraits de peintres de la galerie de Florence, page 275. Il étoit disciple de Dandini.

GALILEI (alessandre), Florentin, architecte, qui a bâti le portail de l'église de Saint-Jean de Latran à Rome, mort en cette ville le 23 décembre 1737. Il étoit né en 1691. Il étoit bon mathématicien. L'auteur de la Vie des architectes lui a donné place dans son ouvrage.

GALLE (corneille) le vieux. L'Église romaine, soutenant le chapeau de prélat au-dessus de l'écusson des armes d'un seigneur flamand, de sable au chef d'argent, placé au milieu de la Religion et de la Noblesse, celle-cy foulant à ses pieds l'Envie et l'autre l'Hérésie ; gravée en 1648 par Corneille le vieux. L'inscription qui est au bas est remarquable : *C. Galle sculp. œtat.* 72, 1648, d'où l'on apprend l'âge du vieux C. Galle ; cette pièce se sent bien de la vieillesse de cet excellent graveur. Il y a encore un reste de l'intelligence, mais plus de maniement de burin.

GALLE (filippo). Vasari en fait mention, t. III, p. 270, en parlant de quelques graveurs qui vivoient dans les Pays-Bas en mesme temps que Lambert Suavius. Il le fait natif d'Harlem. En effect, Philippe Galle a gravé une grande quantité de pièces, dans sa jeunesse, d'après les desseins de Martin Heemskerck, qui vivoit pour lors à Harlem. Il y en a, parmy, plusieurs qui tiennent de la manière de graver de Théodore Coornhert, qui travailloit aussy dans le mesme temps à Har-

lem, d'après Heemskerk; ce qui me fait croire que Philippe
Galle étoit son disciple, d'autant plus volontiers que Coornhert estoit plus âgé et que l'on trouve de ses estampes dès
l'année 1549, au lieu que l'on n'en connoît point de Philippe
Galle avant l'année 1556, et il n'estoit même pour lors âgé
que de 19 ans, car il étoit né en 1537. Dans la suite il vint
s'établir à Anvers, et y continua dans l'exercice de son art. Il
y mit au jour quantité de desseins de J. Stradan, que celui-cy
lui envoyoit d'Italie; il en grava luy-mesme une partie et se
fit aider par ses deux enfans, Théodore et Corneille Galle,
qui avoient appris sous luy la graveure. Philippe Galle avoit
aussy une fille nommée Juste, qu'il maria à Adrien Collaert.
Il mourut à Anvers en 1612, âgé de 75 ans. Voicy l'inscription qui est sur sa tombe dans l'église cathédrale d'Anvers :
Philippus Gallæus mortuus anno 1612, *ætatis* 75. Philippe
Galle n'a rien gravé qu'au burin; sa manière étoit sèche,
mais artiste; sur la fin, c'est-à-dire vers l'an 1586, elle estoit
plus libre qu'auparavant. Il dessinoit assez correctement,
quoyque de petitte manière; il a gravé plusieurs morceaux
de son invention, et plusieurs autres, aussy de son dessein,
ont été gravés par Théodore Galle, son fils. H. Goltzius a
gravé son portrait.

— Par l'inscription sur la tombe de Philippe Galle dans
l'église cathédrale d'Anvers, où je l'ay leu, l'on trouve que ce
graveur est né en 1537 et qu'il est mort en 1612, âgé de 75 ans.

— M. S. I. et G. I. se trouvent sur une très-belle pièce
exécutée en clair-obscur, où l'on a représenté une nymphe
vue par le dos. Les lettres sont les initiales de *Marcus Senensis invenit.* et de *Gallus incidit.*

GALLOCHE (LOUIS) est mort à Paris le 21 juillet 1761. Il
étoit depuis 1754 chancelier de l'Académie Royale de peinture. C'étoit un homme qui connoissoit parfaitement la théo-

rie de son art, et qui étoit recommandable par la douceur de son caractère et par la pureté de ses mœurs. Il aimoit la musique, et je me souviens d'un discours qu'il lut à l'Académie, et dans lequel il fit entendre que la peinture, ainsi que la musique, étoient soumises aux lois de l'harmonie, et que c'étoit de là que l'une et l'autre tiroient leur principale beauté. Il avoit été admis dans l'Académie en 1711, et il étoit âgé de 91 ans moins un mois au jour de son décès. Il a eu la gloire d'avoir servi de maître au célèbre Le Moyne. Si tous les tableaux qu'il a fait avoient ressemblé à celui qu'on voit aux Petits-Pères de la place des Victoires, dans leur réfectoire, nous n'aurions guères eu de plus grand peintre. Né le 24 août 1670 à Paris.

GAMBARA (LATTANZIO). S'il faut en croire Antᵒ Campo, historien de Crémone, Lattanzio de Bresse, surnommé il Gambara, étoit disciple de Giulio Campo, frère d'Antoine ; c'est donc mal à propos qu'on le fait icy disciple d'Antoine. Il prise beaucoup ses peintures faites dans le dôme ou église cathédrale de Parme. — Campo, Storia di Cremona, p. 51.

GAMBARINI (GIOSEFFO). Sa vie, écrite par le Zanetti, son ami, se trouve dans l'histoire de l'Académie Clémentine, et l'on y remarque qu'il a fort bien réussi dans les sujets de bambochades. J'en ay vu deux, qu'un de ses amis a apporté de Boulogne. L'un représente des femmes qui font la lessive ; l'autre un enfant qui joue dans son berceau, accompagné de sa mère et de son père. On ne peut disconvenir qu'il n'y ait de la naïveté ; mais ils ne sont ni peints ni dessinés dans la grande manière ; la touche du pinceau est molle, et le dessein est aussi foible. Cependant ces tableaux ont de quoi plaire ; mais ils ont en même temps de quoi faire regretter ce goût mâle dont les Carraches avoient enrichi l'école de

Boulogne, et dont il ne reste pas le moindre vestige dans
cette école, quoyque protégée, quoyque cultivée autant
qu'elle le fut jamais.

GAMBELLO (VETTOR). Eneas Vicus en fait mention dans
son livre intitulé : Discorsi sopra le medaglie di gli antichi,
p. 67. Il le mét au nombre de ceux qui ont excellé de son
temps dans l'art de graver en creux des coins de médailles et
de contrefaire celles des anciens. — Il est nommé, dans une
dissertation sur les pierres gravées insérée dans le *Mercure*
de février 1783, Victor Camelius; l'on y dit qu'il a gravé
lui-même son portrait, avec la date 1508, et que c'est un
fort beau morceau. Cela est vrai, et j'ai cette médaille.

GANDINI (ANTOINE). Averoldi, dans la description des
peintures de la ville de Bresse, asseure en plusieurs endroits
que ce peintre étoit disciple du jeune Palme et qu'il peignoit dans le même caractère; il convient qu'avant de travailler sous le Palme il avoit travaillé sous Paul Véronèse,
mais qu'il étoit resté peu de temps sous ce grand maistre. Il
ne dit pas un mot du goût que le Gandini avoit pris pour la
manière du Vanni. Le Gigli le fait naître à Trente, et, comme
il vivoit avec lui, que l'un et l'autre habitoient la même ville
de Brescia, il faut s'en rapporter à ce qu'il écrit. Gandini
s'étoit venu établir à Bresse; il en avoit fait son domicile, et
cela lui avoit fait acquérir le droit de bourgeoisie dans cette
ville.

GAROFALO (BENVENUTO TISIO DA), dans le Ferrarois.
Masini, t. I, p. 616, est d'accord avec le Vasari sur l'année de
sa mort; mais il lui donne deux années de vie de moins. Il
n'étoit, selon lui, âgé que de 78 ans lorsqu'il cessa de vivre,
et c'est à quoi il s'en faut tenir; car, selon l'auteur de la des-

cription des Peintures de Ferrare, p. 10, le Garofalo nacquit en 1481. Son premier maître fut à Ferrare Dominique Panetti. En 1498, il se transporta à Crémone. Il s'y mit sous la direction du Boccacino. Il fit ensuite un voyage à Rome, qui ne fut que de quelques mois. Il en partit le 7 avril 1500 pour se rendre à Mantoue, où il entra dans l'école de Laurent Costa, et, en 1505, il revint à Rome et y travailla pendant deux ans sous Raphaël, dont il se rendit le sectateur, de manière qu'on voit souvent de ses tableaux qu'on ne fait pas difficulté d'attribuer à ce grand homme. De retour à Ferrare, il s'y fixa et continua d'y opérer avec succès. En 1530, il perdit un œil, et vingt ans après, en 1550, il fut entièrement privé de la veuë. Il cessa de vivre le 6 septembre 1559, et il fut inhumé dans l'église de Ste-Marie in Vado, où il s'étoit préparé une sépulture. Il avoit de la couleur; ses tableaux sont bien empâtés; ils sont vigoureux de couleur. Il a peint nombre de petits tableaux, et cependant il s'en trouve quelques-uns à Ferrare où les figures sont plus grandes que le naturel. Ses ouvrages en détrempe ou à la fresque paroissent peints à l'huile. Tout ce qui est sorti de sa main montre une grande intelligence du clair-obscur. Sur un tableau dans l'église de St-François, à Ferrare, dont il est fait mention dans la description des peintures de cette ville, p. 125, il a écrit son nom ainsi ortographié : BENVENUTUS GAROPHO-NIUS MOXXIV PINXIT, ce qui pourroit faire douter que le sobriquet de Garafolo ne lui ait été appliqué, ou à cause que sa coutume étoit de peindre un œillet dans ses tableaux; aussi n'en est-il rien dit dans ladite Description des Peintures de Ferrare, où l'on trouve une notice assez exacte concernant ce peintre habile. Vous verrez que le nom de *Garofalo* est celui du lieu où le peintre a pris naissance, et qu'au lieu de Garofalo il falloit écrire *Garofano*. J'observerai cependant que sur ces tableaux, dans l'église des Religieuses

de S. Bernard à Ferrare, l'un qui porte la datte de MDXXXI,
et l'autre MDXXXVIII, on lit : GRATIS PINXIT BEVENUTUS
DE GAROFOLO. Cette différente façon d'ortographier son
nom est une singularité (1).

GARRI (LUIGI). Avant que d'entrer chez André Sacchi, il
avoit commencé à apprendre à dessiner chez Salomon Bac-
cali, peintre de paysages. Sa grande facilité lui a fait produire une très-grande quantité d'ouvrages considérables.
Pendant qu'il fut à Naples, il a peint avec une célérité merveilleuse le plafond de l'église de Ste Catherine de Formello,
la galerie du prince de Cellamare, et plusieurs pièces dans le
palais. Depuis son retour à Rome, il a continué d'enrichir
les églises de cette ville de ses ouvrages, et son âge, quoyqu'avancé, ne l'empêcha point d'opérer avec la même vivacité. — Mss. du S. Pio en 1716.

GASCAR (HENRY). Il étoit né à Paris, et il est mort à Rome
le 18 janvier 1701, âgé de 56 ans. Liste des membres de
l'Académie royale de peinture, dressée par Reynez. Gascar y
avoit été admis. — Graham a fait observer que Gascar, qui
commençoit à s'apercevoir qu'il ne jouiroit pas toujours de
sa réputation en Angleterre, et qu'on reviendroit bientôt de
la faveur dans laquelle étoient ses ouvrages, quitta le pays
et passa en Italie, où heureusement pour lui il trouva encore
de nouveaux partisans. On a le portrait de Lafond, gazetier
hollandois, qu'a gravé P. Lombart d'après le tableau de
H. Gascar, peint en 1667, et l'on peut assurer que, si ce
peintre avoit toujours composé ses portraits comme il a fait

(1) Voyez Vita di Benvenuto Tisio da Garofolo e di Giovan Francesco Barbieri tratte da un codice della Marciana. Venezia, Per
le nozze Saggini-Cromer, 1842, in-8°, 100 exemplaires.

celui-ci, on pourroit le ranger parmi les meilleurs peintres du genre. Il ne devoit pourtant avoir alors que vingt-trois ans, supposé que les dates que Reynez m'a fourni soient exactes; mais je commence à en douter (1). (Notes sur Walpole.)

GASPARI (JEAN-BAPTISTE), d'Anvers. Ce Baptiste Gaspari étoit peintre de fleurs, et voilà pourquoi M. Walpole avertit qu'il ne le faut pas confondre avec Baptiste Monnoyer. (Notes sur Walpole.)

GASSEL (LUC), de Helmont. Son portrait fut gravé en 1529 par Binck, et depuis par Jean Wierx, dans la suitte des portraits des peintres flamands morts avant l'année 1572, mise au jour à Anvers chez la veuve de Jérosme Cock. Lampsonius loue surtout sa probité dans les huit vers latins qu'il a mis au bas de ce portrait; et comme il l'appelle du nom de

---

(1) Le département des manuscrits de la Bibliothèque impériale possède, sous le n° 1846 du supplément français, un manuscrit en 3 volumes in-4°, de la main de Mariette, qui sont une traduction de la première édition des *Anecdotes of painting* de Walpole. Elle serait, comme traduction, inutile maintenant pour publier le Walpole en français, car il y faudrait suivre la dernière édition de Walpole, et joindre les notes, rectifications et les additions de Dallaway et de Warnum. La publication en France de Walpole serait très-heureuse, car il est très-curieux, non pas seulement pour ce qui est de l'art de son pays, mais pour les artistes étrangers, Italiens, Allemands ou Français qui y sont venus, et sur lesquels on trouve là précisément les renseignements qui manquent aux écrivains de leur propre nation. Par là c'est un livre général, et qui mériterait d'être plus employé qu'il ne l'est. En même temps qu'il le traduisait, Mariette l'annotait et abondamment. Ce sont ces notes, en tant qu'elles se peuvent détacher du texte, que nous donnons dans cette publication, en les distribuant d'après l'ordre alphabétique. Nous regrettons de ne pas avoir connu ces volumes plus tôt; car quelques notes eussent déjà trouvé place; mais elles se retrouveront au supplément.

Senex, il est à préjuger qu'il mourut dans un âge avancé.

— Une suite de sept paysages où sont représentés des sujets de l'histoire sainte, savoir : Abraham adorant les trois anges ; Jonas pleurant la perte de Ninive ; S. Jean-Baptiste baptisant Jésus ; S. Jérosme et S. Antoine. Ils sont gravés à l'eau-forte par un ancien maistre, dont on ignore le nom, et qui vivoit du temps de Jérosme Cock ; on les croit de l'invention de Luc Gassel. *H. Cock excudit*, et cette marque L G (*en monog.*), que je présume être celle de Luc Gassel, qui vivoit pour lors et qui estoit en réputation de bien péindre le paysage. Mais, à en juger par ces pièces, il avoit un goût bien gothique ; les figures tiennent de la manière du Breughel.

GATTI (AURELIO DE'), frère du Soiaro. — Gigli est le seul qui en fasse mention dans ces vers :

> Et il Paveso Soiar, felice e degno,
> Con Aurelio suo fratel de' Gatti.

GATTI (OLIVIER), était né à Plaisance, et non à Parme.

GATTO (GERVASIO), de Crémone, excelloit à faire des portraits. Antonio Campo, dans son histoire de Crémone, p. 54, le met au nombre des peintres ses contemporains.

GAULI (BATISTA). — Le Bachiche avoit une intelligence merveilleuse, et son génie le portoit à exécuter de grandes machines. Il faut croire cependant que ce génie avoit besoin d'être aidé ; car ce peintre, tout habile qu'il est, n'a paru grand et très-grand que lorsqu'il a été soutenu par le Bernin. Son beau plafond de l'église de Jésus, ses angles en pendentifs du dôme de Ste-Agnès en place Navonne, furent, à ce qu'on prétend, autant l'ouvrage du Bernin que le sien ; et si quelqu'un le conteste, il ne pourra disconvenir que, lorsque le Bernin fut mort, il sembla que le génie du Bachiche avoit été mis avec celui du Bernin dans le même tombeau. Non seulement ses ordonnances n'avoient plus la même beauté ni le même enthousiasme; mais on ne vit plus dans son pinceau ni la même suavité ni la même vaghezze. Il crut avoir jusqu'alors péché par défaut de couleur; il voulut changer ses teintes et donner à ce qu'il peignoit plus de vigueur. Il n'y eut plus d'harmonie dans ses tableaux; ils parurent durs et secs, et ne présentèrent plus rien d'agréable; témoin ce qu'il a fait aux SS. Apostres. Le Bachiche étoit la main, dont le Bernin se servoit pour exprimer en peinture ses pensées neuves et piquantes. Cette obéissante main se ployoit à tout ce que le sculpteur vouloit; elle ne cherchoit point à épurer, ni à rendre cette manière plus correcte : elle y eût perdu. Chaque manière demande à être donnée dans son véritable caractère; sans cela elle dégénère et n'est pas supportable. Le Bachiche est né en 1639, et non en 1658. L'inscription au bas du portrait de ce peintre, que M. Crozat avoit eu de la collection Pio, le dit, et le Pascoli le confirme.

GAULTIER (LÉONARD). Divers sujets de la vie de Jésus-Christ, représentés en une suite de cent quatre petites pièces. Il y a à toutes la marque du graveur, et à quelques-unes des dattes par où l'on connoist celles qui ont été gravées en 1576, 1577, 78, 79 et 80. Ce qui est remarquable, c'est qu'il y en a une de cette dernière année où l'on trouve écrit : *Cum pri. reg. achevé le XX octob. œtatis XIX.* 1580., d'où l'on apprend le temps précis de la naissance de notre graveur, que je croirois assez volontiers disciple de maître Etienne de Laulne.

GEERART. Il y a eu deux peintres du nom de Marc Gairard, ou plutôt Geerart, ainsi que le nom s'écrit en flamand, tous deux nés à Bruges dans les Pays-Bas, et tous deux morts en Angleterre. Une inscription, qui se trouve au pied du portrait du fils, gravé par Hollar, nous l'apprend, et l'on ne comprend pas comment M. Walpole a pu l'ignorer, lui qui a fait copier ce portrait pour en enrichir son ouvrage. Il n'est pas moins surprenant de lui voir mettre sur le compte du fils, né en 1561, les gravures des fables d'Ésope, qui, selon Van Mander, que M. Walpole traduit, ont paru à Bruges en 1566, et sont par conséquent un ouvrage qui ne peut appartenir qu'au père. Celui-ci, que le manque d'occupations et les troubles excités par les disputes de religion avoient chassé de son pays, se réfugia en Angleterre avec son fils. M. Walpole le fait arriver à Londres aux environs de 1580, ce qui est très-vraisemblable. Ce que Marc Geerart le père faisoit le mieux étoit le paysage; mais il y mettoit dans la touche un soin qui le rendoit d'assez petite manière. Les fables d'Ésope, dont il y a eu une seconde édition sous le nom de G. Sadeler, qui en a les planches et qui les a retouchées, en donnent cette idée et nous font voir, dans ce qu'il y entre de figures, que Geerart les dessinoit dans le goût de Franc Flore, le maître qui pour lors étoit le plus en crédit dans les Pays-Bas. Je n'ai rien vu du fils; mais, à s'en tenir à ce qu'en dit M. Walpole, il paroît que le genre du portrait étoit celui qu'il avoit embrassé par préférence, et c'étoit en effet le seul dont il pût tirer quelque avantage dans le pays dont il avoit fait sa patrie. (Notes sur Walpole.)

GEFFELIN (paul). L'inscription : «Ces pièces sont de Paul Geffelin, le rubis des peintres de son temps, » étoit au bas de la première pièce de la suite des triomphes attribués à George Pencz. Elle est écrite par un nommé Théodecte Tabourot, chanoine de Langres, qui vivoit au commencement de 1600,

et qui avoit un cabinet d'estampes dont nous en avons eu quelques-unes; comme il approche du temps, son témoignage doit
estre de quelque poids (1); en effect, plus je lesconsidère, plus
je suis porté à ne point croire ces estampes de George Pencz.

GEFFELS (FRANÇOIS), peintre flamand, étoit à Mantoue
en 1659. Il y grava la vue de ....., maison de plaisance du
duc de Mantoue, située sur les bords du lac de Garde. Il en
avoit fait le dessein sur les lieux, où le prince lui avoit
permis de se retirer pour se rétablir d'une maladie. Cette
pièce, qui est assez grande, est exécutée avec goût et avec
esprit. C'est de l'inscription qui est au bas que j'ai extrait
toutes les particularités que je remarque icy. On peut juger
par cette pièce qu'il étoit peintre de paysage et habile.

GELDORP (GEORGE). Il faut voir ce qu'a écrit Sandrart sur
la profonde ignorance de Geldorp dans la partie du dessein.
Il étoit si peu exercé, que, toutes les fois qu'il avoit à peindre
une tête, il étoit obligé, pour la mettre ensemble, de s'aider
de poncis dont il avoit provision, ses portefeuilles étant remplis d'un nombre de têtes dans différentes positions que
d'autres peintres lui avoient dessinées. Son trait, ainsi placé
sur la toile, lui étoit un acheminement pour peindre d'après
nature ses portraits, qu'il faisoit ainsi à tâtons; et je laisse à
penser ce que devenoit son travail, et s'il pouvoit sortir de
son pinceau de fort bonnes choses. Aussi suis-je très-per-
suadé que c'est uniquement la singularité de la pratique dont
faisoit usage Geldorp qui lui avoit fait obtenir une place dans
le livre de Sandrart, quoyque celui-ci ajoute qu'il ne laissoit

---

(1) Il était frère d'Et. Tabourot. Voyez les *Bigarrures*, édit. de
1661, p. 325; en tête se trouve une pièce de vers de Théodecte au
seigneur des Accords, dans laquelle on retrouve l'amateur.

pas que de mettre de la ressemblance dans ses portraits et qu'il avoit grande vogue. (Notes sur Walpole.)

GELÉE (CLAUDE). De tous les paysagistes, Claude le Lorrain est celui qui a mis le plus d'air et de fraîcheur dans ses paysages; c'est par où il s'est distingué; car il n'a été heureux ni dans le choix des formes ni dans celui des sites, qui paraissent trop uniformes et trop répétés dans ses compositions. Ce défaut est une preuve de son peu de génie; mais, comme il y suppléoit par une connaissance parfaite de la partie de l'harmonie, ses desseins, autant que ses tableaux, qui, quoiqu'un peu trop chargés d'ouvrage, font un grand effet, mériteront toujours une place distinguée dans les cabinets. Il en avoit formé un volume pour son propre usage, dans lequel il avoit rangé les desseins de tous les tableaux qu'il avoit peints; cette collection étant passée, toute entière et sans aucun démembrement, en les mains de milord duc de Devonshire, on ne doit plus être surpris si les desseins de ce maître sont si rares (1).

. — Claude Gelée, dit le Lorrain, étoit commun dans ses sites, mais il les rendoit piquans par des effets de lumières qui ne sont qu'à lui... De Piles, Cours de Peinture. Il est mort à Rome en 1682, âgé de 82 ans.

—Claude le Lorrain a été un parfait imitateur de la nature, et il n'y a guère eu de peintre qui ait mis plus d'air dans ses tableaux; la même intelligence règne dans tout ce qu'il a gravé.

—*Le départ de sainte Ursule* (187 de R. D.) (2). Ce tableau se conserve dans le palais du cardinal Barberini, et a été fait pour le cardinal Paul Barberini. —(188 de R. D.) Claude a fait

---

(1) Voir le détail de ce recueil dans le précieux article de M. de Laborde, *Archives de l'Art français*, tome I, pages 435-55.

(2) Ces numéros entre parenthèses se rapportent à l'œuvre de Barrière donné par M. Robert Dumesnil. Les notes de Mariette sont au bas des pièces mêmes lui ayant appartenu.

ce tableau en **1668** pour le cardinal Rospigliosi, qui fut pape sous le nom de Clément IX. — *Criseis*. (186 R. D.) M. de Fontenay fit faire ce tableau à Rome pour M. de Liancourt.

— *A la suite de cette note détachée et sans le nom de celui auquel elle se rapporte :* « J'ai vu toutes ces pièces dans l'œuvre de Huquier avec plus d'attention que la première fois ; elles m'ont paru avoir été fraîchement imprimées, et de là je préjuge que ce seront des planches qu'on aura retrouvées, qu'on les aura fait imprimer, chose qu'on avoit négligé de faire, parce qu'on ne croyoit pas qu'elles en valussent la peine, et je crois aussi qu'on les vend actuellement à Rome avec tout le reste de la suite. Huquier, à qui j'en ai fait l'observation, n'en est pas autrement disconvenu ; il est facile d'éclaircir la chose.—Je l'ai fait, et ces estampes me sont arrivées. » *Mariette ajoute :* Il en est arrivé autant des paysages de Claude le Lorrain ; on n'en connaissoit qu'un certain nombre, et il en a paru depuis de nouveaux, qui se sont trouvés gravés au dos des anciennes planches.

GEMINIANI (ɢɪᴀᴄɪɴᴛᴏ) de Pistoie, né en **1611**, vint extrêmement jeune à Rome et entra chez Pietro de Cortone ; il devint un de ses meilleurs élèves ; mais, comme c'étoit un homme timide et qui ne connaissoit pas toute l'étendue de ses talents, il passa toute sa vie peu favorisé des biens de la fortune.

GENGA (ɢɪʀᴏʟᴀᴍᴏ). Il laissa un fils, nommé Barthelemy, qui cultiva pareillement l'architecture, et dont se servit François Marin, duc d'Urbin, pour les additions que ce prince fit faire à son palais. Baldi, nella descritt. del pal. d'Urbino, cap XI.

GENNARI (ʙᴇɴɴᴀᴛᴏ). L'auteur de la description des Peintures de Ferrare, p. 26, place sa mort en 1658 et ne le fait âgé que de 25 ans; c'est une faute, et l'on ne doit avoir aucun égard à ces dates.

GENOELS (ABRAHAM) d'Anvers, peintre de paysage, travailloit à Paris du temps de M. Vandermeulen, qui l'employoit dans ses ouvrages de même que M. Le Brun; il étoit de l'Académie. Les ordonnances de ses paysages ne sont pas fort naturelles et la touche en est maniérée, mais il ne laisse pas d'y avoir du bon dans ce qu'il a fait. Il a gravé quelques paysages à l'eauforte qui sont assez bien touchés, et l'on en a quelques-uns de lui, gravés d'une manière assez singulière, qui imite le dessein et qui a été pratiqué avant lui par La Belle. Genoels, s'étant retiré à Anvers et étant devenu vieux, quitta la peinture, et, par une bizarrerie qui marquoit la chûte de son esprit, il voulut qu'on le nommât *Archimède*, et en cette qualité il enseignoit gratuitement aux jeunes gens la perspective. Il mourut à Anvers le 10 may 1723, âgé de 83 ans moins 15 jours; il étoit né le 25 may 1640. *Communiqué par M. Reynez.*

— Cinq paysages en rond, inventés et gravés à l'eau forte par A. Genoels d'une manière plus terminée, mais moins artiste et moins spirituelle que tout le reste de ce qu'il a gravé. Ils ont été gravés par Chatillon, d'après Genoels, et non pas par Genoels; ils sont mal exécutés et appesantis d'ouvrage.

— Le Sr Vandermeulen, que le roy Louis XIV avoit fait venir en France pour peindre ses conquestes, ne pouvant suffire seul à la quantité d'ouvrages qui luy étoient ordonnés, on fut obligé d'appeler encore d'autres peintres flamands pour travailler sous luy; Abraham Genoels, d'Anvers, habile peintre de paysages, vint en France à ce dessein, et, comme il remplit parfaitement les veues qu'on avoit eu sur luy, il fut employé dans beaucoup d'ouvrages qui se faisoient pour le roy, et ensuite admis dans l'Académie royale de Peinture.

GENTIL (françois), tailleur d'images, qui a beaucoup travaillé à Troyes, dont on le croit originaire, a fait en 1579 le tableau en bas-relief de la Vierge, qui est dans la nef de l'église de S.-Pierre. On le croit contemporain de Dominique del Barbiere, et peut-être son disciple, ou, ce qui me paroist plus exact, tous deux étoient élèves de Primatice, qui, comme l'on sçait, étoit abbé de Saint-Martin de Troyes.

GENTILESCHI (orazio). Sa manière de peindre est large et vigoureuse et son ton de couleurs ne peut guère être meilleur ; quant à son goût de dessin, il est pauvre. Le peintre imite la nature telle qu'il la voit ; il ne s'élève pas plus haut ; il n'en sçait pas corriger les défauts ; j'en juge ainsi sur un de ses plus beaux tableaux qui est chez le roi et qui représente un repos en Égypte ; on le voit dans l'antichambre du roi à Versailles, qu'on appelle l'Œil-de-bœuf ; c'est le même que décrit Sandrart dans la vie de Gentileschi ; il a été peint en Angleterre, pour le roi Charles Ier, après la mort duquel il est passé en France (1). Gentileschi, étant à Rome, s'étoit lié d'amitié avec Augustin Tassi, et avoit, pour ainsi dire, formé une société avec lui ; ils entreprenoient ensemble des ouvrages, tels que des plafonds, des frises, etc., où le Gentileschi peignoit les figures, et le Tassi l'architecture et les ornements. C'est ainsi qu'a été exécutée cette grande frise, qui est dans la salle du Consistoire, au palais de Montecavallo; j'en ai le dessin qui est très-beau. Il reste encore plusieurs peintures de Gentileschi, faites pendant son séjour en Angleterre. Le duc de Marlboroug a, dans son hôtel à Londres, les plafonds qu'il avoit peints pour le

(1) Livret du Musée du Louvre, école italienne, 5ᵉ édit., n° 235.

palais de Grenwich. Le père Orlandi se trompe lourdement
sur son âge. Le Baglioni, qu'il cite, le fait mourir âgé d'environ 70 ans; mais M. Walpole a écrit en dernier lieu, qu'il
étoit âgé de 84 ans lorsqu'il cessa de vivre. Il reçut la sépulture, comme catholique, dans la chapelle de l'hôtel de Som-
merset. Il étoit depuis 12 ans en Angleterre, Van Dick l'y
trouva et peignit son portrait, qui se trouve gravé dans la
suite des cent portraits. On en peut conclure que sa mort arriva aux environs de 1635, et cela ne s'éloigne pas du calcul de
Baglioni, qui, par rapport aux mœurs, ne fait pas une peinture fort avantageuse de celles de notre Horace; il le représente
comme une mauvaise langue, et laisse entrevoir du libertinage
dans toute sa conduite. Je suis donc fort porté à croire que
M. Walpole s'est trompé dans son calcul.

— Je suis comme assuré que M. Walpole fait le Gentileschi
beaucoup plus vieux qu'il n'étoit lorsqu'il cessa de vivre; il
le fait âgé de 84 ans, tandis que le Baglioni, auteur contemporain, ne lui donne qu'environ 70 années de vie, et, comme
il le place dans le rang des artistes qui moururent en l'année
1640, il s'en suivroit que sa naissance seroit de l'année 1570,
ce qui s'accorde assez bien avec les différentes époques de sa
vie, écrite par ledit Baglioni. Il le fait venir fort jeune à Rome
sous le pontificat de Sixte V, qui a siégé depuis 1585 jusqu'en
1590, et, si c'est en 1588, qui est le temps auquel on travailloit à peindre la bibiothèque du Vatican, où le Gentileschi fut
effectivement employé, on pouvoit dire de lui que c'étoit un
très-jeune homme, puisqu'il n'avoit pas encore atteint sa
vingtième année; tandis qu'en adoptant la date de M. Walpole, c'eût été un homme qui, à cette époque, passoit les
trente années. La salle du Consistoire à Montecavallo fut em-
bellie de peintures sous le pontificat du pape Paul V, en
1616, et le Gentileschi y a travaillé conjointement avec Agostino Tassi, dont il lui arrivoit assez souvent de partager les

travaux; il étoit homme fait et pouvoit avoir au plus 46 ans.
Le dessein que je possède, et qui a été fait pour cet ouvrage,
que je n'hésite point de donner au Gentileschi, est fait avec
une fermeté et une légèreté de plume qui convient à un artiste de cet âge. On ne s'engage guère à de longs voyages
quand on passe la soixantaine, et, s'il est vrai qu'il ne soit
sorti de Rome qu'en 1621, ainsi que l'a écrit le P. Orlandi,
et qu'il se soit écoulé deux années jusqu'à ce qu'il ait entrepris le voyage de Londres, ce sera en 1623, à l'âge de 53 ans,
que ce dernier voyage aura eu lieu. Mais je le reporte un peu
plus tard; je ne le mets qu'en 1625, ce à quoi, ajoutant les
douze années de séjour à Londres, je placerai sa mort en
1637 ou 1638, et il se peut que le Baglioni n'en ait pas été
informé sur-le-champ, vu l'éloignement des lieux, et alors,
il n'aura rangé que par estime la mort de Gentileschi en
1640, dans ce cas-là, plus vieux de quelques années qu'il ne
le fait; aussi a-t-il eu la précaution d'ajouter le mot de *environ* à la date qu'il donne. (Notes sur Walpole.)

— *Walpole regardant comme une méprise la qualification de*
civis romanus, *donnée au Gentileschi au bas d'une planche de
Loth et ses filles, gravée par Vorsterman, Mariette ajoute :*
M. Walpole ne peut pas ignorer qu'il n'est rien de si commun
que de voir les gens, qui se sont distingués à Rome par leurs
talents, y acquérir la qualité de citoyen romain ; on en pourroit citer mille exemples, et par conséquent Gentileschi, à qui
ses beaux ouvrages de peinture avoient fait un grand nom
dans Rome, a pu y obtenir cette distinction ; si cela n'a pas
été remarqué, c'est que personne n'a fait son histoire ; mais
l'inscription que Vorsterman a mise au bas de sa planche,
supplée à cette omission et est un témoignage d'autant moins
récusable, que le peintre vivoit quand l'estampe a paru.

GENTILESCHI (ARTEMISIA). Son portrait assez mal gravé

par H. David, lui donne le titre de *Romana*, et de là je préjuge qu'elle est née à Rome, où son père a passé une bonne partie de sa vie. (Notes sur Walpole).

GEOF (. . . . DE), natif d'Anvers, sculpteur en chef de S. A. E. de Bavière, a fait en 1737, la statue du prince électoral en argent, de grandeur naturelle et pesant autant que ce prince. C'est un vœu fait par l'électeur à N.-D. d'Althemstein, qui y a été porté le 10 aoust de ladite année. Ce sculpteur a beaucoup travaillé pour le même électeur. Mercure de France.

GEORGI (JEAN), assez médiocre graveur, dont on a plusieurs portraits, vivoit à Venise, dans le milieu du dernier siècle; il étoit Allemand de nation, ainsi qu'on nous apprend dans un avertissement, qui a été mis au commencement de la description de l'opéra de Bellerophon, dont les figures des scènes sont gravées par lui, et publiées avec le livre en 1644.

GEORGION. Sandrart, page 397, rapporte que Pierre de Vecchia, peintre vénitien, avoit un talent singulier pour contrefaire la manière de Georgion, et qu'il a fait dans ce genre des tableaux où les meilleurs connoisseurs peuvent se méprendre; il a fait mention de quelques-uns, et entr'autres de celuy où il avoit représenté un jeune soldat, dans une action de repos, revêtu d'une cuirasse et tenant à la main une pique, tableau qui, à cause de l'intelligence qui y régnoit, avoit plu si fort au prince Robert, comte palatin du Rhin, qu'il l'avoit gravé luy-même, en manière noire, avec un soin infiny. Je crois pourtant lire sur la planche, dans le fond au burin, le nom de *Georgion*.

GERBIER (BALTHAZAR). G. Walker vient de graver à Londres, pour J. Boydell, un tableau qui n'est point sorti du pa-

lais qu'habite encore la princesse de Galles douairière, et,
quoyque l'estampe, assez mal exécutée, porte le nom de Van
Dyck, plus j'en considère la composition, plus je suis porté à
douter que ce peintre soit véritablement l'auteur du tableau (1).
Le principal groupe, c'est-à-dire la femme assise, qui porte
un enfant nouveau né entre ses bras, et les trois enfans, de
différens âges, qui l'environnent, ne diffèrent en rien des
mêmes figures qui entrent dans la composition du tableau
qu'a gravé Mac Ardell, et qui passe avec raison pour être de
Rubens. Est-il vraysemblable que Van Dyck, quelque respect
qu'on lui suppose avoir eu pour son maître, se soit réduit à
être à ce point son copiste, et que, pour les augmentations
qu'il y avoit à faire dans son tableau, il en ait abandonné le
soin à des mains étrangères ; car on convient que les autres
enfants qui sont dans le même tableau ne sont pas dignes de
lui, et qu'il n'y a même pas mis la main. S'il m'est permis
de dire ce que j'en pense, je ne suis pas éloigné de croire que
le tableau en question a pu appartenir à Balthazar Gerbier,
et que c'est la raison qui y a fait apposer ses armes. Mais
cela ne prouve point que ce soit sa femme et ses enfans qui
y soient représentés. Si cela étoit, l'homme qui est debout,
derrière la chaise de la femme assise, devroit lui ressembler,
et cependant on ne lui trouve aucun des traits que Van Dyck
a employés dans le portrait dudit Gerbier, qu'a gravé Paul
Pontius. Il étoit, comme l'on sçait, singulièrement attaché à
la personne du duc de Buckingham, et, ayant vu le tableau de
Rubens qui, suivant la tradition, a été peint pour ce duc, il
en aura été touché, et il en aura fait faire une copie pour lui
par quelque peintre de l'école de Rubens, auquel il aura fait

---

1) Cette note revient en la confirmant sur un point déjà examiné par Mariette. Voir dans ce volume, p. 202-3.

faire les augmentations qu'il y jugeoit nécessaires pour rendre le morceau complet. Le copiste, soutenu par l'excellence de son original, en aura laissé assez passer dans sa peinture pour en imposer, tandis que, obligé, pour ce qui lui restoit à faire, de le puiser dans son propre fond, il se sera devoilé malgré lui. Je crains donc que ce tableau ne soit apocryphe et que le prince de Galles n'ait été trompé. Cela n'arrive que trop fréquemment aux personnes de son rang. (Notes sur Walpole.)

GERMAIN (THOMAS): Le 14 août 1748, est mort à Paris, âgé de 75 ans, à la suite d'une léthargie, M. Thomas Germain, qui, depuis le célèbre Ballin, est à mon avis, le plus excellent orfévre que la France ait eu. Ce n'est pas que M. Meyssonier ne puisse le lui disputer en certaines parties, mais, à tous égards, je trouve M. Germain supérieur. Son goût d'ornement est plus sage, ses compositions moins fantasques, et, quant à l'exécution, la sienne n'est pas moins brillante. Si M. Germain ne copie pas tout juste l'antique, et si pour se prêter au goût régnant, il se livre à des formes singulières, il ne donne jamais dans des écarts blamables, et autant qu'il le peut, il emprunte de l'antique et des bons maîtres ce qu'ils ont de beau, et il en embellit sa manière. On voit plusieurs de ses ouvrages, où il a représenté des légumes, des fruits, des animàux et même des figures, qui sont merveilleusement bien touchés et ciselés avec art. Tout cela s'est fait sur ses desseins et sur ses modèles, et dans les morceaux d'une plus grande importance on peut compter qu'il y a donné les derniers coups et qu'il y a mis l'âme. Cela se remarque principalement dans cette superbe vaisselle d'or qu'il a fait pour le roy, et dont il étoit dans l'usage depuis plusieurs années de fournir à S. M. une pièce au jour de l'an. Il commença par une écuelle couverte, et il a fini par deux magnifiques chandeliers ornés de guirlandes. Il sembloit que ce dernier morceau devoit couronner tout ce, qu'il avoit fait de beau jusqu'alors. Il y mit toute son application, et le roy en les recevant ne put s'empêcher de lui en marquer sa satisfaction. Il y avoit longtemps qu'il lui avoit accordé un logement dans les galeries du Louvre, et le titre de son orfévre ordinaire. M. Germain, supérieur à son art, pouvoit non-seulement bien modeler une figure, et disposer en maître un grouppe d'ornement; il entendoit aussi très-bien l'architecture, et c'est sur ses desseins et sous sa conduite qu'a été bâtie depuis peu l'église de Saint-Louis-du-Louvre, où il avoit marqué sa sépulture, et où il a été inhumé le 15 aoust. Il avoit été élu échevin en 1738.

GEROLA (GIO). Je trouve son épitaphe dans un Ms. de la bibliothèque du roy, n° 10103, intitulé Antiquarium Regii Lepidi; autore Julio Borzani Reg: — D. O. M. — Joanni Geroli qui — adeo excellentem — pingendi artem doc.— tus fuerat ut alter — Apeles vocaretur — cum satis vix. est — peremp. con. mestiss. — cc (id est *conjux*) MDCVII. Si l'on en croit le Ms. de Borzani, le vrai nom de ce peintre est Jean Glarola. Les endroits où il a travaillé le plus sont les villes de Reggio et de Parme. On parle de luy avec éloge dans le Ms. que je cite; mais on n'y dit point qu'il eût été élève du Corrége. — Le même auteur, dont j'emprunte tout ce que je rapporte ici, appelle ce peintre, dans l'endroit où il fait la description de l'église de Saint-Prosper-de-Reggio : Gio, Garuolo, et il fait mention de quelques peintures à fresque qu'il a exécuté dans une église où sont les chapelles du saint Sacrement et de Sainte-Joconde. — Le chanoine Crespi, dans le 3e vol. de Felsina Pittrice, p. 50, fait mention de ce peintre, et en fait un des disciples du Colonna.

GHEDINI (JOSEPH), peintre de Ferrare, actuellement vivant,

peut être regardé comme un des disciples de Jacques Paro-
lini, quoy qu'il n'ait pas fréquenté pendant longtemps cette
école. Il a terminé en 1755 un grand tableau représentant la
multiplication des pains, lequel occupe toute la façade du
fond du réfectoire du couvent de Sainte-Marie-des-Anges à
Ferrare. Descri. delle pitture di Ferrara, p. 80. Il y est parlé
de ce morceau de peinture avec éloge.

GHERARDI (ANTONIO). Il a peint le plafond d'une église
voisine de la fontaine de Trévi à Rome, qui est celle de Sainte-
Marie-de-Trivio-de-Crocifori, et c'est un très-bel ouvrage; la
composition en est neuve et tout à fait pittoresque, et, autant
qu'il m'en souvient, le ton de couleur en est très-vigoureux;
Pascoli, qui a écrit sa vie, le fait naître en 1644 et mourir à
Rome en 1702.

GHERARDINI (GIO), peintre, que le duc de Nevers fit venir
en France sur la fin du siècle dernier. Il l'avoit connu en
Italie, et avoit cru voir en lui de grands talens. Ce n'étoit cependant qu'un de ces praticiens dont l'Italie fourmille. Il co-
lorioit mal; il dessinoit encore plus mal; tout son mérite
consistoit à entendre assez bien la perspective. Ce qu'il a fait
de plus considérable en France est le plafond de l'église des
Jésuites de Nevers. Il achevoit ce dernier ouvrage, lorsque le
R. P. Bouvet, jésuite, que l'empereur de la Chine avoit envoyé en Europe pour faire une recrue de gens habiles dans
tous les arts, arriva à Paris; il lui persuada de le suivre en
Chine; ils partirent ensemble sur le vaisseau du roy, l'Am-
phitrite, en mars 1698, et ils arrivèrent à Canton le 2 novembre de la même année. Ce fut de cette dernière ville que
notre peintre écrivit à M. le duc de Nevers, son Mécène,
une lettre, dans laquelle il luy faisoit une relation de son
voyage, dans un stile où l'on a voulu imiter celui de Bachau-

mont et de Chapelle; c'est un badinage continuel, semé de vers italiens empruntés de l'Arioste, du Tasse, et pris dans d'autres pareilles sources, et accompagnés de vers françois qui les expliquent. Il n'est pas difficile de s'appercevoir que quelque jésuite a prêté sa plume; un Italien, peu versé dans notre langue, étoit incapable de faire un pareil ouvrage, qui dans le fond n'apprend rien du tout ; *sunt verba et voces.* Un endroit de cette relation, où l'auteur, parlant de Canton, dit que certaines choses, qu'on y voit et qu'il décrit, *ne sont guère de l'air de Paris ni de Turin,* peut faire croire qu'il étoit réellement Piémontois et peut-être de Turin même. Après être demeuré près d'un an à la Chine, s'être ennuyé et avoir sans doute déplu aux gens du pays, Gherardini revint en France, et y mourut peu de temps après son arrivée dans un état assez misérable. La relation de son voyage à la Chine a été imprimée à Paris chez Petit en **1700**; c'est une brochure 12°. — Il a habité Bourges, et y a peint beaucoup de choses; il y est connu sous le nom de Baptiste; apparemment que son nom étoit Jean-Baptiste.

— Les auteurs des mémoires de Trévoux, en annonçant la vie du ch^r Cignani dédiée à M. Tardini, ajoutent que Girardini, qui s'est fait connoistre en France par de beaux ouvrages et qui a peint à fresque l'église des Jésuites à Nevers et la bibliothèque de leur maison professe à Paris, étoit un des élèves du Cignani. Mem. de Trévoux, juillet **1726**. Je ne le trouve pas cependant nommé parmi les élèves du Cignani dans la vie de ce peintre, et cependant l'on a eu attention de parler de tous ceux qui ont eu quelque réputation. Ces auteurs étoient mal instruits. Le peintre, dont ils parlent, étoit disciple du Colonna et non du Cignani.

GHERARDINI (MELCHIORE). *Comme le P. Orlandi l'appelle Gilardino, Mariette ajoute* : Le chanoine Torre, dans son Ritratto di Milano, ne le nomme jamais autrement que Melchior Gherardini, et ce doit être là son nom véritable.

GHEZZI (GIOSEFFO) mori nel 1721, d'anni 87. Vedi la sua vita scritta dal Pascoli, t. II.

GHEZZI (Il caver PIETRO LEONE). Pio, dans son Mss., le fait naistre à Arcoli, et dit que son père ne vouloit point en faire un peintre, mais qu'il y fut forcé par le goût naturel que son fils témoignoit pour cet art. Il a un talent merveilleux pour faire des *caricatures*. Il les dessine à la plume au premier coup, pratique qu'il s'est rendue familière dès ses plus tendres années, parce que son père exigea de lui, lorsqu'il lui témoigna vouloir estre peintre, qu'il ne vouloit point qu'il dessinât autrement qu'à la plume, et sans jamais se servir de mie de pain. C'est le duc de Parme qui l'a fait chevalier, et il est extrêmement attaché à la maison Albani. Il est mort à Rome, le 5 mars 1755, âgé de 81 ans.

GHIGI (TEODORO). Le Gigli lui donne le surnom del T.

GHISI (les). L'on ne voit des estampes de Jean-Baptiste que de ces années : 1536, 37, 38, 39.

De celles de Georges Mantuan il s'en trouve dattées de 1540, 43, 51, 53, 54, 55, 56, 58, 60, 61, 67, 74, 75, 76, et celles de ces dernières années sont les moindres.

Diane a toujours mis son nom sur ses estampes, et quelquefois seulement Diana. On ne voit aucune de ses estampes datées, qui ne le soient de Rome en ces années : 1575, 76, 77, 78, 81, 85, 86, 88. Les meilleures sont celles où elle n'a point mis de date, et qui auront sans doute esté gravées à Mantoue sous la conduite de son père ou de ses frères, ensuite celles de 75, 76, 77 ; les autres sont fort inférieures, surtout plus elles s'éloignent de ces trois années.

Adam Mantuan a ordinairement mis sa marque à ses estampes, mais ne les a jamais datées. Je le crois frère de Georges et fils de J.-B., car Vasari dit formellement, t. III, p. 13 : « Gio. Battista Mantuano, intagliator di stampe, scultore eccellente, haveva » l'anno 1566, che Vasari passo per Mantua « due figlioli chè intagliavano stampe di rame divinitamente et una figliuola ch' è chiamata Diana ; » questa è molto lodata dal Vasari per il suo sapere. En examinant de près les ouvrages de J.-B. Mantuan, il m'a paru qu'il pouvoit estre disciple de Georges Pencz.

Je vois, sur plusieurs estampes de Georges, son nom Ghisi, mais je n'ay veu à aucune de celles de J.-B. que J. Bap. Mantuan ; cependant je ne doute pas qu'il ne soit père de l'autre, et que par conséquent son nom soit aussi Ghisi.

— Jean-Baptiste de Mantoue prend la qualité de *sculptor*, et Vasari le nomme intagliator di stampe et scultor eccellente ; de là j'infère que sa profession, de même que celle de Dominique del Barbiere étoit d'estre stucateur. Reste à savoir si c'est le même que Jean-Baptiste Bertano.

— Les estampes de Georges sont beaucoup mieux gravées et plus finies ; mais son père dessinoit mieux. J.-B., plus sçavant que Georges, ne gravoit pas si agréablement. G. M. finissoit beaucoup ; dans les estampes de son invention, il y a bien de la science, quoyque le goût en soit particulier. Quand Georges a gravé légèrement, il a beaucoup mieux réussy que lorsqu'il a chargé et appesanti son ouvrage ; gravoit les fonds et lointains avec un grand soin, mais de petite manière ; lorsqu'il finit trop ses ouvrages, il les rend secs et pesants.

— Z. B. M. Je crois que par ces trois lettres, que j'ai vu sur une pièce gravée en Italie, Jean-Baptiste Mantouan s'est voulu désigner ; Zuan ou Giovanni est le même nom en deux dialectes.

— Le roy, dans son œuvre des Mantouans, a un sujet de crucifiement, gravé à l'eau forte assez mal, j'ignore par qui; on y lit au bas : Adam sculptor Mantuanus exc. Romæ 1577. Cette inscription est remarquable; elle fixe le temps qu'Adam vivoit, et fait connoistre qu'il demeuroit à Rome, ce que je n'ay encore veu spécifié nulle part.

— Un philosophe, appuyé contre un rocher stérile environné de toutes parts de bestes féroces et d'une mer orageuse remplie de monstres et d'écueils, ce qu'il regarde sans s'émouvoir, tandis que d'un autre côté une nymphe armée d'un dard, représentant la Gloire, sort d'un bocage et luy promet la félicité s'il surmonte par sa patience toutes ces difficultés. L'on nomme ordinairement cette pièce le songe de Raphaël; mais il est bien plus raisonnable de croire que ce savant peintre, qui en est l'inventeur, y a voulu représenter les traverses auxquelles le sage est exposé pendant sa vie. Georges Ghisi Mantuan l'a gravée avec un grand soin en 1561 (1). — Je doute très-fort que cette pièce ait été gravée sur un dessein de Raphaël; on n'y reconnoit sa manière en aucun endroit, et ce n'est pas même sa façon de composer. Peut-être avoit-il laissé quelque légère idée de cette pensée qui, étant tombée entre les mains de Philippe Datus, qui a fait graver la planche, il l'aura fait mettre en estat par quelque peintre, peut-estre par Luc Penni. Je croirois pourtant assez que ce seroit quelque maître des Pays-Bas; le paysage, qui en fait la plus considérable partie, a de la manière de Luc Gassel ou le Civetta, et en effet on y trouve, comme dans tous ses paysages, un hibou. Cecy mérite quelqu'attention.

GHISI (DIANA). — Diana Mantuana estoit fille de Jean-Bap-

---

(1) Bartsch, tome XV, n° 67, p. 412, qui s'y est servi de la description de Mariette.

305

liste Mantuan, disciple de Jules Romain, et je la croy sœur de
Georges et Adam Mantuans aussy graveurs ; elle vint à Rome et y
grava plusieurs pièces depuis l'année 1575. Elle avoit épousé
dès l'année 1576 un nommé François de Volterre, architecte ;
c'est ce qui fait qu'on trouve son portrait avec cette inscription :
Diana Mantovana civis Volaterrana. Il est gravé par Cherubin
Albert. Voyez dans le catalogue de Marolles, de 1666, p. 112.

— L'ange Gabriel annonçant à la sainte Vierge le mistère
de l'incarnation, gravé à Rome, en 1585, par Diane, d'après
le tableau de Luc Signorelli de Cortone, qui est à Volterre ;
cette pièce n'est ni bien dessinée, ni bien gravée, mais elle
est rare (1). — Lucas Cortonensis pinxit Volaterris. Diana ejusdem civitatis civis incidebat Romæ 1585. Voicy une difficulté qui me paroist assez difficile à résoudre. Elle se dit citoyenne de Volterre, et son portrait gravé par Ch. Albert le
dit aussy, et cependant la guérison du boiteux, gravée par
la mesme Diane à Rome en 1575, porte une dédicace où elle
dit formellement qu'elle est de Mantoue et qu'elle y a pris sa
naissance. Je ne sçais comment résoudre ce problème ; je ne
puis me résoudre à faire deux personnes de ce mesme nom
de Diane qui ayent gravé en mesme temps à Rome, et peut-
être me dira-t-on qu'elle aura peut-être acquis le droit de
bourgeoisie à Volterre ; je ne vois point d'autre raison probable. — C'est que, par son mariage avec. . . . . . , de Volterre, célèbre architecte, elle est devenue citoyenne de Volterre.

— La résurrection de J.-C., d'après Jules Romain ; c'est
une copie qu'on croit gravée par Diane de Mantoue ou par
quelqu'autre habile graveur ; quoiqu'il y ait moins d'esprit que dans l'original de J.-B. Mantuan, elle ne laisse pas
que d'être exécutée avec art et propreté. — Julius Mantuanus

---

(1) Bartsch, t. XV, n° 1, p. 432.

T. II.

invē. sans autre marque; sans doute une faute(1); Jules étoit Romain, mais on le nomme icy Mantuan, sans doute parce qu'il y a été longtemps. — Je la croirois fort volontiers gravée en Flandres par le graveur Karolus. — La mesme faute a été faite sur l'estampe de Niobé, mise au jour par H. Cock, preuve que cette résurrection doit avoir été aussi gravée en Flandres.

GIAQUINZIO (CORRADO) est appelé en Espagne et y occupe la place de premier peintre du roi, qu'avoit Louis-Michel Vanloo, qui revient en 17... Riposta alle reflessioni del March. d'Argens, p. 8. Ce fut, dit-on, une affaire de brigues, et dans laquelle le crédit du musicien Farinelli influa pour beaucoup. M. Cochin, dans son Voyage d'Italie, le fait auteur de plusieurs plafonds dans le palais du roi de Sardaigne à Turin, et le fait tout de suite chevalier et disciple de Solimène. Mais je crois qu'il se trompe, et qu'il met sur le compte de Corrado ce qui appartient à Francesco delle Mura, qui, dans la vérité, a peint nombre de plafonds dans ce palais; voyez son article à la fin de la vie du Solimène dans le livre des Vies des peintres napolitains par Domenici.

GIGLI (CORNELIO), peintre de Vicence, se trouve nommé dans le poëme *Pittura trionfante del Gigli*. Il y est mis au rang des meilleurs peintres qui ont illustré Vicence, et, par le rang qu'il occupe dans le poëme, on juge qu'il étoit contemporain de Malombra.

GILLOT (CLAUDE). Le triomphe d'Arlequin Dieu Pan, sujet comique, gravé en manière noire par Jacques Sarabat, d'après le tableau de Claude Gillot. C'est un des premiers

(1) Bartsch, t. XV, n° 10, p. 487:

tableaux faits dans ce stile, et qui, ayant trouvé une infinité d'approbateurs, a donné naissance à tant d'autres qui sont faits depuis dans le même genre, par Vateau, etc.

— Dessein d'habillemens à l'usage des ballets, opéras et comédies, en une suite de 85 planches y compris le frontispice, gravées par Joullain d'après le dessein de Gillot. Ce peintre eut pendant un temps la conduite des décorations, machines et habits de l'Opéra, et ce fut pour lors qu'il inventa cette suite de desseins (1).

GIORDANO (Luc). Il est né à Naples en 1632, et sa mort est arrivée dans cette ville en 1705. On a deux vies différentes de ce fameux artiste, toutes deux écrites par le Domenici, et l'une et l'autre fort détaillées. Ces dattes doivent être sûres. Le Domenici les tenoit de la veuve même de Luc Giordano.

— Joseph s'échappant d'entre les bras de la femme de Putiphar, gravé par Louis Desplaces, en 1731, d'après le tableau de Luc Jordane, qui estoit pour lors dans le cabinet de M. de la Faye à Paris; — à présent chez M. de Lassai avec la Danaë de C. Maratte, qu'il a fait couvrir de drapperies.

— Un Saint-Thomas de Villeneuve faisant l'aumône, grande pièce assez spirituellement gravée à l'eau-forte, par Philibert Bonnet, y compris le blanc laissé au bas de la planche pour recevoir l'inscription, qui n'est pas encore gravée à l'épreuve que j'ai. C'est un des beaux tableaux de Luc Jordane, qui est à Naples dans l'église des Augustins déchaussés, près les écoles royales.

— Le plafond de la chapelle de Sainte-Restitute dans l'église cathédrale de Naples, l'un des beaux ouvrages de L. Jordane, et qui représente cette sainte moribonde conduite mi-

<hr>

(1) Voyez sur Gillot le catalogue Quentin de Lorangère, et la notice par M. Amanton, dans le *Magasin encyclopédique*, 1808, t. VI.

raculeusement à Naples dans une barque par les anges, a été
gravée à l'eau-forte par Fr. Aquila, mais pas aussi bien que
le méritoit une peinture de cette importance. — L'estampe de
sainte Restitute est dédiée au cardinal Cantelmi, archevêque
de Naples, par un chanoine de l'église cathédrale nommé
François Xavier Comas, et paroît avoir été faite à ses dépens :
Emi^mo ac Rev^mo Principi Jacobo S. R. E. cardinali Cantelmo,
Archiepiscopo Neapolitano Ecclesiasticæ libertati vindici in-
tegerrimo Pauperum sospitori præsentissimo, Patriæ patri
dulcissimo quod inclyto Scotorum regali sanguine natus Resti-
tutæ numini templum quod Fl. Constantinus Cæsarum op-
timus Helena Cœl inter Britaniæ Regulos facile principis filia,
in Britanniis natus extruxit et opibus munificentissime orna-
vit, jure quasi gentilitio summa relligione nec vulgari studio
prosequitur quidem S^æ Virginis et præclarissimæ Xpi mar-
tyris effigiem nunc primum typis prodeuntem Franciscus
Xaverius Comas sanctæ Neapolitanæ ecclesiæ canonicus ejus-
que capituli ærario tertium præfectus vel obsequii sui ergo
lubenti animo D. D. D. Lucas Jordanus Neapolitanus pinxit.
Francis Aquila del. et sc. Cette dédicace se lisoit au pied de la
planche qu'a gravée à Naples François Aquila, d'après le tableau de Luc Jordane, qui représente le transport miracu-
leux du corps de sainte Restitute dans ladite ville de Naples.
Le cardinal Cantelmi, auquel elle est adressée, mourut en
1702. Il eut pour successeur dans l'archevêché de Naples le
cardinal Pignatelli, et le chanoine, qui avoit fait graver la
planche, prit occasion d'en changer la destination, et il y
fit graver au bas une autre adresse au nouvel archevêque,
et c'est celle qu'on y lit actuellement. Il est aisé de voir que
la planche avoit alors toute sa fraîcheur. Les épreuves avec
la nouvelle dédicace sont même plus fortes que les premières
tirées, quoyque les unes et les autres soient assez faibles de
couleur, ce qui vient de la façon dont la gravure a été traitée.

GIOVANÉ (FRANÇOIS), peintre romain, nacquit en 1611, et, étant entré dans l'école d'André Sacchi, il y fut condisciple de Carle Maratte, de qui il a gravé le tableau de l'Adoration des bergers à Monte Cavallo, et, je pense, quelques autres desseins. A en juger par ces estampes, il dessinoit assez bien. Il quitta son premier maître pour venir travailler sous Pierre François Mola, et, tant que celui-ci vécut, il ne le quitta point; il devint même un si parfait imitateur de sa manière, que ses tableaux furent souvent confondus avec ceux de Mola. La mort vint le ravir au milieu de ses travaux et de sa course en 1669. M. Crozat avoit son portrait dessiné, qu'il avoit trouvé dans la collection de desseins du sieur Pio.

GIRARDON (FRANÇOIS), naquit à Troyes, le jeudy 16 mars 1628, de Nicolas Girardon, fondeur de métaux, et d'Anne Saingevin. On en avoit voulu faire un homme de pratique, mais la nature s'y opposa; elle le conduisit, sans presque qu'il s'en apperçût lui-même et contre l'intention de ses parens, dans la voye du dessein. Celui qui prit le soin de l'y con-duire se nommoit Baudesson et étoit père du peintre de fleurs; il étoit menuisier et sculpteur en bois; il ne cacha rien de ce qu'il scavoit au jeune Girardon, mais celui-ci reconnut bien-tôt qu'il lui falloit un autre maître. Il ne lui falloit pas sortir de sa patrie pour en trouver de tels qu'il les desiroit. Les ou-vrages de sculpture de François Gentil et de *Domenico*, Ita-lien, qu'on conjecture à sa manière avoir été un des élèves du Primatice, qui sont en grand nombre à Troyes, furent les modèles sur lesquels il se forma. Ces deux grands artistes vi-voient dans le même tems, et l'on assure qu'ils travailloient souvent ensemble aux mêmes ouvrages. Ils avoient un goût simple et noble qui tient beaucoup de l'antique. Ce fut à peu près dans ce temps-là que Girardon commença à se hasarder de travailler en public; il n'étoit pas encore décidé qu'il seroit sculpteur; il manioit le pinceau avant le ciseau, et l'on voit de lui une chapelle, près de la porte septentrionale de Troyes, où il a peint à détrempe la vie de sainte Jules. C'étoit l'ouvrage d'un enfant de 15 ans; mais, tout médiocre qu'il est, Girardon le vit avec quelque complaisance (*Mariette avoit écrit au-dessous* tendresse) lorsqu'il fit son dernier voyage dans sa patrie. Ce fut cependant le seul ouvrage de peinture qu'il fit; la sculpture se l'attacha pour toujours. Travaillant encore pour Baudesson, il eut occasion d'accompagner ce maître, qui avoit des ouvrages à faire dans le château de S. Liebaut, à 4 lieues de Troyes, appartenant à M. Seguier, et l'on peut regarder cette époque comme celle de sa fortune. Car le chancelier Séguier, qui aimoit les arts, le prit alors sous sa protection, et ne discontinua point de lui fournir les secours nécessaires pour son avancement dans l'état. Girardon obtint d'aller à Rome, et il en étoit de retour en 1652. Il revint alors à Troyes et y travailla pour le sieur Quinot, grand curieux, que Girardon regardoit comme un des principaux auteurs de sa fortune, et dont il fit le buste en 1691. Je ne parlerai point ici de tous les ouvrages qu'il a faits à Paris ou dans les maisons royales; je me bornerai à ceux que l'amour de sa patrie lui a fait faire pour la ville de Troyes. En 1687, il y porta lui-même un grand médaillon de Louis XIV, en marbre, qui fut reçu avec de grandes cérémonies et placé depuis dans la grande salle de l'Hôtel-de-Ville en 1690. Il fit fermer d'une grille de fer le devant du chœur de l'église de Saint-Remy, où il avoit été baptisé, et, le 30 mars 1690, il vint lui-même placer au-dessus de cette grille un Christ de bronze, qui passe pour un de ses meilleurs ouvrages. Le maître-autel de l'église de Saint-Jean, ainsi que l'autel de la communion dans la même église, ont été décorés et enrichis de sculptures sur ses desseins. Par respect pour les ouvrages de Fr.-Gentil, il conserva dans le retable du dernier autel un bas-relief d'albâtre, et dans la décoration de l'autel même deux statues du même artiste, dont il ne pouvoit se lasser d'admirer les ouvrages. Le tombeau, qui est à Saint-Landry, à Paris, étoit destiné pour l'église de Saint-Remy de Troyes, son ancienne paroisse. Aimé de tous les grands hommes de son siècle, il eut surtout ce bonheur d'être estimé du grand Condé, dont il fit la teste en médaillon de marbre blanc sur un fond noir. C'est le même qui estoit dans le cabinet du P. Tournemine, célèbre jésuite ; Henry-Jules, prince de Condé, en lui en faisant présent, lui dit plaisament que pour que la ressemblance fût parfaite, il n'y manquoit qu'un peu de tabac au bout du nez. Extrait d'un mémoire Mss. envoyé de Troyes, et qui a été écrit presque sous la dictée d'un neveu de M. Girardon, chefcier de Saint-Étienne à Troyes. Il se nommoit Claude, et il est mort en novembre 1742 (1).

— Une tête de femme en bronze, plus grande que le naturel, et qui doit être celle de la ville de Paris, puisque, de même que toutes les têtes de villes personnifiées, celle-ci est couronnée de tours, et que, de plus, c'est dans les décombres d'une ancienne tour, qui pouvoit faire partie des murs de Paris, que cette tête a été trouvée, vers l'année 1680, par un particulier qui faisoit creuser un terrain près de l'église de Saint-Eustache, pour établir les fondements d'une maison qu'il faisoit édifier. Dans la persuasion où l'on étoit alors qu'Isis avoit été singulièrement honorée par les habitans de l'ancienne ville de Lutèce, et qu'elle y avoit un temple et des autels, on ne fit point difficulté de dire que c'étoit une image de cette déesse, et ce fut sur ce pied-là que le R. P. du Moulinet en parla

----

(1) Voyez sur Girardon la notice spéciale de M. Corrard de Breban, Troyes et Paris, 1850, 2e édition, in-8º de 50 pages, et le travail de Grosley dans le premier volume des Mémoires inédits des académiciens, p. 291-306. Paris, Dumoulin, 1854.

dans une dissertation particulière, et, depuis, dans sa description du cabinet de Sainte-Geneviève (1); idée qui paroît cependant moins simple et moins vraisemblable que celle qu'on
ose présenter ici. Sans être d'un travail extrêmement fin, ni
trop recherché, cette tête offre cependant quelque chose de
très-imposant, et cela vient, sans doute, de ses formes et 'de
sa proportion. Le célèbre Girardon a possédé pendant longtemps ce rare monument, et c'est de son cabinet qu'il est
passé dans celui de M. Crozat. La conservation est parfaite;
la tête a 22 pouces de haut, sans le pied, qui est de marbre
noir antique. *(Catalogue de M. Crozat, marquis du Châtel,
1750, pages 25-6.)*

— Divers morceaux de sculpture antique et moderne, qui
composoient le cabinet de François Girardon, et en faisoient
un des plus singuliers qu'il y eût à Paris, représentés en six
grandes planches, où chaque chose est disposée avec ordre et
avec simétrie, et forme une décoration magnifique dont le
dessein est du sieur Oppenord. L'on trouve au bord de chaque
planche une explication détaillée de ce qui y est contenu;
elles ont toutes été gravées par Nicolas Chevalier sur les desseins de René Charpentier, sculpteur, disciple de François
Girardon. — La suite du cabinet du sieur Girardon, contenant diverses statues antiques et modernes, et surtout plusieurs
excellents modèles de terre cuite, de François du Quesnoy, dit
le Flamand, représentée en sept planches, gravées la plus
grande partie par Nicolas Chevalier, quelques-unes par
François Ertinger, et d'autres par René Charpentier qui a
donné les desseins de toutes.

---

(1) Le cabinet de la bibliothèque Sainte-Geneviève. Paris, Dezal-
lier, 1692, in-fólio avec figures. Quant à la tête de Cybèle, elle est
arrivée au cabinet des médailles de la Bibliothèque impériale, où
on la peut voir.

GIRARDONI (JEAN-ANDRÉ), dont le P. Orlandi place la mort en 1628 (p. 97), n'a point trouvé place parmi les peintres de Ferrare, dans la notice qui précède la nouvelle description des peintures de Ferrare. On s'y est contenté de faire mention des tableaux de cet artiste, qui se voyent dans les églises de cette ville, d'où je conjecture que c'étoit un artiste médiocre. On ignore de qui il est disciple.

GISSEY (HENRI), dessinateur ordinaire du cabinet du roi (Louis XIV), s'est fait admirer par la richesse et la nouveauté des habits des différents acteurs qui figuroient dans ses ballets. Ce fut lui qui donna les desseins de ceux des chevaliers et de leur suite qui, avec le roi, coururent la bague dans le fameux carousel de 1662, et jamais fête n'égala celle-ci pour la magnificence. Il eut pour successeur dans le même emploi Jean Berain qui eut pareillement le génie de ces sortes de spectacles. Mais il paroît que celui de son prédécesseur étoit encore plus parfait. Gissey étoit né à Paris, et il y mourut le 4 février 1673, âgé de 65 ans. Il avoit été admis dans l'Académie royale de peinture et prenoit la qualité de dessinateur ingénieur pour les divertissements, fêtes et plaisirs du roi (1).

GLOCKENDON (ALBERT). J'ay veu une estampe en bois où Albert Glockendon prend la qualité d'*illuminist*. Il est étonnant combien il y a eu d'estampes gravées en bois par les Allemands, dans le commencement du XVIᵉ siècle, et la plupart d'une grandeur prodigieuse. Il y en avoit un grand nombre chez M. Colbert.

---

(1) L'un de nous a écrit sur ce curieux artiste une notice spéciale. Paris, Dumoulin, 1854, in-8°.

GODEFROY, né au Bois-Guillaume, près de Rouen, grave à Paris actuellement.

GOEBOUW (ANTOINE), qui se prononce en françois *Goubau*, étoit d'Anvers et y exerçoit la peinture dans le milieu du 17e siècle. Il peignoit des tabagies et des bambochades dans le goût d'Adr. Brauwer et de Van Ostade, ses contemporains, mais son pinceau ne put jamais avoir la même finesse. Descamps (t. I, p. 360) en fait un peintre d'histoire, bon dessinateur et grand coloriste. C'est une exagération de sa part, et je doute aussi que, dans sa jeunesse, il ait fait, comme il le dit, le voyage de Rome et qu'il y ait fait un si long séjour, se perfectionnant par l'étude des ouvrages des grands maîtres. Il vivoit encore lorsque De Bie publia son ouvrage, en 1662. M. de Largillière m'a dit plus d'une fois que c'étoit sous Goubau qu'il avoit pris les premières leçons de son art, et je crois avoir vu chez lui quelques petits tableaux qu'il conservoit en mémoire de ce service.

GOLTZIUS (HENRY). — Mort en 1617, âgé de 59 ans. Voyez son portrait, gravé en 1630, par Jacques Matham. Il s'étoit établi à Harlem, et je le crois disciple de Ph. Galle pour la graveure. — Il s'y étoit fixé dès 1582. Voyez l'estampe de la fuite de Loth, d'après Bloclandt.

— Le portrait de Henry Goltzius dans un ovale placé sur un fonds décoré d'architecture et de figures qui représentent d'une manière simbolique les grâces, l'esprit et la précision du dessein, toutes parties de la peinture dans lesquelles ce maistre s'est distingué. C'étoit du moins l'idée que s'en étoient faits ses contemporains; la postérité, sans rien diminuer de son admiration sur la valeur de Goltzius, en a jugé bien différemment. Gravé en 1617 par Jacques Matham, son beau-fils et son disciple.

— Jésus-Christ assistant aux noces de Cana, gravé conjointement par H. Goltzius et par J. Matham, d'après François Salviati. Cette grande pièce est composée de deux planches. Celle à droite, où est sur le devant un homme qui verse du vin dans des cruches, est entièrement gravée par J. Matham. Il y a mis son nom au bas *Matham sculptor excudit*; l'autre, au contraire, où sur le devant est une femme, est gravée par H. Goltzius, à l'exception cependant des quelques figures dans le fond qui sont de Matham, et au bas de la planche ce dernier a fait graver le nom de H. Goltzius, sculptor. Je juge de tout cecy que H. Goltzius aura laissé la planche imparfaite et qu'elle aura été terminée par son beau-fils. Peu de gens, ce me semble, y ont pris garde. La dédicace est faite par Matham.

— Une suite de six sujets de la vie de Jésus-Christ, dédiée à Guillaume V, roi de Bavière, par H. Goltzius, qui les a inventés et gravés en 1593 et 1594. Ce sont, sans contredit, des plus beaux ouvrages de cet artiste, et d'autant plus estimables qu'ayant eu dessein d'imiter les manières de plusieurs grands maîtres, il a réussi dans quelques-unes au point de tromper. Les deux premiers surtout, qui sont dans la manière d'Albert et de Lucas de Leyde, sont des chefs-d'œuvre de l'art. L'on rapporte que Goltzius, après avoir mis au jour celle d'Albert, en fit tirer quelques exemplaires sur du papier qui, par sa couleur enfumée, avoit un air d'ancienneté capable de faire illusion, et que, les ayant envoyés en Italie, on les y acheta fort cher, croyant que c'étoit un original d'Albert; on y débita même que ce peintre allemand avoit ordonné par son testament que cette planche ne verroit le jour que cent années après sa mort, dans le cas où ses ouvrages continueroient à être recherchés. L'on eut même bien de la peine à se désabuser dans la suite de cette fable; l'on ne pouvoit croire que Goltzius eût su si bien imiter la manière du maître qu'il n'y parût rien de celle qui lui étoit propre; une telle métamorphose passoit pour impossible dans l'esprit de bien des gens. Mais ils vouloient être trompés; ils ne l'auroient pas été, s'ils y eussent fait plus d'attention. — C'est dans le Jésus-Christ circoncis dans le temple que Goltzius a si bien imité la manière d'Albert qu'il est facile de s'y méprendre; il l'a fait en 1594 et y a mis son portrait; c'est celui qui paroît derrière le vieillard qui tient l'enfant Jésus. Comment donc étoit-il possible qu'on prît le change? Il faut croire que, dans les premières épreuves que Goltzius envoya en Italie, son portrait n'étoit pas encore gravé sur la planche. — L'on trouve à ces six pièces la marque ordinaire de H. Goltzius et l'année de la gravure; la première est celle où se trouve la dédicace remarquable; la voicy : Ser. prin. etc. Guillelmo V, Comiti pal. Rh. utriusque Bavariæ duci, etc.

Ut mediis Proteus se transformabat in undis
Formosæ cupido Pomonæ captus amore
Sic varia, princeps, tibi nunc se Goltzius arte
Commutat, sculptor mirabilis atque repertor.

C. Schonœus.

Les quatre pièces, où il a voulu imiter les manières d'Italie, ne sont pas ce qu'il y a de plus beau dans la suite; car, quoique très-bien gravées, elles ne sont point dans le goût des auteurs. Il est mesme assez difficile de connoistre ceux que Goltzius s'y est proposé pour modèles, et je ne voudrois pas asseurer que ce fussent ceux-là mêmes que je dis ici, Raphaël, le Parmesan, Bassan ou plutôt le Titien, et Frédéric Baroche. Pour les deux pièces dans le goût d'Albert et de Lucas, on ne pouvoit mieux faire. Celle de Lucas surtout est, à mon gré, une pièce inimitable. Sa manière, plus d'art, plus aisée et moins terminée que celle d'Albert, étoit bien plus difficile à être imitée, et il faut avouer qu'il faut être un grand homme pour se transformer de la sorte.

— Le corps mort de Jésus-Christ étendu sur les genoux de la sainte Vierge, qui le considère en pleurant et les mains jointes; pièce qui porte le monogramme de Henry Goltzius et la date A°96, c'est-à-dire 1596. Comme cette pièce est tout à fait dans la manière d'Albert, bien des gens croyent qu'elle a été gravée d'après lui; mais l'on sçait que Goltzius a quelquefois entrepris d'imiter si bien la manière d'Albert qu'il est parvenu à en imposer à ses contemporains dans celle qui représente la Circoncision, et il y a grande apparence que celle-ci a été faite dans la même intention, et que Goltzius l'a exécutée sur un dessein de sa propre invention. C'est un chef-d'œuvre de gravure.

— Statues d'Hercule, du palais Farnèse, de Commode en Hercule et d'Apollon Pythien, du palais du Belvédère au Vatican. A toutes : Opus posthumum H. Goltzii nunc primum divulgatum, A° 1617. Elles sont très-bien gravées et avec beaucoup de liberté, mais nullement dans le goût antique. Herman.Adolfz exc. Harlem.—J'ai un pressentiment que cet Herman, fils d'Adolphe, est Herman Muller.

— Portrait d'un homme, dont la devise est : Toujours ou jamais, et que l'on sçait se nommer Arnoud Berestein; il est en buste dans un ovale. Il estoit gendre de Jean Zurenus, dont il avoit épousé la fille, et comme lui de Harlem. Sandrart, p. 212, 1re colonne, fait mention d'un Arnoud de Berenstein, qui vivoit à Harlem, en 1526, et qui étoit curieux de tableaux; mais ce ne peut être celui-ci, qui est né en 1557.

— Un écusson dans lequel est représenté un cochon, devise d'Arnoud Berestein; la planche de forme ovale et gravée en 1580. Le nom de Goltzius n'y est pas; elle est cependant de luy et de ses plus jolies choses. On lit autour et à rebours :

> Tres et vicenos vitæ cum carperet annos
> Arnoldus facie sic Berestenius erat.

Les lettres numérales marquent l'année 1580.

— Jean Boll, peintre de Malines, en buste, dans un cartouche ovale, au-dessus duquel sont deux génies occupés à dessiner, gravé en 1593, avec la marque de Goltzius ; la dédicace
porte aussy le nom de Goltzius, et cependant il me semble
encore que cette pièce n'est pas gravée par Goltzius, mais par
Saenredam sur son dessein.

> Cœlatam vitrici effigiem, Francisce, tuere;
> Virtutem spectato magis vitamque probatam ;
> Pictricem admirare manum, quâ florida Tempe
> Et nemus Alcinoi penicillo æquavit amœnum.
> Dedicat hanc grato tibi pectore Goltzius ; at tu
> Pignus amicitiæ læta cape mente manuque.

Joannes Bollius Mechliniensis pictor, ætat. 59, à. 1593.
Ce François, à qui Goltzius dédie ce portrait, est François
Boëls, beau-fils et disciple de Jean Bol ; il peignoit comme
luy des paysages en miniature. Sa mort suivit de près celle
de son père, qui mourut en 1593. La mère de François Boëls,
étant veuve, s'étoit remariée en secondes nópces à Jean Bol.
Van Mander fait mention de ce portrait de Goltzius à la fin de
la Vie de Jean Bol. Voyez cet endroit, p. 260 v.; Sandrart.
p. 264, l'a traduit en latin, mais il se trompe sur le nom du
beau-fils, qu'il écrit Boets au lieu de Boëls.

— Théodore Cornhert, d'Amsterdam, peintre et graveur,
maître en fait d'armes et auteur de plusieurs traités de poésie et de controverse, représenté en buste dans un ovale ;
c'est un des plus beaux ouvrages de gravure de H. Goltzius ;
il semble que, par un motif de reconnoissance, il ait voulu
montrer tout ce qu'il étoit capable de faire, dans le portrait
de celuy de qui il avoit appris l'art de la gravure. — Ad
vivum depictus et œre incisus ab H. Goltzio. L'on apprend
en même temps que Cornhert étoit né à Amsterdam, en 1522,
et qu'il mourut à Goude, en 1590, et, par les vers qui sont en

bas, l'on apprend encore que Cornhert avoit beaucoup écrit contre les nouveaux réformateurs. — C'étoit, du reste, un visionnaire et même un enthousiaste (1).

— Nicolas Pierre de Daventer, mathématicien, représenté en demy corps et mesurant avec le compas un globe terrestre, gravé en 1583. — Un autre, du mesme, dans une attitude pareille, mais toutefois avec des changements considérables, celuy-cy ayant été gravé en 1595. — Il n'y a à aucun de nom, seulement la devise du mathématicien : L'homme propose, et Dieu dispose. Mais j'ay veu des épreuves où le nom est manuscrit ; c'est de là que je l'ay tiré.

— Portrait d'une dame flamande ou hollandoise, ayant sur sa tête un chaperon, et vêtue d'un habit à bandes de velours noir ; elle est assise dans un fauteuil au-devant d'une table, sur laquelle est un livre ; elle joint les mains, et dans le fond, est la veue de son château. Au bas, cette strophe des odes d'Horace :

Damnosa quid non imminuit diu?

C'est un portrait rare et des meilleurs de Goltzius. J'en ay vu une épreuve, la planche n'étant pas encore finie; puisque ni le fond, ni la table n'étoient encore gravés; où la teste étoit absolument différente. Elle est coiffée d'un bonnet de toile de baptiste au lieu de chaperon; et la fraise autour du col; qui n'est pas tout à fait si grande, pose sur le collet de la robe qui est doublé de fourrure. Cette teste fut apparemment effacée promptement, parce qu'on ne la trouva pas assez ressemblante, et en effet elle paroist changée et n'est pas ensemble. A une épreuve que j'ai, il y a derrière écrit le nom de Catherine Decher.

(1) Voyez dans ce volume l'article spécial de Cornhert, p. 8-11.

— Le portrait d'un anonyme, vestu à la mode d'alors, en
buste dans une forme ovale, autour de laquelle on lit cette
devise : Moderata durant ; il est gravé en 1580 ; la teste est
veue de trois quarts, et il a une fraise à l'entour du col ; l'é-
criture se lit à rebours. — Catherinot, dans la Vie de M Cujas, fait mention d'un Duranti Salvi, Italien, secrétaire du
connestable de Bourbon, qui, en 1515, fit bâtir à Bourges un
hôtel qui depuis a appartenu à Cujas, et dans lequel ce célèbre jurisconsulte est mort. Ce Duranti avoit pour sa devise une
feuille de sauge avec ces mots : Moderata durant. Je préjuge
que c'est icy le portrait de quelqu'un de ses descendants ou
peut-être d'un homme qui se nommoit pareillement Duranti
et qui aura usé du même rébus.

— Gerard de Jode, marchand d'estampes, représenté en
demy-corps et ayant entre les mains un recueil d'estampes.
On attribue ordinairement ce portrait à Henry Goltzius ;
peut-être n'est-il que de son dessein ?. — Sans nom, mais
l'on sait par tradition que c'est le portrait de G. de Jode ; il y
a au bout de la planche ses armoiries, ce sont trois chapeaux ;
la marque de Goltzius est au bas de la planche, mais la graveure ne me paroist pas de luy.

— N. de la Faille, gentilhomme des Pays-Bas, représenté
s'appuyant d'une main sur son épée et de l'autre sur son casque, en demy-corps dans une forme ovale, environnée de
trophées d'armes. A ce portrait il n'y a pas de nom, mais
seulement des armes qui m'ont fait connoistre que c'est le
portrait d'une personne de la famille de la Faille, établie
aux Pays-Bas ; il y a autour des vers ïambes qui commencent :

Leges tueri et patriam devendere (*sic*), etc.

Aux bonnes épreuves, au lieu du nom du marchand Har-

man Adolfz, on lit ces mots: *Jamais Faille*. — Au portrait
de la femme, il n'y a pas encore de nom, seulement quatre
vers latins ïambes à l'entour :

Sequi parata, sive te bello ducem, etc.

et des armes que je ne connois pas ; c'est un mouton passant,
sur un champ d'azur.

— Robert, comte de Leycestre, lieutenant-général des
troupes de la reyne d'Angleterre aux Pays-Bas, en buste
dans un ovale, gravé en 1586 ; on prétend que cette petite
pièce, qui a été gravée avec grand soin, est exécutée sur de
l'argent. La marque de Goltzius se trouve sur la cuirasse, à
l'endroit de l'épaule droite ; c'est une de ses plus jolies choses ; l'écriture revient à gauche, ayant été gravée à droite sur
la planche ; peut-être ce petit portrait a-t-il été fait pour quelque bijou ? — On faisoit alors graver de petits portraits, dont
on faisoit le même usage que nous faisons des portraits peints
en miniature ; quelques-uns des plus curieux les faisoient
même graver sur de l'argent.

—Parmi les pièces de Goltzius, il y en a une, dans laquelle
il a représenté un homme debout qui tient de la main droite
deux fleurs ; elle est gravée en 1582, et au bas sont plusieurs
vers hollandois, dont le premier commence par ces mots
Oughelyk, etc. J'en ay veu une épreuve, au bas de laquelle
on avoit écrit le nom de celuy qui représente ce portrait, qui
est Theodorus Mol, Harlemensis.

— Portrait d'Erasme Pleiobius ; c'est un buste veu de race
dans une forme ronde. Des plus belles choses de Goltzius ; avec
cette inscription autour :

PLeiobIVS pVLCre sIC ora ferebat ErasMVs
VICenIs tres adIICIens nataLIBVs annos.

et le nom Goltzius en bas. Les lettres numérales expriment l'année 1584.

— Adrien Van Westcappelle, âgé de 58 ans, en 1584, en buste dans une forme ronde. L'écriture est à rebours, et au haut de la planche est un petit trou ; on en trouve de même à plusieurs autres de ces petits portraits, ce qui me fait croire qu'ils ont dû estre faits pour estre mis dans des bijoux comme bracelets, etc. Cette écriture, qui se trouvoit en bon sens sur les planches et qui devient à gauche sur les épreuves, m'en parôit encore une preuve.

— Jean Zurenus, Hollandois, en demy-corps, dessiné et gravé en 1588. — Une épreuve de ce mesme portrait avec des armoiries qui y ont été adjoutées, par H. Goltzius. — Jean Van Zuyren, en latin Zurenus, mort le 10 may 1591, âgé de 74 ans, fut un des magistrats principaux de la ville d'Harlem, et, de société avec Cornhert, il leva une imprimerie à Harlem, d'où sont sortis divers ouvrages de la composition de son associé, entre autres une traduction en flamand des *Offices* de Cicéron, en 1561. Voyez Meerman, t. I, p. 64. — Arnould Berenstein avoit épousé sa fille. Dans les vers, au bas du portrait, il est parlé d'un portrait de Zurenus, peint par Hemskerk ; mais ce portrait n'a rien de commun avec celui-ci, que Goltzius a dessiné et gravé d'après nature. Celui d'Hemskerk avoit été fait longtemps auparavant. On trouve quelquefois joint à ce portrait une pièce de vers latins de la composition de Berenstein, à la gloire de son beau-père ; je l'ai dans mon œuvre.

GOLTZIUS (HUBERT). — Il faut réformer toutes ces dattes ; la plupart fort fausses. — Le premier ouvrage d'Hubert Goltzius qui ait vu le jour est son livre de portraits des empereurs, accompagnés de leurs éloges. Il y a eu plusieurs éditions, l'une en latin, en françois, en italien et en espagnol.

Il n'en a paru que la première partie; les deuxième et troisième que l'auteur promettoit sont demeurées en arrière. Je n'ai point vu l'édition latine qui sans doute a précédé. Je sçais seulement que celle en langue italienne fut faite à Anvers, et est de l'année 1557, la françoise, de 1559, et l'espagnole, de 1560. Chaque tête d'empereur est représentée dans une médaille, et, comme ces médailles sont imprimées en clair-obscur dans la couleur du bronze, cela a fait donner à l'ouvrage le nom de *Jaunes de Goltzius*. Van Mander nomme le peintre natif de Courtray qui aida Goltzius dans la gravure de ces planches, ou plustôt, ainsi que je le crois, dans la façon de les imprimer, car, pour ce qui est du trait qui est gravé à l'eau-forte sur le cuivre, j'y reconnois la main de Goltzius, et ne doute point qu'il ne l'ait gravé lui-même.

S'étant transféré à Bruges, et y ayant sans doute été attiré par un savant antiquaire de cette ville, Marc Laurin de Watervliet, qui lui ouvrit ses trésors et lui fit part de toutes ses connoissances, il entreprit de donner les vies des empereurs par les médailles, et il débuta par son Jules César qui fut imprimé à Bruges, en 1563. Ses fastes furent publiées dans la même ville, en 1566, son Auguste, en 1574, et sa Sicile et sa Grande-Grèce, en 1576. Tous ouvrages qui ont été réimprimés, avec des augmentations, en 5 vol. in-folio, à Anvers, chez Moretus.

GONTIER (LÉONARD et JEAN). Peintres sur verre, qui étoient en grande réputation sur la fin du XVIe et au commencement du suivant. On vante les vitrages des églises de Saint-Etienne et de Saint-Martin-ès-Vignes de Troyes, leur patrie, qu'ils ont peints. *Mém. mss. envoyés de Troyes.*

GOUAZ (YVES), élève d'Aliamet, né à Brest, en 1747; établi à Paris.

GOUBEAU.(FRANCESCO). Cet article est très-fautif. *Goebow*, qui se prononce en françois *Goubeau*, n'a pas été le disciple de G. Baur; il se nommoit *Antoine* et non *François*. Voyez son article purgé de fautes ci–dessus, p. 314.

GOUDET ((PIERRE), peintre parisien, a dessiné d'après le naturel presque tous les oyseaux qui se trouvent dans le livre de l'Histoire de la nature des Oyseaux, par Pierre Bellon, imprimé à Paris, en 1555, in–folio. Ces oyseaux sont dessinés assez correctement. Ils ont été gravés en bois par des François dont on ne sçait pas les noms; ils s'y sont seulement désignés par ces deux marques (une flèche et une croix). Peut-être est-ce une allusion à leurs noms et qu'ils s'appelaient l'un, la Flèche, et l'autre, la Croix. Préface de Belon.

GOUDT (HENRY), d'Utrecht, comte palatin, ayant un amour singulier pour la peinture, étoit venu à Rome dans le dessein de s'y perfectionner. Il y trouva Adam Elsheimer, qui peignoit excellement bien en petit et dont la manière se trouva si fort de son goût qu'il luy fit faire plusieurs tableaux qu'il grava ensuite luy–mesme au burin pour les rendre publics. L'on peut dire à sa louange que l'on ne pouvoit mieux rendre qu'il l'a fait là manière de ses originaux, très–difficiles d'ailleurs à être imités en graveure ; car ce sont presque tous des sujets de nuits, où les figures sont éclairées de la lumière de la lune, ou de celles de quelques flambeaux. Personne n'avoit traité avant luy de ces sortes de sujets avec quelque sorte de vérité; il a fallu qu'il imaginât une nouvelle manière de graver qui fût propre à les exprimer, et c'est en quoy il a très–bien réussi. Le peu de pièces qu'il a mises au jour sont toutes d'après Elsheimer.

GOUJON (JEAN), habile sculpteur à Paris (je crois vers la

fin du xvɪᵉ siècle), étoit d'autant plus estimable que, succédant aux gothiques, il ne tenoit rien de leur goût ; ses ouvrages sont, au contraire, fort légers, et sa manière de dessiner fort svelte. Les sculptures de la fontaine des Saints-Innocens, à Paris, sont de luy, et celles de la façade du vieux Louvre, en dedans la cour. Il a fait encore plusieurs autres ouvrages considérables dans cette ville, surtout ce beau groupe de marbre représentant les trois Grâces qui portent une urne sur leurs testes, qui est aux Célestins (1). L'on trouvera dans la Description de Paris, de Brice, un plus grand détail de ses ouvrages. Il avoit été architecte du connestable de Montmorency, et il le fut depuis de Henry second, roy de France. — Extrait de la Dédicace à la tête du Vitruve, traduit par Jean Martin. Les figures qui sont dans ce livre sont du dessein de cet habile architecte et sculpteur, et il y a grande apparence que celle qui sont dans le Poliphile sont aussi de son invention.

GOUPY (ᴊᴏsᴇᴘʜ). Xeuxis prenant pour modèle du tableau, qu'il devoit peindre pour les Agrigentins, cinq de leurs plus belles filles, gravé à Londres à l'eau-forte, par Joseph Goupy, peintre en miniature, d'après le tableau de François Solimène,

---

(1) On peut voir sur Goujon, l'appréciation artistique de M. Gustave Planche, imprimée d'abord dans *la Revue des Deux Mondes* et réimprimée dans ses *Portraits d'artistes*, et la notice de M. de Longperier dans *le Plutarque français* (II, 1846, p. 17-24); il y conteste la mort de Jean Goujon dans la Saint-Barthélemy, et l'absence de son nom des Martyrologes protestants publiés alors, pour être une raison négative, n'en est pas moins une excellente raison. — Nous n'avons pas besoin de dire que Mariette se trompe en attribuant à Goujon les trois Grâces qui sont si évidemment de Pilon, que pour les lui donner il ne serait pas même besoin des mentions qui en sont faites dans les comptes publiés par M. de Laborde (*Renaissance des arts*, I, 494-5, 500, 506, 518).

qui est dans le cabinet du duc de Devonshire. — C'est Goupy
qui en a la planche à Londres.

GOURMONT (JEAN DE). Il y a, dans la chapelle du château
d'Escouen, un petit tableau représentant Jésus-Christ, nouvellement né, couché dans la crèche et adoré par la sainte
Vierge, qui est peint par le même maître, d'après lequel sont
gravées les différentes pièces qui sont marquées du monogramme J. G. Il est composé précisément de la même façon;
même fond d'architecture, mêmes intentions de figures, et,
si J. Gourmont, qui a fait les estampes, a fait aussi des tableaux, celui du château d'Escouen est son ouvrage (1).

— J. G. (en monog.). C'est la marque de J. Gourmont, qui
vivoit en 1557. Il grava dans cette année le portrait de Charles, cardinal de Bourbon, pour lors âgé de 28 ans; ce cardinal,
représenté en figure entière, assis près d'une table. C'est là
que j'ay appris le nom de cet artiste.

— Ce graveur manioit le burin très-proprement, mais sans
intelligence, et son goût de dessein et de composer est fort
mesquin; il se piquoit de sçavoir la perspective; car il n'y a
aucune de ses pièces qu'il n'ait enrichie par de grandes compositions d'architecture. Il y a aussy apparence qu'il estoit
orfèvre; il a gravé quelques pièces où il a représenté des ate-
liers d'orfèvre, et il y en a une surtout où tous les outils y
sont exprimés avec assez de détail; c'est celle où deux jeunes

---

(1) Le tableau dont parle Mariette est maintenant au Louvre, où
il a été longtemps sous le faux nom de Van Mander; on y retrouve
toujours cette prédominance de l'architecture qui paraît être un
des caractères de Gourmont. Le charmant dessin du cabinet des
estampes, dans lequel le massacre d'aussi peu d'innocents qu'il
est possible d'en mettre, du moment qu'on en met, est le prétexte
d'une délicate perspective de constructions élégantes, doit aussi
être de lui.

apprentifs se battent et se tiennent aux cheveux. Au reste, je ne le crois que du milieu du xvie.

— Le songe de Raphaël, gravé par Georges Mantuan. Aux mauvaises épreuves : *Jean de Gourmont excudit.*

GOY (JEAN-BAPTISTE), prêtre, docteur en théologie de la faculté de Paris, premier curé de l'église Sainte-Marguerite au faubourg Saint-Antoine, à Paris, avoit été sculpteur dans sa jeunesse, et il subsiste encore de ses ouvrages. Il se dégoûta de sa profession et embrassa l'estat ecclésiastique dans, lequel il s'est rendu recommandable par la charité de ses mœurs. Sa sœur, Marguerite-Catherine Goy, avoit épousé M. Errard, directeur de l'Académie royale de peinture, établie à Rome. J.-B. Goy avoit été à Rome et parloit assez bien des arts. Il est mort le 13 janvier 1738, d'une fluxion de poitrine, âgé de 70 ans (1).

GOYRAN (CLAUDE). Un paysage où sont des gens qui considèrent un tombeau antique; un autre où l'on voit au bord d'une rivière un pêcheur qui va jetter son filet ; chez P. Mariette qui y a fait mettre au bas : *H. Swaneveltus. in. et sculp.*, comme s'ils étoient de la graveure de Herman. Cependant ils sont certainement de Goyran.

GRANDI (ERCOLE), plus connu sous le nom d'Hercule de Ferrare. Le Volateran (lf. 2, p. 193) en parle avantageusement et fait mention, non-seulement de ce qu'il avoit peint à Boulogne, mais encore des ouvrages dont il avoit enrichi la Hongrie, in Pannonia nonnulla quo fuit accersitus. L'auteur de la Description des peintures de Ferrare (p. 9), qui me fournit

(1) *Voyez sur lui* Piganiol, V, 132 et suiv., et sa description de Versailles, 1751, II, 183 et 330.

cette anecdote, prétend que ce peintre a vu la fin du xive siècle et le commencement du xve.

GRASSI (GREGORIO) d'Aquila. L'abbé Titi, dans sa Description
des peintures des églises de Rome, p. 449, le fait élève du
Guide. Je connois une estampe, gravée d'après lui, par
Th. Matham, qui représente Alexandre coupant le nœud
gordien. Elle peut servir à donner une idée de sa manière de
composer, qui ne tient rien de celle du maître qu'on lui
donne.

GRAVIO (GIO.-ANDREA). Son nom allemand est Graff. Il est
disciple de Jacob Murel, qui avoit épousé à Francfort la veuve
de Mathieu Merian le jeune.

GRAZINI (JEAN-PAUL). Le P. Orlandi, dans son énumération
des peintres de Ferrare (*Abec. Pitt.*, 1719, p. 97), fait mention
de cet artiste qui mourut, dit-il, en 1620. J'ai peine à croire
qu'il mérite la place que cet écrivain lui adjuge; car il n'en est
fait aucune mention dans la Description des peintures de
Ferrare, qui ne laisse rien échapper de tout ce qui peut faire
honneur à cette ville.

GRECCHI (MARCO-ANTONIO). La sainte Vierge tombant évanouie entre les bras des saintes femmes, à la veue du corps
mort de J.-C. que saint Jean étend sur un linceul dans le sépulcre, gravé à Sienne, en 1598, par Marc.-Ant. Grecchi, d'a-
près Alexandre Casolini ; au burin et médiocre. Les noms des
artistes y sont ; on y voit aussi la marque de Jean Antoine
de Paulis qui est le marchand. Je ne doute point que ce graveur ne soit le même qui ait gravé plusieurs pièces où il s'est
contenté de se désigner par un M. et un G., et que ce ne soit
ui pareillement qui ait gravé la chute des géants attribuée à
Callot.

GRECO (ALESSANDRO). Eneas Vicus le met au rang de ceux qui ont excellé à contrefaire les médailles antiques. *Discorso sopra la medaglia degli antichi di Enea Vico*, p. 67. Seroit-ce ici l'associé du Padouan, qui, sur la médaille où il est représenté avec J. Cavinus, est nommé *Alexander Bassianus*. Voyez le Cabinet de Sainte-Geneviève, p. 113. Alexandre Cesari, fameux graveur de pierres gravées et de médailles, étoit aussi surnommé le Grec.

GREENHILL (JEAN). Le portrait de son frère Henry, marchand à Salisbury, gravé en 1677, et au pied duquel est une longue inscription en latin, où il est dit que lui-même a manié quelquefois le burin, ne peut être l'ouvrage de Greenhill, quant à la gravure, puisqu'il mourut en 1676 ; dans les mémoires étant à la suite de Mlle Beal, la mort de Greenhill est marquée au 19 may 1676. (Notes sur Walpole.)

GREUTER (JOSEPH-FRÉDÉRIC). Pietre de Cortonne, homme bien capable d'en juger, estimoit ce graveur. Voici comment il en parle dans une lettre qu'il écrivoit de Florence à un de ses amis à Rome, en 1641, et qui se trouve dans un recueil de lettres écrites par des peintres, qui a été publié en 1754. C'est à l'occasion des planches qui devoient entrer dans le livre de Girol. Terio, intitulé : *Ædes Barberinæ* : « Il sig. Gir. Terio m'ha mandati alcuni disegni della salla del card. Barberini, che fa intagliare. Ho inteso che uno ne fà il Greuter, *il quale è buono*. Gli altri non so come li habbia spartiti, etc. »

GREUTER (MATHIEU), né à Strasbourg, est mort à Rome, en 1638; étoit âgé de 72 ans, ainsi que nous l'apprend le Baglioni, p. 398.

GREUZE (JEAN-BAPTISTE), né à Tournus, en 1728, travaille à Paris et s'y distingue par un excellent goût de couleur. Il a choisi pour son genre celui des bambochades, et tâche d'y mettre de l'intérêt, ce qui fait que ses tableaux sont fort goûtés. Les connoisseurs trouvent leur compte dans la façon dont ils sont peints. La multitude est touchée du choix du sujet qui se rapproche de nos mœurs, et qui lui sert d'entretien. Il a fait le voyage d'Italie en 1756, voyage qui lui étoit assez inutile, et où la vanité dut avoir la principale part.

— *Quoique ce qui suit ne soit que le dernier feuillet d'un article spécial, nous le donnons, et pour sa curiosité, et parce que, en le signalant, il en résultera peut-être la découverte d'une autre copie :*.... la touche et la beauté de la couleur, et, sans s'arrêter au jugement que Greuze en portoit lui-même, la palme est demeurée au premier de ces tableaux, justement regardé comme le chef-d'œuvre de ce peintre, et que M. de Marigny a mis dans son cabinet et payé 3,000 liv. (1). Je souhaite me tromper, mais je crois que ce peintre ne fera jamais rien de plus accompli. Le second tableau attend un acheteur; mais, pour le trouver, il faudroit que Greuze rabbâtte beaucoup de ses prétentions. Il en a refusé un gros prix, et je crains qu'il ne s'en repente. Le sujet qu'il a choisi est triste; il faut pour l'acquisition de ce morceau un homme riche, et ces sortes de gens n'aiment à repaître leurs yeux que d'objets agréables. Greuze a fait plusieurs portraits qui portent un caractère de vérité qui les doit faire priser. Mais c'est peut-être par cela même qu'ils ne feroient pas fortune. Trop de simplicité et de naïveté déplairoient à bien des gens. Ainsi, le portrait qu'il a fait de M. le Dauphin, ceux du duc de Chartres et de mademoiselle d'Orléans, sa sœur, ont-ils éprouvé de rudes critiques. J'ai vu celui qu'il a fait d'une jeune fille du

---

(1) C'est l'Acccordée de village, n° 42 de la vente de M. le Mis de Ménars (M. de Marigny), février 1781, achetée pour le roi 16,650 livres et maintenant au Louvre.

dernier ambassadeur de Russie; c'est, si j'ose le dire, un chéf-
d'œuvre ; Rubens ni Van Dyck ne l'auroient désavoué; mais
c'est que, de la façon dont il est composé, c'est moins un
portrait qu'une tête de caractère. Greuze en a fait beaucoup
dans ce dernier genre, et il s'en trouve parmi qui sont admirables. Il a fait aussi nombre de desseins, qui, dans le commencement, lui ont été payés prodigieusement par quelque
curieux; mais je ne crois pas qu'on y mette aujourd'hui la
même presse. Il me paroît au contraire que les derniers
qu'a faits Greuze, font et feront encore longtemps l'ornement de son appartement. Il n'en est pas de même des estampes qui ont été gravées d'après lui. Elles ont fait la fortune des graveurs et la sienne. Si l'on s'en souvient, il en fut
ainsi des estampes qui furent gravées d'après les tableaux de
Chardin. Elles eurent un débit prodigieux. Les sujets y ont
plus contribué que toute autre chose. La vérité historique
nous force de rapporter un trait qui caractérise l'homme, et
qui montre combien Greuze avoit peu l'usage du monde. Il
fut mandé à Versailles pour le portrait de Monseigneur le
Dauphin; après avoir exécuté le tableau de Monseigneur le
Dauphin, ce prince, qui étoit la bonté même, crut ne pouvoir lui proposer rien de plus flatteur ni de plus obligeant
que de lui demander le portrait de Madame la Dauphine.
Elle étoit présente, et, sans songer de ce qu'il alloit dire,
Greuze répliqua qu'il prioit d'en être dispensé, parce que,
adjouta-t-il, je ne sçais point peindre de pareilles têtes. Il
vouloit critiquer le rouge qui défiguroit les joues de la princesse; mais étoit-il permis de manquer d'une manière aussi
ignoble au respect et aux convenances (1)? Chacun haussa les
épaules et regarda le peintre en pitié.

---

(1) Mariette avait d'abord écrit : Mais cela étoit dit en sabotier.

GREVENBROECK (CHARLES-LÉOPOLD), qui se prononce Grevenbrouck, peintre flamand, que nous avons vu à Paris, qui peignoit le paysage, mais principalement des veues d'édifices telle que sont celles de plusieurs maisons royales, qui furent exposées au sallon du Louvre, en 1738. Il représentoit les objets qu'il vouloit rendre avec assez de fidélité, mais son pinceau étoit lourd, et sa couleur peu harmonieuse. Il s'étoit présenté à l'Académie, et y avoit été agréé. Comme il mouroit de faim à Paris, il en sortit pour aller chercher fortune ailleurs; il ne la rencontra jamais, et, comme il ne fournit point son morceau de réception, il fut rayé. J'apprends qu'il est mort à Naples, en 1758 ou 1759.

GREVILLE (lady LOUISE), fille du comte de Warwick, a gravé à Londres, en 1760, un paysage du Carrache et un — mesme peut-être quelques autres encore — d'après Salvator Rosa, qui ne sont pas sans mérite. Elle s'y est désignée par ce monogramme (L A G, en lettres italiques).

GRIGNON (JACQUES). Jamais la graveure au burin n'a été cultivée en France avec plus de succès que dans le temps que vivoient les deux graveurs dont on a recueilli ici les ouvrages. Il s'étoit formé à Paris un nombre d'excellents artistes qui travailloient à l'envie l'un de l'autre à se surpasser pour la parfaite exécution de la graveure, dont ils faisoient leur principale étude. Jacques Grignon se distinguoit parmy eux. La couleur de son burin étoit extrêmement douce, et il possédoit une égalité de tailles qui n'étoit qu'à luy. La patience, avec laquelle il conduisoit son ouvrage, y contribuoit beaucoup. Pierre Landry, qui étoit son contemporain, n'avoit pas une moins belle couleur de burin; il avoit une grande facilité à couper le cuivre, et sa gravure étoit pure et brillante; il ne luy manquoit que d'estre plus harmonieuse et plus flexible. Ce que ces deux graveurs ont exécuté de plus considérable, sont des portraits.

GRIMALDI (GIO. FRANCESCO), que l'on nomme en France Jean Francésque Bolognese, vint à Paris en 1648 ; màis, n'y trouvant pas de l'employ, comme il l'espéroit, à cause dés troubles qui agitèrent pour lors l'Estat, il s'en retourna à Rome, après avoir peint les plafonds du palais Mazarin, à Paris. Felibien, t. II, p. 299. — Ce peintre naquit à Bologne, en 1606. Il apprit son art dans l'école des Carrachés; étant venu à Rome, il peignit plusieurs choses dans l'intérieur du palais Vatican, et, sous le pontificat d'Innocent X, plusieurs frises dans des chambres du palais de Monte-Cavallo. Le prince Camille Pamphile, neveu de S. S., l'estimoit beaucoup, et lui fit faire plusieurs ouvrages dans la vigne Pamphile. Les principaux ouvrages publics, qu'il a faits dans les églises de Rome, sont quelques portraits dans l'église de S. Marie in Publicolis, deux grands paysages dans l'église de S.-Martin des Monts, en concurrence du Guaspre, les fresques d'une chapelle dans l'église de la Madona della Vittoria, etc. Le cardinal Mazarin le fit venir en France pour peindre dans son palais et dans céluy du roy, et, pendant deux années et demie qu'il demeura à Paris, il peignit quantité de beaux ouvrages. Il en auroit fait davantage s'il y eût pu demeurer plus tranquille. Mais, l'attachement, qu'il avoit au cardinal Mazarin, lui faisant craindre d'estre enveloppé dans sa disgrâce, lui fit prendre le party de se retirer chez les Jésuites, pour attendre un temps plus calme, et ce fut alors qu'il peignit dans cette église une magnifique décoration pour l'exposition du S. Sacrement, telle qu'on les pratique à Rome, laquelle attira tout Paris dans cette église, et fut tellement au goût de S. M., qui vint deux fois pour la voir, qu'il lui en ordonna une pour la chapelle de son Palais, à l'occasion du sépulcre de N. S. dans la semaine sainte. N'ayant plus d'occupation à Paris, Grimaldi s'en retourna à Rome, où le pape Alexandre VII, et depuis le pape Clément IX, lui firent peindre, le premier la galerie, et le second plusieurs chambres du palais de Monte-Cavallo. Il peignit aussi plusieurs scènes de théâtre pour les neveux de Sa Sainteté, et quantité d'ouvrages dans les palais de Rome. Il étoit aussi beaucoup occupé à peindre des tableaux de chevalet, surtout pour la France. Le marquis del Carpio, ambassadeur d'Espagne, étoit un de ses principaux protecteurs, et qui lui faisoit l'honneur de venir le visiter presque tous les jours. Il est étonnant la quantité de desseins qu'on voit de lui. Enfin, après avoir été deux fois prince de l'Académie de S.-Luc, il mourut à Rome, âgé de 74 ans, en 1680, et fut enterré dans l'Église de S.-Laurent in Lucina, jour malheureux pour les beaux arts, puisque, dans le même temps qu'on voyoit le corps de Grimaldi exposé dans cette église, on voyoit, exposé dans celle de Ste-Marie Majeure, celui du fameux cavalier Bernin.

— *A la suite d'une énumération de ses paysages gravés, Mariette ajoute :* Tous les paysages ci-dessus, à l'exception du dernier, sont de l'invention de Jean Francisque Bolognese, et gravés à l'eau-forte par luy mesme. Cet habile artiste s'estoit fait une excellente manière de dessiner le paysage. Il y a peu de maistres qui l'ayent gravé avec tant de légèreté, et c'est le meilleur modèle que puissent choisir ceux qui veulent dessiner de bon goût. — *A une suite de quatre paysages :* Il n'a gravé son nom à aucun de ses paysages, quoyque ce fût sa coutume ; il y en a seulement un où il a gravé la date 1643.

— J'ay recueilli tout ce que Malvasia dit de Jean-François Grimaldi :

Gio. Francesco Grimaldi Bolognese viveva nel 1678 ; era bravo pittor de paesi, publico il funerale del sig. Fachenetti, ambasciator di Bologna in Roma, intaglio da lui all' acqua forte una suita di sei paesi sul gusto Carracesco ed altri pensieri. Malvasia, p. 2, p. 130.

Gran virtuoso in architettura, prospettiva, disegno, e tanto piu del Viola bravo paesesta, p. 4, p. 130. S'è trovato a Parigi a servigi del sig. card. Mazzarini, p. 133.

Haveva sposato una figlia di Balthazar Galanino; possedeva un tomo del Vasari tutto postillato nel margine dal dotto Agostino Caracci, p. 135.

J'adjouterai que *Jean Francesque Bolognese*, car c'est ainsi qu'on le nomme en France, a voulu imiter quelquefois les sites du Titien et la touche des Carraches, mais qu'il est fort éloigné de ces deux grands hommes. Tous ses paysages paroissent faits dans son cabinet; c'est la même manière dans tous. Un premier de ses paysages plaist, parce que la touche en est légère; mais plusieurs de suite rebutent, parce qu'il n'y a point de variété, ni dans la composition, ni dans la touche. Tous ses paysages sont faits au premier coup, ainsi il ne faut y chercher aucune recherche. Ceux qui sont faits d'après nature ont le même défaut que ceux qui sont d'invention, ce qui montre peu de génie.

GRIMMER (JACQUES) estoit peintre de paysages, ainsi que le dit Sandrart après Van Mander, mais il ne dit pas un mot de cette facilité de peindre à fresque, que luy attribue le P. Orlandi; il mourut à Anvers.

GRIMOUX (JEAN), né à Fribourg, en Suisse, ou plutôt à Romont, dans le canton de Fribourg, vers l'année 1680, est mort à Paris, aux environs de 1740. Il a peint des têtes avec une force de couleur qui lui a mérité d'être regardé comme un second Rembrandt, mais il n'a pas été plus loin, et sa mauvaise conduite, car ce fut un franc yvrogne, l'a laissé croupir dans la misère. On m'a raconté un trait de sa vie, dont je ne garantis pas la vérité. On a voulu m'assurer qu'ayant épousé une femme coquette, cette femme, pour vivre avec plus de liberté avec son amant, qui étoit un officier de la police, prétexta la vie peu régulière de son mari, et eut le crédit, sans autre forme de procès, de le faire renfermer à Bicêtre. Grimoux ne sçavoit ce qui pouvoit lui avoir attiré cette disgrâce. Il cria à l'injustice. Ses plaintes parvinrent aux oreilles de l'économe de ce lieu de force. Il fut interrogé, il s'avoua pour être peintre, et ne dissimula pas qu'il étoit un yvrogne. On voulut s'en assurer, et voir ce qu'il sçavoit faire. L'économe avoit une bonne amie, il proposa d'en faire le portrait. On lui fournit tout ce qui étoit nécessaire. Il se mit à l'ouvrage et le termina non sans peine. L'horreur de la prison avoit affaibli sa veué, mais sa peinture n'en fut pas moins parfaite, et celui, pour lequel elle étoit faite, en fut tellement frappé, qu'il commença à prêter l'oreille à ce que le peintre avoit à dire pour sa justification. Il en fit son rapport au magistrat; on reconnut qu'on avoit agi trop légèrement sur de faux rapports, Grimoux fut élargi. Je ne sçais si la femme fut punie, ainsi qu'elle le méritoit. Mais cette avanture ne rendit pas Grimoux plus sage. Il continua à vivre comme auparavant, dans la crapule, et, s'il ne cessa de produire des ouvrages excellents, il n'en devint pas plus riche, ni plus fêté. Ses tableaux, même après sa mort, n'ont pas monté de prix, et cela vient encore de ce que la magie de sa couleur n'a agi que sur de simples têtes, presque toutes sans caractères, et par cela même peu intéréssantes. La vie de Grimoux se trouve dans le 1er vol. des Vies des Peintres suisses en allemand, pag. 15 (1). Il étoit fils d'un Cent-Suisse de la garde du Roi.

GRONI (JEAN-BAPTISTE), Vénitien, peintre d'architecture,

(1) Et dans les *Anecdotes des Beaux-Arts*, t. II, p. 229.

et ce que les Italiens appellent quadrarista, est mort à Dresden, en **1748.**.

GRUENINGEN (JEAN DE), peintre, vivoit à Strasbourg, en **1442.** Il est employé dans un rôle concernant une taxe imposée dans cette année sur les habitants de cette ville, dans le livre de M. Schœpflin, intitulé Vind. typogr. p. 92.

GRUNEWALD(HANS BALDE). Le clair obscur, qui représente un sabbat, dont l'invention est de Hans Balde Grünewald, porte la datte **1510**, et cette datte ne peut estre révoquée en doute. C'est une époque certaine du temps que cette estampe en clair obscur a paru ; car, aux épreuves de la planche qui exprime le trait, et qui ont été imprimées avant qu'elle fût mise en clair obscur, on ne trouve point encore de datte. Elle a donc été adjoutée depuis, lorsqu'il fut question d'en faire un clair obscur. Je ne fais cette remarque que pour faire connaître qu'il est constant que, dès **1510**, l'art des clair-obscurs étoit connu en Allemagne, et l'on n'a rien qui prouve qu'il le fût déjà en Italie.

GUARANA (JACQUES), né à Venise, le 28 octobre **1720**, a commencé ses premières études de peinture sous Sebast. Ricci, et les a terminées sous le Tiepolo. Il a pris, comme ses maîtres, une manière fort expéditive, et, soit qu'il peignît à l'huile ou à fresque, les plus grands espaces qu'il faut couvrir de couleurs ne l'étonnoient point. On vante un plafond qu'il a peint à Venise, dans le palais Rezzonico, et un autre dans l'église de S. Moyse. La Czarine lui a fait faire un grand nombre d'ouvrages, dont elle a paru satisfaite ; quelques-unes de ses peintures ont été gravées ; on lui trouve, dit-on, un ton de couleur qui vise à celui du Cignani. Longhi, Vit. de, Pitt. Venez.

GUARINETTO. Le Rossetti, Descrizione delle pitture di Padova, ne le nomme jamais autrement que Guariento, et il nous apprend, p. 101, que ce peintre a reçu la sépulture dans l'église de S. Bernardin, à Padoue.

GUÉRARD (NICOLAS), de la Brie, mort à Paris, âgé d'environ 71 ans, en 1719, en caresme; il avoit éfé disciple de Chauveau, avoit aussi travaillé chez M. Le Pautre et chez Vander Cabel, dont il a gravé plusieurs paysages; il en avoit beaucoup pris la manière. Il avoit du génie, et composoit assez facilement sur-le-champ; il n'avoit aucune propreté dans sa graveure.

GUERIN (GILLES). Il ne s'appelloit point Louis, son nom de baptême étoit Gilles; c'est une faute qui est échappée à Felibien, et qui mérite correction. Ce sculpteur est mort le 26 février 1678, âgé de 58 ans, ainsi qu'il est marqué dans la liste des membres de l'Académie royale, dressée par Reynez, qui en étoit le concierge, et qui étoit l'exactitude même.

GUESLIN (CH. ETIENNE), mort à Paris, le 16 février 1765, âgé d'environ 80 ans, est fils d'un peintre qui a fait des testes dans le goût de Rembrandt, et quelquefois il y a passablement réussi. Elles font de l'effet, mais elles pèchent par le dessein. Il connoissoit son faible; aussi, après en avoir enseigné les premiers éléments à ce fils qu'il destinoit à la peinture, il crut devoir le placer dans une meilleure école, et pour cela il l'envoya chez M. Jouvenet; le jeune Gueslin n'y fit pas cependant de grands progrès. Il n'étoit point né pour l'art auquel on le destinoit. Quelques têtes passablement bien peintes firent penser favorablement de ce qu'il pourroit faire par la suite. Elle lui méritèrent d'être admis dans l'Académie royale de peinture en 1723. Mais il en demeura là; il ne fit plus rien depuis de passable.

GUGLIELMI (GREGORIO), né à Rome, le 13 décembre 1714.
Il est disciple du Trevisani, et il y a beaucoup de ses ouvrages
à Vienne. Je l'ai vu à Paris en 1770, et ce fut M. Vernet, son
ami, qui nous le présenta. Il revenoit d'Allemagne, où, dans
les différentes cours qu'il avoit fréquentées, et surtout dans
celle de Saxe, il avoit fait de très-grands ouvrages. Les princes
aiment à être servis promptement dans leurs goûts, et cet artiste, toujours prêt à faire marcher les pinceaux, n'attendoit
que des ordres pour les exécuter sur-le-champ. C'étoit un
de ces peintres praticiens, qui, nés avec de l'imagination, ne
demandent qu'à s'exercer sur de grands espaces. Il ne faut
pas leur demander de la correction dans le dessin, ni de la
sagesse dans la composition. Ils y mettent du feu, ils y employent des couleurs brillantes, et l'œil peu connoisseur en
est satisfait, et cela suffit. C'est le jugement que j'ai entendu
former des ouvrages de ce peintre par des connoisseurs. Son
portrait, gravé en manière noire par Haid, à Augsbourg, m'a
donné la date de sa naissance.

GUIARD (LOUIS), de Chaumont, en Bassigny, a appris la
profession de sculpteur chez Bouchardon, et, lorsqu'il est parti
pour Rome, où il a été reçu à la pension du Roi, il donnoit
les plus grandes espérances. Il y a du temps qu'il est à Rome.
Ce n'est pas un pays où les François trouvent aisément des
occasions d'exercer leur talent, surtout aujourd'hui que les
arts y languissent, et c'en est assez pour arrêter dans sa course
un talent naissant. Au mois de juillet 1768, Guiard est entré
dans sa quarantième année. Il est revenu à Paris dans le dessein de s'y fixer, en 1768; et depuis qu'il y est, il a fait le modèle du tombeau de la princesse de Saxe-Gotha, qui lui
été demandé d'Allemagne; mais il faut attendre l'effet que
ce modèle aura produit sur ceux qui l'ont ordonné. Jusqu'à
ce moment il est incertain si l'exécution aura lieu. Il est com-

posé avec génie. — Au commencement de l'année 1769, il a été
appelé à Parme par le prince, qui s'est engagé de lui faire
une pension de 3,000 livres, avec la liberté de travailler pour
d'autres que pour lui. C'est une fortune pour Guiard qui n'a-
voit jamais rien fait à Paris, et qui s'y seroit ruiné, comme
il a fait à Rome. Je souhaite qu'il en profite.

GUIDI (DOMINIQUE). Au bas de l'estampe, représentant sainte
Apolline, gravée par Farjat, d'après ce sculpteur, on lit une
inscription qui apprend que D. Guidi avoit été baptisé dans
l'église paroissiale de S. Maria de gli abandonati de Torano,
dans le duché de Carrara; ainsi, il n'est donc pas de Massa
même; qui pouvoit estre mieux instruit que lui sur le nom
de l'endroit où il étoit né? L'abbé Pascoli le fait mourir en
1701; mais je ne puis convenir de tout ce qu'il dit de désavantageux sur le compte de ce sculpteur, qui certainement passe
les bornes de la médiocrité. J'ay veu de belles choses de lui (1).

GUIDI (JEAN THYSIDIO). On a quelques estampes gravées à
l'eau-forte par cet artiste, qui ne sont pas sans mérite, et qui
laissent entrevoir qu'il avoit étudié en bonne école, peut-être
étoit-ce sous le Guide, et que c'est ce qui lui avoit fait ajouter
à son nom celui de ce grand peintre. Il fut employé par le
marquis Vincent Justinien à dessiner une partie des statues,
bustes et bas-reliefs antiques, qu'il avoit recueillis, ce qui
nous fait connoître qu'il vivoit à Rome vers le milieu du
XVIIe siècle.

GUIDI (RAFFAELLO) era Fiorentino; cosi si trova scritto nella

---

(1) L'un de nous possède deux lettres autographes et une note,
toutes trois en italien, relatives au payement de son groupe de
Versailles, qu'on lui avait fait attendre. Voyez aussi deux lettres de
Guidi, *Archives de l'Art français*, t. I, p. 60-2.

carta del Dedalo intagliata da lui col disegno del cavalier
Gioseffo d'Arpino.

GUIDOTTI (PAOLO). Voyez Baillet, Poëtes modernes, article 1355. — C'étoit un maître fou. Il se mit dans la teste qu'à
l'imitation de Dédale, il pourroit voler dans les airs. Il composa pour cela, en cachette, une machine, et, lorsqu'il se crut
asseuré du succès, on dit qu'en présence du pape et de quantité de monde, il osa vouloir s'élever en l'air, mais que, la
teste luy ayant tourné, il tomba heureusement dans une
masse de chaux détrempée, ce qui lui sauva la vie. Ce fait a
été rapporté par Pader dans son Poëme de la peinture par-
lante, mais je n'en garantis pas la vérité. Il me paroît trop
hors de vraysemblance. Il se peut fort bien que cette idée
bizarre, soit venue au Guidotti; mais qu'il l'ait exécutée, c'est
ce que je ne puis croire. En tout cas, qu'on simplifie tant
qu'on voudra, c'est toujours une idée bien folle.

GUILLAIN (SIMON). C'est à cet habile sculpteur et à M. Sar-
rasin auxquels on est redevable en France du rétablissement
du bon goût dans la sculpture, ainsi que Simon Vouet pour
la peinture. Simon Guillain avoit marié une de ses filles au
fameux Ballin, orfévre. Le monument, érigé à la gloire de
Louis XIV à la teste du pont au Change, est de ce Guillain.
Sarrazin avoit entrepris cet ouvrage, et en auroit déjà fait le
modèle qui avoit été approuvé par MM. de la Ville. Ballin,
gendre de Guillain, trouva moyen de le voir; il en fit la description à son beau-père, et, sur sa description, Guillain fit un
nouveau modèle dans la même intention que celui de Sarrazin; il le présenta à MM. de la Ville, et, leur aiant fait un party
plus avantageux, l'ouvrage lui fut adjugé (1). Simon avoit un

_____

(1) Ce détail est d'autant plus curieux, Mariette le tenant de

fils, sculpteur comme lui, qui mourut jeune ; il l'avoit envoyé à Rome où il étoit entré chez l'Algarde, et ce fut pour lors qu'il grava les peintures du Carrache de la chapelle de Saint-Diegue dans l'église des Espagnols, et la suite des Cris de Bologne, d'après les desseins du même peintre (en 1646). M. Van-clève, de qui je tiens toutes ces particularités, veut qu'il ait aussi gravé les quatre statues qui sont dans le dôme de Saint-Pierre de Rome. Tous les apostres, qui sont à main gauche dans l'église de Sorbonne, en entrant par la place, sont de Simon Guillain ; les autres sont d'un nommé Bertelot. Ce Guillain avoit un frère nommé Augustin qui étoit architecte de la ville. Simon Guillain le père fut reçu dans la communauté des maîtres peintres, en 1607, et passa dans les charges en 1619, c'est-à-dire bachelier.

— Ce que l'auteur (c'est-à-dire le P. Orlandi) dit ici que les Cris de Bologne, gravés par Simon Guillain, sur les desseins des Carraches, ont été regravés à Bologne par Joseph-Marie Mitelli, est faux. Mitelli a gravé, il est vrai, une suite de Cris de Bologne, mais sur d'autres desseins, que quelques-uns attribuent au Carache, mais que je croirois plus volon-tiers être de l'invention de Mitelli. Il faudra voir si, dans la vie de ce dernier, qui se trouve dans un des volumes de l'his-toire de l'Académie Clémentine, il n'en est pas dit quelque chose.

GUTTEMBERG (CHARLES GOTTLIEB), né à Nuremberg, en 1749, qui est à Paris dans l'école de . . . . . et y apprend à graver.

Van Clève, que Guillet de Saint-Georges, dans son éloge de Guil-lain, parle longuement du monument, mais sans dire un mot de Sarrazin ; Mémoires inédits des académiciens. Paris, 1854, in-8°, I, 187-9. On y peut voir tout le détail des figures de la Sorbonne, 189-92.

HAECHT (GUILLAUME VAN), peintre d'Anvers, a fait le voyage d'Italie, et, dans le séjour qu'il fit à Boulogne, il y dessina et grava deux des plus beaux tableaux de Louis Carrache, la Prédication de saint Jean-Batiste et le Martyre de sainte Ursule. Il étoit contemporain de Guillaume Pannels et son ami. Celui-ci lui a dédié, en 1630, une de ces petites pièces qu'il a gravées d'après Rubens.

HAESE (MAXIMILIEN DE), élève et héritier de Jean Van Orley, son oncle, s'est formé sous lui et s'est perfectionné pendant sept années de séjour à Rome. Il vit à Bruxelles. — Le Peintre amat., t. I., p. 37 et 39.

HACKERT (JEAN), peintre des Pays-Bas, a gravé six paysages de son invention, dans la manière de Waterloo. Il étoit, à ce qu'on m'assure, Suisse d'origine.

HALLÉ (CLAUDE GUI), né à Paris en 1651, joignit à la douceur de ses mœurs et à une conduite irréprochable, des talents pour la peinture, dans laquelle il s'étoit formé sous son père, nommé Daniel, qui l'ont fait estimer et lui ont acquis, pendant sa vie, beaucoup de considération. Il dessinoit avec sagesse, il composoit avec grâce. Il ne faisoit rien qui ne fût très-étudié ; avec cela, on ne peut pas dire qu'il ait jamais produit rien de bien piquant. Sa manière étoit froide et manquoit de ce feu qu'on ne puise guère qu'en Italie. On ne s'apperce-voit que trop dans ses tableaux, qu'il n'avoit pas fait ce voyage, et qu'il avoit eu trop longtemps devant les yeux les bons ouvrages des peintres de notre école. Il se maria assez âgé, en 1697, et mourut à Paris, encore plus vieux, en 1736, âgé de 85 ans, et jouissant de la plus belle santé. Il a laissé un fils qui a embrassé la même profession, et qui s'y distingue. Il se nomme Noël.

HALLÉ (NOEL), disciple et fils de Claude Gui Hallé.

HAMILTON (CHARLES-GUILLAUME DE), peintre d'animaux, étoit d'une famille écossoise, qui, dans les temps des troubles, étoit venue se réfugier aux Pays-Bas, et qui a produit plusieurs peintres, dont on trouve une notice, écrite en allemand, dans l'ouvrage que M. de Heinecken a donné au public, sous le titre de : Mémoires concernant l'art du dessein, t. I, p. 112. Il y fait mention de celui-ci, qui s'est surtout distingué par l'extrême terminé de son pinceau, et peut-être étoit-ce sur cela seul qu'étoit fondée sa réputation, et qui lui mérita le titre de peintre du cabinet de l'évêque d'Augsbourg (Alexandre-Sigismond, de la maison Palatine). — Il étoit né à Bruxelles, en 1668, et il est mort à Augsbourg en 1754, âgé de 86 ans. Son portrait, gravé au simple trait, par G. C. Kilian, en 1772, me fournit ces dates. Je trouve qu'il est fait mention de ce peintre dans les Éclaircissements historiques de M. Hagedorn, p. 198.

HAMILTON (PHILIPPE-FERDINAND), né à Bruxelles, est mort à Vienne, sous le règne de Charles VI, qui l'avoit pris à son service. Il réussissoit à peindre des chevaux en grand. Voyez Mémoires concernant l'art du dessein de M. Heinecken, t. I, p. 112, et Hagedorn, p. 198.

HAMILTON (JEAN-GEORGES), frère de Philippe-Ferdinand, a été un peintre dont on estime beaucoup les ouvrages en Allemagne, et dont le talent étoit de peindre des animaux, des insectes et des fleurs. Il mettoit un grand fini dans son travail, et il n'en falloit pas davantage pour établir sa fortune. — Il mourut âgé de 64 ans. Voy. ce qu'en a écrit, en allemand, M. de Heinecken dans le tome I de ses Mémoires, concernant l'art du dessein, p. 112, et consultez aussi les Éclaircissements historiques de M. de Hagedorn, p. 198.

HAUTEFEUILLE (ÉTIENNE TEXIER D'), grand prieur d'Aqui-
taine et ambassadeur extraordinaire de la religion de Malthe
en France, mort à Paris, le 3 mai 1703. C'étoit un très-grand
curieux de tableaux et qui avoit de très-belles choses. On le
nommoit le commandant de Hautefeuille.

HEARLEMAN (CARLO), qui se prononce Herleman, Suédois,
surintendant des bastimens du roy de Suède. Il étoit à Rome
dans le même temps que M. Bouchardon y étoit. Je l'avois
connu précédemment à Paris. Il y étoit venu dans le dessein
d'étudier pour se mettre en état de succéder à M. le comte de
Tessin. Il a commencé par être premier architecte et ensuite
il a eu la place de surintendant. Je lui connois du goût, mais
c'est un homme vif et trop entier. Il est mort en. . . . . et
M. Cronestel a eu sa place. Il étoit né à Stockholm en 1700,
ainsi qu'il est écrit sur son portrait, gravé en manière noire,
par Haid, à Augsbourg.

HEEM (JEAN DAVIDZ, c'est à dire *fils de David*), né à Utrecht
en 1600, d'un père nommé David, qui peignoit passablement
des fleurs et des fruicts, et sous qui le fils apprit les éléments
de son art ; mais il ne fut pas longtemps sans montrer sa
grande supériorité. Ses tableaux prirent une telle faveur qu'ils
effacèrent tout ce qui avoit encore paru dans ce genre. Le beau
fini de son pinceau ne sent point le travail, sa touche est large,
ses teintes d'une fraîcheur admirable. L'imitation est parfaite
et portée jusqu'à l'illusion. — Quoique Van Huysum paroisse
l'avoir effacé, ses tableaux occupent cependant encore une
place distinguée dans les cabinets. La guerre, que Louis XIV
porta en Hollande, l'obligea de se retirer à Anvers pour y goûter la tranquilité qui, jusques-là, avoit fait le bonheur de sa
vie ; mais il n'en jouit pas longtemps. Il y mourut en 1674,
laissant pour élèves Mignon, H. Schook et deux fils, dont celui

qui porte le nom de Corneille, a fait honneur à son école. — Descamps, t. II, p. 37.

HEEM (CORNEILLE DE). Il peignoit avec un soin infini, et sa touche est des plus précieuses; mais je trouve dans ses fleurs un peu de sécheresse, ses fruits ne me paroissent point avoir ce défaut. Il a fait surtout des raisins de toute beauté et d'une fraîcheur merveilleuse. Je lui trouve une grande conformité de manière avec le Père Seghers.

HEERE (LUC DE). Luc de Heere faisoit des vers dans sa langue, qui étoit, cela n'est point douteux, le flamand; mais il n'est dit nulle part qu'il en sçût composer en latin. Rien ne prouve qu'il soit auteur de ceux-ci :

Juno potens sceptris et mentis acumine Pallas
Et roseo Veneris fulget in ore decus;
Adfuit Elizabeth; Juno perpulsa refugit,
Obstupuit Pallas erubuitque Venus (1).

(Notes sur Walpole.)

HEINTZ (JOSEPH). Je n'ai point vu à Vienne, et je ne sache point qu'on y voie cette copie de la Leda du Corrège, par Joseph Heintz, mais bien une copie du tableau de l'Amour se faisant un arc, du même Corrège, ou plus tôt du Parmesan,

---

(1) Ces vers sont sur la bordure d'un méchant tableau qui est encore à Hamptoncourt, dans la grande salle des portraits et non loin d'un des plus délicieux et des plus authentiques Janet qui soient, un homme en buste et tenant un Pétrarque, qui est, bien entendu, sous le nom d'Holbein; car, à Hamptoncourt, tout est sous le nom d'Holbein, le bon et le mauvais, et il n'y a peut-être de lui que le n° 282, une charmante Elisabeth jeune dans le goût de notre Anne de Clèves.

qui est assurément une très-belle chose, et qui me saisit au point que, croyant voir l'original, je restai dans l'admiration. Il est vrai pourtant que cet étonnement cessa, lorsqu'après avoir bien considéré cette copie de Joseph Heintz, on me fit voir l'original du Corrège, que cette copie couvre comme un volet couvre une croisée; alors je restay dans une surprise qui dure encore quand j'y pense, car je ne crois pas en effet qu'il y ait un tableau plus séduisant que celui-là. Quelqu'un avoit commencé à le nettoyer, et, autant que je puis m'en souvenir, on en voit une marque sur le dos de l'Amour. On dit que Joseph Heintz empêcha qu'on allât plus loin, et, si cela est vrai, on lui a l'obligation d'avoir conservé dans sa pureté un morceau unique, qui autrement auroit eu le sort de tous les tableaux qu'on nettoye, c'est dire d'être gâté.

— Le fils de Joseph Heintz, qui se nommoit Joseph comme son père, et qui s'étoit établi à Venise, où l'on voit dans l'église d'Ogni Santi un tableau de sa façon, qui porte son nom et la datte 1655, ne s'occupoit pas tellement de sujets chimériques, dans le goût du vieux Breughel, qu'il ne fît aussi quelquefois des sujets sérieux. Et, s'il en faut croire le Boschini, son contemporain, il s'y est distingué. Aussi en parle-t-il avec éloge dans plusieurs endroits de son *Navegar pittorico.* — Il a laissé un fils nommé Daniel, dont il est fait mention dans la nouvelle description des peintures de Venise, p. 510.

— Pièce représentant d'une manière allégorique la Justice qui récompense ceux qui ne se laissant point entraîner aux mœurs du vulgaire, cherchent à acquérir la science par le moyen du temps, de l'amour et du travail, gravée à Venise en 1603, par Luc Kilian, d'après Joseph Heintz. D. Custos exc. et d. d. an. 1603. On apprend par cette pièce que Joseph Heintz avoit un frère, je rends ainsi le mot *germanus,* qui se nommoit Daniel Heintz et étoit architecte de la république de Berne.

HELMBRECKER(théodore).—Le sieur Pio,dans son Mss.des
vies des peintres, le fait naistre en 1630. Baldinucci, qui cependant connaissoit ce peintre particulièrement, dit, ainsi que le
P. Orlandi, qu'il naquit en 1633. Il le fait aussi disciple de
Grebber. Pio dit, au contraire, qu'après avoir appris à dessiner
à Harlem, sous Georges Strudel, il se forma de lui-même, en
copiant des tableaux de Teniers. Ce peintre mourut à Rome
d'une pleurésie, en 1700, et fut enterré dans l'église de Sainte-
Marie du Peuple. Mss. de Pio.

HELMONT (jacques van), contemporain de Victor Jansens
et de Jean Van Orley. L'auteur du livre, intitulé le Peintre
amateur, cite en plusieurs endroits de cet ouvrage des tableaux
de ce peintre qui sont dans les églises et autres lieux publics
de Bruxelles. Il naquit dans cette ville, le 17 avril 1683, et y
est mort le 21 aoust 1736. Au rapport de Descamps, qui a
écrit sa vie, dans son vol. IV, p. 236, ce peintre n'est pas sans
mérite.

HEMSKERCK (martin), ainsi nommé, pour estre né dans le
village d'Heemskercken, en Hollande, peintre, disciple de Jean
Schorel, né en 1498, mort en 1574. La facilité avec laquelle
ce peintre produisoit ses pensées, et la quantité prodigieuse de
desseins qui sont sortis de ses mains, luy ont acquis le surnom
de père de l'invention et l'ont fait même appeler par quelques-
uns le Raphaël de la Hollande. Quoy qu'il en soit, à en juger par
ses estampes, l'on reconnoît que ce peintre avoit été en Italie,
et qu'il y avoit étudié le dessein d'après les statues et les autres
excellens morceaux qui y sont; quoique son goût de dessein
soit extravagant, les contours ne laissent pas d'estre prononcés
avec assez de science et de fermeté, et les estampes à l'eau-
forte, que l'on croit estre gravées par luy-même, sont touchées avec beaucoup d'esprit. Sandrart, qui a donné la vie de

ce peintre, fait mention de quelques pièces gravées de sa main,
et l'on n'en voit aucune dans son œuvre qui puissent lui convenir que celles qui sont à l'eau-forte. La plupart des autres, qui
sont au burin, sont exécutées par Théodore Cornhert, Philippe Galle et Herman Muller ; mais celles de Cornhert l'em-
portent sur toutes les autres, et l'on ne fait pas même assez
d'attention à ces estampes ; il y a certainement peu de graveurs, qui ayent touché avec tant d'esprit et de légéreté que
celuy-cy ; sa manière de conduire ses tailles luy est particulière, et n'est pas moins moëlleuse et artiste. Enfin, il est entré
tout à fait dans le goût des originaux qu'il copioit, ce qui est
fort estimable et rare, et cela seul doit faire regretter qu'il
n'ait pas gravé d'après des desseins de meilleurs maistres. Si
un tel graveur eût été en Italie, comme Corneille Cort, quel
succès n'en auroit-on pas pu attendre? En faisant ce catalogue,
j'ai remarqué plusieurs pièces de Ph. Galle, gravées d'une
manière moins roide qu'à l'ordinaire et même assez conforme
à celle de Cornhert. Seroit-ce qu'il seroit son diciple? Quoyque ses œuvres soient fort nombreuses, il est pourtant certain
qu'il y manque encore un bon nombre de pièces, surtout
parmy celles à l'eau-forte, que l'on croit gravées par M. Hemskerk; ces estampes, n'ayant pas été goûtées de beaucoup de
gens, parce qu'elles ne sont pas gravées gracieusement, n'ont
pas été recherchées, du moins dans nos quartiers ; j'ai pourtant rencontré des gens en Italie, qui en faisoient cas, et qui
ramassoient avec soin le peu qu'ils en pouvoient découvrir.

— Il y a grande apparence que c'est de ce peintre dont
Vasari veut parler au commencement de la vie de Battista
Franco, par. 3, t. II, p. 39. Voicy un extrait de ce qu'il y dit :
L'on prépara à Rome, en 1536, un somptueux appareil pour
y recevoir l'empereur Charles V à son retour d'Afrique.
Comme l'ouvrage étoit considérable, l'on y employa tout ce
qui se trouva pour lors d'artistes à Rome. Un certain Martin

et d'autres jeunes gens Allemands, qui y étoient venus pour étudier, furent choisis pour peindre quelques sujets historiques dans l'arc que l'on avoit dressé près de Saint-Marc, et ils le firent avec succès. Vasari adjoute que ce peintre allemand, nommé Martin, peignoit parfaitement bien en clair-obscur ou grisaille, et que les sujets de batailles qu'il avoit peint de cette manière, dans l'arc dont on vient de parler, étoient touchés avec tant de fermeté et de résolution qu'il n'estoit pas possible de mieux faire. Comme l'ouvrage pressoit extrêmement, ces peintres allemands y travailloient sans relâche, et ne le quittoient point; on leur apportoit souvent à boire et du meilleur grec, de sorte qu'étant échauffés par le vin, et ayant d'ailleurs une grande pratique de faire, il n'estoit pas surprenant que leurs ouvrages se ressentissent du feu dont ils étoient animés... Vasari finit en cet endroit, et je ne vois rien qui puisse faire douter que ce ne soit de Martin Hemskerck dont il entend parler; car c'est précisément le temps qu'il étoit à Rome, il estoit dessinateur, inventoit facilement, mais il étoit surtout grand praticien. Tout s'accorde avec ce que dit Vasari... Il faudra refaire l'extrait que le P. Orlandi donne icy de la vie de ce peintre. Jamais il n'a gravé, que je sache, à Rome; et Sandrart, qu'il rapporte, n'en dit rien; mais c'est sa coutume, il ne fait jamais un extrait fidèle.

— La réputation de Martin Hemskerck a été autrefois si grande qu'on lui donna dans son pays le surnom du Raphaël des Pays-Bas. Cette dénomination lui convenoit cependant très-mal; car, loin d'être gracieux comme Raphaël, il est tout à fait sauvage. On auroit pu, avec plus de vérité, l'appeler le Michel-Ange de son pays, car il est vrai qu'il dessine à la plume avec beaucoup de fermeté et de science. (Catalogue Crozat, p. **91**.)

— *A propos d'une Annonciation :* Cette pièce est cotée 3;

apparemment qu'elle est d'une suite, où il y en a deux qui précèdent et qui ne sont pas icy. On y voit au bas *M. Hems-kerck*, sans s'y nommer comme peintre et graveur. On la tient de luy cependant, parce que l'on apprend dans Sandrart qu'il a gravé à l'eau-forte, et cette pièce est touchée avec tant d'art qu'on la donne à luy préférablement à d'autres, au lieu que la pièce des Pasteurs adorant l'enfant Jésus, gravé à l'eau-forte, où il y a au bas la mesme inscription, paroist plus tost de Cornhert, quoyqu'il n'y ait pas mis son nom.

— *En cataloguant une suite nombreuse de 26 sujets du Nouveau Testament, Mariette fait la remarque suivante, à propos d'une pièce représentant Jésus-Christ guérissant l'hé-moroïsse :* On trouve au bas de cette pièce le nom seul de M. Hemskerck; à d'autres : Mart. Hemskerck inventor; elles sont touchées avec tant d'art que l'on les croit gravées par luy. 'Ce sont celles apparemment dont Sandrart a voulu parler; mais je doute que la suite soit icy complète, la croyant plus nombreuse.

— Les Orgies, ou Festes de Bacchus, gravé au burin, en 1543, par Corneille Bos; cette estampe est beaucoup plus fidèle et dessinée de meilleur goût que celle de Chauveau. — L'invention de cette pièce n'est point asseurément de Jules Romain; elle doit estre de Martin Hemskerck, d'après lequel Corn. Bos a gravé. L'empereur a, dans sa galerie, un tableau d'Hemskerck du même sujet, moins chargé de figures que cette composition, mais où se trouvent la pluspart des mêmes figures, et dont la composition est en général la mesme.

HENIN (M.). Une suite de figures de modes françoises en huit planches, précédées d'un frontispice; elles sont dessi-nées et gravées à l'eau-forte par Watteau, et terminées au burin par H. Simon Thomassin le fils, à l'exception de celle qui est au milieu de la dernière rangée, laquelle est gravée

par M. Henin. Celle de M. Henin n'est pas de la suitte, et je
doute qu'elle soit d'après Watteau.

HERLUYSON (louis), peintre, disciple de Coypel le père,
étoit de Troyes, où il est mort le 12 février **1706**, âgé de
trente-huit ans.

HERRERA (don françois de), peintre de Charles II, roy
d'Espagne, et intendant des ouvrages faits pour ce prince. —
Cité par D. Joseph Garcia dans la préface d'un livre de principes du dessein.

HESCLER (david). Il étoit contemporain de Sandrart. —
Voyez Sandrart, fol. 352.

HEUVEL (antoine van) de Gand, disciple de Gaspard de
Crayer. L'auteur du Peintre amateur fait mention d'un de ses
tableaux dans l'église des Capucins de Bruxelles, t. I, p. 49.

HEYDEN (jean van), en latin Joannes ab Heyden, peintre
de Strasbourg; il avoit été disciple de François Floris, et il a
eu un fils graveur au burin, qui portoit le même nom. Tiré
d'une inscription autour de son portrait dessiné.

HEYLMAN (jean-gaspard), né à Mulhausen, en Alsace,
ville libre et alliée des Suisses, en **1718**. Après avoir appris à
dessiner et à peindre d'un maître établi à Schaffouse, il proposa à ses parens de lui faire faire le voyage d'Italie, et, n'ayant
pu les y faire consentir, quelque chose qu'il leur pût dire
pour leur en faire connaître la nécessité, il se vit obligé d'en
faire lui-même les frais, et pour cela il s'introduisit chez l'é-
vesque de Basle, et y peignit divers portraits, et, se trouvant
bientost assez riche pour se satisfaire, il passa à Rome, y fit

la connoissance de M. de Troy, alors directeur de l'Académie de France, et celui-ci le proposa au cardinal de Tencin, qui, avant de quitter Rome, vouloit avoir des copies de tableaux qui lui avoient plu. Heylman y réussit; son Eminence le prit en affection, et, lorsqu'il quitta Rome, où notre artiste séjournoit depuis quatre ans, il lui fit la proposition de le conduire en France. Heylman l'accepta bien volontiers, et, durant tout le temps que le cardinal se fixa à Paris, il demeura constamment attaché à Son Éminence. Il ne se sépara de lui que quand le cardinal alla résider à Lyon, dont il étoit archevêque. Heylman devint l'ami de Wille. Ils alloient dessiner ensemble, aux environs de Paris, des veues d'après nature. Sa principale occupation étoit cependant de peindre des portraits et des paysages, et, après un séjour de seize années à Paris, il y est mort en 1760. On a sa vie dans le 3ᵉ volume des Vies des peintres suisses par Fuessli.

— Jean-Gaspard Heilman, peintre, né en 1718, à Mülhausen, en Alsace, mort à Paris en 1760, âgé de 42 ans, a gravé pour son amusement.

HICKMAN. M. Hickman m'a dit qu'on faisoit usage en Italie d'un vernis nouveau qui n'a ni le défaut du vernis ordinaire, qui est de s'attacher sur la peinture sans qu'on puisse l'enlever aisément lorsqu'il a jauni, ni les incommodités du blanc d'œuf qui fait gripper la couleur. Ce nouveau vernis est transparent, il a de l'éclat, et on l'ôte sans peine avec de l'eau. Il n'y a pas beaucoup de temps qu'on s'en sert en Italie. Ce n'est autre chose que de la gomme Jacamahacca, dissoute dans de l'eau chaude.

— *Dans les notes de Mariette, nous trouvons la lettre suivante :*

« Les estampes ci-dessous ne se trouvent pas dans le catalogue que M. Mariette nous a envoyé, et je crois pourtant qu'elles sont toutes ou de Parmesan ou de Meldola. Le Mariage de sainte Catherine, l'estampe qui étoit au chevalier Lély ; la Vierge et l'enfant Jésus se courbent en avant; il y a derrière un Joseph et une femme ; on voit dans l'air un ange avec une guirlande. Il y a une autre estampe de la même grandeur et peu différente, et cela dans la manière qu'on nomme la seconde planche, et il y a une copie marquée M A (*en monog.*). Une de ces estampes est dans le catalogue de M. Mariette, que je m'imagine être la même que nous appelons icy la seconde planche. Si ce qu'on voit écrit en bas de l'estampe est vrai, on n'en a jamais tiré que cinq à six. Il me semble que ce sont deux différentes planches, et toutes deux de Parmesan luy-mesme. *Après une énumération d'autres planches, la lettre se termine ainsi :* Voici, Monsieur, le détail de ce que M. Pond m'a écrit que vous aurés la bonté d'examiner à votre loisir. Il n'y a qu'à Monsieur votre père et à vous que nous pouvons avoir recours, parce que la décision d'un autre ne suffiroit pas dans cette occasion. Vous aurés la bonté de m'excuser et de me croire parfaitement, Monsieur, votre très-humble et très-obéissant serviteur.

Hickman.

Rue de Cléry, vendredy.

HILAIRE (P.), graveur, élève de Le Prince, actuellement (1769) vivant à Paris.

HOET (GUÉRARD). Les paysages de Francisque ont été gravés, à ce qu'assure M. Descamps, par Guérard Hoet, dans le temps de son séjour à Paris. Voyez le 3e vol. de Descamps, p. 235. Il me semble l'avoir aussi ouï dire au fils de G. Hoet, que j'ai vu à Paris à la vente de M. de Tallard.

HOY (NICOLO DÈ HOIE, ou plutôt NICOLAS VAN) a dessiné

plusieurs des tableaux de la gallerie de l'archiduc Léopold Guillaume, et il en a gravé luy-mesme quelques-uns. Cabinet de l'archiduc mis au jour par D. Teniers.

HOGARTH (GUILLAUME), peintre anglois, né en 1698 à Londres, a gravé sur ses desseins une suite nombreuse de planches qui sont autant de satyres de tous les ridicules de son pays. Personne n'y est épargné, et personne n'a osé s'en plaindre, parce qu'on aime mieux souffrir en Angleterre que de rien faire qui puisse offenser la liberté dont on y prétend jouir. Voilà ce qui a fait la fortune d'Hogarth dans son pays. Il est à présumer qu'elle n'eût pas été si grande ailleurs, surtout dans les pays où l'on est sensible au vrai beau, et où l'on méprise tout ce qui est offert sous des traits trop ridicules et trop grossiers, capables seuls d'affecter le peuple. Hogarth est mort à la fin de 1760, à Londres. On le met en Angleterre auprès de Butler, auteur fameux du roman satyrique et comique intitulé Hudibras (1).

—Hogarth est un peintre qui est mort à Londres depuis peu de temps, et qui s'y est fait une grande réputation en traitant des sujets burlesques et satyriques tout ensemble. Elle égale presque celle du fameux Butler, auteur du poëme intitulé Hudibras, lequel est un peintre burlesque des mœurs de son siècle. (Notes sur Walpole.)

HOGENBERG (NICOLAS) a dessiné et gravé la pompe de l'entrée triomphante de l'empereur Charles-Quint à Bologne, en 38 feuilles. Les figures y sont dessinées dans le goût du Titien ou du Giorgion. Il y a mis sa marque N. H. à la der-

---

(1) Mariette a de plus mis dans ses notes une copie de l'article du *Mercure*, n° de janvier 1770.

nière feuille. La graveure en est à l'eau-forte ; mais il est
assez difficile d'en trouver des épreuves sans être retouchées
au burin et avant que les planches fussent passées entre les
mains d'Hondius.

— Le Nicolas Hogenberg, qui a gravé l'entrée de Charles V
à Bologne, étoit de Munich. Il y a une première édition de
cette suite d'estampes, où, au bas de la planche, qui représente le pape et l'empereur sous le dais, on trouve écrit
NICOLAVS HOGENBERGVS MONACHENSIS : F. Mais je doute
que cet artiste soit le même qui a gravé les faits de Fréderic
second, roy de Danemarck. Ce dernier est, je pense, l'auteur
du *Leo Belgicus*, et se nommoit François.

— François Hogenberg grava, en 1589, par ordre de Henry
Rantzau, les belles actions de Frédéric II, roi de Danemarck.
Ces planches sont au nombre de XVI, y compris le titre et le
portrait du prince. Il en est fait mention dans la liste des ouvrages d'Henry Rantzau, à la page 76 du livre intitulé : Hypo-
typosis arcium, palatiorum, librorum et aliorum monumen-
torum ab Henrico Ranzovio conditorum, conscripta a Petro
Lindebergio, Francofurti 1592. — La dédicace, faite aux enfans d'Adolphe de Holstein, est au nom de Franciscus Hogen-
bergius et Simon Novellanus.

— Il y a plusieurs graveurs du nom d'Hogenberg, il ne
faut pas s'y méprendre.

HOLBEIN (JEAN) de Basle. La vie et le catalogue de ses ouvrages inter Erasmi opera. Lugd. Bat. 1703, fol. tom. IV,
p. 389-395 (1).

---

(1) On la trouve auparavant dans l'édition de l'*Encomium Moriæ*,
d'Erasme. Basileæ, 1676, dans laquelle elle occupe 16 pages de la
partie préliminaire non chiffrée.

—Ce n'est pas pour prendre la défense de de Piles (je n'ai jamais pu goûter sa balance des peintres), mais il m'est impossible de ne pas remarquer que M. Walpole raisonne ici fort mal, et n'a point du tout compris le système de de Piles. Celui-ci prend les différentes parties de la peinture et examine sur chacune en quoi un maître a été supérieur à un autre. Quand il en vient à la couleur, il met Holbein au-dessus de Raphaël, et peut-être en cela n'a-t-il pas tout à fait tort. Mais cela n'emporte pas une préférence totale, ainsi que paroît l'avoir entendu notre critique. (Notes sur Walpole.)

— Tous les tableaux cités jusqu'ici par M. Walpole, à commencer à celui de l'Hôtel-de-Ville de Basle, sont indiqués conformément au catalogue dressé par Patin en 1676 ; mais, comme il est à présumer que, depuis près d'un siècle, ces tableaux auront plus d'une fois changé de main, et qu'on courroit risque de ne les plus trouver aux endroits indiqués si on les y alloit chercher, il me semble que M. Walpole ne pouvoit guère se dispenser d'en faire l'observation. (Notes sur Walpole.)

— L'ouvrage (*Icones historiarum Veteris Testamenti*) est imprimé à Lyon et non à Leyde ; c'est une inattention de la part de M. Walpole ; c'est un petit in-quarto. Les planches sont gravées en bois et sont au nombre de quatre-vingt-quatorze, en y comprenant quatre sujets de l'histoire de la création, qui ne sont pas de même format que les autres, et qui avoient déjà paru dans le livre des Images de la mort, publié pareillement à Lyon, presque dans le même temps et chez le même imprimeur. La pièce de vers qui se trouve au commencement du livre est intitulée : *Carmen Nic. Borbonii Vandeperani poetæ Lingonensis.* Suivant toutes les apparences, c'est que le poëte étoit né à Vandeuvre près de Langres, et ce qui l'engageoit à chanter les louanges d'Holbein, c'est qu'il étoit lié d'amitié avec Erasme. Il s'exprime ainsi en parlant de l'ouvrage du peintre qu'il célèbre :

Hoc opus Holbinæ nobile cerne manus.

Mais cet éloge ne doit tomber que sur les desseins faits par Holbein, car il est certain que les gravures ont été faites en France et qu'il n'y a jamais mis la main. (Notes sur Walpole.)

— Adam et Eve en demie-figures. Il n'est point dit dans le catalogue de Patin que ces deux figures fussent en demi-corps, mais on y remarque que le tableau est de l'an **1517**, et qu'on y trouve la marque du peintre H. H. (Notes sur Walpole.)

— Sandrart, que M. Walpole traduit, distingue le tableau de l'Annonciation, qui étoit dans le monastère de Sainte-Catherine, d'avec celui dont le seigneur de Walberg, célèbre curieux, fit l'acquisition, et dont il donna, non pas cent, mais mille florins. (Notes sur Walpole.)

— La passion de Notre-Seigneur Jésus-Christ, représentée d'une manière satyrique et burlesque. Ce sont le pape, les cardinaux et les moynes, qui y tiennent la place des juifs et qui y font l'office de bourreau. J. Holbein, qui en est l'inventeur, en a fait les desseins, et, comme il vivoit en Angleterre du mesme temps et à la cour de Henry VIII, peut-être les a-t-il fait pour plaire à ce prince irrité contre la cour romaine. Sandrart fait mention, dans la vie de Holbein, de ces desseins qui estoient de son temps dans la collection du duc d'Arondel. Ces seize pièces sont, au reste, d'une rareté extraordinaire.

— Sandrart ne fait monter qu'à vingt le nombre de ces desseins (1); encore en met-il quatre de plus qu'il n'y en avoit.

---

(1) Ceux de la Passion où Jésus-Christ est tourmenté par des moines et des prêtres.

La suite, qu'a gravée Hollar, et qui est fort rare, n'est composée que de seize pièces. Le même artiste a gravé, étant chez le comte d'Arondel, une assez grande quantité des desseins que ce fameux curieux conservoit dans son cabinet, un entre autres, représentant la reyne de Saba visitant Salomon, qui, pour la richesse de l'ordonnance, va de pair avec tout ce que les maistres de premier ordre ont produit de plus accompli, (Notes sur Walpole.)

— *Huit tableaux en un seul, dont chacun a pour sujet un trait de la Passion de Jésus-Christ.* Ce fut sur le récit avantageux que Sandrart en fit à l'électeur, en 1644, que ce prince, désireux d'avoir ce beau tableau dans sa galerie, fit faire aux magistrats de Basle des propositions que ceux-ci eurent le courage de refuser. (Notes sur Walpole.)

— M. Walpole n'a pas bien saisi le sens des paroles de Sandrart, qui pourtant s'explique assez clairement, et qui dit que les figures que le père d'Holbein avoit employées dans le grand tableau, où il avoit représenté la vie de saint Paul, étoient de demi-nature; ce qui véut dire qu'elles avoient au plus deux pieds et demi de proportion, mais non que ce fussent des demi-figures. L'inscription mise sur ce tableau n'étoit pas non plus suivie d'une datte. Celle que rapporte Sandrart étoit sur un autre tableau du vieux Holbein; tout ceci n'est pas fort important, et je me serois abstenu d'en faire l'observation si je n'avois cru nécessaire de montrer à M. Walpole qu'il n'est pas toujours aussi exact qu'il voudroit que tous les autres le fussent, et surtout nous autres François, avec lesquels il est là-dessus inexorable. (Notes sur Walpole.)

— Le goût d'Holbein est plus épuré que celui d'Albert; sa manière tient davantage de celle d'Italie. Ce maître fut regardé dans son temps comme un prodige, et, aujourd'hui même, sa réputation n'est point diminuée. Le Zuccaro, avide de dessiner, dans le cours de ses voyages, tous les tableaux du premier ordre, n'a pas oublié ceux du Triomphe de la Richesse et de la Pauvreté, par Holbein, qui étoient alors à Londres, d'où l'on dit, que, dans les temps de troubles, ils ont été translérés en Hollande. (Catalogue Crozat, pag. 89.)

—Les desseins de Zucchero que j'ai veu chez M. Crozat (*dans le n° 979, les deux fameux sujets du Triomphe de la Richesse et de la Pauvreté*), et qui venoient originairement de Jabach, ne sont point tels que M. Walpole les annonce ; ils sont à la sanguine mêlée de crayon noir.—On lit, sur la planche de Vorsterman, des vers latins, dans lesquels Morus a voulu célébrer le triomphe de la Pauvreté ; c'est une manière d'ode, composée de trois strophes, d'un style assez plat et qui répond à la faiblesse de sa pensée. Descamps ne le dit point. Félibien est le seul qui l'ait remarqué ; il a écrit dans la Vie de Holbein que ces deux tableaux avoient été vus à Paris, depuis quelques années, ce qui doit être aux environs de 1650, et qu'ils y avoient été envoyés de Flandres. Le fait ne me paroît point douteux ; sans doute qu'ils auront été transférés ailleurs, car on ne les trouve point dans aucuns de nos cabinets. Sandrart à remarqué que les figures, qui entrent dans la composition de ces deux tableaux, sont de grandeur naturelle. (Notes de Walpole.)

— J'ai vu ces desseins (1) dans la collection de M. Crozat. Ils ont véritablement appartenu à Rubens, mais ils ne sont point de lui. Ils ont été faits par un peintre hollandais, nommé Jean Boeckhorst, qui y a mis beaucoup d'esprit, et ne sont guère plus grands que ce qui a été gravé. Mais, sans s'arrêter à cette preuve de l'estime que Rubens faisoit des ouvrages d'Holbein,

---

(1) Ceux du Triomphe de la Mort. Dans le catalogue Crozat, n° 796, Mariette avait dit seulement qu'ils avaient appartenu à Boeckhorst.

j'en puis administrer une autre, non moins concluante ; c'est un
petit portrait colorié, que j'ai, d'un orfèvre allemand, nommé
Jérôme, fait par Holbein, que Rubens a trouvé tellement de
bon goût, qu'il a voulu y ajouter quelques touches à la plume
et quelques coups de pinceaux, qui y ont mis la vie et en ont
fait un morceau de toute beauté. (Notes sur Walpole.)

— J'ai l'édition en français des Simulacres de la mort, faite
à Lyon en 1538, par les frères Melchior et Gaspard Trechsel ;
elle n'est que de 41 planches. Il est remarquable que, dans le
morceau qui représente un roi à table, auquel la Mort verse
un poison meurtrier, ce roi est François Ier, qui occupoit alors
le trône de France. L'empereur, dans une autre estampe, a
beaucoup de ressemblance avec Maximilien Ier. On n'oseroit pas
en agir ainsi aujourd'hui. Cette édition forme un petit volume
in-4°. L'épître dédicatoire mérite d'être lue avec attention ; on
y dit expressément que la mort avoit ravi l'auteur des desseins, avant qu'il eût pu les achever, et au moment qu'il mettoit la main à l'un de ces desseins, qui devoit représenter un
charretier écrasé sous sa voiture. On ajoute que personne n'a-
voit osé donner l'achèvement à l'ouvrage. Notez que cela
s'imprimoit en 1538, et qu'Holbein n'est mort qu'en 1554 ;
par conséquent, les desseins des planches qui ont été employées dans ce livre ne sont point de lui. — Mais l'édition
latine est de 1542, l'italienne est de 1545 ; elle est composée
de 53 planches, et dans le nombre est celle qui représente le
charretier accablé sous sa voiture. Il faudra relire cette épître
dédicatoire. Sans doute que celui, dont on annonce la mort,
étoit le graveur, et non le peintre, auteur des desseins ; car, en
vérité, ces desseins ont tellement le goût et la manière de
Holbein, qu'on n'imagine pas que d'autres que lui les aient pu
faire ; c'est à quoi je pense qu'il faut s'en tenir. (Notes sur
Walpole.)

— Il y a eu plusieurs éditions des Simulacres de la mort,

toutes faites à Lyon dans le milieu du XVIe siècle, et, jusques
à présent, les planches gravées en bois, qui accompagnent
cet ouvrage , passent pour être du dessein et de l'invention
d'Holbein. Elles sont en effet tellement dans sa manière qu'on
ne peut, au premier coup d'œil, se défendre de les lui attribuer. Mais comment accorder cela avec ce qui se lit dans l'é-
pître dédicatoire, qui se trouve à la tête de la première édition
qui a été faite à Lyon en 1538, chez les frères Melchior et
Gaspard Trechsel? On nous y apprend que l'auteur de ces
planches ne vivoit plus lorsque le livre parut, et il est constant
qu'Holbein n'a cessé de vivre qu'en 1554. Voici comme l'auteur de l'épître dédicatoire s'exprime à ce sujet: «Donc vient
grandement à regretter la mort de celui qui nous a ici imaginé si élégantes figures... Il les a si très-mortement représentées, que la mort, craignant que cet excellent peintre ne la
peignît tant vive qu'elle ne fût plus crainte pour mort, e
que lui-même n'en devînt immortel, qu'elle accéléra si fort
ses jours qu'il ne put parachever plusieurs autres figures, jà
par lui tracées, telles que celles du chartier froissé et espaulti
sous son ruiné chariot... etc., auxquelles imparfaites histoires
personne n'a osé imposer l'extrême main... » Mais il faut bien
que les desseins de ces planches qui manquoient fussent prépa-
rées; car, dans l'édition italienne, faite chez Jean Freken, en
1549, elles y ont été ajoutées. Mais il est aisé de voir, par la façon dont elles sont gravées, qu'elles sont d'une autre main que
les premières; et cela me feroit penser que tout ce qu'on lit
dans l'édit. de 1538 regarde uniquement le graveur, dont on
ne peut trop admirer la délicatesse du travail et la touche fière
et spirituelle. J'imagine que les desseins d'Holbein, qui n'étoient
pas fort terminés, avoient eu besoin d'un si excellent artiste,
pour y mettre le fini qui y étoit nécessaire, et que ce travail
avoit mérité que l'éditeur de Lyon lui en fît honneur et l'en
regardât comme le père. Son nom qui méritoit de passer à la

postérité, est demeuré dans l'oubli ; mais il y a apparence que le monogramme HL, qui se voit sur le soubassement du lit où est couchée une jeune personne que la mort attire à elle, donne les premières lettres de son nom (1). Du reste, ce petit ouvrage eut beaucoup de vogue lorsqu'il parut ; il s'en fit nombre d'éditions en françois, en latin, en allemand, en italien. La plus ample est celle de 1549 ; les douze dernières planches y paroissent pour la première fois, et, indépendamment des bonnes éditions faites à Lyon, il en parut une contrefaçon dans le pays étranger.

— *A propos de la Danse des morts, gravée par Hollar, Mariette ajoute :* M. Walpole auroit dû plustost citer les planches, gravées en bois, qui ont été exécutées du vivant même de Holbein, et certainement sur ses propres desseins. Ce qu'Hollar a gravé est moins nombreux, et n'est pas tout à fait si bien dans la manière du peintre. Il n'a donné que 30 morceaux, et la suite des planches gravées en bois, dans les éditions les plus amples, est de 53 des bonnes éditions ; il y en a eu plu-

---

(1) On sait maintenant qu'il s'appelle Lutzelburger. Voyez sur lui la publication récente de M. Renouvier, *des Types et des Manières des maîtres graveurs,* 2º partie, xv1e siècle, Montpellier, 1854, in-4º. p. 103, que nous sommes heureux d'avoir à citer ; car, depuis longtemps, il n'a paru sur ces questions d'art un ouvrage aussi remarquable. Une recherche patiente et vraiment critique, une érudition sobre et nerveuse, un vif sentiment des manières diverses et de leur génération successive, le bonheur d'expression avec laquelle elles sont caractérisées, l'esprit philosophique vraiment haut, qui élève en même temps le fond et la forme, et donne à l'ensemble une forte cohésion, assignent à ce livre une place tout à fait distinguée, et où, dans cette partie particulière de l'histoire, il en est trop peu qui méritent d'être placés. L'ouvrage ancien de M. Renouvier, *les Maîtres de pierre,* très-important comme faits, n'était que des recherches et une publication de pièces ; *les Types et les Manières des maîtres graveurs* sont un *livre,* dans le meilleur sens du mot, et c'est un éloge qu'on voudrait n'avoir pas à appliquer si rarement.

sieurs qui ont paru à Lyon, chez Jean Frillon, en un petit
volume in-12, avec des discours tantost en latin, tantost en
françois ou en d'autres langues. Celle que j'ai est en italien,
imprimée en 1549, et cette édition est augmentée de plusieurs
planches qui n'avoient pas encore paru. Ces planches, par
rapport à l'exécution qui a été faite à Lyon de la gravure,
sont autant de chefs-d'œuvre. Il y en a une dans le nombre,
c'est celle d'une dame de condition que la mort ravit dans
son lit, où est cette marque H, sur le soubassement du lit,
qui est à ce qu'il paroît celle du peintre Holbein. Le livre est
intitulé : *Simolacri, istorie e figure della morte;* c'est impro-
prement qu'on lui donne le nom de *Danse de la mort.* Il n'y
est pas dit un mot d'Holbein. Rubens, au rapport de Sandrart,
en faisoit un cas singulier et admiroit la fécondité du génie
de l'auteur. (Notes sur Walpole.)

— M. Walpole ne pouvoit guère se dispenser, à ce qu'il me
semble, de dire en quoi consistoient ces peintures, et cela lui
étoit facile, car Patin les décrit et nous apprend qu'on y voyoit
d'une part, dans une composition d'architecture, Q. Curtius se dévouant à sa patrie, et de l'autre, une danse de paysans. Cette maison est située dans une rue, ou, si l'on veut, sur
une petite place, et dans le voisinage du marché au poisson,
peu éloignée du pont du Rhin. Quant au prix, on n'en donna
point à Holbein soixante florins, mais seulement quarante.
(Notes sur Walpole.)

— *Un maître et une maîtresse d'école enseignant des enfants;
peut-être fait pour servir d'enseigne à quelque maison privée.*
Le catalogue des ouvrages d'Holbein, qu'a donné Patin, et
dont ceci n'est qu'une traduction, entre par rapport à ce tableau, dans de beaucoup plus grands détails, et l'accompagne
d'une inscription en langue allemande, qui est jointe au tableau et qui ne permet pas de douter de sa véritable destination. M. Walpole, en syncopant ainsi tous les articles de ce

catalogue, nous prive de plusieurs remarques qui le rendent
curieux, et j'en suis d'autant plus surpris que, bien loin d'en
être ménager dans ses propres notes, il en devient par fois
trop minutieux. (Notes sur Walpole.)

—Sandrart nous a conservé les inscriptions qu'il a trouvées
sur ces deux desseins; sur l'un étoit écrit : *Effigies Joh. Holbein senioris pictoris*, et sur l'autre : *Sigismondus Holbein
pictor et senioris frater*, 1512. Mais est-il bien sûr que ces
desseins fussent du jeune Holbein? l'on y voyoit, dit-on, sa
marque; mais cette preuve ne me paroît pas trop convain-
quante; le père et le fils s'appeloient du même nom, et la
même marque pouvoit convenir à l'un comme à l'autre;
ainsi, les desseins pouvoient appartenir au père tout aussi
bien qu'à son fils, et même encore mieux; car, ainsi que l'a
très-bien observé M. Walpole, le travail de ces desseins paroît au-dessus de la portée d'un enfant de 14 ans. (Notes sur
Walpole.)

— *Le portrait de Jean Holbein, je ne sais si c'est du père ou
du fils.* Il étoit facile à M. Walpole de s'en assurer. Il ne s'a-
gissoit que de feuilleter le livre qui lui fournissoit le catalogue
qu'il produit. Il y auroit trouvé, au commencement de la vie
d'Holbein, une estampe gravée d'après ce portrait, et elle lui
auroit appris que c'étoit celui de Holbein le fils, peint par
lui-même dans son jeune âge. (Notes sur Walpole.)

— *Portrait de Boniface Amerbach.* — Patin nous apprend qu'il étoit jurisconsulte et professeur en droit, et il
rapporte quatre vers latins, qui sont sur le tableau; et qui
sont suivis de ces mots : BONIF. AMERBACHIUM JOH. HOL-
BEIN DEPINGEBAT A. M. D. XIX E. 1. D. OCTOBR. (Notes
sur Walpole.)

—*Christine, fille de Chrétien, Roy de Danemark. Le lord
Herbert a prétendu qu'Holbein n'employa que trois heures pour
faire ce portrait, p. 496.* Elle étoit niepce de Charles V, par

sa mère, et mourut en Italie, où elle s'étoit retirée, après la mort du duc de Lorraine, son second époux. Je serois tenté de croire que le portrait de cette princesse, qui, en 1585, se trouvoit à Milan entre les mains du président don Ant. Londonio, et dont il y a une gravure faite par Augustin Carrache, dans l'Histoire de Cremone d'Ant. Campo, étoit celui qu'avoit peint Holbein; l'habillement tient beaucoup de sa manière. (Notes sur Walpole.)

— Walpole parlant de l'inventaire des tableaux et meubles du palais de Westminster, dont on charge le chevalier Antoine Donny, maître de la garde-robe, lequel était au dépôt du bureau appelé Augmentation-office, Mariette ajoute : Je ne sçais trop si M. Walpole a raison de s'autoriser, comme il fait, des défauts d'expression qui se rencontrent dans la liste de tableaux qu'il produit, pour montrer qu'au commencement du règne de Henri VIII on sçavoit à peine ce que c'étoit que peinture en Angleterre. Cet inventaire doit être très-postérieur à la date qu'il lui assigne; on n'en peut pas douter, puisqu'il y est parlé de la reine Jeanne Seymour, qui n'est parvenue à la couronne qu'en 1536, et qu'il est certain, ainsi que je le ferai voir dans la note suivante, que le portrait du jeune prince, dont il y est fait mention, est celui d'Édouard VI, fait en 1540 par Holbein. Ce qui le blesse vient moins d'un manque d'expressions dans la langue que de la malhabileté de ceux qui ont dressé l'inventaire. (Notes sur Walpole.)

— Le portrait du prince Édouard, fils de Henry VIII, à l'âge de trois ou quatre ans, peint en détrempe sur une toile écrue, vers l'année 1540, étoit à Paris, chez M. Crozat, qui l'estimoit un ouvrage d'Holbein; le prince y est représenté debout en jaquette et bonnet d'enfant, et ce qui ne laisse aucun lieu de douter que ce ne soit le même tableau indiqué dans le présent inventaire, c'est qu'on y voit aussi un rideau,

et que la toile n'est proprement que teinte, tant les couleurs
qui ont été appliquées dessus ont peu d'épaisseur. M. le baron de Thiers, héritier des tableaux de M. Crozat, son oncle,
ne s'en souciant pas, le fit exposer en vente en 1751, et le
tableau fut vendu à vil prix. Que n'y avoit-il pour lors à Paris quelqu'Anglois curieux, il auroit fait un bon coup ; car,
de retour en son pays, il auroit certainement trouvé à s'en
défaire très-avantageusement, au lieu qu'ici on ne tient aucun compte des vieilleries ; on ne veut que des choses qui
flattent la veue, et par là tout se perd. Voyez pour ce tableau (1) le catalogue des peintures et sculptures provenant
des cabinets de M. le président de Tugny et de M. Crozat,
publié en 1751, 8°, pag. 41. (Notes sur Walpole.)

— *Un portrait d'Érasme, à Vienne.* Il est représenté vêtu
d'une robe fourrée, et tenant entre ses mains un livre ouvert.
Voyez-en la gravure dans le *Prodromus* des tableaux de la galerie Impériale, publié par Stampart et Prenner à Vienne, en
1735. On voit dans le même livre, la représentation, en petit,
de quantité d'autres tableaux d'Holbein, qui sont dans la
même galerie. (Notes sur Walpole.)

— Je ne connois point de portrait d'Erasme, gravé par
Vischer, et je soupçonne que Patin, qui l'a avancé et qui peut-
être n'écrivoit que de mémoire, aura mis le nom de ce graveur au lieu de celui de Vorsterman, qui en effet, a gravé
le portrait d'Erasme, d'après Holbein. Celui de Froben l'a été
par L. Vischer. (Notes sur Walpole.)

— *George Gysein.* C'est le portrait d'un négociant assis à
son bureau, dans son cabinet. On y lit sa devise, *Sine mœrore*

---

(1) Catalogue de Crozat et Tugny, p. 41. Portrait d'Edouard VI,
roi d'Angleterre, dans son enfance, peint à détrempe par Jean
Holbein (la figure est entière), haut de 4 pieds, large de 2 pieds 4
pouces.

voluptas, et son nom, avec la date 1512. Ce tableau, qui est sur bois, à 3° de haut sur 2° 8' de large. Il y a sur une table des fleurs dans une fiole. (Notes sur Walpole).

— *Un grand tableau, contenant d'un côté, les portraits du bourgmestre Meier et de ses enfants, et de l'autre côté ceux de sa femme et de ses filles, tous à genoux devant un autel.* Ce tableau est, à n'en point douter, le même qu'a fait acheter à Venise, en 1741, le roi de Pologne, électeur de Saxe. M. Walpole en parlera encore dans la suite, ce que je remarque, pour éviter les doubles emplois. Le Blond le tira de Basle et le porta en Hollande. Patin s'est mal exprimé, dans la description qu'il en fait, lorsqu'il dit que les figures sont à genoux devant un autel; il devoit dire aux pieds de la Sainte-Vierge. Il ne me paroît point non plus douteux que c'est le même tableau, qu'avoit vu en Hollande Sandrart entre les mains du greffier Loffert, qui l'avoit payé 3,000 florins, et cela me paroît plus à sa place que d'en faire faire l'acquisition à la reyne Marie de Médicis, qui, fugitive du royaume et retirée aux Pays-Bas, n'étoit guère alors en état de faire une pareille dépense. (Notes sur Walpole.)

— Michel Leblond, commissionnaire du duc de Buckingham, est le même que celui dont parle Sandrart, et dont M. Walpole fera mention dans la vie de Van Dick. Le tableau qu'il vendit à Loffert, me paroît, par la description qu'en fait Sandrart, être celui qu'a acheté, depuis quelques années, le roi de Pologne, électeur de Saxe, et qui représente la famille du bougmestre Meier, aux pieds de la Vierge. M. Walpole ne le fait acheter que 300 florins par l'amateur Loffert, qu'il qualifie assez mal à propos de peintre; et en cela il se trompe lourdement, car Sandrart dit qu'il en donna 3,000 florins. (Notes sur Walpole.)

— *Les portraits de Jacques Meier, bourgmestre de Basle, et de sa femme, peints en 1516.* De la façon dont s'exprime Patin,

les deux têtes sont dans le même tableau. Celui à qui il appartenoit, dans le temps qu'on rédigeoit le catalogue, demeuroit à Basle. (Notes sur Walpole.)

—Puisque M. Walpole avoit résolu de passer en revue tous
les tableaux de Holbein, qui se trouvoient dans les principaux
cabinets des princes, il n'auroit pas dû ometttre ceux qu'on
conserve à Florence, dans le cabinet de S. A. R. le grand-duc;
il lui étoit aisé d'en être pleinement instruit, il n'avoit qu'à
ouvrir le livre de Baldinucci ; il y auroit trouvé une ample
description de ces tableaux dans la Vie d'Holbein, que cet auteur italien a composée. Le principal est le portrait du chevalier
Richard Southwell, conseiller privé de Henri VIII, peint en 1528,
ainsi qu'on l'apprend de l'inscription, mise anciennement sur
le tableau. Le grand-duc Cosme II en fit l'acquisition en 1621,
et, pour montrer le cas qu'il en faisoit, il lui fit faire une riche
bordure et le fit placer dans le sallon appelé la Tribune, où
s'est rassemblé tout ce que la galerie offre de plus rare et de
plus précieux. On voit dans la même galerie, un portrait de
femme, coiffée d'un linge blanc, à la manière allemande, et,
parmi les portraits des peintres peints par eux-mêmes, celui
d'Holbein, fait à l'âge de 44 ans. On y lit son nom *Joannes
Holpenius*. Cette variété dans l'ortographe, vient de ce que le
B et le P ont le même son dans la langue allemande. (Notes
sur Walpole.)

— Ce qui fait présumer à Patin *qu'un portrait est celui d'un
grand maître de Jérusalem*, est une croix de Jérusalem, qui
pend au col de ce vieillard ; mais, outre que je ne crois point
que les chevaliers de Rhodes ni leur grand maître en ayent
jamais porté de semblables, l'on sçait que les personnes, qui
faisoient les voyages de la Terre-Sainte, étoient, dans le temps
que vivoit Holbein, dans l'usage de porter de ces espèces de
croix, et ce portrait sera pour lors celui d'un tel voyageur, et
pas davantage. (Notes sur Walpole.)

— *Le portrait d'une dame par Holbein*. Elle est en habit noir, assise dans un fauteuil et tenant de la main gauche un gland, pendant à une chaîne d'or qui lui sert de ceinture. Le tableau a 3° 6' de haut sur 1° 7' de large; il est sur bois. (Notes sur Walpole.)

— J'ai parmi mes desseins un très-joli petit morceau qui vient de la collection de Jabach, et qui représente un bracelet avec les symboles de l'amour conjugal. Je possède aussi un fort beau dessein d'une horloge de sable, qui, suivant une inscription latine qu'on y lit, a été fait pour être présentée à Henry VIII, le premier jour de l'an 1545, par Antoine Deny, son chambellan. Le trait en est à la plume, et d'une netteté qui feroit soupçonner, au premier aspect, qu'il a été gravé; les ombres sont données avec un lavis d'encre de la Chine. C'est ainsi que sont exécutés tous les desseins de Holbein qui me sont passés par les mains, et voici une copie fidèle de l'inscription : *Strena facta pro Anthony Deny camerario Regis quod initio novi anni 1545 Regi dedit*. (Notes sur Walpole.)

—Dans les nombreux tableaux étant à Greenwich, et vendus par la république, il est fait mention d'une pièce d'écriture, faite par Holbein, vendue 10 livres. M. Walpole avoue qu'il n'entend pas ce que cela peut signifier. Je pense pour moi, et ne doute nullement qu'il est question d'un dessein d'Holbein, fait à la plume. (Notes sur Walpole.)

— Ce n'est pas pour grossir la liste des ouvrages d'Holbein que je vais donner la description d'un morceau curieux, qui étoit autrefois dans la bibliothèque de la maison professe des Jésuites, et que j'ai retrouvé dans Paris, entre les mains d'un de mes amis, M. Brotier. Quoyque travaillé avec toute la délicatesse imaginable, je ne le trouve pas assez digne d'appartenir à un aussi habile homme que l'étoit Holbein ; mais j'ai pensé, que, si M. Walpole en avoit eu communication, il n'auroit pas manqué d'en faire mention, ne fût-ce que pour suivre

le fil de l'histoire de l'art, et faire mieux connoître les modes
et les usages de son pays ; car voilà le plan qu'il s'est tracé et
auquel j'ai voulu me conformer. Cette curiosité est le chapelet de Henri VIII, roi d'Angleterre, il n'est pas permis d'en
douter. Non-seulement on trouve sur un anneau, qui servoit
à le porter pendu à la ceinture, deux jarretières sur lesquelles
sont gravées en relief, d'un côté : *Posui Deum adjutorium meum*,
et de l'autre côté : *Hony soit qui mal y pense.* Mais on y remarque encore ces armes écartellées d'Angleterre et de France, et,
dans un cartouche particulier, les premières lettres du nom
de Sa Majesté ainsi figurées $^{HE 8}_{R.A.}$. Le chapelet est composé
d'un crucifix, suivi de onze grains ou petits globes, dont dix
plus petits pour les *Ave Maria* et le dernier plus gros pour le
Pater. Sa longueur totale est de 21 pouces ; il est travaillé en
bois, et chaque grain, d'environ un pouce de diamètre, porte
sur la surface, cinq petits bas-reliefs en rond, où sont représentés les mystères de notre religion, énoncés dans les articles
du symbole, et les histoires qui, dans l'Ancien Testament, en
étoient la figure, les images des apôtres et prophètes, et
les paroles du symbole, ainsi que les passages de l'Écriture
sainte qui y répondent ; le tout taillé dans le bois avec un
soin extrême. Le plus gros grain est environné d'un plus
grand nombre de bas-reliefs, et est singulier en ce qu'il s'ou-
vre en deux parties, qui jouent sur des charnières, et que
dans le cœur, il renferme, entre autres choses, une petite chapelle où, dans un enfoncement de près d'un demi-pouce de
profondeur, on voit un prêtre à l'autel, des ministres qui le
servent, des évêques et des cardinaux qui assistent au sacrifice de la messe ; tout cela est isolé et de ronde bosse, et d'une
exécution qui a demandé toute la patience et la dextérité de
quelques-uns de ces anciens artistes allemands, auxquels il
ne manquoit, pour faire des chefs-d'œuvre, qu'un meilleur
goût de dessein, et qui se ressentît moins de gothique.

On ne peut pas douter que l'ouvrage n'ait été fait, avant qu'Henri VIII se fût séparé de la communion de l'Église romaine. (Notes sur Walpole.)

HOLLAR (VENCESLAS), gentilhomme bohémien, naquit à Prague, en 1607. Ayant perdu tous ses biens, et se voyant dans la nécessité de chercher une profession qui le fît subsister, il commença par peindre à gouazze, et bientôt, sous la direction de Mat. Mérian, il prit la pointe et se hasarda de graver quelques petites planches, qui lui firent connoître que la nature l'appeloit à la gravure. Il en fit donc sa principale occupation, et, ayant suivi le comte d'Arundel en Angleterre, et ensuite à Anvers, il mit au jour cette prodigieuse quantité de planches qui composent son œuvre, et qui font un des principaux objets des recherches des Anglois. Vertue en a fait imprimer un catalogue, que l'on pourroit rendre plus parfait, et il y a joint une vie de cet artiste, où l'on apprend qu'il est mort à Londres, en 1677. Le peu qu'en dit le P. Orlandi est rempli de fautes. Il cite Sandrart, et il paroît qu'il ne l'a pas lu.

—Hollar à Lewenguen et Bareyt; ce sont apparemment les lieux dont il estoit seigneur, car je crois qu'il étoit gentilhomme.

—Wenceslas Hollar, dans un ovale au milieu d'un cartouche, dessiné et gravé par luy-même, en 1647, étant pour lors âgé de quarante ans. Son nom n'y est pas; mais ses armes le font reconnaître; elles sont à quatre quartiers, et sur le tout un écusson, où est une montagne, surmontée de deux fleurs de lys.

—Apparemment que la dédicace par Hollar à François Woulen, peintre de paysages, de la grande estampe du Christ montré au peuple, gravée en 1650, d'après le Titien, n'y fût pas mise sur-le-champ; car, sur l'épreuve que j'ai, il n'y a aucune dédicace. Il y est seulement fait mention du chanoine François Hilwerwe; or, le tableau se trouvoit alors à Anvers. (Notes sur Walpole.)

—Image miraculeuse de la sainte Vierge, honorée dans l'église cathédrale de Cambray, gravée à Anvers. Cette pièce a été faite à l'occasion de la levée du siége de Cambray par les François, et des actions de grâces, qui en furent rendues, le 4 juillet 1649, par l'archiduc Léopold-Guillaume, qui reconnoissoit devoir cet événement à la protection de la sainte Vierge, dont on honore cette image miraculeuse à Cambray.

—Suite des veues de Strasbourg et de quelques villes de Souabe, en douze pièces, par Hollar, et gravée en 1665, et dessinées en divers temps. On voit par là qu'il étoit à Strasbourg en 1629 et 1630, où il a apparemment gravé les douze mois et les quatre saisons, aussy bien que l'éléphant.

—The antiquities of Warwick-Shire illustrated by William Dugdale, London, 1656, f°. Il y a quantité de planches d'Hollar dans ce livre, qui est fort rare. Il a été vendu 70 livres chez M. d'Estrée, pour M. Buirette. Elles représentent quelques-unes des veues de villes et de châteaux, mais la plus grande partie des tombeaux, des vitrages et des armoiries, servant à l'illustration de la noblesse de cette province. On y trouve aussi le portrait de Dugdale, le même qui est à la teste de la description de l'église de Saint-Paul de Londres, et plusieurs planches d'habillement des ordres religieux; mais je pense que ces dernières pièces ont été empruntées au Monasticon Anglicanum. Il y a dans ce livre deux planches gravées par Lombart, d'après d'anciennes miniatures (1).

---

(1) Voir sur Hollar l'ouvrage spécial, très-supérieur au catalogue de Vertue, composé par M. G. Parthey sur son œuvre : Wenzel Hol-

HONDIUS (ABRAHAM). Descamps place sa naissance en 1658, et ne dit point qui lui a fourni cette date. Je la crois de sa pure imagination. Ni Houbraken, ni Weyerman, les seuls auteurs hollandais qui ont parlé de ce peintre, ne l'ont point donnée. Le premier se contente de dire qu'Abraham Hondius vivoit à Londres en 1665. J'ignore dans quelle source Vertue a prise la sienne (1638); mais j'y trouve au moins plus de vraisemblance, et je l'adopte très-volontiers. (Notes sur Walpole.)

— On a son portrait peint par lui-même et gravé en manière noire par J. Smith; celui que M. Walpole a inséré dans ses Anecdotes en est une copie. (Notes sur Walpole.)

HONDIUS (JOSSE, HENRY et GUILLAUME). Il ne faut pas ajouter foi à tout ce que M. Walpole raconte ici d'après les Mémoires de Vertue concernant les artistes qui ont porté le nom de Hondius, ni leur filiation telle qu'il a jugé à propos de l'établir. On va voir que les faits sur lesquels il se fonde sont ou incertains ou absolument faux : premièrement, il est fort douteux que Josse Hondius ait gravé à Londres les cartes géographiques qui sont indiquées par M. Walpole. Il étoit établi aux Pays-Bas, et il est assez difficile de croire qu'il se soit déplacé pour aller faire en Angleterre un travail dont il pouvoit s'acquitter chez lui avec beaucoup de facilité et beaucoup mieux, soutenu par Gérard Mercator, qui lui servit de guide dans une science qui ne faisoit pour ainsi dire que d'éclore. Il n'est point vrai, en second lieu, que Henry Hondius soit né à Londres, ni qu'il soit le fils de Josse Hondius. La note, qui se lit au bas

lar beschreibendes verzeichniss sein Kupfersticke. Berlin, 1833, grand in-8°. On en prépare en Angleterre un catalogue encore plus complet; pour les Allemands, c'est un compatriote; pour les Anglais, il a tout l'intérêt de l'histoire et de la topographie.

de son portrait, dans la suite mise au jour par Meyssens en
1649, ce qu'en a écrit Sandrart, ainsi que Corneille de Bie,
tous s'accordent à le faire naître en Brabant dans un lieu
nommé Duffel, en 1573, d'un père qui, noble d'extraction, se
nommait Guillaume. Dans la suite, il vint s'établir à La Haye,
s'étant attaché à la famille des princes d'Orange, qui le con-
sidéroient par rapport à la diversité de ses talens, et peut-être
aussi eu égard à son caractère, qui lui concilioit l'amitié de
tous ceux qui le connaissoient. La date de sa naissance est, de
plus, confirmée par une de ses gravures, qui est un paysage
dont je pense que Breughel a donné le dessein; elle est de
l'année 1639, et il y est marqué qu'Henry Hondius étoit pour
lors âgé de 66 ans. Il avoit appris à graver de Jean Wierx;
mais il ne fut jamais qu'un graveur médiocre. Lorsque Van
Dyck fit le voyage de Hollande, il y trouva à La Haye un
graveur nommé Guillaume Hondius, dont il fit le portrait;
ayant été gravé par celui qui y étoit représenté, il fut jugé digne d'occuper une place dans la suite des cent portraits que
Van Dyck publia dans la suite, et c'est, en effet, un très-beau
morceau. On ignore quelles furent les raisons qui lui firent
quitter La Haye, lieu de sa naissance, pour se retirer à Dant-
zick, où il est mort et où il alla enfouir ses heureux talens.
C'est ce qu'il fit depuis 1637 jusqu'en 1645, qui est la dernière
de ses pièces avec une date; elle est, il est vrai, assez médiocre. Je ne l'en crois pas moins fils de Henry Hondius. Il avoit
embrassé la même profession; il étoit né à La Haye, où Henry
faisoit sa résidence; il portoit le nom de Guillaume, qui étoit
celui de son ayeul. Si tout cela ne forme pas de preuves, ce
sont pour le moins des présomptions dont il est permis de tirer avantage. Rien de pareil ne milite pour Abraham Hondius, et j'ay peine à croire qu'il ait été effectivement fils de
Henry. S'il l'eût été, les auteurs hollandais, qui ont parlé de
lui, en auroient certainement fait la remarque; leur silence

sur un fait qui tourneroit autant à la gloire d'Abraham qu'à celle de Henry, prouve, ce me semble, qu'il ne lui étoit de rien. Il pouvoit porter le même nom sans être de sa famille, le nom de Hondius ou de Hondt, qui répond au mot françois *chien*, étant très-commun aux Pays-Bas. (Notes sur Walpole.)

HONDT (JEAN DE), fils de Gui de Hondt, étoit, dit-on, élève de Rubens, et réussissoit dans le genre des batailles; il est mort fort jeune. Il promettoit beaucoup. Sa trop grande application au travail le fit périr. Il tomba dans l'éthisie. Il étoit principalement occupé à peindre des cartons pour les tapissiers des Pays-Bas. Le Peintre-Amat., t. 1, p. 33.

HOOGHE (ROMAIN DE) — Extrait d'une lettre qui m'a été écrite de la Haye, au sujet de Romain de Hooghe. On assure en Hollande que cet artiste fut banni d'Amsterdam, pour avoir gravé les figures de l'Arétin, que de là il fut demeurer à Harlem; que ses sentiments n'ont été rien moins qu'orthodoxes, menant une vie fort débordée, jusqu'au point de répondre à un homme qui vouloit faire la cour à sa fille, que ce seroit bien lui-même qui auroit soin de cueillir cette rose, et l'on dit même qu'il grava sa fille aux susdites figures obscènes. On dit encore qu'il croyoit la métempsycose, et qu'un ministre, qui étoit venu pour l'exhorter, quand il fut au lit de la mort, lui reprochant l'énormité de cette opinion, et lui demandant en quelle sorte d'animal il croyoit qu'il seroit changé : « Je n'en sais rien, » lui dit-il; « mais pour vous, savez-vous ce que vous serez après votre mort? Une cigogne, » ajouta-t-il, « parce qu'ayant trompé durant votre vie l'Église en dedans, vous pourrez y chier dessus après votre mort. » Comme il n'étoit pas du parti du prince d'Orange, il s'avisa de faire des satyres sur les affaires de ce temps-là, entre autres la vache hollandoise, le mors aux dents. Mais ce prince, voyant que les satyres de cette nature lui faisoient du tort dans le

public, eut la prudence de gagner R. de Hooghe par des bienfaits, et lui donna des appointements. C'est tout ce qu'on
a pu me dire sur ce graveur. On m'avoit fait espérer de
plus grands détails; mais l'on n'a pas tenu parole; l'on
s'est excusé sur l'énormité des mœurs de celui qu'il falloit
faire connoître, et qui auroit formé un trop vilain tableau.

—Romain de Hooghe, déssinateur et graveur d'Amsterdam. Ce que nous connoissons d'estampes gravées par Romain de Hooghe, en françois le Grand, ne fait point soupçonner qu'il ait jamais manié le pinceau, ou, si cela lui est
arrivé, ainsi qu'il est écrit par Houbraken, il a dû faire de
bien mauvais tableaux. Pour peu que les figures qui entrent
dans ses gravures soient un peu grandes et dans le genre de
celles que les peintres d'histoire employent dans leurs compositions, elles sont mal ensemble, pauvrement drappées,
sans caractère, et d'un goût de dessein si pitoyable, qu'il
n'est guères possible de faire pis. Il n'en est pas ainsi des sujets qui n'admettent que des petites figures. Romain de
Hooghe, n'ayant pas besoin d'y mettre de la correction, se
contente de leur donner de l'action, et presque toujours il le
fait avec un esprit et un feu qui lui sont particuliers, et qui
lui ont acquis une réputation méritée. S'il a connu la juste
mesure de ses talents, il a dû se borner à la gravure, qui le
mettoit à portée de les exercer avec le plus grand avantage.
Sans être obligé de faire des études, pour lesquelles il n'é-
toit point né, il se vit maître, la pointe à la main, de graver
sur le cuivre ce qu'une imagination extrêmement féconde et
brillante lui faisoit concevoir sur-le-champ. L'exécution suivoit de près la pensée, et celle-ci, nullement affaiblie, pouvoit se montrer telle qu'elle avoit été conçue. J'ai toujours
ouï dire que sa pointe lui tenoit lieu de plume et de crayon,
et que, sans presqu'aucune préparation, sans être obligé de
se recueillir et de méditer sur ce qu'il avoit à produire, il

traçoit du premier coup sur son cuivre tout ce qui lui venoit dans l'esprit. Il étoit surtout excellent dans les sujets où il étoit question d'exprimer le trouble, de mettre beaucoup de figures en action et de jeter de la terreur et de la surprise dans l'âme des spectateurs. Voilà pourquoi il a si bien réussi de présenter des siéges, des batailles, des fêtes et des réjouissances publiques. Mais je le trouve encore supérieur quand il se charge de mettre sous les yeux des sujets sanglants et remplis d'horreur. Tel est celui qui représente, dans une de ses estampes, la rupture de la digue de Coeverden, en 1673, et les ravages qu'elle entraîne avec elle. Telles sont les planches où, pour rendre à jamais les François odieux à ses compatriotes, Romain de Hooghe leur fait exercer les plus horribles cruautés dans les villages de Bodgrave et de Swamerdam, et fait de leur irruption en Hollande, en 1672, le tableau le plus horrible. On frémit à la seule veue de ces estampes ; il reste un noir dans l'âme, qui y demeure imprimé pendant longtemps. Je ne doute point que l'auteur, en les composant, n'ait reçu la même impression, et que ce ne soit une des causes de son inimitié contre la France, et de son acharnement à répandre sur elle, toutes les fois qu'il le peut, son fiel amer.

L'on a prétendu que, dans cette conduite, son principal objet étoit de faire sa cour au prince d'Orange et de servir son ressentiment ; et, en effet, lorsque ce prince fut monté sur le trône de la Grande-Bretagne, et qu'il en eut chassé son beau-père, l'on vit Romain de Hooghe multiplier ses satyres, publier une infinité de pièces plus insultantes les unes que les autres, et où, sans respect pour le caractère sacré de la royauté, il s'étudioit à tourner en ridicule Louis XIV, l'infortuné Jacque second et tous les ministres de leurs volontés. Mais il s'y prit presque toujours si grossièrement qu'il ne paroît pas vraysemblable qu'un prince grand et généreux, tel qu'étoit Guillaume III, ait pu voir sans dégoût ces misérables pasquinades et les autoriser en honorant l'auteur de sa protection et le mettant au nombre de ses pensionnaires. Il est plus probable qu'il ne lui accorda de pareilles grâces, qu'en considération de ce qu'il avoit gravé quelques-uns de ses exploits militaires, les principaux événements de son avénement à la couronne, les veues de ses maisons de plaisance, et d'autres morceaux qui pouvoient le flatter et n'offensoient personne. C'est à quoi il eut été à désirer que Romain de Hooghe eût employé ses talens, qu'il se fût uniquement occupé à enrichir l'histoire moderne des représentations fidèles de tout ce qu'elle juge digne d'entrer dans ses fastes. Mais pouvoit-on l'attendre d'un homme sans pudeur et sans retenue, qui, après avoir déchiré la France, osa satyriser encore le gouvernement hollandois, et attaqua jusqu'à son propre bienfaiteur dans une gravure qui parut en **1690**, et qui étoit intitulée : *la Vache hollandoise, le mors aux dents.* Il la désavoua; sans cela il étoit perdu (1). Mais ce ne fut pas là le plus grand mal qu'on ait à lui reprocher. Il fut accusé d'avoir gravé des images obscènes, de les avoir répandues dans le public, et d'avoir, à l'imitation de l'Arétin, donné à la jeunesse des leçons de débauche dignes de la plus grande répréhension. Ses mœurs perverses ne réalisoient que trop de tels bruits; le magistrat en prit connoissance et ordonna que l'accusé quitteroit Amsterdam, et que, banni pour toujours, il chercheroit ailleurs un autre domicile. Il se transporta à Harlem, dont il nous a donné, en **1688**, de si belles

---

(1) Quelques-uns prétendent que le roi Guillaume craignant que cette satyre, à laquelle le public prenoit goût, ne fût suivie de quelqu'autre qui auroit pu nuire à son parti, dissimula l'injure, et crut devoir gagner R. de Hooghe par ses bienfaits. J'ai peine à me le persuader. (*Note de Mariette.*)

veues et un si beau plan. Il y étoit en **1691**, lorsque le roi Guillaume III passa d'Angleterre en Hollande et vint à La Haye, où les états-généraux lui firent une magnifique réception. Romain de Hooghe, qui avoit trouvé le secret de s'insinuer dans la faveur du prince, fut chargé de donner les desseins des décorations et des arcs de triomphe qui furent employés dans cette fête. Il en fournit les sujets; il les anima d'inscriptions latines de sa composition, et, lorsqu'il les grava pour être insérées dans la description imprimée qui les devoit accompagner, il apprit par une inscription particulière, étant au commencement du livre, qu'il étoit employé au service de Sa Majesté britannique en qualité de commissaire, et il se para en mesme temps de la qualité de docteur en droit. Cela suppose qu'il avoit des lettres; aussi lit-on sur quelques-unes de ses pièces des vers latins tirés de son cerveau qui ne sont pas trop mal tournés.

Il vivoit en **1705** et peut-être encore plus tard; mais il étoit pour lors extrêmement déchu. Ce n'étoit plus cet artiste qui avoit gravé avec tant de goût, en **1667**, la paix de Bréda, et, dans une autre planche, l'expédition des Hollandois dans la rivière de Rochester; qui, étant en France, car il y étoit venu dans sa jeunesse, avoit exécuté si excellemment pour Vandermeulen l'entrée de Louis XIV dans Dunkerque, et, sur son propre dessein, la cérémonie du baptême du Dauphin, fils de Louis XIV, qui s'étoit faite à Saint-Germain-en-Laye, en **1668**, et dont il avoit été le témoin; qui avoit donné, en **1673**, une image si frappante de la digue de Coeverden; qui avoit représenté d'une façon si riche et si vraye les différentes occupations de ceux qu'attire la foire d'Anhem; de qui sont enfin une infinité d'autres morceaux de la mesme force, qu'on ne voit point sans s'y intéresser ni sans y prendre à chaque fois un nouveau plaisir.

Ceux qui aiment la belle graveure et qui cherchent dans

un arrangement régulier de tailles ces tons doux et harmo-
nieux, si propres à fasciner les yeux, je les avertis que les estampes de Romain de Hooghe seront fort peu de leur goût.
Elles leur paroîtront gravées grossièrement et sans effet. Sa
pointe est trop égale, et c'est un défaut ; si elle étoit plus légère et que le travail en fût plus varié, avec ce qu'elle est
expressive et spirituelle, il n'y auroit rien à y désirer ; mais
cela auroit demandé plus de temps et plus de soins, et l'humeur bouillante du graveur n'auroit pu y fournir. Il ne pouvoit se résoudre à terminer ses planches ; il les faisoit paroître
telles à peu près qu'elles étoient sorties de l'eau-forte. S'il y
donnoit quelques coups de burin, c'étoit uniquement pour
suppléer à des manques d'eau-forte et nullement pour approprier son travail et y mettre une intelligence de clair-obscur qu'il n'a jamais connu. Il a très-bien traité les terrains,
les fabriques et les paysages, et, à en juger par quelques animaux qui accompagnent une suite de figures vêtues à la
mode de son temps, lesquelles ont été gravées dans sa plus
grande force, on regrette qu'il n'en ait pas fait son talent.
On y voit surtout une chose qu'on croiroit gravée par Berchem. A la tête de cette suite de modes, R. de Hooghe a mis
une planche où il s'est représenté lui-même ayant une palette à la main. Il paroît dans cette gravure un homme de
25 à 30 ans, et, comme ces planches ont paru vers l'an **1667**,
on peut fixer la naissance de notre artiste aux environs de
1640. Quelques perquisitions que j'aye faites en Hollande, je
n'ai pu être informé du temps de sa mort. Je n'ai rien appris
non plus sur les circonstances d'une vie qui, se trouvant liée
avec les principaux événements du siècle, pouvoit devenir curieuse. J'ai cru entrevoir qu'on se faisoit un scrupule de servir à perpétuer la mémoire d'un homme qui, par sa vie
scandaleuse, s'en étoit rendu indigne, que ses mœurs licen-
tieuses avoient fait bannir de sa patrie, qu'on pouvoit soup-

çonner des désordres les plus atroces, qui ne craignoit ni
Dieu ni les hommes, et qui, en conséquence, ne tenoit à aucune religion. On assure qu'il avoit poussé l'extravagance
jusqu'à donner dans les erreurs de la métempsicose, et que
le ministre, qui l'exhortoit au lit de la mort, tâchant de lui
représenter l'absurdité de cette opinion, et lui demandant en
quelle sorte d'animal il croyoit qu'il seroit changé : « Je l'i-
gnore, » lui répondit le mourant; « mais pour vous, savez-vous
ce qui vous est destiné? vous passerez dans le corps d'une cigogne, et rien ne vous convient mieux, car ayant empesté
l'intérieur des églises durant votre vie, il est juste que vous
ayez la liberté d'y déposer sur le toit vos ordures après votre
mort. »

Il ne fit jamais une tête gracieuse en sa vie. En qualité de
poète, il se permettoit les allégories et il s'y perdoit; les
siennes sont obscures et trop compliquées, témoin celles qu'il
a insérées dans un livre hollandois de sa composition, où il
a prétendu faire le tableau de l'état où se trouvoit la Hollande
en 1672, etc. — Il a eu pour disciple A. Schoenbeck, et je
crois encore Harrewyn et Decker.

HOPFFER. Marques diverses dont se sont servis les Hopffer. D. H. Je l'interprète Dieterich Hopffer, au lieu que Le
Comte veut que ce graveur se nomme David Hopffer. Je
trouve la date à deux de ses estampes; l'une de 1527, l'autre
de 1534.

I. H. est celle de Jérosme; son nom se trouve écrit tout au
long sur trois de ces pièces en cette manière : Hierunimus
Hopffer, et j'en ay veu une avec la date 1523.

L. H. ou H. qui est celle de Lambert Hopffer. Celuy-cy a
encore écrit son nom tout au long sur une de ses pièces, de
cette manière : Lambrecht Hopfer. Le Comte dit que c'estoient trois frères et qu'ils estoient d'Ausbourg. Je le crois

comme luy, mais j'en voudrois pourtant des preuves.

CB 1531 ou CB (*en monogramme avec la figure que les Hopffer ajoutent à la marque*). Je ne connois point le nom du graveur de cette marque; il faut pourtant que ce soit celle d'un Hopffer.

L'abbé de Marolles et les curieux les nomment tous indifféremment les maistres aux chandeliers fleuris, prenant la marque, qui accompagne les premières lettres de leurs noms, pour un chandelier, mais ce n'en a pourtant jamais été un. Ces graveurs ont voulu figurer un pied d'où sort du houblon pour faire allusion à leurs noms; car Hopffer en allemand signifie du houblon, et j'ay remarqué que la pluspart de ces vieux maistres se sont souvent désignés par des choses dont le nom avoit de la conformité avec le leur. Au reste, ces graveurs sont fort peu habiles et n'ont fait presque autre chose que copier les estampes des bons maistres; encore les ont-ils furieusement déguisés. Ils n'ont jamais mis de noms de peintres sur leurs estampes, et n'ont jamais manqué à y mettre leur marque; quelquefois ils ont substitué leur nom à la place de celuy des auteurs originaux qu'ils copioient; entre ce qu'ils ont fait de meilleur, ce que j'estime le plus sont les portraits et quelques morceaux d'ornements qu'ils ont fait en manière de clair-obscur; ils méritent qu'on y fasse attention et qu'on les examine.

HOPFFER (BARTHELEMY), peintre de portraits à Augsbourg; l'inscription au bas de son portrait, gravé par G.-C. Kilian, n'en dit pas davantage.

HOPFFER (JÉROME). L'armée de France, rangée en bataille, en présence de celle des princes confédérés, gravé par Jérôme Hopffer, d'après le maître à la Ratière. J'avais cru que ce pouvoit être la fameuse journée de Fornoue. Mais, quand je suis venu à examiner la pièce de plus près, et que j'ai remarqué, sur les étendards de l'armée italienne, les armes de Borgia, celles du roi de Naples, celles de la Rovère, et celles d'Espagne, j'ai reconnu que je me trompois. Il faut donc chercher un autre instant où les armes de France ont eu à se montrer en Italie avec celles de ces différentes puissances, et c'est ce que je n'ai pu trouver encore. La même composition a non-seulement été gravée en 1530 par le maître à la Ratière, elle l'avoit été dès 1528 par Augustin Veniten, et c'est cette dernière estampe qui doit être regardée comme l'originale.

HOPFFER (THIERRY). Divers desseins d'ornements pour des frises ou pour des panneaux en travers, en huit planches, gravées par Thierry Hopffer; il y en a une parmy qui représente la sainte face de Jésus-Christ, soutenue par deux anges; elle est imprimée en clair-obscur. Le fonds ou les tailles sont gravés à l'eau-forte; les dernières teintes sont de la même couleur que l'encre de l'impression, mais un peu plus pâle, et elles laissent paroistre les rehauts de blanc fort éclatants, d'autant que c'est le papier qui les exprime. Le travail est extraordinaire et mérite d'estre examiné. Car il y a grande apparence que, le cuivre ayant été saly, à peu près comme on le fait pour graver en manière noire, on a bruny les endroits que l'on vouloit qui restassent blancs et qui exprimassent les rehauts. Il est certain que les hacheures et les demies teintes sont exprimées par une seule planche; j'aurois cru, par la difficulté qui se trouve à avoir épargné, en taillant le cuivre, tous ces rehauts, que les demies teintes avoient été données depuis au pinceau; mais je l'ay examiné avec un grand soin et reconfronté ces épreuves avec de semblables qui nous sont restées, je ne peux plus douter que ces demies teintes ne soient imprimées et qu'elles ne se trouvent sur la planche. Il y a encore deux pièces traitées de la même manière, et ce sont celles qui nous restent.

HORREBOUT.(susanne). Le Vasari, que cite M. Walpole, parle d'elle à la fin de son ouvrage dans l'endroit où il a recueilli tout ce qu'il avoit pu apprendre au sujet des artistes des Pays-Bas, et il nomme le frère de Suzanne, Luc Urembout de Gand. Cette observation a échappé à M. Walpole. (Notes sur Walpole.)

HORTEMELS (marie-madeleine), femme de Cochin le père.

HOUASSE (michel-ange), Michel-Angelo Ouasse (il falloit écrire Houasse). Après avoir demeuré assez longtemps en Espagne, il vint à Paris avec la permission du roi, en 1730, pour y régler quelques affaires de famille, et dans la même année il mourut en s'en retournant à Madrid. C'étoit un homme de bien et de fort bon sens. Je n'ay jamais veu de ses tableaux, j'ay seulement eu occasion de voir un de ses desseins, qui m'a beaucoup plu; il l'avoit fait pour M. Crozat, d'après un excellent tableau du Corrége, qui est à l'Escurial, et qui représente un Noli me tangere.

HOUEL (jean) est de Rouen et a appris les éléments du dessein chez Descamps; depuis, étant venu à Paris, il s'est perfectionné sous Casanove. Il s'est fait connoître, et Dazincourt l'a reçu chez lui, et il a fait nombre de desseins qui ont fait parler de lui. M. le duc de Choiseul l'a fait venir à Chantelou où il a peint des veues de ce château (1), et cela n'a pas

---

(1) Ces vues, qui sont de charmants tableaux du pinceau le plus fin, font aujourd'hui partie du musée de Tours, où ils ont été ap-

peù contribué à lui ménager un logement dans le palais de l'Académie de France à Rome où il ne pouvoit pas avoir de place en qualité de pensionnaire ; c'étoit, je pense, en 1769. Il a trouvé à Rome des Anglois qui lui ont fait faire le voyage de Naples, et d'autres qui tout de suite l'ont conduit en Sicile, et, dans ces contrées, il a fait, à ce que j'entends, quantité d'études qui servirent à améliorer sa manière qui est agréable, et qui rend assez parfaitement les effets de la nature. Car c'est au genre de paysage qu'il s'est consacré. En 1770, il m'a envoyé de Rome un morceau de sa façon, peint à gouazze, qui a reçu des éloges de tous ceux à qui je l'ai fait voir. Il est de retour à Paris au commencement de 1773.

HOUT, *amateur, commissionnaire du prince Guill. de Cassel à la vente Tallard.* — N° 574. *Quatre dessins de Carle Maratte, dont l'Alliance de Bacchus, Vénus et Cérès.* 90 liv. *Hout.* Excellent et plus parfait que celui du même sujet que j'ay eu. Ce M. Hout, qui a achepté ce lot-ci, a de bons yeux, et je ne le vois se tromper sur rien. (Catalogue Tallard.)

HOWARD (UGO). Ce peintre s'étoit acquis en Angleterre la réputation d'un excellent connoisseur de tableaux, de des-

---

portés du château de M. de Choiseul par la révolution. L'un représente la vue de Paradis près Chanteloup ; un autre, la vue de St-Ouen près Chanteloup ; un troisième, la vue de l'entrée du petit bois nommé le Chatelier, près de Montlouis ; un autre encore, une vue de Paris. Tous sont signés : *J. Houel f.* 1769. Ce ne serait donc pas cette année-là, mais peut-être la suivante, que Mariette eût dû fixer comme date de l'arrivée de Houel dans le palais de l'Académie de France à Rome. Voyez, au reste, sur Jean-Pierre-Louis-Laurent Houel, né à Rouen en juin 1735, et mort le 14 novembre 1813, la notice lue par C. Lecarpentier, le 1er décembre 1813, à la Société libre d'émulation de Rouen. (Rouen, impr. Baudry, 1813, in-8°.) M. Houel, mort récemment et qui avait fait sur la famille des Jouvenet ces belles recherches dont tout le monde a profité, était neveu de l'habile paysagiste.

seins et de médailles. Le duc de Devonshire et le comte de Pembroke, qui avoient beaucoup de goût pour ces sortes de curiosités, avoient souvent recours à lui; c'étoit leur conseil. Ils le récompensèrent bien noblement de ses soins, car ils lui firent avoir deux employs considérables, celui de garde des archives et de trésorier général des bâtiments du roy, qui le mirent en estat de faire une très-grosse fortune, et de rassembler pour lui-même une très-belle suite de livres, de desseins, d'estampes et de médailles qui, à sa mort, ont passé avec sa succession, montant à 80,000 livres sterling, à son frère unique, le Dr Robert Howard, évêque d'Elphin en Irlande. Les vingt dernières années de sa vie Howard ne s'occupa guère de la peinture, et il fit bien, car il n'en savoit pas assez pour y briller. Il avoit cependant voyagé comme la pluspart de ses compatriotes en Italie. Mais ce voyage, si utile pour ceux qui sont nés avec des talents, ne profite point à ceux à qui la nature en a refusé; notre peintre s'y rendit seulement habile dans la connoissance des tableaux, etc. Il partit de Londres, en 1697, avec le comte de Pembroke, qui alloit en Hollande en qualité de ministre plénipotentiaire à la paix de Ryswick; de Hollande, il alla en Italie et repassa par la France, où il étoit en 1700. Il est mort à Londres, le 17 mars 1737, âgé de 63 ans, étant né à Dublin, le 7 février 1675, de Ralph Howard, D^r en médecine. Son principal talent étoit, ce me semble, de peindre des portraits, qui est à Londres un moyen sûr et prompt de s'enrichir. — Mémoires Mss. communiqués par M. son frère.

HUBER (JEAN-RODOLPHE), né à Basle, en 1668, se fit peintre en dépit de sa famille, qui, étant patricienne, s'imaginoit qu'il dérogeoit en embrassant cette profession. Il se mit sous la conduite de Joseph Werner, et, étant parvenu à l'âge de dix-neuf ans, il entreprit le voyage d'Italie, s'arrêta à Mantoue,

où il étudia d'après les ouvrages de Jules Romain, et à Venise
d'après ceux du Titien. Il devint en même temps un parfait
imitateur du Tintoret et de Michel-Ange Caravage, dont le
faire le séduisit. Il fit connaissance avec Pierre Tempesta qui
le prit chez lui, et qui souvent l'employa à meubler de figures
ses tableaux de paysage. Après six années de séjour en Italie,
il revit sa patrie et passa auparavant par Paris. C'étoit aux
environs de 1692. Peu après, il peignit dans un même tableau
la famille entière du margrave de Bade-Dourlach, et, en 1696,
le duc de Wurtemberg le déclara son peintre, le fit travailler et tâcha de le retenir à son service; mais il ne put l'obtenir. Huber mourut à Basle, en 1700. Fort occupé à peindre
les portraits de personnes distinguées, le comte de Luc, ambassadeur de France en Suède, lui fit peindre, dans un même
tableau, tous les ministres plénipotentiaires au congrès qui
se tint pour la paix à Baden. Il fut élu membre du petit conseil en 1740, et huit années après, en 1748, il cessa de vivre.
Un de ses talents c'étoit encore de dessiner toutes sortes d'a-
nimaux dans la plus grande perfection, et surtout des chevaux dans la manière de Rugendas. —Fuessli, Vies des Peintres suisses, t. II, p. 212.

HUBERT, élève de Beauvarlet, né à Abbeville.

HUBERTI (ADRIEN). AH (en monog.) *exc.*, marque de Adrien
Huberti, marchand d'estampes, qui avoit sa boutique à Anvers, et y vivoit dans le XVIᵉ siècle.

HULSDONCK (J.), médiocre peintre de fleurs, des Pays-Bas,
dont tout le mérite consiste dans un grand fini, mais qui
peint sec et n'a pas la moindre intelligence.

HUMBELOT (DIDIER). Jésus-Christ, l'homme de douleurs,

vêtu d'un manteau de pourpre, et la sainte Vierge en regard ;
ces deux pièces gravées au burin, par Gilles Rousselet, sur
des desseins de Laurent de la Hyre, faits par ce peintre d'a-
près des tableaux exécutés par Didier Humbelot. Sans le nom
du peintre; seulement à *l'Ecce homo* : Desiderius Humbelot
invenit. P. Mariette, ex (1).

— Jésus-Christ, l'homme de douleurs, vêtu d'un manteau de pourpre, et la sainte Vierge en regard. Dédiée par
Charles Humbelot au cardinal de la Rochefoucauld. A
l'*Ecce homo*, il y a : Desiderius Humbelot invenit ; mais il

---

(1) A cette note de Mariette, nous joindrons l'indication d'une
plaquette, certainement rarissime, relative à Didier Humbelot, et
dont voici le titre : *Mélange de poésie sur le chef-d'œuvre de feu
Didier Humbelot, maître peintre et sculpteur à Paris, représentant
en bosse la figure d'un Ecce Homo, et présenté à Mgr l'éminentis-
sime cardinal de la Rochefoucauld (François). A Paris, de l'imprimerie de Jean Laquehay, contre le collége de Boncour, devant la rue
des Prestres.* 1636, in-4° de 20 pages. L'éditeur de ce fatras, est
Charles Humblot, son neveu, qui a signé de ce titre une pièce de
vers latins. On met la pièce principale dans la bouche de ses enfants :

> Le plus précieux héritage
> Que vous nous laissez en partage
> (O ! père très-cher) en mourant,
> Est cette figure admirable.

Et le tout a certainement été fait pour que le cardinal, qui paraît
avoir été le protecteur de Humbelot, achetât *cette figure admirable.*
A la suite, dans l'exemplaire inséré à la Bibliothèque impériale, se
trouvent huit ff. sans titre : *Sur un portrait du cardinal en bosse et
en basse taille par le même.* Les autres vers sont d'un C. Humbelot,
qui paraît avoir été le frère de Didier ; car, dans la pièce qui termine, on voit ces vers :

> Combien vos œuvres sont artistes
> (Mon frère) en la dévotion ;
> Les quatre saints évangélistes,
> Que l'immortelle affection
> De mon grand cardinal vous commanda de faire, etc.

Ces évangélistes et deux anges de tabernacle étaient, d'après le
titre de la pièce, à St-Etienne-du-Mont, et ne sont pas cités dans
les descriptions de cette église.

est pourtant sûr que c'est de la Hyre qui en a donné le déssein (1).

HURET (GRÉGOIRE). Lorsque Grégoire Huret vint s'établir à Paris, il y avoit déjà du temps qu'il exerçoit la gravure à Lyon, lieu de sa naissance. L'on ignore le nom de celuy qui luy en donna les principes; l'on sçait seulement qu'il avoit commencé dès sa plus tendre jeunesse à embrasser cette profession. Il s'étoit aussy particulièrement appliqué au dessein, et il se vit par là dans la suite toujours en estat d'inventer et de faire luy-même les desseins des morceaux qu'il devoit graver, qualité si peu ordinaire dans ceux de sa profession. Aussy avoit-il plus tost étudié en peintre qu'en graveur; il n'avoit négligé aucune des parties de la peinture; la composition, l'intelligence de clair-obscur, la perspective, l'architecture furent celles où il réussit le mieux; l'on peut dire même qu'il y fut très-étendu. Il avoit le génie facile et assez orné, ce qui paroist surtout par la suite de sujets de la passion de Nostre-Seigneur, et dans la pluspart des pièces allégoriques qu'il a faites pour des conclusions. Car, pour les autres sujets de piété, ils sont presque tous composés avec trop de simplicité, ce qu'il affectoit de faire pour se conformer au goût des personnes pieuses qui le faisoient travailler. C'étoit dans cette mesme veue qu'il avoit si fort recherché de rendre ses airs de testes gracieux et de répandre sur ses images un caractère de douceur et de modestie, si propre à entretenir la piété, mais qui avoit dégénéré chez luy en une habitude vicieuse, qui luy faisoit répéter partout les mesmes airs de testes, sans qu'il

---

(1) On sait que le père de Laurent de la Hyre avait épousé « une fille très-estimable, nommée Philippe Humblot, » dit Guillet de Saint-Georges (Mémoires inédits des académiciens, I, 104), sans doute la parente, sinon même la sœur de Didier Humbelot.

luy fût en quelque façon possible de les varier: A l'égard de sa manière de graver, elle luy est propre et tout à fait nouvelle; elle est harmonieuse et sans roideur; elle fait de l'effet; l'on pourroit seulement y trouver à redire d'estre presque toujours trop ouvragée et toujours du mesme travail. Huret étoit de l'Académie royale de peinture et de sculpture; il se figuroit d'estre savant dans la perspective et dans la géométrie sur laquelle est fondée cette autre science; mais ce qu'il en a écrit fait connoistre que, quand ses sentiments auroient été excellents, il n'avoit pas l'esprit assez net pour les expliquer et se faire entendre. Il n'y a guère eu de graveur au burin qui aye autant travaillé d'après ses propres desseins. A l'exception de quelques portraits, l'on ne sache pas mesme qu'il aye rien gravé d'après d'autres desseins que les siens.

— La passion de Jésus-Christ, représentée en 32 sujets, inventés et gravés par Grégoire Huret, en 1664; cette suite est parfaitement bien gravée, et les compositions en sont aussy belles qu'elles sont nouvelles. L'on conjecture que l'autheur y a représenté son portrait dans la trente et unième pièce dont le sujet est l'Ascension de J.-C. — J'y trouve bien de l'apparence, et cela est exactement vrai. J'ai son portrait dessiné par lui-même dans un âge moins avancé et où il s'est représenté dessinant, qui réalise ma conjecture.

HURTREL (SIMON), et non pas Hurtrelle. Il fut admis dans l'Académie de Saint-Luc, le 9 juillet 1678. Son nom est inscrit dans le catalogue imprimé des membres de cette académie, depuis son institution jusqu'en 16 .

HUTIN (CHARLES), directeur de l'Académie de Dresde, né à Paris en 1715 (1).

---

(1) V. sur Charles Hutin, *les Artistes français à l'étranger*, par M. L. Dussieux (Paris, 1852), p. 40.

HUTIN (PIERRE) son frère, mort en Saxe, en 1763.

HUYSMANS (CORNEILLE) d'Anvers, peintre établi à Malines, qui touche très-bien le paysage et peint les chevaux dans la manière de Wauvermans. Il étoit à Malines, en 1721, lorsque M. Crozat y passa allant en Hollande, et il donna à ce curieux deux de ses desseins qui m'ont appris à connoître plusieurs desseins de ce maître que j'ai. M. Crozat le vit le 8 mars 1721. Huysmans étoit alors âgé de 66 ans. Dans la table, qui se trouve à la fin du catalogue des tableaux de la galerie de Dresde, il est nommé Nicolas ; mais c'est une faute à rectifier. Il est fait mention de ce peintre dans l'ouvrage de Descamps.

— *Comme Walpole parle d'un peintre de paysages qu'il appelle Michel Huysman, de Malines, Mariette ajoute :* Il y a eu de nos jours un peintre de paysages établi à Malines, qui est mort en 1727, âgé de 79 ans. Il se nommoit Coreille et étoit né à Anvers en 1648. Il faut croire que c'est de lui qu'on a voulu parler ici, et qu'on s'est trompé sur son nom de baptême et sur le temps de sa mort. Il étoit disciple de Jacques Van Artois. Voyez ce qu'en a écrit Descamps, t. III, p. 241. M. Crozat, qui l'avoit vu à Malines, en disoit beaucoup de bien.

HUYSUM (JEAN VAN), excellent peintre de fleurs est mort à Amsterdam, le 8 février en 1749. Il étoit né le 5 avril 1682. Il est, dans les fleurs, ce que Vanderwerff a été dans la figure. L'un et l'autre se sont signalés par le plus grand terminé, et l'un et l'autre ont eu la satisfaction de voir vendre leurs tableaux de leur vivant des prix excessifs. On a pourtant beau dire ; le plus parfait tableau de fleurs de Van Huysum n'approche jamais de ce que Baptiste a fait dans son meilleur temps. Van Huysum avoit, dit-on, la folie de peindre des paysages, et, quand ses occupations le lui permettoient, il y sacrifioit volontiers son temps. C'étoit bien de pure perte, car il ne faisoit alors rien que de mauvais. M. de Voyer a apporté de son voyage de Hollande quelques desseins de ce peintre, et entre autres des études de fleurs coloriées légèrement avec des couleurs à l'eau. J'y trouve plus de vérité que dans ses tableaux. Il y a moins d'ouvrage et de peine, deux choses qui m'ont engagé à donner la préférence à Baptiste, indépendamment de ce que ce dernier compose en plus grand maître, et met plus d'intelligence dans son clair-obscur et dans la distribution de ses masses. Les deux tableaux de fleurs, que M. de Morville avoit apportés en France au retour de son ambassade en Hollande, et qui sont des plus beaux de Van Huysum, sont présentement chez M. le marquis de Gouvernet. Il étoit fils d'un peintre médiocre, nommé Juste Van Huysum, qui lui-même peignoit des fleurs, et qui mourut en **1716**, âgé de **57** ans.

IGNACIO (DON FRANÇOIS), peintre qui travailloit à la cour de Charles II, roy d'Espagne, et dans le même temps que François Ribalta, François Ricci et François de Herrera. Joseph Garcia en fait mention, dans la préface, à la tête d'un livre de principes du dessein.

IMBERT (Frère JOSEPH-GABRIEL) naquit à Marseille en mars 1666, et après avoir reçu dans sa patrie les premiers élémens du dessein et de la peinture, il fut envoyé à Paris, où, de l'école de Vandermeulen, dans laquelle il s'exerça pendant quelque temps, il passa dans celle de Le Brun ; il ne s'y fit pas regarder comme un de ses moindres disciples. M. le duc de Nevers ayant désiré un peintre qui lui fût attaché, Imbert lui fut donné par Le Brun, et il demeura constamment auprès de ce seigneur, jusqu'au moment que, se sentant appelé à Dieu, et voulant lui consacrer dans la retraite et la péni-

tence le reste de ses jours, il prit la résolution de retourner
dans sa patrie. Là, après s'être suffisamment éprouvé, il demanda à être reçu frère chartreux, et il le fut dans la chartreuse de Villeneuve, où il fit sa profession et ses vœux le 29
septembre 1703. Il croyoit, en prenant l'habit religieux,
faire pour toujours divorce avec la peinture; mais ses supérieurs en disposèrent autrement. Ils ne lui permirent pas de
quitter le pinceau, et, sentant au contraire combien il leur
étoit avantageux de le tenir continuellement occupé, ils lui
firent faire pour leurs maisons quantité d'ouvrages dont les
principaux sont à la grande chartreuse et à celles de Villeneuve et de Marseille. Un voyage qu'il fit à Rome, à la suite
de dom Berger, son prieur, lui fit connaître les plus habiles peintres qui fussent alors en Italie, et sa manière ne fit
que se bonnifier. Il revit la France, et ce fut alors qu'il fit,
pour l'église de la chartreuse de Marseille, ce grand tableau
qui en occupe tout le fond du sanctuaire, et qui représente la
mort de Jésus-Christ avec toutes les circonstances effrayantes
qui l'accompagnèrent. Ce fut son chef-d'œuvre. Le frère Imbert joignoit à ses heureux talents une politesse, une pureté
de mœurs, et une exactitude à remplir les devoirs austères et
les plus pénibles de son état, qui l'ont rendu respectable et
qui en ont fait un saint. Il mourut à Villeneuve, le 25 avril
1749, chargé d'années et le corps épuisé de pénitence. Etienne
Parrocel, peintre d'histoire, et Manglard, peintre de marines,
ont été ses principaux disciples.

— *Cette note n'est que le résumé d'un excellent mémoire sur
la vie de frère Imbert, peintre et religieux chartreux, ouvrage
de M. de Moulinneuf, auteur de la notice sur Michel Serre,
mise par nous dans le second volume des Mémoires inédits sur
les membres de l'Académie de peinture, II, 243-9, et copiée aussi
par Mariette. Nous sommes heureux de publier ici celle d'Imbert, en marge de laquelle Mariette a mis la note suivante:*

« *Dressé par M. Moulinneuf, secrétaire de l'Académie des*
« *Arts relatifs au dessein et communiqué par M. Dandré-*
« *Bardon.* »

Joseph-Gabriel Imbert naquit à Marseille au mois de mars
1666. Son père étoit tailleur d'habits de femmes. Il donna
une bonne éducation à son fils. Lui ayant remarqué du goût
pour la peinture, il le mit chez un peintre du pays, sous lequel il fit quelques progrès dans le dessein et dans la peinture. Mais, non content de ce premier succès, son père crut
devoir l'envoyer à Paris pour qu'il se perfectionnât dans un
art dont il ne connaissoit que les premiers principes. Imbert
travailla pendant quelque temps dans l'atelier de M. Vandermeulen, et ensuite sous le fameux Le Brun, qui le plaça bientôt auprès de M. le duc de Nevers, qui le reçut en qualité de
son peintre. Il demeura assez longtemps dans la maison de ce
seigneur. Mais, désabusé du monde et ne pouvant souffrir la
vue de ses déréglemens, le jeune Imbert songea sérieusement
à travailler à son salut et à se retirer, pour cela, dans quelque
solitude. Il prit le parti de regagner la maison paternelle, et,
rendu à Marseille, il crut devoir consulter quelqu'habile directeur pour lui indiquer la route qu'il devoit tenir. Le religieux, auquel il s'adressa, voulant peut-être éprouver sa vocation, fit tout ce qu'il put pour lui inspirer une horreur extrême de la vie des chartreux, dans laquelle le jeune homme
s'étoit déterminé de consacrer à Dieu le reste de ses jours.
Mais, plus on vouloit l'en éloigner, plus le jeune Imbert demeuroit persuadé que le désir qu'il avoit d'embrasser cet état
étoit une inspiration qui lui venoit du ciel. Il eut recours à
un autre directeur, qui, plus éclairé, examina de plus près
les dispositions du jeune postulant, et qui, ayant remarqué
en lui une vocation solide, des intentions pures et une bonne
volonté, lui déclara sans balancer qu'il croyoit que Dieu l'appeloit véritablement à l'état de chartreux. Il lui fit même une

peinture assez vive de l'institution de ce saint ordre, et des charmes qu'une âme pure et maîtresse de ses passions y goûtoit; de sorte, qu'encouragé par les conseils et la décision de son directeur, notre jeune peintre ne pensa plus qu'à exécuter incessamment son pieux dessein. Il apprit que dom Berger, alors prieur de la chartreuse de Villeneuve, se rencontroit à Marseille; il fut le voir et lui demanda une place en qualité de simple frère. Dom Berger, l'un des plus grands hommes que l'ordre des Chartreux ait produit, l'interrogea sur sa vocation et sur ses talens, et, ayant sçu qu'il étoit peintre, il demanda à voir de ses ouvrages, et, comme il ne manquoit pas de connoissances, il lui fut aisé de découvrir, dans les morceaux de peinture qui lui furent présentés, un fond de sçavoir qui montroit dans le postulant de grandes dispositions pour devenir, dans la suite, un excellent artiste; et, charmé d'en faire l'acquisition, il lui promit de le recevoir, ce qu'il fit, en effet, peu de temps après, à la chartreuse de Villeneuve, où il eut ordre de se rendre et où il passa par toutes les épreuves qui sont en usage dans cet ordre; ensuite de quoi il fit sa profession le 29 septembre 1703, et, ce qui le surprit extrêmement, ainsi qu'il l'a avoué lui-même dans la suite, ce fut l'ordre qu'il reçut de ne point abandonner la peinture et de s'y appliquer même de tout son pouvoir. Comme il n'avoit eu d'autre motif, en se faisant religieux, que de travailler efficacement à son salut par la pratique des actions les plus pénibles et les plus humiliantes, il s'étoit imaginé qu'avec et sous l'habit des chartreux, il avoit renoncé pour toujours à la peinture. Cependant, comme il se faisoit un devoir de n'avoir d'autres volontés que celles de ses supérieurs, qu'il regardoit comme tenir la place de Dieu, il se soumit aveuglement et sans réserve à tout ce qu'on exigeoit de lui. Il reprit donc le pinceau et fit ces magnifiques tableaux qui font encore aujourd'hui l'ornement de la chartreuse de Villeneuve. On en compte trois, dont le premier représente la Fuite en Egypte, le second, une Descente de Croix, et le troisième, qui est très-estimé et plus petit que les autres, est une copie d'une Annonciation du Guide qui se trouve dans la chapelle de dom Prieur, et passe pour un chef-d'œuvre de l'art. Dom Berger, qui avoit reçu le frère Imbert et qui connoissoit ses talens, le conduisit quelque temps après à Rome, où il eut occasion de faire connoissance avec tout ce qu'il y avoit alors de plus habiles peintres dans cette capitale du monde chrétien.

De retour d'Italie, et dom Berger ayant reçu ordre de se rendre à Castres et ensuite à Marseille, le frère Imbert le suivit, et la chartreuse de cette dernière ville lui est redevable de six grands tableaux, entr'autres, d'un Christ mourant sur la croix et dans les ténèbres, aux pieds duquel on voit la Madelaine et plusieurs autres figures. Ce tableau, d'une grandeur prodigieuse, occupe aujourd'hui le fond du sanctuaire dans l'église de la chartreuse de Marseille. Il fait l'admiration des meilleurs connoisseurs et passe pour le chef-d'œuvre de son auteur. On en a refusé, dit-on, quarante mille livres (1).

Il y a aussi un tableau du frère Imbert à la grande chartreuse de Grenoble, représentant saint Antoine anachorète, qui est aussi beau qu'il est estimé. Le cardinal de Janson, voulant l'avoir, en offrit six mille livres, et s'engagea d'en fournir une copie faite par un des meilleurs peintres de Paris; mais le R. P. Général ne voulut point y consentir.

Après la mort de dom Berger, arrivée à Marseille en 1719, le frère Imbert fut rappelé à la chartreuse de Villeneuve, et

---

(1) Quelqu'un, qui connoît ce tableau et qui est capable d'en juger, dit qu'il a si fort noirci, qu'on a de la peine à distinguer les objets qui y sont représentés. (Note de Mariette.)

là, chargé de l'emploi pénible de maître des frères novices, il s'en acquitta pendant longtemps avec autant de zèle que de succès. Malgré les devoirs indispensables de cette place, et quoique tout à fait livré à des exercices spirituels, il trouvoit encore assez de temps pour peindre, soit que ce fût dans l'intention de faire plaisir à ses amis, soit qu'il lui fallût obéir à ses supérieurs. Dans le nombre de tableaux qu'il fit alors, il y en a deux fort beaux qui sont dans l'église de la chartreuse de Marseille : l'un est une Résurrection, qui a été copiée et recopiée ; et l'autre a pour sujet les disciples d'Emmaüs ; il perfectionna ce dernier peu de temps avant sa mort ; dans tous les deux, les figures sont représentées de grandeur naturelle.

Enfin, chargé d'années, de fatigues, et le corps épuisé de pénitences, le frère Imbert tomba malade et sentit lui-même que sa fin approchoit. Il reçut les secours de l'Eglise avec une piété et une présence d'esprit admirables, et, le jour de Saint-Marc, 25 avril de l'année 1749, il consomma ce sacrifice, et mourut en paix dans la chartreuse de Villeneuve, dont il étoit profès.

Le frère Imbert étoit d'une taille un peu au-dessous de la médiocre. Il avoit l'air vénérable, des manières simples et beaucoup de politesse. Il étoit doué d'un talent singulier pour enseigner le dessein ; aussi a-t-il eu un grand nombre d'élèves qui se sont distingués dans la suite ; entr'autres, M. Etienne Parrossel, qui excelle pour l'histoire, et M. Manglard, qui se distingue dans les grandes marines. M. Duparc, habile sculpteur, mort depuis quelques années à Paris, se glorifioit d'avoir appris à dessiner sous le frère Imbert. Il étoit aussi fort consulté pour juger des ouvrages, et on lui rend cette justice, qu'il a principalement excellé dans le dessein et dans le coloris. Et c'est ce qui a fait la réputation dont il jouit, par rapport à l'art qu'il professoit, tandis que, par son exactitude à remplir les devoirs de son état et sa longue persévérance dans le bien, dont il ne s'est jamais démenti jusqu'au dernier soupir de sa vie, il s'est préparé une gloire beaucoup plus solide et qui ne finira jamais.

Mariette ajoute ici la note suivante : Ce Mémoire a été dressé sur les indications qu'ont fournies les RR. PP. Chartreux, avec lesquels le frère Imbert a vécu ; ainsi, il ne faut pas prendre tout à fait à la lettre les éloges qu'on y fait de ses talens supérieurs. Le frère Imbert ne manquoit pas de mérite ; sa manière vise même assez au grand ; mais, avec cela, il ne sera jamais compté parmi les peintres de premier ordre, ni ses tableaux ne seront payés ce qu'on les estime ici.

INDIA (BERNARDINO), de Vérone. Palladio en parle comme d'un des meilleurs peintres de son temps, et il cite de ses ouvrages dans plusieurs palais bâtis par Palladio à... (1).

INTERNARI (JEAN-BAPTISTE), né à Rome et disciple de Marc Benefiale, fut un des artistes qui furent appelés à Dresde en 1750, et auxquels on commit le soin de faire des desseins des principaux tableaux de la galerie électorale, pour servir de guide aux graveurs qui les devoient mettre en estampes.

---

(1) Il en est question dans ces deux passages du second livre : «Le stanze di questa fabrica (del Conte Ottavio dei Thieni, in Vicenza) sono state ornate di bellissimi stucchi da messer Alessandro Vittoria et messer Bartolomeo Ridolfi, e di pitture da messer Anselmo Canera e messer Bernardino India veronesi, non secondi ad alcuno de' nostri tempi. » Et plus loin : « In Pogliana, villa del Vicentino, è la fabrica del cavalier Pogliana ; le sue stanze sono ornate di pitture e stucchi bellissimi da messer Bernardino India e messer Anselmo Canera pittori veronesi et da messer Bartolomeo Ridolfi scultore veronese. » Dell' architettura di And. Palladio, Venetia, Bart. Corampello, 1581, f°, lib. 2, p. 12,58. — Cf sur India Vasari, dans la vie de l'architecte Veronais Michele San Micheli.

Aussi froid que tous les autres dessinateurs qui furent employés au même travail, il se contente de faire des desseins
peinés, et les graveurs, enrichissant encore et n'ayant rien
qui les animât, ne produisirent que des copies assez imparfaites d'excellens originaux, qui perdirent ainsi beaucoup
dans cette transmutation de forme. Cet ouvrage achevé, ou
plustost interrompu par la malheureuse guerre qui désola la
Saxe, Internari passa à Varsovie en 1756, et, y ayant trouvé
de quoi exercer son pinceau, qui étoit fait pour peindre le
portrait au gré de ceux qui désirent de l'éclat et de la ressemblance, mais se livrant trop à la chymie et même à la recherche de la pierre philosophale, il ne fut que très-rarement
occupé de sa profession et mourut à Varsovie en 1761. Il
avoit un talent particulier pour dessiner des caricatures dans
le style du Ghezzi. Math. Ostereich et Joseph Canale en ont
gravé plusieurs, et l'on a même la sienne réunie à celle d'Ostereich, tous deux vêtus en moines, qui a été gravée en 1749,
Mémoires recueillis par M. de Heinecken, t. I, p. 217.

INGRAM (JEAN), graveur et dessinateur de l'Académie
royale des sciences, ne me paroît pas, dans ce poste, à sa
place. Il pouvoit prétendre à quelque chose de mieux. Il eût
continué à graver des morceaux de composition, car il a une
assez belle pointe; mais il a préféré un état sûr et tranquille
et y fait bien ce qu'il y fait. Il est né à Londres.

ISAC (GASPARD), le père; Claude, son fils, graveurs.

FIN DU DEUXIÈME VOLUME.

EN VENTE

CHEZ J.-B. DUMOULIN, QUAI DES AUGUSTINS, 13.

MÉMOIRES INÉDITS

Sur la vie et les ouvrages

DES

MEMBRES DE L'ACADÉMIE ROYALE

DE PEINTURE ET DE SCULPTURE

PUBLIÉS

D'APRÈS LES MANUSCRITS CONSERVÉS A L'ÉCOLE IMPÉRIALE DES BEAUX-ARTS

PAR L. DUSSIEUX, EUD. SOULIÉ

Ph. DE CHENNEVIÈRES, P. MANTZ, A. DE MONTAIGLON

SOUS LES AUSPICES

De M. le Ministre de l'Intérieur

Avec une introduction et une table alphabétique des noms.

2 forts vol. in 8° sur beau papier. Prix pour les souscripteurs : **15** fr.

Il a été tiré quelques exemplaires sur papier de Hollande. Prix : 25 fr.

Imprimerie de PILLET FILS AINÉ, rue des Grands-Augustins, 5, à Paris.

www.ingramcontent.com/pod-product-compliance
Lightning Source LLC
Chambersburg PA
CBHW071607220526
45469CB00002B/257